2014—2015知识产权上地论坛论文集

知识产权：技术创新与制度完善

ZHISHICHANQUAN：JISHU CHUANGXIN YU ZHIDU WANSHAN

中国社会科学院知识产权中心　　编
中国知识产权培训中心

U0781770

知识产权出版社

全国百佳图书出版单位

图书在版编目（CIP）数据

知识产权：技术创新与制度完善/中国社会科学院知识产权中心，中国知识产权培训中心编. —北京：知识产权出版社，2016.7

ISBN 978 - 7 - 5130 - 4330 - 4

Ⅰ.①知… Ⅱ.①中… ②中… Ⅲ.①知识产权-研究-中国 Ⅳ.①D923.404

中国版本图书馆 CIP 数据核字（2016）第 170399 号

内容提要

本书为"2014 知识产权上地论坛""2015 知识产权上地论坛"及"植物新品种与生物技术知识产权保护研讨会"所征选的部分未发表的优秀论文汇编。全书由四大专题、共 25 篇论文组成，分别就与信息技术、互联网、植物新品种、生物技术和遗传资源保护有关的著作权、商标、专利、反不正当竞争，以及我国知识产权司法保护制度建设等相关问题作了研究和探讨。

读者对象：各级政府主管部门及企事业单位相关工作人员及知识产权领域教学、科研工作者。

责任编辑：王祝兰	责任校对：潘凤越
文字编辑：王玉茂	责任出版：刘译文

知识产权：技术创新与制度完善

中国社会科学院知识产权中心
中国知识产权培训中心 编

出版发行：知识产权出版社有限责任公司　　网　　址：http://www.ipph.cn
社　　址：北京市海淀区西外太平庄 55 号　　邮　　编：100081
责编电话：010 - 82000860 转 8555　　责编邮箱：wzl@cnipr.com
发行电话：010 - 82000860 转 8101/8102　　发行传真：010 - 82000893/82005070/
　　　　　　　　　　　　　　　　　　　　　　　　　　　82000270

印　　刷：北京科信印刷有限公司　　经　　销：各大网上书店、新华书店及
　　　　　　　　　　　　　　　　　　　　　　　　相关专业书店

开　　本：880mm×1230mm　1/32　　印　　张：13
版　　次：2016 年 7 月第 1 版　　印　　次：2016 年 7 月第 1 次印刷
字　　数：346 千字　　定　　价：45.00 元

ISBN 978 - 7 - 5130 - 4330 - 4

前　　言

作为创新成果的法律保障，知识产权制度的产生和变革，自始就与科学技术的发展紧密联系在一起。同时，作为市场经济法律机制的组成部分，知识产权制度规则的设定和完善，不能脱离国家产业政策和政治体制的宏观背景。

自国家知识产权战略实施以来，中国的知识产权制度从"舶来品"走向创新驱动发展战略护航者的道路。近两年来，中国的知识产权制度正经历着前所未有的改革。一方面，各界认识到知识产权法治的基本要求就是依法保障公民和法人就其智力创新成果所享有的知识产权，当前中国知识产权法律的首要任务是加大对侵权假冒行为的惩处、制止不正当竞争、有效保护知识产权，这一加强知识产权保护的需求在高新技术迅猛发展的今天迫切需要得到回应；为此，我们须进一步研究如何修改和适用知识产权相关法律规则以适应新时代科技文化发展的需求。事实上，2013年修改的《商标法》已对此作出了示范性规定，比如明确诚实信用的基本原则、提高法定赔偿额度、引入惩罚性赔偿、减轻被侵权人的举证负担等；这一思路应当也适用于正处于修法进程中的《专利法》和《著作权法》以及《反不正当竞争法》中与知识产权保护相关的内容。在信息技术、网络技术迅速发展的今天，网络环境下的知识产权保护、电子商务平台竞争秩序的正当维护，都需要相关法律及其适用规则的进一步明确和完善，尤其是《反不正当竞争法》的适用。与此同时，植物新品种、生物技术成果的保护等问题，同样涉及农业发展、粮食安全和生态文明建设，并与人们的日常生活息息相关，知识产权制度也需对此作出积极回应。另一方面，在党的十八大作出"实施创新驱动发展战略"和"全面推进依法治国"的部署后，十八届三中全会勾画了"探索建立知识产权法院"的顶层设计，兼具"加强知识产权保护"和"深化司法体制改革"两大目标任务的知识产权法院的设立成为2014年我国知识产权甚至整个法治领域的重大举措。2014年8月31日，全国人大常委会通过了《关于在北京、上海、广州设立知识产权法院的决定》，正式迈出了建立中国特色知识产权法院体系的第一步。2014年底，北京、上海、广州知识产权法院先后挂牌运行。北京、上海、广州知识产权法院的设置方案，反映了我国现阶段知识产权审判实务的特点和需求：这三地知识产权案件数量在全国占相当大份额，且不时出现新类型和典型性大案，法官审判水平相对高；选择这三个地方建立专门的知识产权法院，可以集中优势审判资源并试行技术人员等辅助制度来应对专业化审判工作，为进一步推动司法改革和加强知识产权保护提供经验。当然，北京、上海、广州知识产权法院的设立仅仅是我国知识产权法院建设的第一步，如何总结研究知识产权审判专业化的规律、结合我国的司法改革部署和具体国情的需要推进知识产权专门法院建设，将是值得我们继续关注的重大议题。

基于以上背景，中国社会科学院知识产权中心抓住"知识产权法院"这一2014年中国知识产权法治领域的关键词，以"知识产权司法保护相关问题研讨会"为题举办了"2014知识产权上地论坛"，围绕"我国知识产权法院设立相关问题""知识产权法院设立的理论与实践""北京知识产权法院设立相关问题""知识产权法院相关制度建设与域外经验""知识产权审判相关问题研究"等主题进行了充分的交流和探讨。2015年，中国社会科学院知识产权中心与中国知识产权培训中心先后联合举办了"植物新品种与生物技术知识产权保护研讨会"和"2015知识产权上地论坛——信息、网络与知识产权相关问题研讨会"，分别就我国植物新品种、生物技术知识产权和遗传资源保护法律修订和执法中的相关问题，以及与信息技术、互联网有关的著作权、商标、专利、反不正当竞争以及其他知识产权相关问题展开研讨。

　　这几次主题明确、与时俱进的学术研讨会，先后吸引了一批中国知识产权理论界和实务界的精英参与，精彩纷呈，成效显著。为全面展现近两年国内知识产权法学界的研究成果，中国社会科学院知识产权中心精选了2014～2015年召开的几次学术会议中尚未发表的参会论文汇集出版。论文是作者思想的展现，就研究经验而言，对感兴趣的议题进行深思熟虑的思考而撰写的论文，要比讨论时限性热点话题的论文质量高；本书中有些论文的观点可能还存在争论，但编者相信本论文集的出版能够为我国的知识产权法学研究者提供有用的学术资料。

中国社会科学院知识产权中心

管育鹰

目　　录

【电子商务、商标、不正当竞争】

【网络、著作权】

【专利、植物新品种保护】

【知识产权保护制度创新】

电子商务、商标、不正当竞争

移动互联网 App 知识产权保护探析

王莲峰 *

随着智能手机的普及和移动互联网的快速发展，App 软件和名称的知识产权保护问题日益凸显，侵权纠纷逐渐增多。如何界定 App 的属性并进行相关的法律保护，我国司法实践却还处在起步阶段，App 的开发商和运营商及相关主体在实践中也不甚明了知识产权法对 App 保护的必要性和主要规则。笔者认为，App 在形式上表现为一种新的商业标识，其实质内容应是软件产品，从其开发设计到产品上传和营销等产业链中，由此对应的知识产权法的保护也是一个多元化的较为复杂的问题，会涉及商标、著作权和专利等知识产权保护的多个方面。鉴于 App 手机用户的巨大市场和新的商业模式地不断涌现，探讨 App 相关知识产权的保护已变得十分重要。

一、App 名称和图形的属性分析及其商标法保护

（一）App 名称和图形的属性分析

1. App 的名称和图形是移动互联网环境下的一种新的商业标志

App 是英文 Application 的简称，也就是应用软件的意思，多指智能手机的第三方应用程序和应用软件，手机用户可以在移动互联网的 App 手机应用商店里下载和安装该软件。目前比较著名

---

* 作者简介：华东政法大学知识产权学院教授、博士生导师，商标法研究所所长。

的 App 手机应用商店有美国苹果公司的 App Store 和 Android 的 Google Play Store，其手机用户可分别在各自的应用商店里浏览、下载及购买相关的应用程序软件。为拓展市场，其他公司和个人也可以将其开发的 App 应用程序提交到上述 App 应用商店供手机用户下载和使用，至于下载 App 应用程序是否收费，在其各自的商店里会有提示，开发者也可通过在 App 里面放置广告来盈利。

笔者认为，移动互联网中的 App 应用程序应属于软件类的商品，同其他商品一样，开发者设计的每款 App 应用程序软件也应该有其自己的名称和图形，以区别同类应用程序。如，移动社交类 App 应用软件中，有微信、QQ、微博、陌陌等不同名称和图标，这些 App 标识，可称之为移动互联网中的一种新的商业标志，其构成通常包括中文名称、图形和颜色。如"微信"App，由"微信＋图形＋绿色"组成。这些标识，不仅起到识别服务来源的功能，也彰显出各自的品牌定位和特色。比如，"微信"的优势在于人气，"陌陌"的特点在于"方便找到有相同兴趣的人"，而新浪微博则定位于"有最新的资讯"。据报道，2014 年底《互联网周刊》正式对外发布了"2014 年中国 APP 排行榜 TOP 500"榜单，该榜单显示，随着手机用户使用 App 软件的暴涨，移动互联网正全方位渗透大众生活，大量 App 应用软件顺势而出，从购物支付到出行导航、从视频游戏到移动社交，都是热门 App 应用软件的争抢之地。❶ 笔者认为，独特的 App 名称和图形也会逐渐成为一种稀缺资源，成为当下移动互联网中具有重大价值的商业标志。

2. App 的名称在移动互联网环境中具有唯一性

众所周知，域名在互联网环境下是唯一的，比如，如果有人抢先申请了"Haier. com"，则真正的海尔企业就无法使用同样的域名在互联网上登记使用。在移动互联网上，App 标识是否和域

---

❶　2014 年手机 APP 排行榜［EB/OL］.［2015－06－10］. http：//www. chinabgao. com/stat/stats/39227. html.

名一样也是唯一的？能否使用他人的在先权利，如使用他人的注册商标作为自己开发的应用程序的名称和图形，之后抢先上传到手机应用商店里？其结果是否构成对在先注册商标权人的侵权？笔者认为，答案应该是肯定的。比如，A 公司未经许可将其开发的 App 应用程序命名为 B 公司的注册商标"蓝月亮"，并抢先上传到 App Store（应用商店）"占坑"，之后，真正的"蓝月亮"商标权人开发的 App 程序将无法进入苹果公司运营的手机应用商店里。随着智能手机的普及和移动互联网的迅猛发展，人们进入手机商店，下载 App 应用软件浏览和购物成为一种潮流和时尚，但同时也带来了相关的商标纠纷。比如，"嘀嘀打车"软件 App，因涉嫌侵犯杭州一家公司的"嘀嘀"注册商标而更名为"滴滴打车"；厦门某公司开发的 App "西柚经期助手"因涉嫌侵犯他人注册的"西柚"商标，改名为"美柚经期助手"。❶ 再如，2014 年 8 月上海易饰嘉公司起诉沃商公司商标侵权，因沃商公司未经许可使用了易饰嘉公司的"为为网"注册商标作为其开发的同名 App 上传到 App Store，易饰嘉公司还同时起诉了应用商店的管理者苹果公司构成帮助侵权。❷笔者认为，App 应用软件的名称和图形在移动互联网环境中同样具有唯一性，一旦被他人抢先登记和注册，如同互联网中的域名，该名称即在移动互联网中的应用软件商店里获得独占性的权利，同名的 App 应用程序将无法进入该手机应用商店。

（二）App 名称和图形的商标法保护

1. App 名称和图形的商标注册要求

根据《商标法》第 8 条、第 9 条的规定，"任何能够将自然人、

---

❶　"西柚"商标之争：西柚经期助手被迫改名［EB/OL］.［2015 - 06 - 10］. http：//www. thethirdmedia. com/Article/201310/show324293c76p1. html.

❷　王国浩，毛立国，杨柳. "为为网"阻击"李鬼"App 引知识产权专家热议［N］. 中国知识产权报，2014 - 08 - 29（商标周刊）.

法人或者其他组织的商品与他人的商品区别开的标志，包括文字、图形、字母、数字、三维标志、颜色组合和声音等，以及上述要素的组合，均可以作为商标申请注册"，但"申请注册的商标，应当有显著特征，便于识别"。同时该法在第 10 条、第 11 条还规定了不得作为商标注册的标志的情形，第 32 条规定了不得和他人在先权利相冲突等。开发者在设计一款 App 的名称和图形时，就要遵守上述规定，同时，不得侵犯他人在先的姓名、注册商标等权利。因我国《商标法》实行"申请在先原则"，App 的设计者应尽早就其名称和图形申请商标注册，防止他人恶意抢注。如果 App 名称和图标未申请商标注册，也可通过《反不正当竞争法》保护，但该种保护方式相对于注册商标专用权来说，其维权成本会大大提高。

2. App 软件的商标注册类别

就其实质属性而言，App 是一种应用软件，开发者在进行商标注册的类别选择时，应当结合其所属的行业、主营业务、表现载体、使用途径等方面进行相关类别的注册。一般情况下，App 软件的商标注册类别主要包括以下几类：第 9 类：计算机，计算机软件，数据处理装置，例如"可下载的计算机应用软件"；第 35 类：广告，商业经营，商业管理，办公事务，例如，"点击付费广告"；第 38 类：电信，主要是 App 应用软件在手机或平板电脑等移动设备上的服务；第 39 类：运输服务；第 42 类：计算机硬件与软件的设计与开发，例如，"计算机软件更新"。换言之，App 首先属于第 9 类的软件商品，而该软件商品的来源属于第 42 类的软件开发服务，并通过第 38 类的在线数据联接通信服务，实现了相应类别的服务功能，还有可能通过第 35 类的广告服务进行盈利。也就是说，一款 App 软件可能涉及的注册类别一般包含第 9 类、第 35 类、第 38 类、第 42 类及其他等至少五个类别。

除此之外，App 拥有者为将来公司业务发展还可适当进行注册类别的延伸和拓展。如，"滴滴打车"本质上是为出租车行业服务的，因此还需要注册与出租车、运输相关的第 39 类商标，其次，还应考虑在第 9 类的计算机应用程序类和第 42 类的计算机软件服务类注册申请。如果"滴滴打车"将来出版地图册、城市旅游交通攻略之类的出版物，还可在第 16 类地图册、地图、书籍、期刊、杂志等申请注册。再如，健身类 App，除了注册第 41 类中的教育、私人健身教练服务、健身指导课程等，还可拓展类别为第 28 类运动器材等。App 商标的申请者如想较大范围获得保护，应该适当全面地选择注册商标类别。

3. App 标识的商标使用

依据我国《商标法》的规定，App 标识的商标注册除了选择相关商品或服务类别，还应当对该商标进行商标法意义上的使用。何谓商标使用，现行《商标法》第 48 条作了明确规定，即指在商业活动中，起到识别商品或服务来源为目的的使用，比如，将商标用于商品、商品包装或者容器以及商品交易文书上，或者将商标用于广告宣传、展览以及其他商业活动中等。在移动互联网中，App 开发者如何进行商标使用？将 App 应用程序上传的行为是否属于商标使用呢？

笔者认为，App 开发者或所有人将其应用程序上传到应用商店的行为，应该是移动互联网环境下商标使用的一种新的形式，有其特殊性。上述谈到，App 应用程序不同于一般意义上的商品，它是一款软件类商品，只有将这种软件置于特定环境中才能发挥作用。比如，开发者只有把该款软件上传到 App 手机应用商店里，才能供用户下载和使用，进而提供相应的服务。而手机用户一旦下载 App 程序，上传 App 的开发者即埋下一颗种子，可持续与用户保持联系，进行相关电子商务活动。对消费者而言，通过在手机商店里选择不同名称的 App 应用程序下载到手机后，开始使用该程序提供的相应服务，选购相应的商品，而此时的 App 应用程序的名称和颜色等商业标识符号就起到了区别同类商品或服务来源的功能。2014 年实施的新商标法，其亮点之一就是通过相关规则的设计，强化了商标使用的重要性，如果注册商标 3 年未实际使用，没有正当理由的，不仅面临着被撤销的风险，在侵权诉讼和赔偿救济中其权利也不能得到充分的保护。

二、App 软件的著作权法保护

（一）App 软件的著作权登记

依照我国著作权的"自动保护"原则，App 软件研发完成之时自动享有著作权益，无需提起申请。但为防患于未然，开发者尽早到版权管理部门进行登记并取得相关的权利证明文件。这些文件不仅为日后解决因著作权归属纠纷提供了初步证据，降低维权成本，同时，也是许多软件上线运营的必要资质条件。目前，一些省市在税收等方面推出了软件著作权优惠政策，登记著作权的 App 证明文件还可作为税收减免的重要依据。❶

上述谈到，App 的名称等标识可以通过申请商标注册获得保护，但注册时间一般需要 1 年半左右，为有效保护 App 的标识，在对 App 软件登记著作权的同时，也可对 App 的名称、图形、颜色等进行著作权登记。登记著作权之后，他人未经权利人许可，不可随意使用上述 App 的相关标识，即使在该 App 没有注册的商品或服务类别，他人也不能使用与这款 App 标识相同或近似的文字和图形申请注册商标，由此，可以更有效地防止一些不法商家"傍名牌"和"山寨"等行为。

（二）App 软件著作权归属

结合当前 App 开发市场，根据《著作权法》和《计算机软件保护条例》的相关规定，App 软件著作权的归属主要分为以下两类。

1. App 运营者的员工开发软件的权利归属

根据《计算机软件保护条例》第 13 条规定，自然人在法人或

---

❶　彭文雪. APP 江湖危机四伏 知识产权助其一招制敌〔EB/OL〕.〔2015 - 08 - 10〕. http：//r. gbicom. cn/wz/137805. html.

者其他组织中任职期间所开发的软件有下列情形之一的，该软件著作权由该法人或者其他组织享有，该法人或者其他组织可以对开发软件的自然人进行奖励：①针对本职工作中明确指定的开发目标所开发的软件；②开发的软件是从事本职工作活动所预见的结果或者自然的结果；③主要使用了法人或者其他组织的资金、专用设备、未公开的专门信息等物质技术条件所开发并由法人或者其他组织承担责任的软件。

2. 委托研发的 App 软件的权利归属

依据《著作权法》规定，委托研发的作品权利归属，一般情况下按照约定，如无约定，其著作权由受托人享有。❶ App 运营者应与 App 开发者签订书面的委托开发合同，并在合同中明确约定所开发的 App 的知识产权归属于运营者，同时，为了防止 App 开发者擅自以自身名义办理 App 软件著作权登记，还应当将该事宜在合同中作出约定。

三、App 软件创新技术的专利法保护

毋庸讳言，专利保护以申请为前提，保护的是专有技术的独占性，专利权人对其拥有的专利权享有独占或排他的权利，未经其许可或者出现法律规定的特殊情况，任何人不得使用，否则即构成侵权，专利权是知识产权中保护力度最强的一种方式。在某种情形下，App 作为一款软件产品，申请的是具备创造性的方案，而不是 App 软件本身。换言之，这种"创造性的方案"应该是一种专利方法。实用新型专利只保护产品，因此，App 软件程序本身无法获得实用新型专利技术。如果 App 作为外观设计进行保护，更多是 App 软件的图形交互设计、用户界面（UI）等，需要由产

---

❶ 《中华人民共和国著作权法》第 17 条和《计算机软件保护条例》第 11 条规定，接受他人委托创作的作品或开发的软件，其著作权的归属由委托人与受托人签订书面合同约定；无书面合同或者合同未作明确约定的，其著作权由受托人享有。

品作为依托，也就是说，外观设计是就产品的外表所做出的设计，一般要求具备工业实用性。❶

由于 App 软件开发的周期相对较短、更新快，相对于上述商标和版权保护而言，专利申请时间长，技术要求高，加之发明专利还要进行实质审查，等专利证书下来，或许该款 App 软件已经淘汰了。所以，面对瞬息万变的软件应用市场，通过专利授权保护 App，多数企业是心有余而力不足的。但对于一些经济实力雄厚的企业，App 的专利权保护可以作为其知识产权保护战略的一环，将未来产品的核心技术申请专利保护。

四、结　论

综上所述，笔者认为，为全面保护 App 涉及的诸多智力成果和商业标识，应构建一个立体的知识产权保护框架。在开发一款 App 时，应及时对其名称和图形进行商标注册和宣传并加以使用；开发完成后，可申请软件著作权登记，防止日后纠纷发生时拥有相关证据；对 App 和产品或者服务结合研发的核心技术或使用的用户界面，可以申请方法专利或外观设计专利进行保护。

---

❶　廖筱云，苏丽楠. App 知识产权保护相关问题研究［EB/OL］.［2015－08－12］. http://www.08kan.com/gwk/MjM5MjUwNjE4NA/204157748/1/172df6247becf9890b6f5fa8814d0f26.html.

商标、商标权与市场竞争

——商标法几个基本理论问题新探

李明德[*]

一、商标与商标的使用：商标是商业活动中使用的标记

商标的作用是指示商品或者服务的来源，将不同的市场主体所提供的商品或者服务区别开来，同时方便消费者通过商标选择相应的商品或者服务。从中文的字面含义来看，"商标"是指商业活动中使用的标记。商标的英文是"trademark"，按照其字面含义，也应当是使用于"trade"（交易）之中的"mark"（标记）。显然，无论是按照中文还是按照英文，只有在"商业"活动或者交易活动中使用的"标记"才可以称为商标。那些从来没有使用在商品或者服务上的"商标"，尽管有可能获得行政机关的注册，显然不属于商标法意义上的商标。

从商标指示商品或者服务来源的理念出发，英美法系一直强调，只有在商业活动中实际使用的商标，才可以获得注册，才可以获得商标法和反不正当竞争法的保护。例如美国在 1988 年以前，一直没有关于意图使用商标的注册申请。直到 1988 年修订联邦商标法，美国才规定意图在商业活动中使用的商标，也可以"申请注册"。然而，这种注册的申请，仍然与商标的实际使用密切相关。根据规定，如果申请人具有在商业中真诚使用某一商标的意图，可以申请联邦的商标注册。在申请注册的时候，申请人

---

* 作者简介：中国社会科学院知识产权中心主任、教授、博士生导师。

应当指明意图使用的商品类别，并提交真诚使用的声明。联邦商标局经过审查，如果符合法律的相关规定，可以发给"允许通知"。在"允许通知"发出的 6 个月内，申请人应当提交真实使用相关商标的证据。特殊情况下可以延期 6 个月提交真实使用的证据，但不得超过 36 个月。只有在申请人提交了真实使用相关商标的证据之后，联邦商标局才会核准注册。❶ 由这个规定看来，意图使用的商标，仅仅是可以申请联邦的商标注册，而最终获准注册的，仍然是实际使用的商标。

通常认为，欧洲大陆的国家注重商标注册，以及由此而来的对于商标的保护。然而，这并不表明欧洲大陆国家不重视商标的使用。例如，欧共体理事会于 1989 年发布的《协调成员国商标立法一号指令》第 10 条规定，商标获准注册以后，如果自注册之日起 5 年内没有在成员国市场上真实使用，或者连续 5 年没有在成员国市场上使用，除非有不使用的正当理由，该商标应受该指令规定的处罚。而依据该指令第 11 条规定，所述处罚指撤销注册，或者注册无效。值得注意的是，该指令第 10 条的标题就是"商标使用"。❷ 又如，欧共体理事会于 1993 年发布的《共同体商标条例》第 15 条，在"共同体商标使用"的标题下，也作出了基本相同的规定。❸ 关于上述立法宗旨，《协调成员国商标立法一号指令》的"重述"第 8 条明确指出，为了减少共同体范围内的商标注册总数，以及减少商标之间的冲突，获准注册的商标必须实际使用。如果没有实际使用，则应当撤销注册。由上述规定和说明可以看出，即使是在注重商标注册的欧洲大陆国家，仍然强调了商标的实际使用。

---

❶ Lanham Act，article 1，17 US Code.

❷ First Council Directive 89/104/EEC of 21 December 1988 to Approximate the Laws of the Member States Relating to Trade Marks，article 10.

❸ Council Regulation（EC）No. 40/94 of 20 December 1993 on the Community Trade Mark，article 15.

《与贸易有关的知识产权协议》在商标的使用和注册方面作出了更为接近美国的规定。一方面，该协议第 15 条规定，成员可以将商标的使用作为"获准注册"的依据，但是不得将商标的实际使用作为"申请注册"的条件；另一方面，该协议第 19 条又规定，如果成员要求以使用作为维持注册的条件，则获准注册的商标连续 3 年没有使用，可以撤销注册，除非商标所有人有正当的理由。❶ 显然，协议规定成员可以将"使用"作为商标获准注册的条件，连续 3 年不使用可以撤销注册，都反映了对于商标实际使用的要求。

　　事实上，中国《商标法》在注重商标注册的同时，也充分强调了商标的实际使用。例如，现行《商标法》第 4 条第 1 款规定："自然人、法人或者其他组织在生产经营活动中，对其商品或者服务需要取得商标专用权的，应当向商标局申请商标注册。"❷根据这一规定，申请注册的商标，应当是与商品或者服务联系在一起的商标，应当是自然人、法人或者其他组织在生产经营活动中使用的商标。显然，这一规定充分体现了商标是商业活动中使用的标记、申请注册的商标应当在商业活动中使用的含义。当然，《商标法》第 4 条并不排斥对于意图使用的商标的注册。因为，从条文的字面含义来看，"对其商品或者服务需要取得商标专用权的"，可以申请注册。这样，已经实际使用的商标可以申请和获准注册，尚未实际使用但是准备使用的商标，也可以申请和获准注册。不过，这并不意味着意图使用的"注册商标"可以一直持续存在。现行《商标法》第 49 条规定，注册商标没有正当理由连续 3 年不使用的，任何单位或者个人可以向商标局申请撤销该注册商标。❸

---

　　❶　WTO：TRIPS Agreement，articles 15，19.

　　❷　这是 2013 年《商标法》的规定。在此之前，就生产经营活动和商品而言，1982 年《商标法》第 4 条、1993 年《商标法》第 4 条、2001 年《商标法》第 4 条有大体相同的规定。

　　❸　这是 2013 年《商标法》的规定。在此之前，1982 年《商标法》第 36 条、1993 年《商标法》第 30 条、2001 年《商标法》第 44 条都有基本相同的规定。

将《商标法》有关商标注册和撤销注册的两个条文结合起来，我们完全可以说，获得商标局注册的商标，首先应当是在商业活动中已经使用的商标，其次才是准备使用的商标。即使是准备使用的商标，市场主体也应当在获准注册的 3 年之内加以使用，否则撤销注册。

　　除了上述规定，我国于 2013 年修订《商标法》，又在数个条文中进一步强化了商标使用的要求。例如，第 48 条规定了商标使用的定义："本法所称商标的使用，是指将商标用于商品、商品包装或者容器以及商品交易文书上，或者将商标用于广告宣传、展览以及其他商业活动中，用于识别商品来源的行为。"再如第 64 条规定，在侵权诉讼中，人民法院可以要求注册商标专用权人提供此前 3 年内实际使用该注册商标的证据；如果注册商标专用权人不能证明此前 3 年内实际使用过该注册商标，也不能证明因侵权行为受到其他损失的，被控侵权人不承担赔偿责任。此外，第 59 条还规定，商标注册人申请商标注册以前，他人已经在同一种商品或者类似商品上使用相同或者近似并有一定的影响的商标的，可以在原使用范围内继续使用，但可以要求其附加区别标识。❶

　　然而，我国在工商行政部门的主导之下，长期以来强调商标的注册，以及由此而来的对于商标的保护，一定程度上忽略了商标应当使用的基本原理。例如，我国近年来商标注册申请量不断攀升，每年都在 100 万件以上。根据《二〇一三年中国知识产权保护状况》，我国 2013 年共受理商标注册申请 188.15 万件，连续 12 年位居世界第一。❷ 又据 2015 年 4 月发布的数据，我国 2014 年受理商标注册申请 228.5 万件，商标有效注册量 839 万件，继续保持世界第一。❸ 正是因为有了这样庞大的商标注册申请和有效注册商标的数

---

❶　参见 2013 年《商标法》的相关条文。

❷　参见国家知识产权局发布的《二〇一三年中国知识产权保护状况》（2014 年 4 月）。

❸　国务院新闻办公室 2014 年中国知识产权发展状况新闻发布会，2015 年 4 月 16 日。

量，在相关媒体上也就有了中国是一个"商标大国"的说法。

诚然，随着中国经济近年来的快速发展，市场主体使用在相关商品或者服务上的商标需求量也会大大增加。然而，这种发展速度是否真的需要每年200万件左右的商标注册申请量，是否真的需要839万件的有效注册商标量，则是一个值得探究的问题。至少在笔者看来，每年200万件左右的商标注册申请中，有相当一部分是根本没有打算在商业中使用的"标记"；在839万件有效注册商标中，也有相当一部分是从来没有使用在商品或者服务上的"标记"。显然，这些申请注册的"标记"或者获准注册的"标记"，不属于商标法意义上的商标。

二、商标与商誉：商标是承载商誉的工具

商标作为指示商品或者服务来源的标志，是由文字、字母、数字、图形、颜色、三维标志和声音、气味等要素构成的。例如，《与贸易有关的知识产权协议》第15条规定，任何标记或者标记的组合，只要能够区别商品或者服务的来源，就可以构成商标。这些标记尤其包括文字（包括人名）、字母、数字、图形和颜色组合，以及上述要素之组合。协议还规定，成员可以将获准注册的商标，限定在"可视性标志"的范围之内。❶ 正是基于这样的规定，我国2001年《商标法》第8条规定，任何能够将商品（或服务）区别开来的"可视性标志"，包括文字、图形、字母、数字、三维标志和颜色组合，以及上述要素的组合，都可以作为商标申请注册。到了2013年修订《商标法》则删除了"可视性"的要求，成为任何标志或者标志的组合，都可以作为商标申请注册。❷ 根据这一规定，"声音"已经可以作为商标获得注册，"气味"也有可能在未来纳入可以获得商标注册的范围。

---

❶ TRIPS Agreement，article 15.
❷ 参见2013年《商标法》第8条。

由商标的构成要素来看，商标确实是一种"标记"。然而，商标权作为一种财产权，则不是就商标或者标记本身所享有的权利。首先，构成商标的所有要素，例如文字、字母、数字、图形、颜色、三维标志、声音和气味等，从一开始就处于公有领域之中。在这方面，即使某人构造了一个新的名词、字母或者数字，创造了一个新的图形，或者调和出了一种新的色彩，也不能获得知识产权的保护。因为，这些东西既不属于可以获得保护的作品，也不属于可以获得保护的发明，所以从一开始就处于公有领域之中。其次，当我们从公有领域中选择这些要素，或者组合这些要素，可以形成商业中使用的"标记"。如此组合而成的"标记"，如果构成了作品，则可以获得著作权法的保护。如果构成了产品的外观设计，还有可能在符合法定条件的情况下，获得外观设计法或者专利法的保护。当然，由此而产生的商标标记，也有可能既不构成作品也不构成外观设计，从而不受著作权法和外观设计法的保护。显然，商标法不是对构成商标的标记，提供一种著作权法或者外观设计法基础上的额外保护。换句话说，商标权不是就标记本身所享有的权利。

　　事实上，商标权作为一种财产权，来自于商标的实际使用，以及由此而产生的商誉。商标是商业活动中使用的标记，可以指示商品或者服务的来源。随着商标的实际使用，就有了消费者对于某一商标所标识的商品或者服务的积极评价，这就是商标所承载的商誉或者声誉。商标法和反不正当竞争法在保护商标的同时，在事实上也保护了商标所承载的商誉或者声誉。这种商誉或者声誉，不仅与商标的实际使用密切相关，而且与商标所标示的产品或者服务密切相关。没有实际使用的"商标"，没有承载起一定商誉的"商标"，只不过是一个"标记"而已。

　　按照国际上的通行看法，商标权作为一种财产权，是商标所有人关于商誉所享有的权利。至于商标法和反不正当竞争法中的仿冒之诉，则是对于商标及其所承载的商誉提供保护的法律。根据相关的研究，英国最早的关于商标保护的判例发生于 1618 年，涉及了一个布匹商冒用另一个布匹商的商标，以劣质布匹吸引原告客户的情形。法官在判决中认为，被告使用原告商标出售自己的布匹，属于欺诈行为。原告的商标在使用中已经获得了巨大的商业信誉，因而可以要求被告停止欺诈的行为。❶ 在此之后，英国法院逐渐在制止商标欺诈的基础上，发展出了制止仿冒的法律，进一步提供了对于商标及其所承载的商誉的保护。到了 19 世纪末期，英国和美国的学者逐步提出了"商誉"（good will）的概念，认为有关商标的财产权就是体现在商誉之中。在这方面，商誉学说也体现在了法院的判决之中。例如，美国联邦最高法院在 1916 年的"汉诺威"案中指出，商标权作为一种财产权，来自于商标的持续使用，以及由此而产生的商誉。商标权作为一种财产权，其核心是商誉。至于商标，则不过是承载商誉的工具。法律所保护的是商誉，而不是工具本身。❷ 现在，商标权是商标所有人就其商标所承载的商誉享有的权利，已经成为国际社会的共识。

商标所承载的商誉，是通过商标的持续使用而获得。商标是使用在商业活动中的标记，可以将不同的市场主体所提供的商品或者服务区别开来。一方面，消费者可以通过商标选择自己喜爱的商品或者服务，并对某一商标所标识的商品或者服务产生积极的评价。这就是商标所承载的商誉。另一方面，商标所有人为了积累和增加自己商标所承载的商誉，也会加大对于相关商品或者服务的投入。就商品而言，商标所有人可以从事技术创新，使用大量的专利技术和非专利技术，提高产品的质量，增加产品的性能，降低产品的成本，从而赢得消费者的青睐。就服务而言，商标所有人可以创新服务方式，提高服务质量，降低服务价格，从

---

❶　Southern v. How (1816)，*see* CORNISH，LLEWELYN. Intellectual Property：Patents，Copyright，Trade Marks and Allied Rights［M］. 6th ed. London：Sweet & Maxwell，2007：606（footnote 17）.

❷　Hanover Star Milling Co. v. Metcalf，240 U. S. 90（1916）.

而吸引消费者。除此之外，商标所有人还可以投放各种各样的广告，宣传自己的商标和与之相关的商品、服务，或者采取独特的营销方式和必要的售后服务，让消费者认可自己的产品或服务。显然，正是由于商标所有人的各种努力和投入，才有了消费者对于相关商品或者服务的积极评价，才有了相关商品或者服务市场份额的扩大。从这个意义上说，商标的持续使用，商标所有人对于相关商品或者服务的持续投入，是商誉产生的源泉。

商标与商誉的关系是理解商标作为一种财产、商标权作为一种知识产权的关键。1967 年缔结的《建立世界知识产权组织公约》第 2 条，将知识产权定义为"智力活动成果权利"，并列举了与作品、发明、工业品外观设计、商业标识和制止不正当竞争有关的权利。其中的商业标识，包括商品商标、服务商标、商号和其他商业标记。❶ 在这里，将作品、发明和外观设计理解为智力活动成果，一般不会发生太大的问题。因为，这些客体都是人类通过大脑创造出来的东西，属于智力活动成果。如何将商业标识理解为智力活动成果，在很多人那里就发生了问题。由此出发，一些人甚至将知识产权划分为两大类，创造性智力活动成果权利和标记性权利。言外之意，商业标记不属于智力活动成果。显然，这是一种错误的划分。商标属于智力活动成果，是因为商标是商誉的载体。商标属于智力活动成果，是因为商标所有人在积累和增加商标所承载之商誉的过程中，投入了大量的创造性智力劳动。从某种意义上说，企业就产品或者服务作出的所有的创造性努力，包括研发投入和技术改进，最后都结晶在了商标和商号之上。

三、商标与商标注册：财产性权利与程序性权利之界分

从商标保护的历史来看，欧洲大陆国家最早是通过制止欺诈的法律，提供了对于商标的保护。例如，法国 1803 年《刑法》规

---

❶　Convention Establishing World Intellectual Property Organization，Article 2.

定，假冒他人商标属于伪造公文，假冒者应当罚为苦役。❶ 直到
1857 年，法国才颁布了世界上第一部《商标法》，确立了商标注册
制度。值得注意的是，这部《商标法》系依据 1804 年《法国民法
典》第 1382 条制定。根据《法国民法典》第 1382 条，任何人以自
己的行为致使他人受到损害时，应当因为自己的过失而对该他人
负赔偿责任。❷ 按照 1857 年制定的法国《商标法》，获准注册的商
标可以获得该法的保护，没有注册的商标仍然可以依据《法国民
法典》第 1382 条获得保护。正是由此出发，很多人推论 1804 年的
《法国民法典》已经将商标作为一种财产权予以保护。法国之后，
同属欧洲大陆的德国于 1874 年颁布了注册商标法，瑞士于 1890 年
颁布了注册商标法。甚至是受到大陆法系影响的日本，也在 1884
年颁布了注册商标法。

至于英美法系，最早也是通过制止欺诈的法律，例如侵权责
任法，提供了对于商标的保护。如前所述，在 1618 年的"布匹
商"案中，法官裁定使用他人的商标销售自己的布匹，属于法律
应当制止的欺诈。在随后的 200 多年里，英国法院一直以制止欺
诈或者欺骗为依据，提供了对于商标及其所承载的商誉的保护。
在这方面，在制止商标欺诈或者欺骗的同时，英国法院还提炼出
了制止商业标识仿冒的法律，也就是后来所说的反不正当竞争法。
按照《仿冒法》和相关的判例，商标所承载的商誉属于财产，仿
冒他人商标属于欺骗社会公众。❸ 在制止仿冒法律和相关判例的基
础上，英国于 1875 年制定了《商标注册法》（Trademark Registra-
tion Act），对商标提供了注册保护。按照相关的判例，申请和获
得注册的商标可以获得《注册商标法》的保护，而没有申请注册

---

❶　参见法国共和 11 年芽月 25 日法，以及：黄晖. 商标法 [M]. 北京：法律出
版社，2004.7.

❷　参见《法国民法典》第 1382 条。

❸　CORNISH，LLEWELIN. Intellectual Property：Patents，Copyright，Trade
Marks and Allied Rights [M]. 6th ed. London：Sweet & Maxwell，2007：606 - 607.

的商标，仍然可以受到《仿冒法》的保护。无论是依据《注册商标法》，还是依据《仿冒法》，判定商标侵权的标准都是消费者混淆的可能性。至于消费者混淆的可能性，又根源于早期商标保护中的制止欺诈或者欺骗。

美国立国之初继承了英国有关商标仿冒的法律，通过制止欺诈或者欺骗，提供了对于商标的保护。与英国的发展相似，美国法院也在《仿冒法》的基础上发展出了制止不正当竞争的规则，并由此而提供了对于商标及其所承载的商誉的保护。按照反不正当竞争法，只要他人对于相同或者近似商标的使用，有可能造成消费者的混淆，就可以判定侵权。至于侵权者是否具有欺骗社会公众的意图，不再是侵权构成的要件。❶ 随着美国经济的发展，国会还在 1870 年制定了联邦的注册商标法。然而到了 1879 年，美国联邦最高法院却在"商标法"案中，认定这部注册商标法违宪。❷ 直到 1946 年美国才制定了现代的注册商标法——《兰哈姆法》，对商标提供了联邦的注册保护。因此，在《兰哈姆法》之前，一直是由制止欺诈的法律和制止仿冒的反不正当竞争法，提供了对于商标的保护。而且，即使是在《兰哈姆法》实施以后，反不正当竞争法仍然提供着对于未注册商标的保护。

值得注意的是，商标注册制度的作用主要在于公示申请和获准注册的商标，使得商标保护具有更大的确定性。商标权作为一项财产权利，仍然是来自于商标的实际使用，以及由此而产生的商誉。无论是英美法系还是大陆法系，都没有把商标注册当作获得财产权利的一个途径。或许大陆法系的理论和学说不甚明了，但英美法系明确将商标所有人通过注册所获得的好处称之为程序性权利。在 1970 年的"彼特斯"案中，美国的关税与专利上诉法

❶　PAUL GOLDSTEIN. Copyright，Patent，Trademark and Related State Doctrines [M]. New York：Foundation Press，1997：219.

❷　Trade－mark Cases，100 U. S. 82（1879）.

院指出，联邦注册为商标所有人提供了一些附属的好处，可以称之为程序性权利。例如，他可以依据注册证书前往联邦法院提起侵权诉讼，注册证书可以成为权利有效的初步证据。又如，随着他的商标获准注册，在后的使用者不得提出真诚使用的抗辩。除此之外，根据《兰哈姆法》第15条，相关的商标获准注册5年以后，商标所有人通常享有"无可争议的权利"，即他的权利不受他人的挑战。❶ 又据美国《关税法》第1337条，商标所有人可以依据联邦的商标注册，向美国海关提出申请，阻止侵权商品进口。显然，所有的这些好处都是因商标注册的行政程序而获得，因而可以称之为程序性权利。

从先有制止欺诈的法律保护商标，后有商标注册制度的历史发展来看，无论是欧洲大陆国家还是英美等国，都没有把商标注册当作财产权的授予。然而，起源于欧洲大陆的商标注册制度传到东方之后，日本却囫囵吞枣地将商标注册当成了商标授权，并由此而造成了理论上和实践上的混乱。例如，日本现行《商标法》第18条规定："商标权经设定注册而生效。"第19条规定："商标权的存续期间为注册设定之日起10年。商标权的存续期间，可依商标权人的延展注册申请而续展。"❷ 按照这两条的规定，以及日本《商标法》中的其他规定，商标权是经由注册程序而设定的，并且可以通过续展注册的程序得以延续。所谓的商标保护，就是保护经由注册程序而设定的"商标权"。直到今天，日本仍然将商标注册与专利授权等同起来，认为商标权作为一项财产权是经由注册程序而设定的。

我国近现代的知识产权制度，包括商标注册制度，深受日本的影响。与此相应，日本将商标注册视为财产权获得的理念，也

---

❶　In Re Beatrice Food Co.，429 F. 2d 466（CCPA，1970）.

❷　参见《日本商标法》第19条、第20条。事实上，包含这两个条款的第四章，其标题就是"商标权"。

在很大程度上影响了中国。例如，我国《商标法》自 1982 年以来一直规定，经商标局核准注册的商标为注册商标，"商标注册人享有商标专用权，受法律保护"。❶ 又如，最高人民法院于 2010 年 4 月发布的《最高人民法院关于审理商标授权确权行政案件若干问题的意见》，其题目也直接反映了商标注册是"授权"，处理有关商标注册的争议则是"确权"。❷ 比照美国的商标注册理念，如果我们把这里的"商标专用权"当作一种程序性的权利，把"授权、确权"视为就程序性的权利所作出的决定，也不会发生太大的问题。然而，在商标主管部门和一些专家学者的主导之下，商标注册被赋予了财产权授予的含义。或者说，《商标法》所说的"商标专用权"相当于财产权，商标注册相当于获得财产权。按照这样一种推理，市场主体争相注册商标，获得"商标授权"也就不足为怪了。

事实上，商标权作为一项财产权，与商标注册的申请和获准没有关系。因为，商标作为一项财产，商标权作为一项财产权，来自于商标的实际使用和消费者的认可，以及相关商标所承载的商誉。一件已经使用的商标，不会因为获准注册而增加该商标所代表的商誉。一件尚未使用的商标或者标记，也不会因为获准注册而从无到有地产生商誉。与此相应，行政主管部门就商标注册申请所从事的受理、审查和核准注册的行为，都与商誉或者财产权的获得没有关系。那种认为商标注册就是授予财产权的说法，显然是忽视了商标保护的历史发展，忽视了商标的使用以及商标所承载的商誉。而且，这种说法还可能引申出另外一个荒诞的结论，即商标注册部门是一个财产权的授予机构。

就一件注册商标而言，将商标所有人的权利划分为"财产性

---

❶ 参见 1982 年《商标法》、1993 年《商标法》、2001 年《商标法》和 2013 年《商标法》第 3 条。

❷ 《最高人民法院关于审理商标授权确权行政案件若干问题的意见》（2010 年 4 月）。

权利"和"程序性权利",对于理解商标注册在商标保护中的地位和作用,具有非常重要的意义。其中的财产性权利来自于商标的实际使用,是一项基础性的权利。其中的程序性权利,来自于商标局的注册,是一种附属于财产性权利的权利。按照这样的划分,程序性权利只有与财产性权利结合在一起的时候,才具有法律上的意义。单独存在的程序性权利,是一种没有实际意义的权利。在这方面,我们可以将注册商标所有人享有的财产性权利称之为"皮",将注册商标所有人通过注册而获得的程序性权利称之为"毛"。"毛"只有附着于"皮"之上才有意义。而那些不能附着于"皮"之上的"毛",则是没有意义的。中国的成语"皮之不存,毛将焉附",所揭示的正是这样的道理。

四、商标与市场竞争:商标的恰当使用反映了正常的市场竞争秩序

商标保护的宗旨首先是维护商标所有人的权利。在实际的商业活动中,某一商标可以指示商品或者服务来源的范围,通常也就是该商标所承载的商誉的范围。如果某一市场主体将相同或者近似的标记使用在相关的商品或者服务上,其目的显然是利用他人商标所承载的商誉,让消费者误认为自己所提供的商品或者服务来源于他人。或者说,侵权者通过使用相同或者近似标记的作法,误导、欺骗了消费者,造成了消费者在商品或者服务来源上的混淆。通常所说的"傍名牌"或者"搭便车",就是指不正当地利用了他人的商誉。而制止商标侵权,则是为了保护商标及其所承载的商誉,维护商标所有人的权利。

商标保护的宗旨其次是维护消费者的利益。商标侵权的标准是消费者混淆的可能性。制止商标侵权,则是为了让消费者在商品或者服务的来源上免于混淆。按照这个标准,如果对于他人商标及其构成要素的使用,有可能造成消费者混淆,就会有侵权发生。如果没有造成消费者混淆的可能性,则不会有侵权的发生。

当然，这里所说的维护消费者的利益，并非让消费者直接提起商标侵权的诉讼。按照世界各国商标法和反不正当竞争法的规定，只有受到侵害的商标所有人才可以提起侵权诉讼，要求责令停止侵权和损害赔偿。不过，商标所有人在维护自己权利的同时，也维护了消费者的利益。

从维护商标所有人的权利和消费者的利益出发，商标保护又在事实上维护了正常的市场竞争秩序。因为，使用相同或近似商标利用他人商标声誉的行为，在商品或者服务的来源上欺骗或者误导消费者的行为，都是不正当竞争的行为和扰乱市场秩序的行为。这样，对于商标及其所承载的商誉的保护，就有了三层含义。第一，商标是一个商业性标记，可以指示商品或者服务的来源。第二，商标体现了一定的商誉，来自于商标所有人对于相关商品或者服务的投入。第三，商标的恰当使用，以及对于商标侵权的制止，反映了正常的市场竞争关系。正如日本学者中山信弘教授所说："标记性法律保护商业中使用的标记，但真正受到保护的则是标记所承载的商业信誉。所谓商誉是消费者关于某一商业经营者的总体信息，同时也是经营者的财产。虽然标记性法律将这些标记作为财产加以保护，但其目的则不仅是保护财产权，而且是维护竞争秩序。"●

关于保护商誉和维护市场竞争秩序，除了注册商标法，我们还应当注意反不正当竞争法。事实上，反不正当竞争法就是起源于对于商标仿冒的制止，以及对于商誉的保护。在制止仿冒的基础之上，世界各国的反不正当竞争法还发展出了制止商业诋毁和虚假宣传的法律规则，对于商业标识及其所承载的商誉，给予了更为广泛的保护。例如在英国，法院通过相关的判例，不断丰富和发展制止仿冒的规则，形成了英国的反不正当竞争法。其中，不仅包括了对于商业标识仿冒的制止，还包括了对于虚假宣传和

● 中山信弘. 工业所有权法（第二版增补版）（上）[M]. 东京：弘文堂，2000：2.

商业诋毁的制止。❶ 又如，美国也是依据英国制止仿冒的原则，先有各州的反不正当竞争法，然后又产生了联邦的反不正当竞争法，包括了制止仿冒、商业诋毁、虚假宣传等内容。❷ 至于大陆法系的一些国家，则在制止商标仿冒的基础上，制定了成文的反不正当竞争法。例如德国在 1896 年制定了一部《反不正当竞争法》，成为世界上最早的制止不正当竞争的单行法律。进入 20 世纪以后，法国、瑞士、奥地利、意大利和日本等国，相继制定了成文的制止不正当竞争的法律。

随着各国反不正当竞争立法和司法实践的发展，《巴黎公约》1900 年布鲁塞尔文本第 10 条之二也规定了制止不正当竞争的基本原则。随着公约文本的发展，形成了我们今日所见的斯德哥尔摩文本第 10 条之二的规定。❸ 根据规定，成员应当至少制止以下三种不正当竞争的行为：第一，一切不择手段地对同行的营业所、商品或工商业活动造成混淆的行为。这是指对于商标、商业外观和商号的仿冒。第二，在贸易中损害同行的营业所、商品或者工商业活动的信誉的虚假陈述。这是指商业诋毁。第三，在贸易中使用某些表示或说法，会使公众对商品的性质、制造方法、特点、用途和数量发生混淆。这是指虚假宣传。

应该说，制止上述三种不正当竞争行为，都与商誉的保护密切相关。其中的仿冒，表面上看是让消费者在营业所、商品或者工商业活动的来源上发生混淆，但在实质上是盗用他人商标、商业外观和商号所承载的商誉。在这方面，我国《反不正当竞争法》第 5 条基本涵盖了商标、商业外观和商号的仿冒。其中的商业诋毁，是指竞争者采用虚假陈述的方式，损害他人的营业所、商品或者工商业活动的行为。而制止商业诋毁，则是为了维护受害者

---

❶ CORNISH，LLEWELIN，Intellectual Property：Patents，Copyright，Trade Marks and Allied Rights［M］. 6th ed. London：Sweet & Maxwell，2007：627 - 630.

❷ Lanham Act，article 43.

❸ Paris Convention，article 10bis.

的商誉。在这方面，我国《反不正当竞争法》第 14 条也规定：
"经营者不得捏造、散布虚伪事实，损害竞争对手的商业信誉、商品声誉。"其中的虚假宣传是指，经营者使用某些虚假表示或者说法，让消费者对自己所提供商品的性质、制造方法、特点、用途和数量发生混淆，从而将消费者吸引过来。显然，虚假宣传一方面夸大了自己商品的声誉，另一方面则在客观上贬低了其他竞争者的商品。所以，其他经营者提起诉讼，制止虚假宣传，一方面维护了市场竞争秩序，另一方面则维护了自己商品的声誉。在这方面，我国《反不正当竞争法》第 9 条规定，经营者不得利用广告或者其他方法，对商品的质量、制作成分、性能、用途、生产者、有效期限、产地等作引人误解的虚假宣传。

从知识产权或者智力活动成果的保护来看，反不正当竞争法具有非常广泛的内容。然而就本文的讨论而言，与注册商标法相比，反不正当竞争法对于商业标识及其所承载的商誉，提供了更为广泛的保护。首先，注册商标法主要提供了对于注册商标的保护，而反不正当竞争法则不仅提供了对于注册商标的保护❶，而且提供了对于未注册商标和商号的保护。其次，反不正当竞争法还通过制止商业诋毁和虚假宣传，保护了市场主体的商誉。正是通过这样一种广泛的保护，反不正当竞争法与注册商标法一起，既保护了商业标识及其所承载的商誉，又维护了正常的市场竞争秩序。

---

❶　例如，很多国家的反不正当竞争法，都提供了注册商标的反淡化保护。

关键词推广商标侵权问题研究

刘润涛 *

　　关键词推广，也称为关键词检索、关键词广告等，是目前应用广泛的搜索引擎推广模式。当用户利用该关键词进行搜索，在搜索结果页面出现与该关键词相关的网页推广，并根据一定规则对搜索自然排序结果进行优化的一种网络推广方式。如其中的竞价排名，按照付费最高者排名靠前的原则，对购买同一关键词的网站进行排名。关键词推广中若将他人注册商标标识作为关键词使用，从事相关商品或服务的宣传或损毁商标权人商誉行为，容易引发商标权人的侵权指控。

　　关于关键词推广商标侵权问题，目前理论探讨和司法判决大多未对关键词推广使用他人商标的性质进行深入分析即径直认定关键词推广构成商标侵权，进而追究关键词推广搜索引擎服务提供者的商标侵权责任。❶ 但是，关键词推广商标侵权认定，首先要分析关键词推广主未经商标权人许可使用商标是否属于商标法

---

　　* 作者简介：华东政法大学知识产权学院博士研究生。本文为 2014 年度国家社科基金重大项目"互联网领域知识产权重大立法问题研究"（批准号：14ZDC020）和 2014年浙江省教育厅高等学校访问学者专业发展项目"第三方电子商务交易平台商标帮助侵权问题研究"（项目编号：FX2014073）的研究成果之一。

　　❶ 如原告大众交通（集团）股份有限公司、原告上海大众搬场物流有限公司与被告北京百度网讯科技有限公司、被告百度在线网络技术（北京）有限公司、被告百度在线网络技术（北京）有限公司上海软件技术分公司侵犯商标专用权与不正当竞争纠纷一案，参见上海市第二中级人民法院（2007）沪二中民五（知）初字第 147 号民事判决书。

28

意义上的商标使用，在此基础上考查是否是在同一种商品上使用
与注册商标相同的商标，或在同一种商品上使用与其注册商标近
似的商标、在类似的商品上使用相同或近似的商标、容易导致混
淆等问题。在推广主构成商标侵权基础上，搜索引擎服务提供者
主观上有过错，客观上实施了引诱、帮助的行为，可能构成共
同侵权。所以，要正确处理关键词推广商标侵权纠纷，首先要
厘清搜索引擎关键词推广中使用他人商标是否构成商标法意义
上的商标使用，然后再判断使用的商品或服务是否相同或类
似，是否容易导致混淆，进而判定是否构成商标侵权，抑或不
正当竞争。

一、网络领域商标使用的界定

《商标法》规定的商标使用，"是指将商标用于商品、商品包
装或者容器以及交易文书上，或者将商标用于广告宣传、展览以
及其他商业活动中，用于识别商品或服务来源的行为"。❶ "商标使
用是以识别商品来源为目的将商标用于商业活动的行为。如果不
是以识别商品来源为目的的使用商标，或者将商标用于非商业活
动中，都不构成本法意义上的商标使用。"❷ 所以，商标使用是用
于识别商品或服务来源的使用行为，并在商业活动中公开、实际、
连续使用。其中，用于识别商品或服务来源既是商标功能上的本
质属性，也是对商标使用范围的限定。无论商标权人，还是其他
使用人，都必须基于商标识别商品或服务来源功能的使用才构成
商标使用。尽管在商标授权确权、商标使用许可、侵权认定、损
害赔偿等语境下商标使用的表现形式各异，但商标使用的共性特
征都是识别商品或服务来源。如果商标权人未将商标与特定商品
联系起来使用，未用于识别商品来源，仅有商标转让或许可、单

---

❶　参见《商标法》第48条。

❷　郎胜. 中华人民共和国商标法释义［M］. 北京：法律出版社，2013：95.

纯的广告宣传、注册商标声明或象征性的商品生产销售，不构成商标使用。当然，商标使用不一定是仅仅用作商标，将他人的注册商标用作企业名称在商品上突出使用，使相关公众对商品来源可能产生混淆的，也属于《商标法》上的商标使用。

网络领域商标使用的具体形态复杂多样，虽然《商标法》规定的商标使用未对网络等媒介上的使用进行明确界定，也未对网络领域商标使用的方式进行明确列举，但商标使用识别商品或服务的来源的本质特征并未因商标使用领域和形式的变化而有所不同。利用网络从事商业活动中使用商标，只要符合商标使用的本质属性，就属于《商标法》上的商标使用。所以，利用网络从事商业活动中使用他人商标是否构成商标使用，是否用于识别商品或服务来源是关键。由于商标作为一种符号，是一种公共资源，任何人都可以基于符号的信息功能利用商标标识。如果网络领域使用的商标目的不是识别商品或服务的来源，或者说不是利用商标的识别功能，而是利用商标的符号、审美等基本的信息功能，即使是在商业活动中使用，也不应武断地认定为商标使用，或者忽视对商标使用问题的考量。而且，商标权具有相对性，商标使用一般是针对特定商品或服务而言，没有脱离于商品或服务、不识别商品或服务来源的商标使用，只有将商标与特定商品或服务联系起来，用于识别商品或服务来源，才构成商标使用。如在商标确权审理程序中，法院认为广告宣传中商标未指定商品，不构成注册商标的使用。❶ 商标侵权纠纷案中法院也认为未与特定商品或服务相关联（未指向具体商品或服务类别）的注册商标宣传行为不属于商业标识意义上的商标使用。❷

---

❶ 参见北京市第一中级人民法院（2009）一中行初字第 917 号行政判决书。

❷ 参见浙江省杭州市下城区人民法院（2012）杭下知初字第 48 号民事判决书、浙江省杭州市中级人民法院（2013）浙杭知终字第 8 号民事判决书。相关的案例评析可参见：王磊. 未与特定商品相关联的商标宣传行为的法律规制［J］. 人民司法，2013（12）：96.

二、关键词推广的商标侵权纠纷类型化分析

根据关键词推广使用他人注册商标标识方式的不同，可以把关键词推广主要分为四种类型：第一种是仅在关键词推广的关键词部分使用他人商标，即单纯地将商标作为搜索引擎关键词使用；第二种是除关键词部分使用他人商标外，在搜索结果网页链接的标题、描述中也使用他人商标；第三种是除关键词部分使用他人商标外，在关键词链接的网页推广内容中使用他人商标；第四种是关键词推广的关键词部分使用他人的商标，在搜索结果网页链接的标题、描述中也使用他人的商标，网页推广内容中还使用了他人商标。

（一）单纯将他人商标作为搜索关键词使用

近年来，随着《商标法》对商标使用重要性的立法提升、商标使用理论研究的深入和司法实践的发展，理论界对仅将他人商标单纯作为关键词的使用是否属于《商标法》上的商标使用存在很大的争议。司法实践来自较早发生在美国的 Resecuecom Corp. v. Google Inc. ❶ 案，法院将关键词推广中使用他人商标是否构成商标使用作为案件审理的重点后，关键词推广中使用他人商标是否构成商标使用的争论不断，裁判标准很不统一。

理论研究方面，有学者认为，"网络环境下类似于利用商标关键词产生的售前混淆的行为属于商标法意义上的商标使用行为，尽管商标没有直接应用在商品上，但已应用于推广商品的媒介上，将其视为商标使用行为在理论界应该没有争议"。❷ 有学者认为："将他人商标设定为搜索关键词，属于商标性使用行为，这属于网络环境下商标性使用方式的扩大或新的使用方式，这与传统的商

❶　Resecuecom Corp. v. Google Inc. 456 F. Supp. 2d（N. D. N. Y. 2006）.

❷　黄武双. 搜索引擎服务商商标侵权责任的法理基础：兼评"大众搬场"诉"百度网络"商标侵权案［J］. 知识产权，2008（5）：55.

标性使用方式有差异，……服务对象是想通过他人商业标识来建立与自己提供的商品或服务的联系，此属于商标性使用。"❶ 有的学者针对关键词商标的"内部使用"进一步分析："尽管将商标作为关键词是网络访问者看不见的内部使用，但对网络用户来说，输入商标名称作为检索条目很明显是在寻找该商标所核定的商品或服务的信息，当商标出现在搜索结果并且进一步将访问者引导到相关网站时，作为关键词的商标就与特定商品产生了关联……可见关键词推广是网络环境中实现商标指示商品来源的一种方式，借助技术手段而表现出内部性，最终达到识别来源、引导购买的作用。"❷ 有的学者还分析了关键词推广的产生过程，并认为即使在选取阶段，无论广告主购买他人商标作为关键词还是搜索引擎服务提供者将商标作为关键词出售的行为都构成商标使用。❸ 可见，学术界很多学者持商标仅作为关键词使用属于商标法意义上的商标使用的观点。

在司法实践方面，商标仅作为关键词使用的侵权纠纷鲜见于我国大陆的司法实践，比较典型的相关案例是重庆法院审理的"汤姆叔叔"商标侵权及不正当竞争纠纷案和北京法院审理的费希尔厂有限责任两合公司等诉北京百度网讯科技有限公司等侵犯商标权及不正当竞争纠纷案，但两案对商标仅作为关键词使用是否构成商标使用观点截然相反。在重庆法院审理的"汤姆叔叔"商标侵权纠纷及不正当竞争纠纷一案中，法院认为："商标权从根本上讲属于一种标识性的权利，判断是否是商标法意义上的商标使用行为，根本上是看涉案商标的使用是否起到指示商品或服务来源的作用。……本案中，当特定行业存在特定注册商标并具有一

---

❶ 互联网环境下商标侵权与垄断问题国际研讨会综述 [EB/OL]. [2015 - 06 - 18]. http://www.iolaw.org.cn/showNews.aspx? id=42192.

❷ 张今，郭斯伦. 电子商务中的商标使用及侵权责任研究 [M]. 北京：知识产权出版社，2014：93.

❸ 李杰. 关键词广告商标侵权问题研究 [D]. 上海：华东政法大学，2013.

定市场知名度的情况下，同业竞争者将该商标作为搜索关键词并链接到自身推广网页，随着这种关联信息在网络上的固定重复长期使用，实际起到了指示商品或服务来源的作用。……由于在网络搜索中建立推广信息属于在网络中宣传推广企业商品或服务的活动，应系在有关商业活动中使用商标的行为，该行为属于商标法意义上的商标使用行为。"❶ 而在北京法院审理的费希尔厂有限责任两合公司等诉北京百度网讯科技有限公司等侵犯商标权及不正当竞争纠纷案中，北京两审法院均认为将相关文字设置为推广链接的关键词系在计算机系统内部操作，并未直接将该词作为商业标识向公众展示，不会使公众将其识别为区分商品来源的商标，仅作为关键词的商标使用不构成商标法意义上的商标使用。❷

可见，理论研究倾向于认为单纯将他人的商标作为搜索引擎关键词使用构成商标法意义上的商标使用。司法实践中很多法院在审理关键词推广纠纷中虽未明确论证关键词是否构成商标使用，但往往是在肯定其属于商标使用的基础上作出商标侵权及不正当竞争纠纷案件判决。❸ 在上述重庆法院审理的"汤姆叔叔"商标侵权及不正当竞争纠纷以及广州法院审理的台山港益电器有限公司与广州第三电器厂、北京谷翔信息技术有限公司侵害注册商标专用权纠纷案中，法院更是明确仅将他人的商标作为搜索关键词使用认定为商标法意义上的商标使用。❹

当然，理论界也有少数学者持仅在关键词中使用商标不构成《商标法》上的商标使用的观点。有的学者认为，"从使用的属性

---

❶　参见重庆市第一中级人民法院（2012）渝一中法民初字第 00430 号民事判决书、重庆市高级人民法院（2013）渝法高民终字第 00241 号民事判决书。

❷　参见北京市第一中级人民法院（2011）一中民初字第 9416 号民事判决书、北京市高级人民法院（2013）高民终字第 1620 号民事判决书。

❸　参见上海市第二中级人民法院（2007）沪二中民五（知）初字第 147 号民事判决书。

❹　参见广东省广州市中级人民法院（2008）穗中法民三终字第 119 号民事判决书。

来说，对竞价排名关键词的使用不属于商标法意义上的商标使用行为。……将特定的商标标识作为竞价排名的关键词，是一种交流工具使用，而不是作为指示商品或服务来源的标志在使用。……属于典型的言论自由的使用范畴。"❶ 有的学者认为，将商标作为关键词都是消费者不能眼见的商标的使用方式，并没有把商标信息传递给公众，进一步来说，没有在区分商品或服务来源的意义上使用该商标标识。❷

本文认为，关键词推广中关键词作为一种信息检索技术工具，只是在关键词与网页地址之间建立了一种无形的、间接的对应关系，是一种为实现技术效果的"内部使用"，主要具有交流工具的属性，无论是搜索引擎服务提供者还是广告主都不是当然作为识别商品或服务来源的使用，即搜索引擎服务提供者不是用关键词来识别自己提供的服务，广告主将商标用作关键词的使用也未与特定的商品或服务直接联系在一起，关键词搜索结果链接的网页中的内容也有很大的不确定性。所以，对仅作为关键词使用商标的定性必须符合商标的功能和商标保护的目的，不能过度保护而损害相对人和公众的利益。商标仅作为关键词的内部使用，未出现在搜索结果标题和网页内容中，未直接与特定商品或服务相联系，不用于指示商品或服务来源，未起到识别商品或服务来源的商标功能，不构成《商标法》上的商标使用。在搜索结果标题和网页内容中不出现他人的商标，多数情形下还明确标注了自己的商标，虽然通过关键词搜索将设置关键词的网页搜索出来，甚至排名还在真正的商标权人网页之前，但这种仅将搜索结果提供给消费者，给予消费者更多选择的机会，理性的消费者从搜索结果标题以及网页内容根本不会误认是商标权人提供商品或服务，不

---

❶ 邓宏光，易健雄. 竞价排名的关键词何以侵害商标权：兼评我国竞价排名商标侵权案 [J]. 电子知识产权，2008（8）：57.

❷ 凌宗亮. 仅将他人商标用作搜索关键词不构成商标侵权 [EB/OL]. [2015 - 06 - 28]. http://www.zhichanli.com/article/8629.

会导致相关公众对商品或服务来源的混淆，就好比现实空间某品牌手机经销商在 Apple 专卖店边上开设自己的专卖店，并通过告知消费者自己品牌专卖店在 Apple 专卖店隔壁一样，不是在商标法意义上使用 Apple 商标。

虽然在商标形成阶段和侵犯商标权阶段商标使用的含义不尽相同，❶ 如果在商标侵权中关键词使用构成商标法意义上的商标使用，那么，基于商标使用识别商品或服务来源的共有目的和功能，在商标授权确权等制度中商标使用的标准可能也会受到一定的影响，如在连续 3 年停止使用的撤销程序中，仅在关键词中使用商标属于商标使用，在网络环境下任何商标权人都可以将自己的全部注册商标通过设置关键词的方式达到注册商标维持的效果，事实上这种作为关键词的使用根本未用于识别特定商品或服务的来源，这样容易导致有限商标资源的囤积和浪费。

（二）搜索结果链接的标题描述中使用他人的商标

除作为搜索引擎关键词外，在搜索结果网页链接的标题、描述中还使用了他人的商标，商标已经从关键词与网页地址之间建立的无形的、间接的技术转变成商标标识与消费者之间的有形的、直接的信息传递关系，"内部性使用"转化为"外部性使用"，系将商标用于广告宣传等商业活动中，并发挥着识别商品或服务来源的功能，构成《商标法》上的商标使用。

在搜索结果网页链接的标题、描述中使用他人的商标，属于《商标法》上的商标使用，是否构成侵犯商标权行为？理论研究和司法实践中都倾向于认为这种使用属于《商标法》规定的给注册商标专用权造成其他损害的商标侵权行为。本文认为，《商标法实施条例》及相关司法解释对"给注册商标专用权造成其他损害的商标侵权行为"解释并没有搜索结果网页链接的标题中使用了他人商标的情形的规定，但搜索结果网页链接的标题中使用了他人

---

❶ 王太平. 商标法原理与判例［M］. 北京：北京大学出版社，2015：248.

商标与将他人商标用作商品名称或商品装潢使用，或将他人的商标相同或近似文字作为企业名称、注册为域名等明确列举的"给注册商标专用权造成其他损害的商标侵权行为"的形式相似、功能一致，法院行使自由裁量权，将其作为"给注册商标专用权造成其他损害的商标侵权行为"对待，有一定的合理性、正当性。但是，并非所有的搜索结果网页链接的标题、描述中使用了他人的商标都构成商标侵权行为，需要进一步审查网页链接的标题、描述中使用的商标是否与特定的商品或服务相联系，商品或服务与注册商标核定使用商品或服务是否相同、类似，是否容易导致相关公众混淆等。否则，仅仅是搜索结果网页链接的标题、描述中使用了他人的商标，但标题中使用的商标文字未指向特定商品或服务，网页内容中提供的商品或服务与注册商标核定使用的商品或服务不相同也不类似，不易导致相关公众混淆，即使是相关公众看到搜索结果标题可能产生联想，但点击进入网页内容后不容易导致混淆和混淆可能性时，不宜作为"给注册商标专用权造成其他损害的商标侵权行为"处理。

（三）关键词推广网页内容中使用他人的商标

除了将商标作为搜索引擎关键词外，还在关键词链接的网页内容中使用了他人的商标。由于在网页中使用他人商标的行为，是商业活动中公开、实际使用他人商标，且已经与网页宣传的特定商品相联系，用于识别商品的来源，属于《商标法》上的商标使用。

虽然网页内容中使用他人商标构成商标使用，但还需对商标使用的具体情形加以分析，特别是对网页内容中宣传的商品或服务与注册商标核定的商品或服务的类别进行对比。如果未经商标权人许可，在网页内容中宣传的商品与注册商标核定使用的商品相同，或者网页内容中宣传的商品与注册商标核定使用的商品类似，容易导致网络用户混淆或误认存在特定联系，可能构成商标侵权。至于网页内容中宣传的商品与注册商标核定使用的商品不相同也不类似，除驰名商标扩大保护外，一般不构成商标侵权。而且，并不是在网页内容中宣传使用的商标与他人注册商标相同，使用的商品与注册商标核定使用的商品相同或类似，容易导致网络用户混淆，就必然构成商标侵权。若网页内容宣传的是经商标权人许可售出的商品，或者网页内容中商标标识的使用是一种叙述性、指示性的商标使用，即使容易导致网络用户混淆，也不构成商标侵权，这是对商标的合理使用，属于对商标权的限制。在北京沃力森信息科技有限公司诉八百客（北京）软件科技有限公司、北京百度网讯科技有限公司侵犯注册商标专用权纠纷案中，以"XTOOLS"为关键词进行搜索，搜索结果中出现标题为"八百客国内最专业的 xtools"的链接，但在链接的网页广告内容中八百客公司未使用 XTOOLS 及近似的商标。法院认定，八百客公司的行为属于"给注册商标专用权造成其他损害的商标侵权行为"。❶可见，在搜索结果网页链接的标题中使用了他人的商标、并且网页广告中宣传的商品与注册商标核定使用的商品相同，容易导致相关公众混淆，法院运用"给注册商标专用权造成其他损害的商标侵权行为"兜底条款，将其作为商标侵权行为处理。

可见，关键词推广网页内容使用他人商标，也未必构成商标侵权。一般情况下，只有网页内容中宣传商品类别与注册商标核定使用商品相同或类似，并且这种商标使用不属于法定的对商标权行使的限制，广告主使用他人注册商标标识的行为才可能构成商标侵权。在广告主行为构成商标侵权的基础上，关键词推广搜索引擎服务提供者才可能因有过错提供网络中介服务而构成帮助型的共同侵权。其中，搜索引擎服务提供者过错的认定是关键。搜索推广服务提供者的服务不同于自然搜索，属于一种为广告活动提供技术支撑的营利行为，但又不同于广告本身。搜索推广服

---

❶　参见北京市海淀区人民法院（2009）海民初字第 26988 号民事判决书、北京市第一中级人民法院（2010）一中民终字第 2779 号民事判决书。

务者的身份也不是单纯的网络服务提供者，应基于其营利本性承担相应的注意、审查、监控义务。搜索引擎服务提供者对广告主的关键词推广使用他人商标并没有事先的主动审查义务，主要按照《侵权责任法》的"通知—移除"规则履行情况来确定搜索引擎服务提供者的主观过错。对于搜索引擎服务提供者主动设定关键词，并从中获利等特殊情形，其应承担更为积极的审查义务，避免侵犯他人商标权。当然，有观点认为，搜索引擎运营商没有尽到其审查义务，应当承担《广告法》规定的未尽审查义务而应承担的法律责任。搜索引擎运营商对关键词缺乏审查能力，不应承担商标侵权责任。❶

针对第四种情形，既在关键词推广的关键词部分使用了他人的商标，又在搜索结果标题、描述中使用他人的商标，也在关键词链接的网页广告内容中使用了他人商标，通过对以上三种情形的分析不难理解，在此不再赘述。

所以，分析关键词推广的商标侵权问题，要针对具体情形加以分析，不可一概而论。判定关键词广告是否构成商标侵权，首先需判断关键词是否构成《商标法》上的商标使用，在属于商标使用的基础上，再判断是否使用在相同或类似商品上，是否存在混淆可能性，进而判定是否构成商标侵权。单纯在关键词中使用他人商标不属于《商标法》上的商标使用，以及网页广告内容中在不相同也不类似商品上使用他人商标，不易导致消费者混淆的，都不构成侵犯注册商标权。

三、关键词推广的反不正当竞争规制

关键词推广构成商标侵权时，当权利人既主张商标侵权，又主张反不正当竞争法保护，法院一般认为："在按《商标法》的规

---

❶ 周中琦. 搜索引擎关键词广告中商标侵权责任的承担［J］. 中华商标，2011（11）：49.

定对被诉侵权行为作出了商标侵权认定后，无须再援引《反不正当竞争法》的规定。"❶ 单纯在关键词中使用他人商标不属于商标法意义上的商标使用，或者在网页广告内容中使用他人商标但识别的商品或服务不相同也不类似，不构成商标侵权。当然，不属于商标法意义上的商标使用，不构成商标侵权，仍可能违反其他法律规定，侵害他人合法权益，特别是有可能涉及反不正当竞争法等方面的问题。因此，对于存在竞争利益，明显违反诚实信用原则和商业道德，采用不正当手段实施的关键词推广行为，无法运用《商标法》进行调整，可以运用《反不正当竞争法》进行保护，发挥《反不正当竞争法》维护自由竞争秩序、规制不正当竞争行为的一般功能。对于那些难以判断正当与否的商业竞争行为，或者说不存在明显违反诚实信用原则和公认的商业道德、交易习惯的行为，慎用法律手段，交由市场选择，体现维护网络商业道德和鼓励自由竞争的公共政策。

---

❶　参见上海市高级人民法院（2013）沪高民三（知）终字第 59 号民事判决书。

文化产品的版权保护、竞争法规制
与文化产业的发展

——"《人在囧途》诉《人再囧途之泰囧》"
案引发的思考

卢海君　邢文静[*]

《人再囧途之泰囧》（以下简称《人再囧途》）公映仅仅 68 天就创造了 12.6 亿元华语票房的神话。然而在辉煌的背后，《人再囧途》片方北京光线影业有限公司（以下简称"光线影业"）等却为身负的官司黯然伤神。《人在囧途》片方武汉华旗影视制作有限公司（以下简称"华旗公司"）以著作权侵权、不正当竞争为由，[❶]一纸诉状将《人再囧途》片方告上了北京市高级人民法院。在案件引发公众关注与热议的同时，也引起了学者的广泛讨论。在文化大发展大繁荣的时代背景下，如何加强文化产品的版权保护、规制文化产业的竞争行为、创造和谐有序的竞争秩序，是我国文化产业持续健康发展的重要推动力量与积极保障因素。

　　[*]　作者单位：对外经济贸易大学。本文系对外经济贸易大学 2012 年度校级科研课题（青年项目）"我国企业'走出去'战略中知识产权海外维权与风险防范机制研究"（项目编号：12QNFX01）。
　　[❶]　北京市高级人民法院（2013）高民初字第 1236 号受理案件通知书。参见："人在囧途"系列影视作品官方微博（http：//weibo.com/renzaijiongtu2？from＝profile&wvr＝5&loc＝infdomain）。

一、文化产品的特征

文化产品是文化需求的产物❶，是呈现和表达文化的载体。文化产品不仅注重满足人们物质文化需求，更注重满足人们的精神文化需求。因此文化产品除了具备普通商品的属性之外，还具有文化产品独有的特征。

（一）文化产品是一类特殊的商品

文化产品凝聚了人类的劳动，具有使用价值与交换价值两个基本属性。北京市高级人民法院《关于审理反不正当竞争案件若干问题的解答（试行）》（1998年3月24日）第2条规定，《反不正当竞争法》中的"商品"包括有形商品和服务，也包括文学、艺术和科学作品。从这个意义上讲，将文化产品归属于商品无可非议。

然而，文化产品又应属于商品范畴中的特殊商品。首先，文化产品源自公众对文化的需求，注重满足公众精神层面的要求。以电影为例，不管是《人在囧途》还是《人再囧途》，文化产品除了体现普通商品所消耗的体力劳动之外，更突出了劳动者的脑力劳动与精神创造，文化产品是文化积累与创意灵感的成果。在给消费者带来欢乐的同时，也不断地唤起人们对人间真情的赞美、对坚定执着的肯定以及对诚信奉献的褒扬。其次，文化产品的创作体现了物质和精神两方面的需求，需要多个行业部门、多种资源设施的配合，创作过程通常具有复杂性。最后，文化产品的消费并非直接的、一次性的消费，而是不断冲击受众的视觉感受、思维方式以及审美追求，这种冲击和影响持续萦绕在消费群体的意识当中，甚至达到永恒。

（二）文化产品反哺整个文化行业，负有社会使命

随着不同国家文化产业的不断推进，"文化产业链"初见端

---

❶ 于平．文化产品及其相关范畴摭论［J］．艺术百家，2010（5）．

倪。以迪士尼的发展为例，最初的米老鼠形象仅仅是一个平面图形，随后这一形象登上电影银幕，继而又被制作成毛绒玩具，应用于包、手表等饰品中，甚至随着迪士尼乐园涌现在世界各地。迪士尼的成功给美国带来了巨大的经济效益，也推动和巩固了文化产业的地位。较普通商品而言，文化产品对于整个产业的反哺效果更为明显。除此以外，文化产品也肩负了文化传承与文化创新，提升公众文化素养的社会使命。

文化产品作为一种特殊的商品出现，是科技与社会发展的结果。❶ 在新的时代条件下强调对文化产品的特殊的保护，❷ 也将是文化产业繁荣发展的要求。

二、文化产品与版权保护

版权保护对文化产业具有重要的促进作用。美国的版权产业是文化产业中的核心，版权制度在文化产业中发挥了重要作用。一直以来，美国频繁根据经济、科技及社会的发展需求调整其版权制度。❸ 从我国《著作权法》修改实施的现状来看，我国在适应版权产业发展的版权保护方面还存有较大的差距。我国《著作权法》自 2010 年修订以来又经过了近 3 年，在科技的推动下，需要受到版权保护的文化产品并没有及时列入被保护的范围，新时期新情况下的版权保护有待进一步完善。

在《人在囧途》诉《人再囧途》著作权侵权案中，不能否认，两部作品在题材、体裁和主题等方面确实相同或相似，能否以此认定《人再囧途》构成著作权侵权？现行法并没有明确的规定。

---

❶ 社会的发展带来崭新的文化需求，科技的进步创造先进的载体承载文化需求。一方面，科技与社会的进步催生了新的文化产品；另一方面，文化产品当中也必然凝聚着科技和时代的特征。

❷ 文化产品是新生事物，加之文化产品与普通商品存在差别，对崭新的文化产品不仅要保护，更要采取适合文化产品特点、能促进文化产业发展的方式进行保护。

❸ 凌金铸. 版权与美国文化产业 ［J］. 皖西学院学报，2005（6）.

但根据著作权法"思想表达两分法"的基本原理，题材、体裁和主题等创作要素是作品的思想，不应受到著作权法保护。❶ 在表达上，两部电影的题目"人在囧途"与"人再囧途之泰囧"具有相似性，根据标题保护的立法例，如果标题能够满足原创性要件或特定性要求，可以获得版权保护。❷ 然而对于标题或者简短文字的著作权保护，我国著作权法并没有明确规定。

《人再囧途》案中所出现的著作权难题只是文化产品保护中众多难题的缩影。动漫作为文化产业发展的后起之秀，对其所创作的虚拟角色的保护也日益引发关注。日本的动漫产业在其文化产业发展中占据主导性地位，其著作权法明确规定虚拟角色在满足相应条件之下可受著作权法保护。❸ 美国版权法的司法实践中也有大量对虚拟角色赋予版权保护的判例。然而，我国是成文法国，在著作权法中并没有明确规定角色的著作权保护，更没有明确角色著作权保护的特殊标准，给著作权法司法实践带来了极大困难。

就《人再囧途》案而言，我们认为，"人再囧途之泰囧"这一标题的使用窃取了"人在囧途"这一标题的原创性要素，可能构成著作权侵权。然而，就作品的情节和角色来说，不应认定《人再囧途》这部电影侵犯了《人在囧途》的著作权。

在我国现阶段，电影、动漫、音乐等文化产业发展迅速，但文化产业著作权保护的法律制度已出现了滞后性。为促进文化产业更快更好地发展，我国著作权法应该适时进行修订，将更多文化产品中应受保护的要素纳入著作权法的保护范畴中。

---

❶　卢海君.《人在囧途》vs《人再囧途之泰囧》：基于著作权法的分析［J］.中国版权，2013（6）.

❷　卢海君. 版权客体论［M］. 北京：知识产权出版社，2011：455 - 468.

❸　杭州市工商学会课题组. 市场秩序视角下促进杭州市文化创意产业发展的研究［J］. 中国工商管理研究，2012.

三、文化产品与竞争秩序

当文化产业顶上朝阳产业的头衔，越来越多的企业欲从中分一杯羹，文化产品的公平竞争秩序的建构迫在眉睫。竞争有助于提升产品质量和服务水平，然而无序的竞争也将给文化产业带来毁灭性的打击。

自《人在囧途》诉《人再囧途》不正当竞争以来，学界根据《反不正当竞争法》第 5 条❶第 2 款、第 4 款或第 9 条的规定，对《人再囧途》是否构成不正当竞争展开了热烈讨论。这些讨论主要围绕三个问题：第一，《人再囧途》是否构成擅自使用知名商品特有的名称、包装、装潢，或者使用与知名商品近似的名称、包装、装潢，造成和他人的知名商品相混淆，使购买者误认为是该知名商品？对这一问题，学界主要围绕《人在囧途》是否构成"知名商品"展开讨论。第二，《人再囧途》是否构成引人误解的虚假表示？第三，《人再囧途》是否构成《反不正当竞争法》第 9 条❷规定的虚假宣传？对于这三个问题，简要分析如下：

首先，《人再囧途》的名称确实同《人在囧途》近似，然而，并未导致消费者对两部影片产生误认或混淆的结果。《人在囧途》票房较《人再囧途》相去甚远，但综合考虑北京市高级人民法院《关于审理反不正当竞争案件若干问题的解答（试行）》

---

❶ 《反不正当竞争法》第 5 条：经营者不得采用下列不正当手段从事市场交易，损害竞争对手：（一）假冒他人的注册商标；（二）擅自使用知名商品特有的名称、包装、装潢，或者使用与知名商品近似的名称、包装、装潢，造成和他人的知名商品相混淆，使购买者误认为是该知名商品；（三）擅自使用他人的企业名称或者姓名，引人误认为是他人的商品；（四）在商品上伪造或者冒用认证标志、名优标志等质量标志，伪造产地，对商品质量作引人误解的虚假表示。

❷ 《反不正当竞争法》第 9 条：经营者不得利用广告或者其他方法，对商品的质量、制作成分、性能、用途、生产者、有效期限、产地等作引人误解的虚假宣传。

广告的经营者不得在明知或者应知的情况下，代理、设计、制作、发布虚假广告。

第 3 条❶的规定，《人在囧途》在多部国内外大片的夹击下上映，仍在囧境中杀出血路，以小成本打造 5000 万元的票房，拔得头筹成为上映后暑期档的黑马，并在上映后还获得多个奖项，将《人在囧途》认定为知名商品无可非议。不可否认"人再囧途"中的"再"字，以"又一次、第二次，重复、继续"等词义有意强调了二者之间的关系，让观众误认为后者是前者的续集。由于《人在囧途》与《人再囧途》是两部独立存在的影片，《人再囧途》片方无法使购买者误认为《人再囧途》是《人在囧途》这一知名商品。因此，从这个角度看，本案不能适用《反不正当竞争法》第 5 条第（二）项的规定。

其次，《人再囧途》不能构成引人误解的虚假表示。《反不正当竞争法》第 5 条第（四）项规定的虚假表示，虽然具有"傍知名商品"混淆误导消费者的内涵，但从该条规定来看，虚假表示必须体现在"商品上"，甚至扩大到"商品包装上"，且采取"伪造"或"冒用"等手段进行。从本案来看，不具备该条款规定的要件，不应认定为引人误解虚假表示的不正当竞争。

最后，《人再囧途》可认定构成《反不正当竞争法》第 9 条规定的虚假宣传。《人再囧途》在上映之前使用了广告、宣传片等多种宣传手段，在宣传初期一直以"《人在囧途》续集""《人在囧途》2"作为其看点之一，将《人再囧途》宣传为《人在囧途》升级版、第二部、续集等，故意进行引人误解的虚假宣传，暗示或明示两部影片之间的关系，误导消费者❷，使消费者认为两部电影制作者相同、《人再囧途》是《人在囧途》的续集。根据《最高人民

---

❶　北京市高级人民法院《关于审理反不正当竞争案件若干问题的解答（试行）》第 3 条：

3. 如何认定某一商品是否知名商品？

答：反不正当竞争法中的"知名商品"是指在特定市场有一定的知名度、为相关公众知悉的商品。

对知名商品的认定，应当综合考虑该商品在特定市场的生产销售历史和市场占有率，商品的质量、信誉情况及其广告投资和覆盖面等因素。

❷　[EB/OL].（2013 - 03 - 13）. http://www.yangtse.com/system/2013/03/03/016426018. shtml.

法院关于审理不正当竞争民事案件应用法律若干问题的解释》第 8 条的规定，对商品作片面宣传或者对比的，可认定为《反不正当竞争法》第 9 条第 1 款规定的不正当竞争。因此我们认为本案构成了《反不正当竞争法》第 9 条第 1 款规定的不正当竞争。

虽然我们可以依据《反不正当竞争法》的现行规定对《人再囧途》的行为作出上述定性，但文化产品的不正当竞争规制领域仍然存在很多值得思考和改进的问题。例如，传统侵权责任的构成一定要有损害结果，即使认定《人再囧途》构成了虚假宣传的不正当竞争行为，但《人在囧途》是否遭受损害及损害的量难以界定，被告光线影业是否应该承担损害赔偿责任？《反不正当竞争法》并没有明确强调损害结果，北京市高级人民法院《关于审理反不正当竞争案件若干问题的解答（试行）》（1998 年 3 月 24 日）第 14 条也表明"通常情况下只要行为人实施了不正当竞争行为，即可认定其构成不正当竞争"。我们认为，《反不正当竞争法》的规定与《侵权责任法》对损害结果的规定并不矛盾。由于反不正当竞争是为了维护公平的竞争秩序，一旦出现不正当竞争，将会对秩序造成不同程度的破坏，不论是否有损害结果或者损害结果的量如何衡量，都应当制止不正当竞争行为。本案中，只要光线影业的行为构成不正当竞争行为，不论原告是否能够举证证明损害结果的存在，其都应该停止该行为。

又如，不正当竞争行为的责任主要有民事责任和行政责任两种。❶ 传统的不正当竞争行为的民事责任往往以被侵害经营者的损失或者侵权人的获利为赔偿责任的计算标准❷，但是这一标准在文

---

❶　参见《反不正当竞争法》第四章（法律责任）的相关规定。

❷　《反不正当竞争法》第 20 条：经营者违反本法规定，给被侵害的经营者造成损害的，应当承担损害赔偿责任，被侵害的经营者的损失难以计算的，赔偿额为侵权人在侵权期间因侵权所获得的利润；并应当承担被侵害的经营者因调查该经营者侵害其合法权益的不正当竞争行为所支付的合理费用。

被侵害的经营者的合法权益受到不正当竞争行为损害的，可以向人民法院提起诉讼。

化产品的不正当竞争领域较难实现。一方面，被侵害经营者举证证明己方遭受损失难度较大，以《人在囧途》案为例，由于两部影片播放时间间隔太长，且又不存在直接的竞争，华旗公司很难举证证明自己因《人再囧途》的播放所遭受的损失。另一方面，由于文化产品本身具有相互促进的作用，被侵害经营者可能因侵权人的行为获利。正如有消费者反映，因为看了《人再囧途》后才想观看之前错过的《人在囧途》。在这种情况下，《人再囧途》的宣传促进了《人在囧途》的消费。可见，在文化产品领域，反不正当竞争行为的民事责任的标准难以掌握。

四、对文化产品版权保护及竞争规制的立法建议

鉴于文化产品的特殊性，为促进我国文化产业的健康、快速和有序地发展，我们应该从以下几个方面着手，对现行法进行修订，为我国文化产业的发展保驾护航。

第一，扩大著作权保护的范围，将更多新出现的需要受到著作权法保护的内容涵盖其中，比如上文提到的具有原创性以及思想情感内容的简短文字作品，电影、电视、动画中出现的虚拟角色等，并明确这些新型作品特殊的可版权性要件。

第二，打击文化产品领域的不正当竞争行为，规制竞争秩序。在文化产品宣传推广的过程中，往往存在"搭便车"的情况，《人再囧途》的宣传也未能摆脱这种嫌疑。一旦这种"搭便车"的行为超出了必要的限度，破坏了公平竞争的市场秩序，"搭车人"应为此承担不正当竞争的责任并支付必要的费用。

第三，对文化产品不正当竞争行为法律责任的承担作出特殊规定。文化产品较普通商品而言，往往具有流通速度快、传播范围广等特点。因此，一旦涉及侵权，影响较普通商品而言也会更加严重，加之确定文化产品损害结果难度大，对文化产品不正当竞争行为的民事责任不能完全照搬普通商品的标准。应在《反不正当竞争法》中明确文化产品的特殊地位，依照其特性，制定特

殊的行为规范。

第四，在文化产品保护中，及时引入禁令制度。相对于普通商品而言，文化产品的竞争所带来的损害可能更会出现"难以弥补"的情形。在《反不正当竞争法》中应该明确对文化产品的特定不正当竞争行为应适用禁令制度，以为被侵害者提供更加有效的救济。

五、结　　语

在我国，文化产业迅猛发展，但其所难以生存的制度环境却有待进一步打造。文化产品是一类特殊商品，有其自身特性，现行法以普通商品为主的规范难以满足我国文化产业发展的需求。在未来，应以文化产品的特性为着眼点，在《反不正当竞争法》等规范中为其打造特殊的制度性安排。

网络、著作权

网络转播著作权若干问题探讨

孙　雷*

　　网络转播是通过有别于广播节目的初始传输方式向公众传播广播作品。未经许可的网络转播，不是作品著作权人向广播组织发放广播权许可时所允许的行为，其用户也不是广播节目的目标群体。这种行为是在著作权人的意愿之外对作品进行了使用，而且是把广播节目的可接收范围延伸至没有国界的互联网，必然会对著作权人利益产生巨大影响。因此，从保护著作权人利益的角度出发，应当把网络转播行为纳入《著作权法》的规制范围。

一、网络转播行为的特征

　　本文所称的网络转播，是指网络服务提供者以直接（如通过天线等设备截取广播信号）或者间接（如截取其他转播广播节目网站的数据）的方式获取广播节目，经技术处理后通过互联网同步向用户传送载有广播节目数据流的行为，用户可以通过连接网络的设备实时收听收看广播节目。本文所称的广播节目包括广播电台和电视台的节目。

　　网络转播与传统意义上广播电台、电视台借助无线电波或有线电缆所实施的转播行为（以下简称"传统意义上的转播"）一样，都可以使公众不用接收原广播组织的信号就可以实时收听或

　　* 作者简介：中国社会科学院知识产权中心客座研究员。本文不探讨网络转播涉及的邻接权问题。

者收看广播节目，但它们在技术方式上存在一定差别。后者是以"点对面"的方式主动向公众播送广播信号，无论公众是否接收；而前者并不主动向公众传送载有广播节目的数据流，而是将有关数字文件上传至服务器由用户来自行获取。也就是说，是"用户"启动了数据传输，而且这种传输是用户与网络转播者之间的"单线联系"，具有"点对点"的互联网信息传输特征。

二、广播节目可以作为作品受到著作权保护

广播节目通常由影视、音乐、戏剧、曲艺、舞蹈等多种不同类型的作品构成，这些作品的著作权人自然可以对其主张权利。如果这些作品是由广播组织制作并具有独创性，那么广播组织就对其享有著作权。同时，许多广播节目的编排和设计具有独创性，广播组织也可以作为汇编作品的作者对它们主张权利。这些情形在我国一些网络转播案件中都得以体现。❶ 美国有法院明确把承载广播节目的信号纳入版权保护范围，例如在 EchoStar Satellite LLC. v. FCC 案中，法院就指出电视组织一般享有授权"对其受版权保护的内容进行公开展示，包括再次传输其广播信号的专有性权利"。❷

体育赛事节目具有一定的特殊性，其主要内容通常是对体育竞赛的客观报道，我国有法官认为其不构成著作权法意义上

---

　　❶ 例如，在央视国际网络有限公司与世纪龙信息网络有限责任公司著作权纠纷案中，法院认定"圣火耀珠峰"直播节目采取了人物访谈、选用历史文献资料、模拟性的演示等手法，有计划地将直播整体过程分成了若干有机创作篇章……体现了作品的独创性，可以认定是一部以类似摄制电影的方法创作的作品。"参见：广州市中级人民法院（2010）穗中法民三初字第 196 号民事判决书。在央视国际网络有限公司诉北京时越网络技术有限公司著作权纠纷案中，法院指出"涉案节目系由多种类型的作品组成，包含音乐、舞蹈、戏曲、曲艺、杂技等多种作品形式，中央电视台对上述作品的选择和编排上体现了其独创性，并具有一定的艺术性，故涉案节目性质为汇编作品"。参见：北京市东城区人民法院（2013）东民初字第 09641 号民事判决书。
　　❷ EchoStar Satellite LLC, v. FCC, 457 F. 3d 31, 33.（D. C. Cir. 2006）.

的作品。 现如今，没有镜头转换、解说评论、事先编排的体育赛事节目少之又少，看似简单的体育赛事节目背后包含了制作人员的辛苦付出和智力劳动，而这些"附加"成分往往体现了体育赛事节目的独创性。正如美国众议院在一份报告中所指出的，"当一场足球比赛正在进行，四部摄像机处于不同的位置，由一个导演指导四个摄像者的活动，并且选择其中的某一个电子形象发送给公众，选择以什么样的顺序发送给公众。毫无疑问，摄像者和导演所做的事情已经构成了创作活动"。❷ 因此，不宜笼统地将体育赛事节目排除在作品范围之外。

三、网络转播本质上是向公众传播作品的行为

在广播节目构成作品的前提下，无论是直接还是间接方式的网络转播，从根本上讲都是向公众传播作品的行为，而规范作品传播是著作权制度的一个核心内容。有着国际互联网版权条约之称的《世界知识产权组织版权条约》（WIPO Copyright Treaty，WCT）在第8条为作者设定了涵盖范围极为广泛的"向公众传播权"，即"授权将其作品以有线或无线方式向公众传播，包括将其作品向公众提供，使公众中的成员在其个人选定的地点和时间可获得这些作品"。❸ 按照《关于文学和艺术作品保护若干问题条约

---

❶　例如，在央视国际网络有限公司与北京我爱聊网络科技有限公司著作权纠纷案中，审理法院就认为"CCTV5等涉案电视频道转播的体育竞赛节目非以展示文学艺术或科学美感为目标，亦不构成著作权法意义上的作品"。参见北京市第一中级人民法院（2014）一中民终字第3199号民事判决书。

❷　H. R. Report，No. 94 – 1476，94th Cong.，2d sess.（1976）. 转引自：李明德. 美国知识产权法 ［M］. 2版. 北京：法律出版社，2014：259.

❸　本文采用的是世界知识产权组织网站上WCT中文版的"地道文本"。这一文本的缺陷是，英文文本中的"any communication"中的"any"没有得到体现。如果按照英文文本进行直译的话，该条款应为"……授权将其作品以有线或无线方式向公众所作的任何传播，包括将其作品向公众提供，使公众中的成员在其个人选定的地点和时间可获得这些作品"。

实质性条款的基础提案》（以下简称《WCT 草案说明》）中的解释，"向公众传播"是指"通过发行作品复制件以外的各种手段和方式向公众提供作品，它既可以采用模拟技术也可以采用数字技术，既可以基于电磁波也可以通过光束传导得以实现"，"传播（communicaiton）是指向不在传播行为发生地的公众传输（transmission）……传播与传输两个术语间的差别可以忽略不计。"❶ 对向公众传播权进行这样的定位和解释实际上传递了世界知识产权组织这样一个声音——任何传播作品的行为，不论其采用何种技术手段，也不论其是直接传播还是间接传播，只要能够使位于传播行为发生地不同地方的公众获得作品，都属于向公众传播权项下的行为。网播转播作品，是通过互联网向不在转播行为发生地的公众传播作品，应属于 WCT 语义下向公众传播作品的行为。

需要指出的是，WCT 设立"向公众传播权"的目的是要把向公众传播作品的行为置于著作权人管控之下，并非要求缔约国必须采用"向公众传播权"这一名称，缔约国通过何种权利来规范向公众传播作品的行为属于国内法规定的事项。欧盟相关立法直接引入了"向公众传播权"的概念（详见下文），美国用版权法中的传输权、表演权、展示权等权项来规范包括网络传播在内的向公众传播作品的行为，《英国版权法》第 20 条把向公众传播解释为广播和交互式网络传播作品的行为，我国则把向公众传播作品的行为分置于广播权和信息网络传播权等权利项下。

WCT 中"向公众传播权"的表述源自欧盟的提议，对欧盟有关立法和司法实践进行研究对于理解这项权利的涵盖范围有一定借鉴意义。《欧洲议会和欧盟理事会关于协调信息社会中著作权和相关权利若干方面的第 2001/29/EC 号指令》（以下简称"指令"）

---

❶　WIPO doc., "Basic Proposal for the Substantive Provisions of the Treaty on Certain Questions Concerning The Protection of Literary and Artistic Works to be Considered by the Diplomatic Conference", CRNR/DC/4, Aug 1996, notes 10. 14, 10. 16, 10. 18.

第 3 条第 1 款再现了 WCT "向公众传播权" 的有关规定，其序言第 23 项指出："该权利应当包括就某一作品通过有线或无线形式向公众进行的包括广播在内的任何此种传输（transmission）或再次传输（retransmission）。""任何……再次传输" 的表述阐明了此项权利项下行为不受技术方式的限制，而且能够把网络转播这种再次传输作品的行为涵盖其中。欧盟法院在有关案件中对这一权利的适用作出了进一步的解读，明确把网络转播行为纳入著作权人向公众传播权项下。

在欧盟法院 2013 年裁决的 ITV Broadcasting Ltd，etc. v. TV-Catchup Ltd. 案中，TVCatchup 公司截取了 ITV 等电视台的信号并通过互联网同步传输信号所承载的电视节目，其服务对象是英国境内已经获得收看电视节目许可的网络用户。被告据此辩称，它没有向新的 "公众" 传送节目，不应当被认为是向 "公众" 传播了作品，并提出其行为是为了确保或提高电视信号在其覆盖地域的接收质量。欧盟法院指出："欧盟立法者（在指令中）想要阐明的是，用某一特定技术手段每次传输或者再次传输一部作品，必须分别获得作者的授权……通过互联网、借有别于原来传输方式的特殊技术手段再次传输地面电视信号的行为，必须（must be）被认定是指令第 3 条第 1 款所称的传播。"法院还指出，如果某一技术手段只是为了确保或提高原传输在其覆盖地区的接收质量，那么的确不构成指令第 3 条第 1 款所称的传播，前提是通过该技术手段获取信号的行为不得用于其他传输，而本案中的网络转播行为却对受保护的作品构成了一种新的传输，根本就不是为了确保或者提高广播传输的质量。法院基于上述认定明确提出，指令第 3 条第 1 款中的向公众传播 "必须（must be）被解释为涵盖再次传输包含在地面电视信号中的作品的以下行为：①再次传输是由原广播组织之外的组织所为；②通过互联网数据流向能够登录其服务器的用户提供；③即使那些用户位于能够接收地面电视信号的地区并且能够合法地通过电视机接收广播信号"。❶ 这一裁决抓住了涉案网络转播是未经著作权人许可向公众传播作品这一本质特征，阐明了以不同的传输方式向公众同步传播广播的作品构成了向公众传播作品的行为这一原则，对网络转播行为的性质作出了清晰、合理的定位，符合网络信息时代保护著作权人利益的要求。

四、对网络转播和其他转播行为应同等对待

无论是有关国际条约，还是各国著作权法，在为著作权人设定具体权利项时，通常都以行为的性质及效果而非采取的技术手段作为分类标准。正如我国有的法官所指出的："通常情况下不同权项之间的划分应以行为本身的特性，而非该行为所采用的具体技术手段为依据，也就是说，仅仅是技术手段的不同并不会影响到行为性质的认定。"❷ 网络转播以再次传输广播节目为目的，其行为性质和产生的效果与传统意义上的转播行为没有本质差别，在法律适用上应将它们同等对待，不应因采用技术手段的不同而厚此薄彼。

美国联邦最高法院审理 Aereo 案时对"同等对待"原则在网络转播案件中的适用进行了很好的诠释。根据《美国版权法》，通过有线电视转播电视节目的行为构成了对作品的公开表演。❸ 美国联邦最高法院在 Aereo 案中以有线电视转播为"参照物"，认定与

---

❶　ITV Broadcasting Ltd，etc. v. TVCatchup Ltd，In Case C–607/11，Court of Justice of the European Union（Fourth Chamber）.

❷　央视国际网络有限公司与北京百度网讯科技有限公司著作权纠纷案，参见北京市第一中级人民法院（2013）一中民终字第 3142 号民事判决书。

❸　《美国版权法》第 106 条规定："受第 107 条至第 120 条之限制，著作权所有人依据本篇享有从事及允许他人从事以下任何一项行为的专有权利……（4）涉及文学、音乐、戏剧、舞蹈作品、哑剧和电影作品以及其他音像作品时，公开表演该著作权作品……"同时，《美国著作权法》第 111 条为包括有线电视转播在内的部分转播行为设定了法定许可。参见：《十二国著作权法》翻译组. 十二国著作权法［M］. 北京：清华大学出版社，2011：729，738–744.

其实质性相似的涉案网络转播同样是一种公开表演作品的行为。它指出，Aereo 的服务系统与有线电视转播实质上是相似的，两者都能够以连续方式展示作品的图像或者让人听到配音，"都接收了向公众发送的电视节目，并且通过自己的渠道向观众传送……虽然两者存在差别，但这一细微差别对于用户和广播组织是不可见的，对他们来讲没有任何意义"。❶ 美国联邦最高法院的审判逻辑十分清楚，既然有线电视转播构成了对电视节目的公开表演，那么与其实质性相似的网络转播也应当被认定为公开表演行为。从中可以看出美国联邦最高法院这样一个主张，即在法律适用上，对于性质和效果实质性相似的行为应同等对待，而判断实质性相似的标准应当从用户的角度来把握，并非行为所采用的技术手段。这种适用法律的方法和视角，体现了法律适用的平等性，不仅有利于保护著作权人利益，也有利于营造公平合理的法律秩序。

五、我国司法实践中的做法及相关建议

如前所述，我国《著作权法》中没有引入"向公众传播权"的概念，向公众传播作品的行为分属于广播权和信息网络传播权等权项的规制。在司法实践中，法官和当事人对于网络转播行为的定性存在不同的认识。

（1）信息网络传播权。在央视国际网络有限公司与世纪龙信息网络有限责任公司著作权纠纷案中，法院认定"（被告）实时转播了中央电视台 CCTV -奥运频道直播的奥运火炬珠穆朗玛峰传递节目，并且该网站用户可以对该节目进行回放，被告的行为侵犯

---

❶ Aereo 的服务模式如下：Aereo 公司设置了上千个小型天线来获取电视信号，当用户登录 Aereo 的网站选定收看的电视节目时，Aereo 的服务器就会选定其中一个天线，获取承载该电视节目的信号，其转码器随即对信号进行数字化转换并将其存储在为该用户所专设的文件夹中，然后根据用户指令通过互联网向用户发送承载电视节目的数据流，用户能够通过连接网络的设备实时观看广播节目。American Broadcasting Companies v. Aereo，No. 13 - 461.

了原告的信息网络传播权。"❶ 我国《著作权法》规定的信息网络传播权所指向的行为具有"使公众可以在其个人选定的时间和地点获得作品"这一"交互式"信息网络传输特征，本案中的"回放"行为具有这种特征，但"实时转播"却是让公众在特定的时间收看特定的电视节目，公众无法选择收看节目的时间，不是"交互式"信息网络传播行为。所以，不宜笼统地把网络转播这种"实时转播"行为与"回放"这种"交互式"网络传播行为不加区分地全部视为我国《著作权法》语义下的信息网络传播行为。

（2）广播权。在央视国际网络有限公司与北京时越网络技术有限公司著作权纠纷案中，被告承认其网站直播了涉案节目，法院依据《著作权法》关于"广播权"的规定判定被告承担侵权责任。❷ 在央视国际网络有限公司与北京我爱聊网络科技有限公司著作权纠纷案中，法院鉴于"百度公司提供网络实时转播的《春晚》数据流来源于搜狐网站，故其实施的网络实时转播行为的'初始传播'亦为中央电视台的'无线广播'"，提出"对初始传播为'无线广播'的转播行为属于广播权的调整范围"，进而认定上述网络实时转播行为构成对央视国际网络有限公司广播权的侵犯。❸

我国《著作权法》第 10 条为著作权人规定了广播权，其中包括转播权，即"以有线传播或者转播的方式向公众传播广播的作品"的权利。这一规定源自《保护文学和艺术作品伯尔尼公约》（以下简称《伯尔尼公约》）第 11 条之二第 1 款第 2 项，即作者享有"授权由原广播机构以外的另一机构通过有线传播或转播的方式向公众传播广播的作品"的权利。按照我国立法机关网站上的解释，《著作权法》中对于广播权的规定是为了执行《伯尔尼公约》的有关条款，所以对《著作权法》规定的广播权中转播权的

---

❶ 参见广州市中级人民法院（2010）穗中法民三初字第 196 号民事判决书。
❷ 参见北京市东城区人民法院（2013）东民初字第 09641 号民事判决书。
❸ 参见北京市第一中级人民法院（2014）一中民终字第 3199 号民事判决书。

理解应与公约上述条款保持一致。❶ 从《伯尔尼公约》第 11 条之二第 1 款第 2 项的行文来看，"有线传播"（by wire）和"转播"（by rebroadcasting）是相互并列的两个术语（"有线"不是修饰"传播"和"转播"，只是修饰"传播"），它们共同界定了著作权人转播权的涵盖范围。有线传播广播的作品实际上是对作品的再次传输，在中文语境下也可以理解为有线"转播"；由于公约中的广播（broadcasting）专指无线广播，转播（rebroadcasting）也特指无线转播。因此，如果按照中文习惯来理解这一条款所规定的转播权，它既涵盖了有线转播行为，同时也包括了无线转播行为，这一点从《伯尔尼公约指南》中可以得到进一步印证。❷ 实际上，无论是在《伯尔尼公约》出台时还是在当今的技术背景下，作品的传播（包括转播）无外乎有线和无线的方式。❸ 有关国际条约和我国《著作权法》用"有线或无线"来修饰传播（包括转播），通

---

❶ 按照全国人大网站上《中华人民共和国著作权法释义》中的解释，"著作权法对于广播权的这个规定是为了执行伯尔尼公约，与公约保持一致。"[EB/OL].［2015 - 11 - 28］. http：//www. npc. gov. cn/npc/flsyywd/minshang/2002 - 07/15/content_297587. htm.

❷ 根据《伯尔尼公约指南》，该条款是指作者享有的"（作品）一旦被广播后，（授权）向公众传播（作品）的专有权，无论（传播方式）是否有线，只要这种传播是原广播组织之外的机构所为"。原文为"this paragraph demands that the author shall enjoy the exclusive right to authorise……once broadcast，the communication to the public，whether by wire or not，if this is done by an organisation other than that which broadcast it." see，Guide to the BERNE CONVENTION for the Protection of Literary and Artistic Works（Paris Act，1971），11bis. 9.［EB/OL］.［2015 - 11 - 28］. http：//www. wipo. int/edocs/pubdocs/en/copyright/615/wipo_pub_615. pdf.

❸ 通过卫星传送广播节目通常被认为无线传送信息的行为。《世界知识产权组织表演和录音制品条约》（WIPO Performances and Phono - grams Treaty，WPPT）第 2 条对"广播"的定义中明确指出，"'广播'系指以无线方式的播送，使公众能接收声音，或图像和声音，或图像和声音的表现物；通过卫星进行的此种播送亦为'广播'。"《视听表演北京条约》第 2 条对"广播"采用了相同的定义。需要说明的是，世界知识产权组织网站上公布的两个条约中，对应英文"transmission"的中文用语略有不同，WPPT 用的是"播送"，《视听表演北京条约》用的是"传送"。

常是为了说明相关权利不受传播技术手段的限制。❶ 因此，对《伯尔尼公约》上述规定应作广义的理解，将网络转播视为受著作权人广播权控制的行为符合这一条款的立法本意。我国一些法官将网络转播视为《著作权法》所规定的广播权项下的行为符合《伯尔尼公约》的有关要求，在我国当前立法状况下有其一定的合理性。

同时也要看到，由于我国《著作权法》第 10 条关于转播权的规定很容易让人产生"有线"这一定语是用来修饰"传播"和"转播"两个术语的理解。如果按照这种理解，那么著作权人依此条款只能控制"有线转播"行为，这样就不能把以手机为接收终端的网络转播行为涵盖其中。所以，无论是从与《伯尔尼公约》有关条款相一致的角度出发，还是从全面规范网络转播行为的视角来看，都应当对《著作权法》第 10 条中关于转播权的规定作出符合中文表述习惯的修改，明白无误反映出它应当表达出的真正意思。另外，《伯尔尼公约》关于广播权的规定出台时毕竟互联网还没问世。在当今网络信息时代，我国《著作权法》需要与时俱进，对广播权的涵盖范围作出符合时代技术特征的清晰界定。❷

（3）其他权利。我国《著作权法》第 10 条在为著作权人规定具体权利时设置了一个"兜底"条款，即"应当由著作权人享有的其他权利"。在实践中，有当事人依此提起诉讼，法院对此问题也进行了分析。有法官提出，"如果（广播节目）初始传播方式采用

---

❶　例如，WCT 第 8 条规定的"向公众传播权"，WPPT 第 10 条、第 14 条和《视听表演北京条约》第 10 条规定的"向公众提供权"，我国《著作权法》第 10 条规定的"信息网络传播权"，使用了"以有线或无线"或者"以无线或者有线"的表述，能够涵盖通过互联网传播作品或其他权利客体的行为。

❷　据《伯尔尼公约指南》中的介绍，《伯尔尼公约》于 1928 年在罗马进行修订时首次确认了作者"授权通过广播和电视向公众传播……作品"的权利，于 1948 年在布鲁塞尔进行修订时这一权利分解为包涵多方面内容的权利（包括转播权和通过扩音器等设备向公众传播的权利），此后无论是斯德哥尔摩会议还是巴黎会议，除了重新提供一个更适当、准确的英译本外，没有对其作任何修改。

的是有线方式，则（涉案网络转播行为）构成对权利人所享有的兜底性权利的侵犯"。❶ 我国《著作权法》没有明确赋予作者通过有线方式直接传播作品的权利，法官的这一主张有利于为著作权人在网络空间提供更加充分的保护。❷ 但是，在我国《著作权法》明确列举了著作权人享有 16 项人身权和财产权的情况下，在"广播权"指明了所规范的"直接"传播作品的行为只包括"以无线方式公开广播或者传播作品"的前提下，在网络转播案件中适用"兜底"条款一定要慎之又慎，以避免突破法律为著作权人所设定的权利范围。需要指出的是，2010 年出台的《北京市高级人民法院关于审理涉及网络环境下著作权纠纷案件若干问题的指导意见（一）（试行）》第 10 条规定："网络服务提供者通过信息网络按照事先安排的时间表向公众提供作品的在线播放的，不构成信息网络传播行为，应适用著作权法第十条第一款第（十七）项进行调整。"网络转播是按照原广播组织的时间表向公众传送广播节目，似应按此规定将其视为"兜底"条款所调整的行为。根据北京市高级人民法院的解释，之所以写入这一规定是由于"定时传播属于通过有线方式进行直接广播，而著作权法规定的广播权并不包括通过有线方式进行直接广播的情形"。❸ 从此可以推知，这一规定所针对的是"直接"向公众传播作品的定时网播行为，不包括网络转播这种"间接"向公众传播广播节目（传播别人广播节目）的行为，因此不宜把此项规定适用于网络转播案件。

我国司法实践中对网络转播行为定性的不同认识，一定程度上是由于立法上的不清晰，在法律中将网络转播与其他转播行为

---

❶ 参见北京市第一中级人民法院（2014）一中民终字第 3199 号民事判决书。

❷ 《著作权法》第 10 条规定的广播权只是针对以广播等无线方式传播作品、以有线传播和（无线）转播的方式传播广播的作品、通过扩音器等设备传播广播的作品这三种行为而言，并不包括有线广播组织直接传播作品的行为。

❸ 北京市高级人民法院知识产权庭. 对《北京市高级人民法院关于审理网络著作权纠纷案件若干问题的指导意见（一）》的几点说明 [J]. 中国专利与商标，2010（4）：46.

同等对待并明确其属于著作权人何种权利项下的行为是解决好这一问题的关键所在。国务院法制办公室公开征求意见的《中华人民共和国著作权法（修订草案送审稿）》第 13 条拟把现行《著作权法》中的"广播权"修改为"播放权"，即"以无线或者有线方式公开播放作品或者转播该作品的播放，以及通过技术设备向公众传播该作品的播放的权利"。这一条款用"以无线或者有线方式"来修饰"转播该作品的播放"，表明了此项权利不受转播的技术方式的限制，能够把网络转播行为涵盖其中。❶ 这一修改能够为正确处理网络转播著作权纠纷案件提供明确的法律依据，从而避免法律适用上的纷争，也符合在网络空间进一步保护著作权人利益的需要。

六、结　　语

广播节目是网络转播之"源"。如果不把网络转播行为纳入著作权法的规制范围，那么作品的使用就会脱离著作权人和广播组织的意愿和控制，广播组织制作和传播广播节目的积极性也会受到影响。长此以往，网络转播也会成为无源之水、无本之木，整个行业也不可能持续发展。因此，承认著作权人享有网络转播权，无论对于保护著作权人利益，还是推动网络转播行业的发展，都是一项"固本护源"之举。进一步讲，网络转播同传统意义上的转播虽然在技术手段上有所差别，但性质和效果相同，著作权法律制度应将它们同等对待，不应对打着技术创新旗号、把广播节目当作免费午餐为己谋利的网络转播行为持放任态度，这是营造公平合理的法律秩序和健康的文化产业发展环境的必然要求。

---

❶ 例如，WCT 第 8 条规定的"向公众传播权"，WPPT 第 10 条、第 14 条和《视听表演北京条约》第 10 条规定的"向公众提供权"，我国《著作权法》第 10 条规定的"信息网络传播权"，都使用了"以有线或者无线"的表述，能够涵盖通过互联网传播作品或其他权利客体的行为。

网络环境下著作权侵权损害赔偿额的判定问题

管育鹰[*]

我国现阶段的知识产权领域普遍存在侵权易、维权难的问题。除了客体的非物质性造成的权利边界不明外，对无形资产价值的认识、运用能力不足，举证难、周期长（商标、专利）、赔偿额低都是共性难题，"赢了官司输了钱"成为知识产权维权者面对的无奈现实。

网络是著作权侵权重灾区。自 2002 年以来，人民法院受理的著作权案件一直位居全部知识产权案件之首，以 2011 年为例，全国地方法院共新收知识产权民事一审案件中，其中著作权案件占 59％左右，涉及网络的著作权纠纷案件数量近年来又占全部著作权案件的 60％左右。[●] 根据国家版权局 2015 年 4 月 22 日发布的《2014 年中国网络版权保护年度报告》，在涉及网络的著作权案件中，视频作品案件占 44.5％左右，文学作品案件占 23.6％，图片作品案件占 23％左右，网络游戏案件占 4％，网络音乐占 1％；网络著作权案件多发地有广东、北京、浙江；传统媒体与新兴媒体间争议渐增。

网络技术发展对著作权保护带来的挑战主要体现在两个方面：一是基于技术中立的"避风港"规则适用中，如何把握明知、应

---

* 作者简介：中国社会科学院知识产权中心执行主任、中国社会科学院法学研究所研究员。

● 最高法出台司法解释加强网络环境下著作权保护 [EB/OL]. [2015 −10 −01]. http：//www. chinanews. com/fz/2012/12 − 26/4440363. shtml.

知等侵权判定标准；二是侵权损害赔偿额的计算问题。本文仅就第二个问题作初步探讨。

一、著作权侵权赔偿的原则与适用

通常著作权人因侵权遭受的损失包括实际损失和制止侵权的相关费用，本文仅就前一项，即著作权侵权损害实际损失赔偿额的判定问题进行分析。

（一）著作权侵权损害赔偿应以"填平"为基本原则

损害赔偿是知识产权侵权的主要民事责任承担方式，其主要目的是弥补权利人因侵权受到的损失。知识产权侵权损害赔偿问题的研究一直以来都是中国知识产权实务界十分关注的问题。在知识产权诉讼中，对于权利人受到的损害，往往需要通过给付赔偿金的方式进行补偿，从而实现对因侵权行为而造成的利益失衡状态的矫正功能。赔偿数额确定适当与否，标志着当事人实体权利的实现程度，也关系着司法救济制度的合理性评价问题。

我国现行《著作权法》第 49 条第 1 款规定："侵犯著作权或者与著作权有关的权利的，侵权人应当按照权利人的实际损失给予赔偿；实际损失难以计算的，可以按照侵权人的违法所得给予赔偿。赔偿数额还应当包括权利人为制止侵权行为所支付的合理开支。"该条第 2 款进一步规定："权利人的实际损失或者侵权人的违法所得不能确定的，由人民法院根据侵权行为的情节，判决给予五十万元以下的赔偿。"据此，我国著作权侵权损害赔偿额的确定方式有三种：①权利人的实际损失；②侵权人的违法所得；③法定赔偿。《著作权法》的这一规定与世界大多数国家和地区的立法大同小异，比如，包括德国在内的欧洲大陆国家通常采取三种计算方式：被侵权人的实际损失、侵权人的违法所得或者按照正常许可使用费推定❶；这里，按使用费"推定"实际上与我国司

---

❶ 许超. 从德国法看我国著作权法赔偿原则［J］. 政治与法律，2004（5）.

法实践中法定赔偿判定的推定方式类似。另外，各国法律都比较重视和强调实际损失赔偿对制裁侵权、救济权利的作用，因而倾向于将法定赔偿作为一种衡量侵权人主观过错程度的判定方式。比如《美国版权法》第 504 条规定：侵权损害赔偿责任的确定有权利人实际损害、侵权人所得利益、法定损害赔偿三种计算方式；法定赔偿在终审判决之前任何时间可以选择以代替前两种方式；每件作品法院可以在 750 美元至 3 万美元范围内酌定赔偿额；若恶意侵权，法院还可将法定赔偿额提高到 15 万美元以下，无主观故意的则可减少至 200 美元以上。

在网络环境下，法院判定侵权赔偿额遭遇前所未有的挑战，这不独为我国面临的难题；网络环境下不仅著作权侵权认定方式和责任判定标准遭遇前所未有的难题，在侵权确定之后的损害赔偿额确定方面同样困难重重。从欧美国家的相关理论看，主流的观点是网络挑战不应改变著作权法的基本原理。当然，鉴于网络环境下原告实际损失的难以判定，欧美相关判例中法院也通常采取法定赔偿或根据使用费正常市场价格酌定赔偿；值得关注的是，与我国法定或酌定赔偿额低引起权利人不满的情况相反，近些年来欧美法院采用法定或酌定方式判定的赔偿额虽然结合实际损失加以考虑，但同时也带有防范未来侵权的目的，因而判赔额相当高。比如，美国的法定赔偿额按被侵权作品的"件数"而非被复制或下载的次数来确定，曾有两首诗的原告获得法院每首诗 3 万美元的法定赔偿；❶ 而瑞典的地方法院因网络环境下实际损失难以判定，以酌定方式判定被告支付高达 300 万欧元的赔偿金。❷

---

❶ YANG SUN. Reassessing Damage Remedy to Online Copyright Infringement [EB/OL]. [2015 - 10 - 01]. http：//www. repository. law. indiana. edu/cgi/viewcontent. cgi? article＝1001&context＝etd.

❷ MICHAEL BOGDAN. Cyberspace Pirates Walk the Plank：Some Comments on the Swedish Judgment in the Pirate Bay Case [J]. Masaryk University Journal of Law and Technology，2010，4 (1)：113 - 126.

（二）我国关于著作权侵权损害赔偿"填平原则"适用的理论与实践

对《著作权法》第 49 条的理解和适用，长期以来我国学界主流观点认为首先应当适用一般民事侵权损害赔偿的基本原则，即按照实际遭受的损失或实际得到的利润利益来确定的"全面赔偿原则"或"填平原则"。但是，在实践中，我国法院在绝大多数知识产权案件或著作权侵权案中实际采用的是一种变通的"实际＋酌定"判定方式，或干脆直接采用法定赔偿方式（50 万元以下）。比如，根据研究，在著作权侵权案件的判赔中，采用"法定赔偿"占 78.54％；❶ 而北京法院在 2002～2013 年采用的著作权侵权损害赔偿方式，法定赔偿的比例达到 98.1％。❷

由于"填平原则"因知识产权权利客体的无形性和可重复利用性、侵权行为的隐蔽性和复杂性等适用起来的难度，有研究者提出可以"通过调整证据保全制度和权利人证据的证明标准，修正填平原则的适用难度"。❸ 比如，有研究者认为："为了防止法定赔偿演变成随意性赔偿，有必要以'填平原则'为基础明确适用法定赔偿时应当参考的因素，规定权利人的举证责任；为了节约司法资源，应当以权利客体为法定赔偿基本计赔单位，辅之以权利数量标准。"❹ 甚至有观点明确指出："只有无法计算实际损失时，才能按照侵权人违法所得计算赔偿额。当侵权人违法所得也无法确定时，才能适用法定赔偿金。无论是权利人还是法院，都

---

❶　张维. 知识产权侵权获赔额整体偏低［J］. 法制日报，2013. 参见：中南财经政法大学知识产权研究中心《知识产权侵权损害赔偿案例实证研究报告》。

❷　谢惠加. 著作权侵权损害赔偿制度实施效果分析：以北京法院判决书为考察对象［J］. 中国出版，2014（14）.

❸　沈世娟，严建东. 知识产权侵权损害赔偿之量化研究：以"填平原则"为视角［J］. 知识产权，2011（6）.

❹　张春艳. 我国知识产权法定赔偿制度之反思与完善［J］. 法学杂志，2011（5）.

不能打乱顺序自行选择计算赔偿额的方法。"❶

　　另一方面，最高人民法院的司法政策也认为法定赔偿只有在前面原告损失、被告所得均无法证明时才宜适用，应防止法定赔偿的泛化、简单化和随意化。比如，在2010年全国法院知识产权审判工作座谈会上，最高人民法院代表曾强调"只有在缺乏基本的可靠数据支持，确实难以合理确定权利人损失和侵权人获利，也没有合理的许可使用费可以参照计算时，才应考虑适用法定赔偿"。❷我国司法研究者历来有"法定赔偿应实行被迫适用的原则"之观点，认为无论是德国还是日本的著作权法，对法定赔偿的适用都是非常谨慎的；从我国《著作权法》第49条的本意理解，也能得出前两种方法不能确定才能适用法定赔偿的结论。❸近年来，我国法院系统也在反思法定赔偿制度泛化问题。比如，广东省高级人民法院的课题组经过调研指出：法院广泛适用法定赔偿客观上存在不利于充分发挥司法保护作用的后果。①制约了侵权损害赔偿力度；②难以充分体现知识产权智力成果的价值和对其加强保护的国策精神；③法定赔偿限额低，不利于提振权利人寻求知识产权司法保护的信心和有力遏止知识产权侵权行为。❹上海市第一中级人民法院知识产权庭庭长在接受采访时指出，如何"算清"赔偿数额，是网络盗版侵权案件的关键和难点所在。在该类案件

---

❶　王迁. 知识产权法教程［M］. 北京：中国人民大学出版社，2009：283.

❷　［EB/OL］.［2015－10－31］. http：//www. legaldaily. com. cn/zfb/content/2010－04/29/content_2129327. htm？node＝20608.

❸　孙海龙，赵克. 著作权法定赔偿的适用原则与考量因素［N］. 人民法院报，2013－02－06.

❹　广东省高院课题组. 关于探索完善司法证据制度破解知识产权侵权损害赔偿难的调研报告［EB/OL］.［2015－10－01］. http：//www. gdcourts. gov. cn/ecdomain/framework/gdcourt/kgglfkakpnmdbbodkknpkfccmjpgikka/hbkmfcfbpnmfbbodkknpkfccmjpgikka. do？isfloat＝1&disp_template＝pchlilmiaebdbboeljehjhkjkkgjbjie&fileid＝20141107175330766&moduleIDPage＝hbkmfcfbpnmfbbodkknpkfccmjpgikka&siteIDPage＝gdcourt&infoChecked＝null.

的审理过程中，要特别注意灵活运用证据规则，合理分配双方举证义务，尽可能查明原告实际损失或被告违法所得，使判赔数额的确定有理有据。即便是适用法定赔偿，同样需要贯彻"填平原则"，在赔偿额的确定上要尽可能接近实际损失。❶

（三）著作权侵权损害赔偿判定应符合加强知识产权保护的趋势

从这些理论探讨和来自审判实践的经验看，面对我国知识产权侵权损害赔偿额计算的难题，法院通过证据披露、举证妨碍、专家证人等制度辅助，能够结合优势证据查明权利人实际损失或侵权人获利的，就应该大胆据此作出判决；在权利人能提供损害证据而侵权人不能提供相反证据的情况下，应当根据权利人的证据判决，而不应该轻易采用法定赔偿方式或者类似法定赔偿的"酌定赔偿"方式。"酌定"以法官自由心证为基础，自由裁量权幅度极大，容易引起争议，尤其是在侵权人举证不能的前提下，法院主动采取"酌定"方式对权利人已经完成举证的赔偿额进行折减，不符合前述主流理论和司法政策，也不符合法官的居间裁判角色。特别是，近年来在判定侵权成立后，由侵权人承担举证不能相应后果的举证妨碍制度在立法上得到肯定已经成为趋势，比如《商标法》第 63 条第 2 款规定："人民法院为确定赔偿数额，在权利人已经尽力举证，而与侵权行为相关的账簿、资料主要由侵权人掌握的情况下，可以责令侵权人提供与侵权行为相关的账簿、资料；侵权人不提供或者提供虚假的账簿、资料的，人民法院可以参考权利人的主张和提供的证据判定赔偿数额。"可以预期，《著作权法》在修改中纳入这一举证妨碍制度应当没有理论障碍，这也是当前我国最高领导层多次强调加强知识产权保护以激

---

❶　上海市高级人民法院网. 为网络盗版侵权赔偿 "诊脉开方" ［EB/OL］. ［2015 – 10 – 31］. http：//www. hshfy. sh. cn/shfy/gweb/xxnr. jsp？ pa＝aaWQ9MzM5NDg0Jn hoPTEmbG1kbT1sbTg3NgPdcssPdcssz＆ zd＝xwzx.

励创新、驱动发展的应有之策。因此，法官应该全面理解当前的国家创新驱动发展战略，通过程序上的合理调整，比如证据的采信和举证责任的分配等，充分发挥通过司法活动在法律适用中提高损害赔偿额惩处侵权行为的能动作用。正如有学者在介绍知识产权侵权损害赔偿的范围和计算方式后指出的：中国知识产权损害赔偿审判的趋势是"加大赔偿力度、加大裁量幅度和力度、更注重公平和维护公共利益、充分发挥知识产权侵权赔偿评估的作用"❶。

二、网上著作权侵权实际损失的判定示例

本文前面已经介绍了我国著作权侵权损害赔偿的判定原则和几种计算方式，笔者赞同应当尽量按权利人实际损失、侵权人违法所得、法定赔偿的顺序适用；明显偏低的法定赔偿应当慎用。为方便讨论，在此举例说明网上著作权侵权成立后如何更合理地计算权利人的损失，特别是网上侵权如何判定"侵权复制品"的数量问题。

比如一个为用户提供文件上传和共享服务的大型网站，因用户的直接侵权行为最终被法院认定为构成间接侵权。一审判决根据原告提交的经公证的证据，认定在被告（提供网络服务的大型网站）服务器上的原告书籍（以下简称"《考》书"）的阅读量总数为 286395 次。据此，一审法院认为："原告以'侵权作品的传播数量×单位利润×作品使用比例'的方式计算实际损失具有合理性，并予以采纳；但原告所提交的其他网站销售的《考》书电子书的价格（20 元）系由原告自行设定、尚不足以证明该价格为《考》书的合理电子书市场价格，而《考》书在亚马逊网站上的销售结算价为 10 元，该价格处于电子书市场价格的合理区间，法院予以采纳。就网络阅读者的阅读习惯而言，对于较长的作品通常

---

❶ 孔祥俊. 知识产权侵权与损害赔偿［J］. 中国资产评估，2008（2）.

采用分时、多次点击浏览阅读的方式，因此，单次的阅读量尚不能等同于作品全文的阅读量，即作品市场的流失量，本院对此将酌情予以确定……本院酌情确定原告因涉案侵权行为所造成的实际损失为 350000 元，应由被告予以赔偿……二审法院同意原审法院对赔偿额的相关认定。"

（一）权利人实际损失的计算问题

从上述所举的例子看，原告选择了"权利人所受损失"，即《著作权法》规定的第一种方式来请求赔偿并完成了相应的举证责任，法院也尊重并采纳了这一方式；并且，法院还根据《最高人民法院关于审理著作权民事纠纷案件适用法律若干问题的解释》（法释〔2002〕31 号）第 24 条"权利人的实际损失，可以根据权利人因侵权所造成复制品发行减少量或者侵权复制品销售量与权利人发行该复制品单位利润乘积计算。发行减少量难以确定的，按照侵权复制品市场销售量确定"这一解释，采纳了原告提出的计算实际损失的第二种方式，即"侵权作品的传播数量×正版作品的单位利润"。至此，本案法院在个案实践方面与本文前述我国关于知识产权侵权赔偿额判定的理论和司法政策保持了一致。

尽管思路正确，但是在具体赔偿额判定中法院对民事诉讼中的举证原则——"谁主张、谁举证"的理解有失准确，也未根据诉讼中的具体情况灵活分配、转移举证责任。本案中，原告主张以第二种方式计算自己的实际损失，那么其举证责任在提出关于"侵权作品的传播数量"（有公证）和"正版作品的单位利润"之证据（法院采纳了亚马逊网站的价格标准）后即已完成；若被告不认可权利人所举的"侵权作品的传播数量"的证据，则应当由被告对自己的这一主张进行举证。这样的举证责任分配才是恰当的。也就是说，在原告举证说明了被告网站上的点击阅读量和正版作品的单位利润后，被告不认可应当举证说明，即提出不同于原告所证明之数量和单位利润的相反证据；被告若不能提出相反证据，则承担举证不利的法律后果。法院在判定原告的证据和主张时，对经过公证的"侵权作品的传播数量"之证据也是认可的；当然，由于原告提供的用于计算"正版作品单位利润"的标准之证据有两个，即自营网站售价和与第三方交易的销售结算价，但因原告对自营网站的销售情况无法举证、法院采信第三方交易平台的销售结算价来计算单位作品利润也不违背公平合理的原则。此外，从法院判决所认定的事实和证据看，被告自始至终没有对原告的"侵权作品的传播数量"证据提出相反的、有效的证据（根据法院查明事实，被告对其网站中文档的平均阅读量等情况不予披露，致使法院无法掌握准确的数据，也就是说被告根本没有就"阅读量"提出任何有效证据）。因此，结合事实和证据，本案权利人受到的实际损失按"侵权作品的传播数量（阅读量）×正版作品的单位利润（第三方平台的销售结算价）×侵权部分所占比例"的方式计算应当是"286395×10×24.22%"，共计693648.69元。

（二）本案"阅读量"的酌定问题

在法院最终的判决中，原告的实际损害赔偿额被减半的原因是法院最终又回到了以"酌定"为主要特征的法定赔偿额判定思路上。问题在于，法院的这一思路阐述得并不清晰，即："就网络阅读者的阅读习惯而言，对于较长的作品通常采用分时、多次点击浏览阅读的方式，因此单次的阅读量尚不能等同于作品全文的阅读量，即作品市场的流失量，本院对此将酌情予以确定"。这段表述中，"习惯""通常""酌情"等都是模糊的概念，难以说服权利人和一般公众。

首先，这一主动性的"酌定"不符合著作权侵权损害赔偿额判定理论和司法、立法与政策，即在被告没有对原告证据提出任何可采信的相反证据的情况下，应根据原告的证据作出判决。事实上，被告本身也并未提出阅读量、阅读习惯与赔偿额之关系的任何主张或证据，法院没有必要主动对此进行"酌定"，否则相当于为被告找到了抗辩理由，不符合法官的中立、消极角色。相反，即使被告提出此抗辩，也需给出有信服力的证据，且原告也未能举出反证，该抗辩才可为法院所采信。

其次，法院对其"酌定"的内容，即阅读习惯与阅读量的关系，并未作出充分的有信服力的说明，因此其最终作出的减半判定赔偿额的判决缺乏足够的证据支持。事实上，以抽样调查等方式应该可以发现：①原告的身份在年轻网民中具有知名度；②被侵权的是该领域中粉丝或爱好者关注的作品；③被侵权作品无论是纸质书还是电子书，市场售价都在 15～25 元，搜寻被告网站文档的用户都是有特定阅读目的而非无意点击浏览，被告网站中的侵权文档所上传部分并不很长且已经在计算损失时打过折，对于欲免费、方便、快捷理解原告热销作品精华内容的浏览者来说，一次性花费大约一个小时快速完成浏览并不困难，没有必要分时多次点击断断续续地浏览阅读；④年轻网民的阅读方式通常是手机等移动终端，通过该网站提供的应用程序、采取收藏下载等方式阅读而非每次上线后重新搜索加载再点击浏览的方式是节省时间精力和流量的理性选择，同时也可避免文档随时因侵权等原因被撤回而无法获得。基于不限于以上因素的综合考虑，被告网站记录的浏览量与原告作品被传播的实际数量相当，法院没有足够理由推定被告网上记载的浏览量应当减半计算。

退一步说，即使在法官可以发挥自由裁量权加以"酌定"，也应当综合考虑各种因素而不应当仅酌定 5 篇文档的"阅读量"与阅读习惯的关系。根据北京市高级人民法院的相关指导意见，法院的综合考虑因素包括：①原告可能的损失或被告可能的获利；②作品的类型，合理许可使用费，作品的知名度和市场价值，权利人的知名度，作品的独创性程度等；③侵权人的主观过错、侵权方式、时间、范围、后果等。❶ 本案中，无论是作品的独创性、

---

❶　参见《北京市高级人民法院关于确定著作权侵权损害赔偿责任的指导意见》（京高法发〔2005〕12 号）第 9 条。

知名度，还是侵权人的过错、侵权的范围规模等能反映侵权状况和权利人损害的因素，都可以作出有利于权利人的酌定赔偿额。比如，本案中的公证书显示，被告网站涉及侵权作品的文档有 877 个；经查验，877 个文档里有侵权内容的不少于 20%，即不少于 175 个；对此，被告也并无相反证据为自己开脱。原告居于维权成本仅选择了其中 5 个文档主张赔偿，法院即使完全支持原告对 5 个文档的索赔额主张，也没有达到《著作权法》相关规定所体现的全面充分赔偿的填平原则。此外，北京市高级人民法院的上述指导意见第 17 条还指出："被告因侵犯著作权或者与著作权有关的权利，曾经两次以上被追究刑事、行政或民事责任的，应当在依据本规定确定的赔偿数额的限度内，从重确定赔偿数额。"本案被告作为大型网络服务商，因著作权侵权被认定为构成侵权的次数远超过两次，且其财力雄厚，不存在判赔后无法执行的可能性，法院在酌定赔偿额时也应考虑到这个因素。

三、初步结论

（1）从著作权侵权相关理论、司法政策和我国《著作权法》第 49 条的规定看，判定著作权侵权损害赔偿额首先应当按照权利人的实际损失来计算，只有权利人的实际损失或者侵权人的违法所得不能确定时法院才加以"酌定"。

（2）民事诉讼的举证原则是"谁主张、谁举证"；除非侵权人有相反证据加以否定，否则权利人提供的表明其实际损失，即侵权人网站上的阅读量之证据应该得到法院采信。事实上，新修改的《商标法》对此已经作出了有益尝试，即第 63 条规定的举证妨碍制度：人民法院为确定赔偿数额，在权利人已经尽力举证，而与侵权行为相关的账簿、资料主要由侵权人掌握的情况下，可以责令侵权人提供与侵权行为相关的账簿、资料；侵权人不提供或者提供虚假的账簿、资料的，人民法院可以参考权利人的主张和提供的证据判定赔偿数额。

（3）根据本文所举示例的事实和证据，权利人的实际损失以"侵权作品的传播数量（阅读量）×正版作品的单位利润（第三方平台的销售结算价）×侵权部分所占比例"的方式计算，判定为"286395×10×24.22%"，共计 693648.69 元比较恰当。

（4）即使采用实际损失计算方式，法官也可以行使一定的自由裁量权，但应当有充分依据、尽量避免主动采用，而且须在判决书中加强说理、论证，增强说服力。

（5）完善证据开示制度，限制民事诉讼中二审新证据的提出；错案追究制度不应当适用于法官依法对事实进行认定和对法律进行适用的缺陷，仅针对徇私枉法等行为，这样才能消除二审改判加重损害赔偿数额给相关法官带来的不当心理压力。

信息网络技术对知识产权保护制度提出了挑战。信息、网络、大数据等技术的发展和应用大大改变了人们的生活方式，不论是创作、传播，还是竞争、消费，网络上海量信息的产生、流转、获取和运用，都加大了辨别知识产权保护客体这一无形而专有之信息并为此征得许可和支付费用的成本；同时，网络开放、自由与共享的需求夹杂其中，冲击着传统的知识产权保护制度和规则，新兴互联网产业与传统版权产业之间的利益分配冲突和权利义务规则改革的呼声引起各国普遍关注。但是，无论技术发展如何日新月异，法律的本质仍然是调整人与人之间权利义务关系之规则；知识产权法律规则的制定、修改和适用，须基于社会公共政策的考量而不仅仅是技术本身，而一国的知识产权政策关系到国家整个科技、经济、文化的发展方向。既要鼓励技术和商业模式的创新以便利人们的生活，又要鼓励原创作品的投入和产出以提升国家文化软实力，著作权法律制度的完善需要充分权衡和调和互联网环境下的各种利益需求。

网络环境下著作权的保护

徐家力*　　庄晓涵*

一、网络环境下著作权纠纷产生的原因

与传统著作权保护相比，网络技术的飞速发展为著作权的保护带来了许多新的问题。网络具有实时性强、传播迅速、开放性等特征，这些特征是网络得以发展的重要原因，同时也使得网络环境下保护著作权的难度大大增加；我国在网络著作权立法方面欠缺系统性和可操作性，民众著作权保护意识欠缺，网络环境下著作权纠纷频繁发生，纠纷产生后解决途径单一，随着网络技术更新，新的侵权问题不断出现，法律条文无法对新的侵权行为作出恰当解释；权利人维护自身权益往往面临取证难题，证据获取困难或者所获证据不完整加大维权难度，损害权利人维护自身权益的积极性。

（一）网络实时性强，传播迅速

《著作权法》第3条对著作权客体作出规定："本法所称的作品，包括以下列形式创作的文学、艺术和自然科学、社会科学、工程技术等作品：（一）文字作品；（二）口述作品；（三）音乐、戏剧、曲艺、舞蹈、杂技艺术作品；（四）美术、建筑作品；（五）摄影作品；（六）电影作品和以类似摄制电影的方法创作的作品；（七）工程

---

　*　作者简介：徐家力为北京科技大学知识产权中心主任，庄晓涵为北京科技大学学生。

设计图、产品设计图、地图、示意图等图形作品和模型作品；
（八）计算机软件；（九）法律、行政法规规定的其他作品。"同时
该法第 5 条对客体作出限制："本法不适用于：（一）法律、法规，
国家机关的决议、决定、命令和其他具有立法、行政、司法性质
的文件，及其官方正式译文；（二）时事新闻；（三）历法、通用
数表、通用表格和公式。"

　　在网络环境下，以上作品以数字化的形式存在，与传统方式
相比，其传播速度更快和传播范围更大。网络环境下作品的传播
节省了制作、印刷、出版等过程，各种作品均可以数字化的形式
快速上传，数字化形式的作品不仅上传迅速，通过分享、搜索等
形式在信息需求者之间同样可以迅速传播，在后者的过程中，作
品通过网络传播的范围较传统方式成倍数扩大。通过网络获取作
品的途径和方式扩大，尤其是伴随信息检索技术发展，所获取的
作品是否通过合法方式传播不易辨别。辨别所耗费的时间成本较
高，以及对作品需求者的辨别能力和辨别方法途径提出了较高要
求，这与利用网络的便捷快速获取作品的本意相反，也违背了实
际情况。现实中利用信息检索技术是为获取信息，此时除特殊情
况外信息获取者大多不会关注信息来源途径是否合法，是否会损
害权利人的利益。网络的实时性特点使得网络上作品更新周期缩
短，需求者可根据网络实时更新的特点发现、选取需要的作品，
也因更新速度快，网络存储的信息量巨大，需求者在众多来源途
径选择需要作品时筛选难度加大。

　　（二）著作权客体界限模糊

　　随着网络技术的发展，各种办公工具和软件陆续产生，对文
字、图片等的加工处理更加便利多样。网络的开放性使得信息传
播不受地域和时空的限制，获取信息更加便利，利用各种网络办
公工具对不同渠道获取的信息加工处理，生成具有多种特性的作
品。这种作品模糊原作品的特性，在某些方面对原作品的特性进
行加工修改，本质上是对原作品的模仿，这一过程不具有创造性，

不符合著作权作品独创性的要求，因而此种作品不是著作权保护的客体。此种作品的存在增大了保护著作权的难度，原因在于随着技术的发展，多种作品特性汇总的过程没有经过创作，生成的作品虽不具有独创性，但作品的加工制作更加隐蔽自然，生成的作品因具备多种特性，极易被认为是具有独创性的作品。网络技术和工具的发展增大了对遭其侵犯的原著作权客体独特性的鉴定难度。

网络环境下，著作权客体不局限于《著作权法》第 3 条的规定，其范围进一步扩大，《最高人民法院关于审理涉及计算机网络著作权纠纷案件适用法律若干问题的解释》第 2 条规定："受著作权法保护的作品，包括著作权法第三条规定的各类作品的数字化形式。在网络环境下无法归于著作权法第三条列举的作品范围，但在文学、艺术和科学领域内具有独创性并能以某种有形形式复制的其他智力创作成果，人民法院应当予以保护。"根据该条规定，网络环境下著作权客体还包括多媒体作品、数据库等网络作品。此种网络作品与传统作品相比，保护难度加大。网络作品不依托于物质载体，虚拟性更强，而且此类作品融汇各种技术，涵盖多种作品类型，不易对这种网络作品进行分类。❶ 同时这种网络作品具备新的形式，如果对新形式的作品没有相应的法律保护，在该类作品的归属以及保护内容等方面易产生纠纷。

（三）取证困难

著作权人权益受损时，通常选择通过司法途径维护自身利益。在该过程中需要通过举证证明对方的行为构成侵权，损害了自身合法权益并且造成经济损害，权利人就会陷入取证困难的境地。网络本身关联性强，储存的信息量庞大，著作权人在网络上发现侵权行为具有滞后性，在其发现之前，侵权行为往往持续了一段时间，在此时间段内，著作权作品所能带来的经济利益和影响力已经被消耗。同时，网络具有实时性的特点，信息发布者可随时

---

❶ 杨小兰. 网络著作权研究［M］. 北京：知识产权出版社，2012.

删除发布的信息，权利人搜集证据往往要经历一段时间，在此期间如何保证证据的完整性成为权利人的一大难题。著作权侵权取证困难，补充证据则更加困难。在诉讼过程中，一旦需要补充证据，权利人往往处于弱势地位。

（四）著作权立法缺乏系统性和可操作性

我国在保护网络著作权立法方面颁布了多项法律文件，如《最高人民法院关于审理涉及计算机网络著作权纠纷案件适用法律若干问题的解释》《互联网出版管理暂行规定》等。多项法律文件看似从不同方面对网络环境下著作权保护提供了法律依据，实际上法律文件之间还存在冲突，体现出在立法方面缺乏一致性。立法多针对现实存在的问题，网络技术发展迅速，新的问题不断出现，立法不能及时解决新出现的问题，法律条文解决实际问题的能力不足，体现立法缺乏系统性和协调性。在著作权纠纷中，涉及法律规定的适用争议往往要通过司法解释或者法院裁判说明来解决。法院在判决过程中，对双方的争议焦点需要进行细致的研究讨论，法院的裁判书往往作为法律条文的解释依据，此过程促进了著作权法律体系的发展，也反映出有关保护网络著作权法律条文的可操作性不强，需要依赖个案中的研究探讨。❶

二、网络环境下保护著作权的侧重点

在网络环境下，著作权的内涵有了新的扩展，不仅包括原有作品上传至网络产生的一系列权利，还包括仅以数字化形式存在的作品权利人所享有的一系列权利。不论何种内涵，著作权保护侧重于对著作权传播的保护。由此产生一个新名词"信息网络传播权"，2001 年 10 月 27 日《著作权法》修正案在第 10 条增设了信息网络传播权"以有线或者无线方式向公众提供作品，使公众

---

❶　孔祥俊. 网络著作权保护法律理念与裁判方法［M］. 北京：中国法制出版社，2015.

可以在其个人选定的时间或者地点获得作品的权利"，《信息网络传播权保护条例》第 26 条规定："……信息网络传播权，是指以有线或无线方式向公众提供作品、表演或者录音录像制品，使公众可以在其个人选定的时间和地点获得作品、表演或者录音录像制品的权利……"但该条并未规定信息网络的具体范围，仅规定以有线或无线的方式，《最高人民法院关于审理侵害信息网络传播权民事纠纷案件适用法律若干问题的规定》第 2 条界定了信息网络的范围："本规定所称信息网络，包括以计算机、电视机、固定电话机、移动电话机等电子设备为终端的计算机互联网、广播电视网、固定通信网、移动通信网等信息网络，以及向公众开放的局域网。"

网络著作权纠纷中涉及信息网络传播权的有两种行为：一是未经许可，私自传播作品，主要表现是将作品放置于网站或其他载体，供公众在线浏览、下载或购买；二是为他人传播作品提供技术支持，此种行为构成侵权需要满足他人提供的作品是未经权利人许可这一条件。对于以上两种行为，根据《最高人民法院关于审理侵害信息网络传播权民事纠纷案件适用法律若干问题的规定》，可划分成直接侵权与间接侵权。在侵害信息网络传播权纠纷案件的审理中，往往会将被告的主体性质区分为网络服务提供者（Internet Service Provider，ISP）或网络内容提供者（Internet Content Provider，ICP），并据此来确定被告在侵权行为中的地位以及应否承担责任。网络服务提供者和网络内容提供者两种主体分别涉及网络服务与网络内容，提供网络内容且未经权利人授权又不构成合理使用等的行为，即直接侵犯了权利人就此作品享有的信息网络传播权；因提供网络服务未尽到注意义务而承担侵权责任的，应当构成帮助侵权，也就是间接侵权。❶

---

❶ 徐卓斌. 信息网络传播权侵权责任主体辨析［N］. 人民法院报，2012 - 07 - 25 (7).

直接侵权是行为人的行为直接侵害了著作权人的权利，行为人的行为例如未经著作权人的同意直接将作品上传至网络，直接侵权以违法行为、损害后果、违法行为与损害后果之间存在因果关系和主观过错为构成要件，《著作权法》和《信息网络传播权保护条例》对直接侵权的种类和形式有较为明确的规定，行为人构成侵权可要求其承担民事赔偿。

　　间接侵权是在一定条件下为他人的侵权行为负责，如网络运营商提供信息发布的平台，对发布的信息不加管理，造成著作权人权利受损。间接侵权相对于直接侵权而言有几个特点，间接侵权的主体多为网络服务提供者，其侵权行为是为直接侵权行为人提供技术支持、为信息传播提供平台等。在间接侵权中，网络服务提供者虽然没有直接将著作权人的作品上传，但为获取作品提供便利，实际上侵害了著作权人的权利，因而对间接侵权行为人适用过错责任原则，网络服务提供者在应当知道且有理由知道时应对其行为负责。

　　我国设置法律保护信息网络传播权不仅考虑到保护著作权人的权利，同时还需考虑网络服务提供者的利益。网络的开放性和互联性，使得网络信息数量庞大，网络服务提供者筛选的成本高昂，技术条件要求高，在此种条件下要求网络服务提供者对其提供的网络内容负责会损害网络服务提供者的利益，因此我国《信息网络传播权保护条例》第23条规定，网络服务提供者断开侵权链接的，不承担赔偿责任。这一规定是对信息网络著作权间接侵权的补充，间接侵权要求网络服务提供者有侵权的主观过错，在网络服务提供者受技术等方面限制，提供的内容给权利人带来损失时，适用《信息网络传播权保护条例》第23条规定。

　　《最高人民法院关于审理侵害信息网络传播权民事纠纷案件适用法律若干问题的规定》分别规定了直接侵权、间接侵权的民事责任，二者在侵权行为的构成、侵权责任等方面存在区别。此外为在一定程度上保护网络服务提供者的利益，《信息网络传播权保护条例》对网络服务提供者规定了免责事由，避免在其因实际情况和技术限制的条件下承担风险。

三、现有的保护机制

（一）立　　法

我国在网络著作权保护方面，司法与立法互相配合，以司法实践中遇到的新问题不断推动立法，通过立法为司法实践中的问题提供法律支持。2001 年施行的《著作权法》、2002 年 10 月 15 日施行的《最高人民法院关于审理著作权民事纠纷案件适用法律若干问题的解释》、2005 年颁布的《互联网著作权行政保护办法》、2006 年修正的《最高人民法院关于审理涉及计算机网络著作权纠纷案件适用法律若干问题的解释》等形成著作权法、司法解释、行政法规共同保障著作权的法律体系，明确规定了网络环境下著作权的客体范围、权利内容、保护措施等，为著作权人保护自身权益提供了法律依据。

（二）著作权登记制度

我国在《担保法》中规定以依法可以转让的商标专用权、专利权、著作权中的财产权出质的，出质人与质权人应当订立书面合同，并向其管理部门办理出质登记。质押合同自登记之日起生效，《物权法》规定以著作权等知识产权中的财产权出质的，当事人应当订立书面合同，质权自有关主管部门办理出质登记之日起生效。国务院颁布的《著作权法实施条例》《计算机软件保护条例》等行政法规规定有关著作权事项可以向有关行政管理部门办理登记，《作品自愿登记试行办法》等有关部门规章作出了有关著作权登记的规定。根据以上法律文件，我国著作权登记可分为作品登记、计算机软件登记、著作权质权登记等。❶

---

❶　索来军. 著作权登记制度概论［M］. 北京：人民法院出版社，2015.

（三）民事、行政、刑事制度

在我国，著作权受侵害后，权利人可通过民事、行政、刑事诉讼寻求法律保护。民事方面，《著作权法》和《信息网络传播权保护条例》规定，侵害著作权承担停止侵害、消除影响、赔偿损失等责任。行政方面，《互联网著作权行政保护办法》针对网络信息服务提供者，明确其侵权责任。该办法第 11 条规定："互联网信息服务提供者明知互联网内容提供者通过互联网实施侵犯他人著作权的行为，或者虽不明知，但接到著作权人通知后未采取措施移除相关内容，同时损害社会公共利益的，著作权行政管理部门可以根据《中华人民共和国著作权法》第四十七条的规定责令停止侵权行为，并给予下列行政处罚：（一）没收违法所得；（二）处以非法经营额 3 倍以下的罚款；非法经营额难以计算的，可以处 10 万元以下的罚款。"《著作权法》规定通过行政途径保护著作权，该法第 48 条规定著作权行政管理部门可责令停止侵权行为，没收违法所得，没收、销毁侵权复制品，并可处以罚款；情节严重的，著作权行政管理部门还可以没收主要用于制作侵权复制品的材料、工具、设备等。《信息网络传播权保护条例》分别对具体的侵权行为作出规定。其第 18 条规定，违反该条例规定，有通过信息网络擅自向公众提供他人的作品、表演、录音录像制品等行为的，根据情况承担停止侵害、消除影响、赔礼道歉、赔偿损失等民事责任；同时损害公共利益的，可以由著作权行政管理部门责令停止侵权行为，没收违法所得，非法经营额 5 万元以上的，可处非法经营额 1 倍以上 5 倍以下的罚款；没有非法经营额或者非法经营额 5 万元以下的，根据情节轻重，可处 25 万元以下的罚款；情节严重的，著作权行政管理部门可以没收主要用于提供网络服务的计算机等设备。第 19 条规定，违反该条例规定，有故意制造、进口或者向他人提供主要用于避开、破坏技术措施的装置或者部件，或者故意为他人避开或者破坏技术措施提供技术服务等行为的，由著作权行政管理部门予以警告，没收违法所得，没收主要用于避开、破坏技术措施的装置或者部件；情节严重的，可以没收主要用于提供网络服务的计算机等设备；非法经营额 5 万元以上的，可处非法经营额 1 倍以上 5 倍以下的罚款；没有非法经营额或者非法经营额 5 万元以下的，根据情节轻重，可处 25 万元以下的罚款。刑事方面，我国通过《全国人民代表大会常务委员会关于维护互联网安全的决定》《著作权法》《信息网络传播权保护条例》等明确规定利用互联网侵犯知识产权构成犯罪的，依照《刑法》第 217条有关规定追究刑事责任。

四、现有保护机制存在的问题

（一）法律规定体系不健全

我国的全国人民代表大会、国务院、国家版权局等从不同方面对著作权进行了专门立法，多项法律文件本应相互补充配合，从不同角度对网络环境下保护著作权提供法律依据，但是实际中各个法律文件存在相互冲突。法律文件相互冲突反映了立法过程中没有统一的指导思想，没有统一解释的法律文件。我国互联网技术发展迅速，网络环境下著作权保护不断产生新的问题，我国的法律文件无法及时解决实际出现的各种新问题，通过不断立法解决问题，耗时耗力，损害了法律的权威性。

网络环境下著作权客体范围进一步扩大，而我国相关法律条文中对新扩展的客体未能进行系统全面的规定，对客体界定未能制定统一标准，在实践中一些新兴的著作权客体引发纠纷时，法院多以《著作权法》的条文规定为依据进行判决。

（二）著作权登记制度施行困难

与其他知识产权法律制度相比，著作权法律制度突出的特点是著作权自动产生，不需要履行登记手续，这也是国际通行的著作权保护原则。但是著作权登记记载了作品创作和权利变动的信息，可以作为权利冲突时的重要证据。虽然《著作权法》没有相关作品登记的规定，但是我国其他相关法律法规对著作权登记作出规定，实际上存在数量不少的登记依据和种类。

著作权登记制度实施困难的原因主要有以下几个方面：一是在我国著作权登记未能以明确的法律规定出现，仅在某些法律条文中有所涉及，法律未能明文规定导致登记制度没有实施的依据；二是登记机关不明确，虽然这也是法律未能明文规定的表现，但在实践过程中某些确切需要登记的著作权，尽管经过长时间的实践，著作权人对登记部门和登记流程仍不清楚，登记机构内部分工不明确，造成登记混乱，登记的权威性和效力大打折扣。

（三）有关民事、行政、刑法措施保护的缺陷

权利人可以通过民事、行政等获得赔偿，但在实际过程中，民事案件中有关赔偿计算问题争议颇多，根据《著作权法》第49条，赔偿数额确定的方法是依权利人的实际损失赔偿，实际损失难以计算的，以侵权人的违法所得给予赔偿；实际损失、违法所得均不能确定的，法院依情节判决。在现实情况中，侵权行为给权利人带来损害，但侵权人造成的实际损失无法确定，违法所得又不足以补偿权利人的损失时，根据何种标准确定赔偿数额成为一大难题。在刑事案件中，主要以违法所得数额定罪量刑，未能考虑侵权人实际带来较大的社会危害性，但按照违法所得数额标准不构罪等特殊情况；同时，随着网络的发展，构罪标准能否与网络技术发展的实际情况相符合，均是当前在网络环境下保护著作权面临的问题。

五、网络环境下著作权保护机制的发展趋势

（一）为网络上新型著作权客体提供法律保护

随着技术进步，著作权客体范围可能进一步扩大，关注实际，为新型的著作权客体设立法律保护也是愈加重要的。

（二）完善网络服务提供者惩罚与免责制度

完善著作权诉讼程序，网络环境下著作权保护具有特殊性，随着著作权保护制度的发展，更加注意著作权人、网络服务提供者、公众之间的利益平衡，完善对网络服务提供者的法律规范，从而使网络信息传播权得以正确恰当地适用。

（三）借鉴其他国家著作权保护制度

我国著作权保护起步较晚，但是发展迅速，随着立法的逐渐完善，公民著作权保意识不断增强，另外，为了增强我国的创新能力和综合国力，我国的著作权保护制度要与国际接轨，我国早在 20 世纪 90 年代就加入著作权保护的国际条约，反映了将来著作权的保护范围会逐渐向国际领域靠拢，著作权纠纷也会越来越多地涉及国际问题，在此种情况下，我国应加快完善著作权保护机制，借鉴其他国家有关著作权保护的制度。

六、结　　语

在网络环境下，著作权保护面临的问题主要是，网络信息量庞大，获取信息的渠道更加多样，搜索技术愈加成熟，网络环境下，信息传播速度快、方式多样且关联性强，对著作权的保护技术要求更高。因此，网络环境下的著作权保护机制更要注重对作品独特性的保护。现代信息技术的发展提高信息传播的速度、扩大传播的范围，在网络环境下著作权保护的难度也大于传统著作权。著作权的保护要实现著作权人、网络传播、公众之间利益平衡，既要鼓励创作与创新，同时也要发挥著作权推动经济社会发展的功能。

著作权法适应性变革研究

——以三网融合为背景

刘明江 *

随着人类科学技术的发展，电信网、广电网和互联网（以下简称"三网"）相继问世，现并存于我们的生活中，给我们的生活带来了巨大的便利。三网之间的界限曾经十分鲜明，不仅表现在物理构造上，而且也表现在业务内容上，俨然一副井水不犯河水的样子。然而，世异时移，因科技进步而产生、也因科技进步而发展的电信网、广电网和互联网不再像曾经那样泾渭分明了，你中有我，我中有你，尤其表现在业务内容上，呈现出相互融合（convergence）的趋势。三网融合（triple play）不仅是一个技术问题，也是一个法律问题。本文以著作权法的视角观察三网融合，反过来，在把握三网融合实质的基础上，分析三网融合给著作权法律制度带来的挑战，并据此提出著作权法进行适应性变革的应对之策。

本文在进行过程中适逢我国著作权法第三次修订工作全面启动。2012 年 3 月，著作权法修改草案第一稿面世；2012 年 7 月，著作权法修改草案第二稿面世；2012 年 10 月，著作权法修改草案第三稿面世；2012 年 12 月，著作权法修改草案送审稿面世，这些修改草案为本文提供了充分的研究素材。

* 作者简介：河南牧业经济学院副教授、法学博士。本文系 2010 年度河南省哲学社会科学规划项目（项目批准号：2010BFX008）最终成果。

一、发展中的三网融合

20 世纪 90 年代以来，电信网、广电网和互联网的三网融合在英美等发达国家取得了显著进展，提高了社会的信息化程度，促进了经济的快速增长。相比较而言，电信网、广电网和互联网的融合在我国进展缓慢，目前仍在演变之中，尚未定型，但这并不妨碍我们对于三网融合的认识。

1. 三网融合的释义

"三网"具体是指电信网、广电网和互联网。电信网（telecommunication network）是构成多个用户相互通信的多个电信系统互连的通信体系，是人类实现远距离通信的重要基础设施，利用电缆、无线、光纤或者其他电磁系统，传送、发射和接收标识、文字、图像、声音或者其他信号。❶ 电信网的基础网络是电话网络，而电话网络是最早建立起来的通信网络。广电网（broadcast and television network），或称广播电视网❷，"按其传送的方式可以分为地面无线广播电视网、有线电视网和卫星电视网"。❸ 互联网（internetwork）实质上是计算机网络，是"一种将地理上处于不同位置、具有独立功能的多台计算机通过通信设备和线路连接起来，并配有相应的软件（网络协议、操作系统等）实现资源共享和相互通信的系统"❹。

三网融合，又被人们通俗地称为三网合一，很容易被理解为电信网、广电网和互联网的物理合一，实际上并非如此。"三网合一"是一种大众化的、社会化的说法，在现阶段它是指在信息传递中，把广播传输中的"点"对"面"、电信传输中的"点"对

---

❶ 电信网［EB/OL］. http：//baike. baidu. com.

❷ 只播送声音的，称为"声音广播"，简称"广播"；播送图像和声音的，称为"电视广播"，简称"电视"。

❸ 刘颖悟. 三网融合与政府规制［M］. 北京：中国经济出版社，2005：26.

❹ 刘颖悟. 三网融合与政府规制［M］. 北京：中国经济出版社，2005：31 - 32.

"点"、计算机中的存储时移融合在一起，更好地为人类服务，并不意味着电信网、互联网和广电网三大网络的物理合一，而主要是指高层业务应用的融合。❶ 因此，三网融合不是说三网变成一网了，也不意味着电信网、广电网、互联网的消亡，主要表现为：在技术上趋向一致，在网络层面上互联互通，在业务层面上相互渗透，不同的网络提供类似的服务，同时一个网络可以提供不同类型的服务。

按照 2010 年 1 月 21 日国务院印发的《推进三网融合的总体方案》（国发〔2010〕5 号），三网融合是指电信网、广电网、互联网在向宽带通信网、数字电视网、下一代互联网演进过程中，其技术功能趋于一致，业务范围趋于相同，网络互联互通、资源共享，能为用户提供话音、数据和广播电视等多种服务。显而易见，三网融合实际上是每个网络在向各自的下一代网络演进的过程中发生的各种融合现象。

也有人质疑三网融合这一概念的准确性。北京邮电大学教授阚凯力就曾表示，三网融合的概念本身就是错误的，因为不存在三网，只有电信网和广电网，而互联网只是基于这两个物理网的一种服务而已。❷ 尽管如此，但是三网融合这一概念已被人们接受了，并不影响人们对于网络融合的理解。

2. 三网融合的必然趋势

随着科学技术的迅猛发展，电信网、广电网和互联网都取得了超乎寻常的发展，每个网络都呈现出了业务内容综合化的趋势，这种局面的出现必然会导致日趋激烈的市场竞争，进而带来网络资源的重复建设及巨大浪费。于是，融合三大网络、综合利用网络资源的呼声随之而起。

有目共睹的事实是，数字化技术日益成熟，TCP/IP 协议得以

---

❶ 王孝明，等. 三网融合之路 [M]. 北京：人民邮电出版社，2012：6.

❷ 陈静. 十省区广电网将结盟 [N]. 大河报，2010－03－19（B02）.

广泛运用，光通信技术发展迅猛且成本大幅度降低，这些都表明，三网融合有了基本成熟的技术基础，在此基础上融合三网的业务就有了可能性。

国务院在《推进三网融合的总体方案》中指出："三网融合是现代信息技术融合发展的必然趋势，是现代信息产业进一步发展的内在需求，是国民经济和社会信息化的迫切要求。"电信网、广播电视网和互联网的融合对于促进信息和文化产业的发展，提高国民经济和社会信息化水平，满足人民群众日益多样的生产、生活服务需求，拉动国内消费，形成新的经济增长点，具有十分重要的意义。❶

国家立法机构也有意通过电信法的制定促进三网融合。❷《中华人民共和国电信法（草案征求意见稿）》第3条规定："国家积极推进网络融合，鼓励利用通信网、广播电视网和互联网等各种网络传输语音、文字、数据、图像、符号以及其他形式的信息，满足人民群众对教育、科技、文化、娱乐等信息的需求。国务院电信监督管理部门和广播电视主管部门应当按照本法和国家其他有关法律法规的规定，鼓励广播电视传输机构利用广播电视网、通信网、互联网等从事电信业务；鼓励电信业务经营者利用通信网、广播电视网、互联网等从事广播电视传输业务。"

3. 三网融合的特征

三网融合是为了实现网络资源的共享，避免低水平的重复建设，形成适应性广、维护容易、费用低廉的高速宽带的多媒体基础平台，呈现出如下一些特征：网络之间的透明性、网络资源的

---

❶　胡涛. 我国三网融合运营模式研究 ［M］. 上海：上海交通大学出版社，2012：12.

❷　《电信法》的制定旷日持久，至今尚未尘埃落定。1980年起，我国正式开始起草《电信法》的工作，并于1988年开始列入国务院年度立法计划。1993年《电信法》起草工作开始列入第八届全国人大立法规划，1998年和2003年分别列入第九届和第十届全国人大常委会立法规划，并列为第一类立法项目。

共享性、网络的独立性和网络的兼容性。❶

（1）网络之间的透明性。网络在物理层面上是互联互通的，一个网络的信号可以直接传递或者经过组织、变换，传送到另一个网络中，并通过另外的网络传送到用户终端时，不改变信息的内容，也就是说，网络之间是相互透明的。换言之，网络之间是互联互通的，就是建立通信网间的有效通信连接，使得一个通信运营商的用户可以和另一个通信运营商的用户通信或者使用另外一个通信运营商的各种通信业务。

（2）网络资源的共享性。网络上的资源可以实现共享，也就是说，用户只需要一个物理网络连接，就可以共享其他网络上的资源，或者与其他网络上的用户交换数据，开展通信联系。

（3）网络的独立性。在应用层面上，尽管业务在网络之间是相互渗透、相互交叉的，但依然可以相互独立，互不妨碍，并且在各自的网络上可以像以往那样独立地开展自己的新兴业务。

（4）网络的兼容性。每个网络都有自己的协议，信息从一个网络传送到另一个网络时要进行转换，因此，网络之间的协议应当具备兼容性，以满足目标网络的协议要求。

4. 三网融合的推手

谷虹指出："在我国，'三网融合'并不是一个新的概念，从最初的提出到搁置、到发展、再到今天的重提，走过了十几年的历程。"❷ 这说明，三网融合注定不会是一帆风顺的，因为三网融合会不可避免地引起不同网络代表的不同行业之间的利益冲突，同时也会引致行业主管部门之间的监管冲突。在现实中，广电业主管部门与信息产业主管部门各自为政，严重阻碍了三网融合的

❶　徐民鹰，刘信圣. 三网合一技术基础［M］. 北京：中国国际广播出版社，2003：3.

❷　三网融合发展至今的历程大致可以分为四个发展阶段，详见：谷虹. 信息平台论：三网融合背景下信息平台的构建、运营、竞争与规制研究［M］. 北京：清华大学出版社，2012：1 - 8.

发展。由于利益冲突的存在，三网融合尽管势在必行，但阻力重重，步履维艰。❶ 要打破阻碍三网融合的藩篱，必须超越行业之间的利益冲突以及监管部门之间的相互掣肘，❷ 这一重任自然而然地就落在了国务院的身上。

由于我国有线电视网的特殊属性，三网融合的进程在很大程度上依赖于行政力量，国务院无疑是三网融合的有力推手。原国务院总理温家宝，2010 年 1 月 13 日主持召开国务院常务会议，决定加快推进电信网、广播电视网和互联网三网融合。这是国务院对三网融合给出的最明确、最具有指导意义的政策阐述，确定了我国未来"三网融合"的基本框架。2010～2012 年，重点开展广电和电信业务双向进入试点，探索形成保障三网融合规范有序开展的政策体系和体制机制。2013～2015 年，总结推广试点经验，全面实现三网融合发展，普及应用融合业务，基本形成适度竞争的网络产业格局，基本建立适应三网融合的体制机制和职责清晰、协调顺畅、决策科学、管理高效的新型监管体系。

国务院的有力推动是三网融合取得进展的必要条件，但不是充分条件，还需要相应立法的及时跟进。美国及英国的三网融合经验充分证明了这一点，美国国会通过的《1996 年电信改革法》（*Telecommunications Reform Act of 1996*）打破了电信业、网络

---

❶　作为三网融合主体的广电及电信部门，通过出台符合各自利益的政策等行政力量来寻求保护，干扰对方进入自己的核心领域，是三网融合进程缓慢的重要原因。"三网融合推进的最大障碍是广电和电信行业纠结在对'三网融合'主导权的争夺上，事实上，三网融合本质是因为互联网技术的发展和升级，迫使电信业和广播电视业必须改变传统的运营模式。"参见：胡涛. 我国三网融合运营模式研究［M］. 上海：上海交通大学出版社，2012：48.

❷　目前，广电网归国家新闻出版广电总局监管，电信网归工信部监管，互联网归工信部、国家新闻出版广电总局和文化部共同监管。从英美等国三网融合的经验来看，电信网、广电网和互联网应当归一个部门监管。三网融合需要成立一个独立、统一的监管机构，直接隶属于国务院，类似于银监会和证监会。参见：胡丹. 浅析三网融合的法律规制［J］. 北京邮电大学学报：社会科学版，2009（2）：31.

业和有线电视业的界限，电信与有线电视市场正式相互开放，加快了电视业、网络业和电信业的融合；英国在三网融合取得积极进展（电信与广电的对称进入阶段，实现了双向准入）之际，在2003年推出了新的《通信法》，实现了监管机构的全面融合，从而成为在三网融合方面取得较快进展的国家之一。❶　然而，在我国，到目前为止，无论是电信法❷，还是广播法❸均未出台，现存的法规只是《电信条例》和《广播电视条例》，而且还是国务院出台的位阶较低的行政法规。

　　5. 三网融合的实质

　　从技术层面来说，三网融合的实质是，"电信网、广电网、互联网在各自的网络发展，电信网向宽带通信网发展，广电网向数字电视网发展，互联网向下一代互联网发展，在这个演进的过程中，三网的技术功能趋于一致，业务范围也趋于相同，网络可以互联互通、资源共享，这三个网实际上就是电信网和广电网，都能为用户提供话音、数据和广播电视服务"。❹　我国的三网融合首先是基于互相进入的业务融合，而当前由于电信网和计算机网（互联网）无论是在物理层面还是在业务层面都基本实现了融合，互联网已成为电信网络的一部分，并成为电信非语音业务的主要

---

　　❶　胡涛简述了美国及英国三网融合的发展过程，从中可知，两国的三网融合都经历了电信与广电的互不准入、不对称进入和对称进入三个阶段。详见：胡涛. 我国三网融合运营模式研究［M］. 上海：上海交通大学出版社，2012：27 - 31.

　　❷　但是，仅有一部电信法还是不够的，出台一部能够涵盖三网融合的通信法才是最根本的，也就是说，由通信法来规制电信网、有线电视网和计算机网的物理网络以及三网之间的融合。"通信"（communications）是一个外延比 "电信"（telecommunications）更加宽泛的概念，涵盖电信、广播电视和计算机数据通信等不同形式。

　　❸　在起草颁布通信法的同时，起草颁布广播法，不仅对传统的广播电视内容进行规制，同时也对互联网的内容进行规制，改变我国互联网内容规制的散乱状况。参见：刘颖悟. 三网融合与政府规制［M］. 北京：中国经济出版社，2005：141.

　　❹　谷虹. 信息平台论：三网融合背景下信息平台的构建、运营、竞争与规制研究［M］. 北京：清华大学出版社，2012：9.

载体❶，因此，现实意义上的三网融合实质上就是电信网和广电网的相互渗透和融合。

通俗地讲，三网融合最简单地体现为三屏的融合，即手机屏幕、电视屏幕和电脑屏幕的融合，可以用手机看电视、上网，也可以用电视打电话、上网，还可以用电脑打电话、看电视，手机、电视和电脑上开展的应用业务相互交叉，出现你中有我、我中有你的局面。

二、信息网络传播权的重构

互联网的问世使作品的传播方式发生了巨大的改变，为了应对这种巨变，《世界知识产权组织版权条约》（WCT）应运而生，❷其中第 8 条规定："文学和艺术作品的作者应享有专有权，以授权将其作品以有线或无线方式向公众传播，包括将其作品向公众提供，使公众中的成员在其个人选定的地点和时间可获得这些作品。"此即"向公众传播的权利"。我国的信息网络传播权即源于该条规定。

1. 现行《著作权法》中的信息网络传播权

为了因应互联网的发展，也为了履行 WCT，我国的著作权法在 2001 年 10 月 27 日的修改中，首次引入了信息网络传播权，在第 10 条作如此规定："信息网络传播权，即以有线或者无线方式向公众提供作品，使公众可以在其个人选定的时间和地点获得作品的权利。"2010 年 2 月 26 日，我国的《著作权法》又一次修改，但"信息网络传播权"的规定保持不变。很明显，我国现行《著作权法》中的"信息网络传播权"与 WCT 规定的"向公众传播的

---

❶　杨成，韩凌. 三网融合下的边界消融［M］. 北京：北京邮电大学出版社，2011：5.

❷　本条约于 1996 年 12 月 20 日在瑞士日内瓦由关于版权和邻接权若干问题外交会议通过。

权利"完全不重合❶，前者涉及的权利范围仅是后者的一部分，只是考虑了作品交互式传播的情况。❷

　　由于信息网络传播权无法涵盖非交互式传播作品的行为❸，在司法实践中，一些法院遇到此类案件时，往往依据《著作权法》第 10 条第 1 款第（十七）项"应当由著作权人享有的其他权利"判令侵权人承担停止侵害、赔偿损失的责任。2010 年 5 月 19 日，北京市高级人民法院《关于审理涉及网络环境下著作权纠纷案件若干问题的指导意见（一）（试行）》在总结司法实践的基础上，规定："网络服务提供者通过信息网络按照事先安排的时间表向公众提供作品的在线播放的，不构成信息网络传播行为，应适用著作权法第十条第一款第（十七）项进行调整"。这虽然符合《著作权法》的立法精神，却是法院在现行法律存在先天缺陷的情况下发挥司法能动性的无奈之举，只能是权宜之计，最根本的出路还在于及时修改法律。

　　《信息网络传播权保护条例》第 2 条规定："权利人享有的信息网络传播权受著作权法和本条例保护。除法律、行政法规另有规定的外，任何组织或者个人将他人的作品、表演、录音录像制品通过信息网络向公众提供，应当取得权利人许可，并支付报酬。"依此规定，著作权人似乎享有"通过信息网络向公众提供"作品的权利。从含义上说，"通过信息网络向公众提供"作品的权利明显广于信息网络传播权，应该包括作品的非交互式传播。但是，鉴于著作权法与信息网络传播权保护条例之间的主从关系以及信息网络传播权保护条例的行政法规性质，还不能任意扩大解

---

　　❶　现行《著作权法》是指 2010 年 2 月 26 日修改后的《著作权法》。
　　❷　作品的交互式传播有两个技术特征：其一，对作品的传播是由用户而非传播者的行为直接触发，用户可主动选择接收作品的时间和地点；其二，传播采用点对点的模式。
　　❸　作品的非交互式传播也有两个技术特征：其一，对作品的传播由传播者的行为直接触发，用户只能被动接收；其二，传播采用点对多的模式。

释"'通过信息网络向公众提供'作品的权利"的含义。

2001年《著作权法》第58条仅授权国务院制定信息网络传播权的保护办法，而没有授权国务院制定"'通过信息网络向公众提供'作品的权利"的保护办法。因此，《信息网络传播权保护条例》作为国务院颁布的一部行政法规，将表演者和录音录像制作者的"'通过信息网络向公众提供'作品的权利"也进行规范，存在越权立法的嫌疑，因为在著作权法上表演者和录音录像制作者并不享有信息网络传播权，实际享有的权利广于信息网络传播权。

2. 三网融合背景下的信息网络传播权

在三网融合背景下，作品的传播方式既有交互式传播，也有非交互式传播，现行著作权法规定的信息网络传播权还能否涵盖这些传播方式，有必要加以审慎思考。

（1）网络广播的出现。流媒体技术的兴起使得通过互联网向公众提供广播电视节目成为可能，于是，一种新的网络传播方式，即网络传播（简称"网播"，webcast）就出现了。网络广播是网络传播多媒体形态的重要体现，也是广播电视媒体网上发展的重要体现，对传统广播而言，网络广播是其功能的补充，两者是互补和合作关系。❷实际上，在实现三网融合的情况下，不但互联网可以传播广播电视节目，广电网当然地可以传播广播电视节目，电信网也可以传播广播电视节目，这也正是三网融合的含义之一，即不同网络可以向公众提供类似的服务内容。这种传播方式，不管通过什么样的网络，不论以有线或无线的方式，可以使公众基本同时获得广播电视节目，或是图像，或是图像和声音，或是图

---

❶　2001年《著作权法》第58条："计算机软件、信息网络传播权的保护办法由国务院另行规定。"

❷　网络广播［EB/OL］. http://baike.baidu.com.

像和声音表现物。❶

（2）网络广播的类型。常见的网络广播有两种形态，即网络直播和网络转播，狭义的网络广播即是指网络直播，广义的网络广播则是指网络直播和网络转播。网络直播是指，依照节目预告表，在预先确定的时间通过信息网络向公众播出广播电视节目，用户只能在线收听或收看正在播出的广播电视节目，用户不能自由选择收听或收看已经播出或者还未播出的广播电视节目。网络转播是指，依照节目预告表，在预先确定的时间，将传统的广播电视组织（或者新兴的网络广播电视组织）正在播出的广播电视节目通过信息网络向公众播放，用户同样只能被动收听收看而不能自由选择节目。

（3）信息网络传播权的拓展。不管是网络直播，还是网络转播，都属于非交互传播行为，用户不能在其个人选定的时间收听或者收看广播电视节目，因此与信息网络传播权涵盖的交互传播行为是格格不入的。因此，需要拓展信息网络传播权的范围，使之能够将网络广播包含在内。

3.《著作权法》修改草案中的信息网络传播权

我国的《著作权法》目前正在经历第三次大幅度的修改，至今有了修改草案第一稿、修改草案第二稿、修改草案第三稿和修订草案送审稿。

（1）修改草案第一稿。2012年3月31日，国家版权局通过国家版权局和新闻出版总署官方网站公布《中华人民共和国著作权法》（修改草案），公开征求社会各界意见和建议。在第11条中，信息网络传播权被规定为："信息网络传播权，即在信息网络环境下，以无线或者有线方式向公众提供作品，包括直播、转播或者

---

❶　1998年提出的《世界知识产权组织保护广播组织条约（草案）》将网络广播解释为："以有线或无线的方式，通过计算机网络，利用能为公众中的成员基本同时获取载有节目的信号，播送声音，或图像，或图像和声音，或图像和声音表现物，供公众接受的行为。"

使公众可以在其个人选定的时间和地点获得作品的权利"。国家版权局提供的《关于〈中华人民共和国著作权法〉（修改草案）的简要说明》指出："将信息网络传播权由交互式扩张为直播、转播等方式，以解决实践中提出的定时播放和转播等问题。"不难理解，修改后的信息网络传播权涵盖了非交互式传播作品的网络直播和网络转播，适应了三网融合环境中多方式传播作品的需要。

（2）修改草案第二稿。2012 年 7 月，国家版权局公布《中华人民共和国著作权法》（修改草案第二稿），再次公开征求社会各界意见和建议。在第 11 条中，信息网络传播权被规定为："信息网络传播权，即以无线或者有线方式向公众提供作品，使公众可以在其个人选定的时间和地点获得作品，以及通过技术设备向公众传播以前述方式提供的作品的权利"。修改草案第一稿中的直播、转播消失得无影无踪了。国家版权局提供的《关于〈中华人民共和国著作权法〉（修改草案第二稿）修改和完善的简要说明》指出："考虑到原草案关于广播权和信息网络传播权的设定以传播介质而非传播方式为基础，不能完全符合科技发展特别是'三网融合'的现状和趋势，因此将播放权适用于非交互式传播、信息网络传播权适用于交互式传播，以解决实践中的定时播放、网络直播以及转播等问题。"

（3）修改草案第三稿。2012 年 10 月，国家版权局对著作权法的修改草案演进到第三稿。与第二稿一样，第三稿第 11 条中规定："网络传播权，即以无线或者有线方式向公众提供作品，使公众可以在其个人选定的时间和地点获得作品，以及通过技术设备向公众传播以前述方式提供的作品的权利"。权利内容没有任何改动，只是权利名称发生了改变，由"信息网络传播权"变为"网络传播权"。

（4）修订草案送审稿。2012 年 12 月 18 日，国家版权局提出了报请国务院审议的《中华人民共和国著作权法》（修改草案送审稿）。送审稿第 13 条将信息网络传播权规定为："信息网络传播权，即以无线或者有线方式向公众提供作品，使公众可以在其个人选定的时间和地点获得作品的权利"。与第三稿相比，权利名称又改回去了，权利内容也少了"通过技术设备向公众传播以前述方式提供的作品"的规定。

4. 重构中的信息网络传播权

在学者的诸多论述中，多数人主张，扩张信息网络传播权的范围，将非交互式传播行为纳入其中。《著作权法》的修改正面回应了众多学者的呼声。但是，不得不指出的是，修改草案第一稿中的"信息网络传播权"和"播放权"有重叠部分。❶ 播放权是这样规定的："播放权，即以无线或者有线方式向公众播放作品或者转播该作品的播放，以及通过技术设备向公众传播该作品的播放的权利"。播放权也将网络直播和网络转播囊括其中，因此与信息网络传播权发生了重合。

值得注意的是，修改草案第二稿在将网络直播和网络转播情形删除的同时，增加了"通过技术设备向公众传播以前述方式提供的作品的权利"的内容，遗憾的是，在送审稿中被删除了。

在著作权法修改草案第一稿中，有"在信息网络环境下"的限定语，在后来的修改草案中未见这一用语，不知为何。但是，既然是"信息网络传播权"，就应当是存在于信息网络环境中传播作品的一项权利。信息网络不只是计算机网络，还有其他类型的信息网络。依据《最高人民法院关于审理侵害信息网络传播权民事纠纷案件适用法律若干问题的规定》❷ 第 2 条，信息网络包括以计算机、电视机、固定电话机、移动电话机等电子设备为终端的计算机互联网、广电网、固定通信网、移动通信网等信息网络，以及向公众开放的局域网络。作品的交互式传播也不是仅存在于

---

❶　根据国家版权局提供的修改草案简要说明，播放权增加了有线播放的内容，同时为避免与广播混淆，将名称由广播权修改为播放权。

❷　2012 年 11 月 26 日最高人民法院审判委员会第 1561 次会议通过，自 2013 年 1 月 1 日起施行。

计算机互联网环境中，也存在于其他类型的信息网络环境中。从司法解释可以看出，对信息网络的扩大解释为将来在三网融合环境中引入信息网络传播权预留了充分的空间。

三、广播权的重构

广播权是《保护文学和艺术作品伯尔尼公约》（以下简称《伯尔尼公约》）明确规定的作者享有的一项著作财产权利。《伯尔尼公约》第 11 条之二规定："文学艺术作品的作者享有下列专有权利：（1）授权广播其作品或以任何其他无线传送符号、声音或图像的方法向公众传播其作品；（2）授权由原广播机构以外的另一机构通过有线传播或转播的方式向公众传播广播的作品；（3）授权通过扩音器或其他任何传送符号、声音或图像的类似工具向公众传播广播的作品。"对照三网融合的发展趋势，这一规定无疑落伍了，没有将有线广播考虑进去，已成为广播权的缺陷。❶ 我国的《著作权法》也有类似情况。

1. 现行《著作权法》中的广播权

我国的第一部《著作权法》（1990 年 9 月 7 日通过，1991 年 6 月 1 日施行）没有分项列明作者享有的著作财产权利，当然也就没有广播权的说法。2001 年 10 月 27 日，修改后的《著作权法》第 10 条规定了广播权，即"广播权，即以无线方式公开广播或者传播作品，以有线传播或者转播的方式向公众传播广播的作品，以及通过扩音器或者其他传送符号、声音、图像的类似工具向公众传播广播的作品的权利"。显然，这一定义借鉴了《伯尔尼公约》第 11 条对广播权所作的规定。2010 年 2 月 26 日，著作权法再作修改时，广播权的规定原封没动。因此，在我国现行的著作权法中，广播权仅有下列三项权利：无线广播、有线转播和公开

---

❶ 《伯尔尼公约》的最后一次修改是在 1971 年，当时的广播技术还处于无线广播的阶段，因此，直接以有线方式广播作品并不在"广播权"的范围内。

播放广播，唯独没有有线广播。这可能是受制于时代局限的缘故。

2. 三网融合背景下的广播权

目前，有线电视已走进千家万户，传统的广播权定义早已与时代脱节，三网融合的出现更是增强了修改广播权定义的呼声。

宁波成功公司是电视剧《奋斗》的信息网络传播权人。2007年7月26日，宁波成功公司发现北京时越公司所有的悠视网提供《奋斗》一剧的定时播放与定时录制服务。于是，宁波成功公司请上海市静安区公证处对此进行了公证。2007年7月30日，宁波成功公司向北京时越公司发出了律师函。在律师函中，宁波成功公司表示其获得了《奋斗》的著作权人鑫宝源公司授予的独家信息网络传播权，要求北京时越公司停止在线播放《奋斗》并承担侵犯信息网络传播权的法律责任。随后，宁波成功公司向北京市海淀区人民法院提起诉讼，经北京市第一中级人民法院二审后，法院判定北京时越公司未经宁波成功公司许可，在其所有的悠视网向互联网用户提供该电视剧的在线播放服务，侵犯了宁波成功公司对该电视剧享有的信息网络传播权，依法应当承担相应的民事责任。北京时越公司却认为其对《奋斗》的使用不属于信息网络传播权规定的适用范围，因为网络用户不能在其选定的时间观看《奋斗》的任意一集，而只能看到网站定时播放的那一集。对此法院认为，只要网络用户可以通过信息网络在其选定的时间获得作品的部分内容，作品传播者就构成了《著作权法》所规定的"使公众可以在其个人选定的时间和地点获得作品"的行为，即使悠视网的播放方式系定时定集播放，悠视网未经许可的在线播放行为亦侵犯了宁波成功公司享有的信息网络传播权。❶

毫无疑问，判决结果反映出两级法院对于信息网络传播权的

---

❶　陈明涛. 网络广播服务提供商的版权责任［J］. 法学，2010（8）：48-49. 并参见：北京市海淀区人民法院（2008）海民初字第4015号民事判决书、北京市第一中级人民法院（2008）一中民终字第5314号民事判决书。

不当认识，也反映出现行著作权法中广播权的缺陷，进一步证明在三网融合环境中需要重构广播权。

3. 著作权法修改草案中的广播权

由于坚持将"有线广播"排除在"广播权"之外，又要将"有线广播"考虑在内，故而从著作权法修改草案第一稿到修订草案送审稿，权利名称一直以"播放权"替换"广播权"。

（1）修改草案第一稿。第 11 条中规定："播放权，即以无线或者有线方式向公众播放作品或者转播该作品的播放，以及通过技术设备向公众传播该作品的播放的权利"。

（2）修改草案第二稿。第 11 条中规定："播放权，即以无线或者有线方式公开播放作品或者转播该作品的播放，以及通过技术设备向公众传播该作品的播放的权利"。与第一稿相比，用语略有改变，"向公众播放作品"改为"公开播放作品"，不过，实质意义没有多大改变。

（3）修改草案第三稿。第 11 条中规定："播放权，即以无线或者有线方式公开播放作品或者转播该作品的播放，以及通过技术设备向公众传播该作品的播放的权利"。与第二稿完全一样，没有任何改动。

（4）修订草案送审稿。第 13 条中规定："播放权，即以无线或者有线方式公开播放作品或者转播该作品的播放，以及通过技术设备向公众传播该作品的播放的权利"。很显然，送审稿沿用了修改草案第三稿的规定。国家版权局在《关于〈中华人民共和国著作权法〉（修订草案送审稿）说明》中指出："将广播权修改为播放权，适用于非交互式传播作品，以解决实践中网络的定时播放和直播等问题，将信息网络传播权适用于交互式传播作品。"

4. 重构中的广播权

无论是网络直播，还是网络转播，实质上都是单方向传播作品的行为，与广播权中的"无线方式公开广播或者传播作品"的行为没有本质上的区别，都是定时单方向传播作品的手段。因此，将网络广播纳入广播权的范畴自有一定的道理，有利于体现著作权法律体系的完整性。只是有无必要一定要将权利名称由"广播权"改为"播放权"，则大有可质疑的空间。

值得注意的是，尽管《伯尔尼公约》没有对"广播"进行定义，但使用的"广播或以其他任何传送符号、声音或图像的无线传送手段传播作品"用语则表明，"广播"是指"以无线方式传播作品的行为"，而不包括"以有线方式传播作品的行为"。《罗马公约》和《世界知识产权组织表演和录音制品条约》也是在此意义上使用"广播"（broadcasting）一语。❶ 或许正是这一缘故，在我国《著作权法》的第三次修改中，"广播权"变成了"播放权"。

四、向公众传播权的创设

在现行的著作权法中，通过网络以非交互式方式传播作品的行为既不属于信息网络传播权的范畴，也不属于广播权的范畴。欲将非交互式方式传播作品的行为纳入著作权法，可有三种选择，第一种是修改广播权的定义，将有线广播纳入其中；第二种是修改信息网络传播权的定义，将网络广播（网络直播和网络转播）纳入其中；第三种是创设向公众传播权，将现有的信息网络传播权和广播权的内容加以整合，把所有的以有线或者无线方式传播作品的行为都纳入其中。前面的两种选择，在目前进行的著作权法修改中均作了尝试，那么，第三种选择是否可行呢？

1. 创设向公众传播权的必要性

目前正在进行的著作权法修改对新出现的作品传播方式作出了回应，那是否就万事大吉了呢？未必。为此，就有必要探讨一

---

❶ 《罗马公约》第3条将"广播"定义为"供公众接收的声音或图像和声音的无线电传播"。《世界知识产权组织表演和录音制品条约》第2条将"广播"定义为"以无线方式的播送，使公众能接收声音或声音和图像"。《世界知识产权组织表演和录音制品条约》同时指出，"通过卫星进行的此种播送也是'广播'"，毋庸置疑的是，卫星传播实质上乃是以无线方式进行的。

下因应三网融合设立向公众传播权的必要性。

（1）三网融合环境中作品的传播。前已述及，在三网融合环境中，作品的有线或者无线以及交互式或者非交互式的传播方式均会呈现出来，现有著作权法的规定已不能全面覆盖已有的作品传播方式，到了非修改不可的地步了。尽管可以依循路径依赖的方式修改现行著作权法中的广播权或者信息网络传播权，以适应有线广播或者网络广播的需要，但还是不能一劳永逸。只有进行制度创新，另辟蹊径，对现行著作权法中的广播权和信息网络传播权进行整合，因应三网融合环境中新的作品传播方式，创设向公众传播权，这才是根本之路。向公众传播权既覆盖了传统的各种广播作品的方式（如有线广播、无线广播和卫星广播），也覆盖了新兴的各种通过网络传播作品的方式（如网络直播、网络转播和网络点播）。❶

（2）技术中立的立法原则。无论是以有线的方式传播作品，还是以无线的方式传播作品；无论是以交互的方式传播作品，还是以非交互的方式传播作品，都只是传播作品的方式以及所依赖的技术手段不同而已，本质上并没有实质性的区别，而且，在三网融合环境中作品的传播手段呈现出一种融合的趋势。因此，将有线或无线传播作品以及交互或非交互传播作品的种种行为统统归到向公众传播权的名下，符合技术中立的要求。根据"技术中立"的立法原则，一种行为的法律定性不应当取决于其借以实施的技术手段，而应当取决于行为自身的特征和后果。❷ 究其实质，

---

❶ 根据《广播电视视频点播业务管理办法》（2004 年国家广播电影电视总局令第 35 号）第 2 条的规定，广播电视视频点播（简称视频点播）是指通过广播电视技术系统以即时点播、准视频点播（轮播）、下载播放等点播形式供用户自主选择收看广播电视节目的业务活动。网络点播可理解为视频点播，实质上是一种用户以交互式方式获得作品的活动，这正是信息网络传播权涵盖的范围。

❷ 王迁. 我国《著作权法》中"广播权"与"信息网络传播权"的重构［J］. 重庆工学院学报：社会科学，2008（9）：27.

无论广播权和信息网络传播权涉及的作品传播行为，以及新近出现的网络直播和网络转播，尽管采用的技术手段有所差别，但作品传播行为的特征和后果均是将作品由一端传至远端供公众接收、获知作品内容的行为，根据"技术中立"的立法原则，应当一视同仁，仅考虑作品的传播方式而不考虑作品的传播媒介，均可以被向公众传播权收入囊中。

（3）WCT 的规定。WCT 第 8 条规定："文学和艺术作品的作者应享有专有权，以授权将其作品以有线或无线方式向公众传播，包括将其作品向公众提供，使公众中的成员在其个人选定的地点和时间可获得这些作品。"❶ 可以说，规定的就是向公众传播权的内容，融合了信息网络传播权和广播权的内容。❷ WCT 规定的作者享有向公众传播作品的专有权利具有十分广泛的内容，既包括以有线或无线传播作品的形式，也包括交互式或非交互式传播作品的形式，与三网融合环境中作品的传播方式相吻合。WCT 规定的后半句"包括将其作品向公众提供，使公众中的成员在其个人选定的地点和时间可获得这些作品"只是着重强调了交互式传播作品的方式而已。现行著作权法对信息网络传播权的规定即是对这半句话直接引用的结果。

2. 向公众传播权的构建

由中国社会科学院知识产权中心主持起草的《〈著作权法〉第三次修订专家建议稿》重构了著作权权利体系，对权利结构作了大幅度修改，将现有的 17 项权利缩减为 9 项，单列了"传播权"，

---

❶　有观点认为，本规定的前半段是传统的传播权，整合了《伯尔尼公约》中较为分散的有关向公众传播权的规定，并不局限于《伯尔尼公约》明确规定的作品类型，将保护对象扩大到了任何类型的作品。参见：王玫黎. 从国际条约看我国著作权法的修改［J］. 中国版权，2010（1）：45.

❷　在 2003 年 4 月 1 日，有 39 个成员国加入了 WCT 和 WPPT，其中有 19 个国家通过制定涵盖了广播权和信息网络传播权的"向公众传播权"来实施 WCT 第 8 条。参见：靳学军，石必胜. 信息网络传播权的适用［J］. 法学研究，2009（6）：111.

并将其规定为："传播权，即以现场表演和非现场传送的方式，包括有线和无线、交互式和非交互式，向公众传播作品的权利。"❶这一做法未被吸收进著作权法修改草案中，或许因为过于激进的缘故。

建议直接采用 WCT 的定义，就像当年定义信息网络传播权那样，将向公众传播权定义为"向公众传播权，即以有线或无线方式向公众传播作品，包括将公众提供作品，使公众中的成员在其个人选定的地点和时间可获得这些作品的权利"。

五、广播组织权的重构

在著作权法中，广播组织是以作品传播者的面目出现的，因传播作品而享有与著作权有关的权利（或称邻接权，亦称相关权），广播组织享有的与著作权有关的权利通常称为广播组织权。在三网融合背景下，如何重构广播组织权无疑是一个值得思考的问题。

显而易见，经由信息网络进行的广播，即网络广播与传统方式的广播是不相同的。两者不同之处首先要体现在广播媒介上，网络广播通过信息网络传播作品，传播者是网络广播组织，而传统广播以无线方式（无线电波或赫兹波）或以有线方式（电缆）传播作品，传播者为传统的电台、电视台。两者相同之处主要体现在广播模式上，都是点对多的模式。如此说来，是不是网络广播也要纳入广播组织权范畴？答案则是未必。

从 1998 年开始，世界知识产权组织版权及相关权常设委员会连续召开会议，拟缔结一个保护广播组织权的国际条约，即《世界知识产权组织保护广播组织条约》。对于网络广播是否要纳入该条约，成员国之间产生了巨大的争论，致使随后的《世界知识产

❶ 李明德，管育鹰，唐广良.《著作权法》专家建议稿说明［M］. 北京：法律出版社，2012：3.

权组织保护广播组织条约草案》将网络广播排除在本条约之外，拟另行协商规定。因此，本节也不考虑网络广播组织的法律地位，仅考虑传统广播组织在三网融合背景下的权利重构问题。

1. 现行著作权法中的广播组织权

我国现行《著作权法》第 45 条规定："广播电台、电视台有权禁止未经其许可的下列行为：（一）将其播放的广播、电视转播；（二）将其播放的广播、电视录制在音像载体上以及复制音像载体。前款规定的权利的保护期为五十年，截止于该广播、电视首次播放后第五十年的 12 月 31 日。"依此规定，广播组织享有 3 项权利：转播权、录制权和复制权，不过这 3 项权利均是广播组织只能被动行使的权利，也就是说，只有在出现侵权行为时，广播组织才能行使这 3 项权利，因为《著作权法》仅是规定广播组织"有权禁止"未经许可的转播、录制和复制行为。

仔细分析，不难发现，现行著作权法对于广播组织权的规定存在以下三点不足：其一，广播组织权实质上是禁止权，而不是专有权，广播组织不能积极地开展授权许可活动，削弱了其获取经济利益的能力；其二，广播组织权不能涵盖网络转播行为，广播组织不能阻止未经许可通过信息网络转播其广播电视节目，因为著作权法没有明确规定"转播"的方式方法，只能依传统思维将"转播"限定于传统领域，也就是说，此处的"转播"不延及互联网环境；其三，广播著作权不能涵盖信息网络传播行为，广播组织不能阻止未经许可通过信息网络交互式传播其广播电视节目，因为著作权法根本就没有规定广播组织的信息网络传播权。

2. 三网融合背景下的广播组织权

在三网融合背景下，广播电台、电视台播出的广播电视节目通过信息网络传播的可能性大为增加，不论是非交互式传播，还是交互式传播，若未经许可构成侵权的情况下，广播电台、电视台维护其权益时就会遭遇法律上的障碍。

2013 年 5 月，广东省高级人民法院对外发布了 2012 年度广东法院知识产权司法保护十大案件，这些案件具有知名度高、典型性强和疑难复杂程度高等特点，公布的第五个案件即是世纪龙公司擅自直播奥运节目被诉侵权案。❶ 中央电视台将奥运会开幕式、闭幕式、北京 2008 年奥运会及与奥运会相关之所有赛事直播或录播节目等的信息网络传播权授权原告央视公司独占行使，被告世纪龙公司未经许可，在其网站上通过信息网络，实时转播中央电视台 CCTV -奥运频道正在直播的 2008 年北京奥运会首场正式比赛，原告央视公司认为世纪龙公司侵犯其作为录音录像制作者的权利和广播组织专有权，遂诉至法院。法院审理认为，以直播现场体育比赛为主要目的电视节目，在独创性上尚未达到电影作品和以类似摄制电影的方法创作的作品所要求的高度，应当以有伴音或者无伴音的连续相关形象、图像的录制品给予保护。世纪龙公司作为网络内容提供者的行为侵犯了央视公司作为录像制作者享有的信息网络传播权，据此判决世纪龙公司赔偿央视公司经济损失及合理费用 20 万元。

在世纪龙公司擅自直播奥运节目被诉侵权案中，法院将央视公司认定为录像制作者，进而认为世纪龙公司侵犯了央视公司的信息网络传播权。仅就这一审理思路来说，法律依据充分，因为现行《著作权法》第 42 条规定录音录像制作者享有信息网络传播权。❷ 如此审理达到了保护央视公司权益的目的，但存在一个致命的缺陷。享有信息网络传播权的录音录像制品在被非法使用时应当已经制作完成，先有录音录像制品，后有非法传播录音录像制

---

❶ 顾奇志. 广东高院发布 2012 年知识产权司法保护十大案件［N］. 中国知识产权报，2013－05－10（08）.

❷ 《著作权法》第 42 条："录音录像制作者对其制作的录音录像制品，享有许可他人复制、发行、出租、通过信息网络向公众传播并获得报酬的权利；权利的保护期为五十年，截止于该制品首次制作完成后第五十年的 12 月 31 日。被许可人复制、发行、通过信息网络向公众传播录音录像制品，还应当取得著作权人、表演者许可，并支付报酬。"

品的行为，而不是相反，也不是同时进行，即录音录像制品正在制作中，还没有完成，侵权行为却同时出现。在该案中，被非法转播的电视节目作为一个完整的节目正在制作中，还没有成为录音录像制品，因此也就谈不上侵犯该录音录像制品的信息网络传播权。该案件反映出，在三网融合环境中，重构广播组织权是十分必要的。

实际上，在三网融合环境中，下列 3 种行为均有可能发生：其一，不经许可，将广播电台、电视台正在播出的广播电视节目通过信息网络转播；其二，不经许可，将广播电台、电视台正在播出的广播电视节目录制在音像载体上，通过信息网络定时播放；其三，不经许可，将广播电台、电视台正在播出的广播电视节目录制在音像载体上，通过信息网络传播，使公众可以在其个人选定的时间和地点获得广播电视节目。现有的广播组织权较难使广播电台、电视台有效阻止上述非法行为。

3.《著作权法》修改草案中的广播组织权

在三网融合环境中，如何重构广播组织权，《著作权法》修改草案也作了回应，但出现了反复，最终还是墨守成规。

（1）修改草案第一稿。第 38 条规定："广播电台、电视台有权禁止以下行为：（一）其他广播电台、电视台以无线或者有线方式转播其广播电视节目；（二）录制其广播电视节目；（三）复制其广播电视节目的录制品；（四）在信息网络环境下通过无线或者有线的方式向公众转播其广播电视节目。前款规定的权利的保护期为五十年，自广播电视节目首次播放后的次年 1 月 1 日起算。"与现行《著作权法》相比，修改草案第一稿将"转播"明确为无线转播和有线转播两种方式，还增加了广播电台、电视台有权禁止在信息网络环境下通过无线或者有线的方式向公众转播其广播电视节目的规定，因为国家版权局认为："主要理由是目前在实践中他人通过网络转播广播电视节目的问题比较突出，如果法律不作出明确规定，实践中将无法处理"。对于控制交互式传输广播电视节目的信息网络传播权，国家版权局认为："考虑到目前《世界知识产权组织广播组织条约》还在讨论中，尚无定论，因此草案没有作出规定。"

（2）修改草案第二稿。第 41 条规定："广播电台、电视台对其播放的广播电视节目享有下列权利：（一）许可他人以无线或者有线方式转播其广播电视节目；（二）许可他人录制其广播电视节目；（三）许可他人复制其广播电视节目的录制品。前款规定的权利的保护期为五十年，自广播电视节目首次播放后的次年 1 月 1 日起算。被许可人以本条第一款规定的方式使用作品、表演和录音制品的，还应当取得著作权人、表演者和录音制作者的许可。"在修改草案第二稿中，广播电台、电视台享有的广播组织权由禁止权改为专有权，却删除了禁止在信息网络环境下通过无线或者有线的方式向公众转播其广播电视节目的规定，国家版权局给出的理由是"非交互传播已经纳入播放权的控制范围"。实际上，尽管非交互传播已经纳入播放权的控制范围，播放权是著作权人享有的著作权，而不是广播组织享有的邻接权，考虑三网融合的现实，还是应当让广播组织享有非交互式传播广播电视节目的权利。

（3）修改草案第三稿。与修改草案第二稿相比，修改草案第三稿未再修改广播组织权，同样在第 41 条规定："广播电台、电视台对其播放的广播电视节目享有下列权利：（一）许可他人以无线或者有线方式转播其广播电视节目；（二）许可他人录制其广播电视节目；（三）许可他人复制其广播电视节目的录制品。前款规定的权利保护期为五十年，自广播电视节目首次播放后的次年 1 月 1 日起算。被许可人以本条第一款规定的方式使用作品、表演和录音制品的，还应当取得著作权人、表演者和录音制作者的许可。"

（4）修订草案送审稿。广播组织权依然未作改动，第 42 条规定："广播电台、电视台对其播放的广播电视节目享有下列权利：（一）许可他人以无线或者有线方式转播其广播电视节目；

（二）许可他人录制其广播电视节目；（三）许可他人复制其广播电视节目的录制品。前款规定的权利的保护期为五十年，自广播电视节目首次播放后的次年1月1日起算。被许可人以本条第一款规定的方式使用作品、表演和录音制品的，还应当取得著作权人、表演者和录音制作者的许可。"

4. 重构中的广播组织权

面对三网融合带来的冲击，《著作权法》修改草案曾作出有力的回应，规定了广播电台、电视台有权禁止在信息网络环境下通过无线或者有线的方式向公众转播其广播电视节目，应对了未经许可经过信息网络转播广播电视节目的现实问题。但遗憾的是，在最后的修改草案送审稿中没了踪迹。

《著作权法》修改草案除了应当回应三网融合带来的广电节目网络转播问题之外，还应回应三网融合环境中出现的广电节目交互式传输的问题。

《著作权法》修改草案完全可以借鉴现行《著作权法》第38条规定的表演者对其表演享有的"许可他人通过信息网络向公众传播其表演，并获得报酬"的权利，也可以借鉴第42条规定的录音录像制作者对其制作的录音录像制品享有的许可他人"通过信息网络向公众传播并获得报酬的权利"，规定广播电台、电视台对其播放的广播电视节目享有"通过信息网络向公众传播并获得报酬的权利"。这种权利可称为"通过信息网络向公众传播的权利"。

《信息网络传播权保护条例》第1条规定："为保护著作权人、表演者、录音录像制作者（以下统称权利人）的信息网络传播权，鼓励有益于社会主义精神文明、物质文明建设的作品的创作和传播，根据《中华人民共和国著作权法》（以下简称著作权法），制定本条例。"依此规定，表演者和录音录像制作者享有的邻接权似乎是信息网络传播权，和著作权人享有的信息网络传播权没什么两样。实际上，鉴于《著作权法》与《信息网络传播权保护条例》之间的主从关系以及《信息网络传播权保护条例》的行政法规性质，不能这样理解表演者和录音录像制作者享有的邻接权，还是应当依照《著作权法》的规定"通过信息网络向公众传播"表演和录音录像制品来理解表演者和录音录像制作者享有的邻接权的含义。

"通过信息网络向公众传播的权利"既可以涵盖通过信息网络向公众转播广播电视节目的行为，也可以涵盖通过信息网络向公众传输广播电视节目并使公众可以在其个人选定的时间和地点获得广播电视节目的行为，因为"通过信息网络向公众传播的权利"并没有将广播电视节目的传输方式限定为交互式传播或非交互式传播。

网络广播在我国取得了异常迅猛的发展，几乎所有的广播电台和电视台都实现了网络广播，中国网络电视台即是典型。❶纯粹从技术的角度审视，网络广播组织与传统的广播组织并不存在实质性的区别，理应获得同等水平的保护，都应享有广播组织权。只是因为各国国情有别，出于维护自身国家利益考虑，将网络广播组织与传统的广播组织一视同仁还只是少数发达国家的认识，致使《世界知识产权组织保护广播组织条约》迟迟不能获得通过。

有学者认为，我国对于网络广播组织的法律保护可分两个阶段来考虑：在第一阶段，即现阶段，我国不宜将网络广播组织纳入广播组织权的主体范围并给予其邻接权保护；在第二阶段，当国际公约已明确对网络广播组织邻接权给予保护时，我国也可以根据本国经济和社会文化发展的水平逐步给予网络广播组织一定程度的保护。❷

六、合理使用及法定许可制度的重构

著作权不是绝对意义上的垄断权利，而是一种仅具有相对意

---

❶ 中国网络电视台，由中央电视台主办，是中国国家网络电视播出机构，是以视听互动为核心、融网络特色与电视特色于一体的全球化、多语种、多终端的网络视频公共服务平台。

❷ 胡开忠. 论网络广播组织权利的法律保护［J］. 佛山科学技术学院学报：社会科学版，2009（4）：54.

义的垄断权利，因公共利益而受到限制，著作权法中的合理使用制度以及法定许可制度就是为了保障公共利益而对著作权施加的合法限制。随着互联网的问世，传播技术的发展，尤其是三网融合的出现，一种新型的作品传播主体向我们走来了，这就是网络广播组织，这类传播主体的出现无疑会给著作权合理使用制度以及法定许可制度带来重大挑战。

尽管网络广播组织目前还没有取得与传统广播组织一样的法律地位，但并不表明将来永远这样下去，若网络广播组织与传统广播组织都是著作权法上的广播组织，有关的著作权合理使用制度以及法定许可制度该如何重构呢？❶

1. 现行著作权法中的合理使用及法定许可制度

我国现行《著作权法》第 22 条将涉及广播组织的下列三种情形列为合理使用：①为报道时事新闻，在报纸、期刊、广播电台、电视台等媒体中不可避免地再现或者引用已经发表的作品；②报纸、期刊、广播电台、电视台等媒体刊登或者播放其他报纸、期刊、广播电台、电视台等媒体已经发表的关于政治、经济、宗教问题的时事性文章，但作者声明不许刊登、播放的除外；③报纸、期刊、广播电台、电视台等媒体刊登或者播放在公众集会上发表的讲话，但作者声明不许刊登、播放的除外。在这三种情况下使用作品，可以不经著作权人许可，不向其支付报酬，但应当指明

---

❶　毫无疑问，网络广播组织的设立必须获得国家新闻出版广电总局的批准。2009 年 8 月 11 日，原国家广播电影电视总局发出《关于加强以电视机为接收终端的互联网视听节目服务管理有关问题的通知》，重申："通过互联网连接电视机或机顶盒等电子产品，向电视机终端用户提供视听节目服务，应当按照《互联网视听节目服务管理规定》（广电总局、信息产业部令第 56 号）、《互联网等信息网络传播视听节目管理办法》（广电总局令第 39 号）的有关规定，取得'以电视机为接收终端的视听节目集成运营服务'的《信息网络传播视听节目许可证》。"2010 年 10 月，原国家广播电影电视总局下发《互联网电视内容管理服务规范》和《互联网电视集成业务服务管理规范》，再次强调：只有持有"互联网电视集成业务"牌照和"互联网电视内容服务"牌照的机构才能进行互联网电视相关业务的开展。

作者姓名、作品名称，并且不得侵犯著作权人依照该法享有的其他权利。

我国现行《著作权法》在第43条第2款规定了针对广播组织播放他人已发表作品的法定许可，即："广播电台、电视台播放他人已发表的作品，可以不经著作权人许可，但应当支付报酬"；在第44条规定了针对广播组织播放已出版录音制品的法定许可，即："广播电台、电视台播放已经出版的录音制品，可以不经著作权人许可，但应当支付报酬。当事人另有约定的除外。具体办法由国务院规定。"

显而易见，上述的合理使用以及法定许可，只有称得上是广播电台、电视台的广播组织才可以援引。那么，新兴的网络广播组织可以援引吗？

2. 三网融合背景下的合理使用及法定许可制度

《推进三网融合的总体方案》将"推动广电、电信业务双向进入"作为一项主要任务，并明确了双向进入的业务范围："符合条件的广电企业可经营增值电信业务、比照增值电信业务管理的基础电信业务、基于有线电网络提供的互联网接入业务、互联网数据传送增值业务、国内IP电话业务。IPTV、手机电视的集成播控业务由广电部门负责，宣传部门指导。符合条件的国有电信企业在有关部门的监管下，可从事除时政类节目之外的广播电视节目生产制作、互联网视听节目信号传输、转播时政类新闻视听节目服务，以及除广播电台电视台形态以外的公共互联网音视频节目服务和IPTV传输服务、手机电视分发服务。"同时要求："工业和信息化部、广电总局要按上述要求，落实现行政策规定，向符合许可条件的广电企业、电信企业颁发相应的电信业务经营许可证和信息网络音视频节目服务经营许可证。"

若方案得以有效落实，电信企业和互联网企业都可以从事广播电视节目服务，成为广电企业，从而获得一个广播组织的身份。那么，电信企业和互联网企业能像广电企业那样援引《著作权法》

规定的合理使用制度和法定许可制度吗？

3.《著作权法》修改草案中的合理使用及法定许可制度

《著作权法》修改草案并没有明确提及网络广播组织，这或许体现出一种慎重的态度，待将来有必要时，通过扩大解释，将网络广播组织视为著作权法中的广播电台、电视台。

（1）修改草案第一稿。第 40 条规定："在下列情况下使用作品，可以不经著作权人许可，不向其支付报酬，但应当指明作者姓名、作品名称、作品出处，并且不得侵犯著作权人依照本法享有的其他权利：……（三）为报道时事新闻，在报纸、期刊、广播电台、电视台等媒体中不可避免地再现或者引用已经发表的作品；（四）报纸、期刊、广播电台、电视台等媒体刊登或者播放其他报纸、期刊、广播电台、电视台等媒体已经发表的关于政治、经济、宗教问题的时事性文章，但作者声明不许刊登、播放的除外；（五）报纸、期刊、广播电台、电视台等媒体刊登或者播放在公众集会上发表的讲话，但作者声明不许刊登、播放的除外；……"与现行《著作权法》相比，《著作权法》修改草案第一稿仅增加了"作品出处"，未发现有任何其他修改。

第 47 条规定："广播电台、电视台可以依照本法第四十八条规定的条件，不经著作权人许可，播放其已经发表的作品；但播放他人的视听作品，应当取得制片者许可。"在《著作权法》修改草案第一稿中，广播电台、电视台播放已出版录音制品的法定许可并入广播电台、电视台播放已发表作品的法定许可制度中。令人迷惑的是，录音制品毕竟不是作品，若广播电台、电视台播放已出版的录音制品，该如何援引这一条规定？与现行著作权法相比，《著作权法》修改草案第一稿第 48 条规定了适用法定许可的三个条件：①在使用前向国务院著作权行政管理部门申请备案；②在使用时指明作者姓名、作品名称和作品出处；③在使用后一个月内按照国务院著作权行政管理部门制定的标准向著作权集体管理组织支付使用费，同时报送使用作品的作品名称、作者姓名和作品出处等相关信息。

（2）修改草案第二稿。第42条规定："在下列情况下使用作品，可以不经著作权人许可，不向其支付报酬，但应当指明作者姓名、作品名称、作品出处，并且不得侵犯著作权人依照本法享有的其他权利：⋯⋯（三）为报道时事新闻，在报纸、期刊、广播电台、电视台、信息网络等媒体中不可避免地再现或者引用已经发表的作品；（四）报纸、期刊、广播电台、电视台、信息网络等媒体刊登或者播放其他报纸、期刊、广播电台、电视台、信息网络等媒体已经发表的关于政治、经济、宗教问题的时事性文章，但作者声明不得使用的除外；（五）报纸、期刊、广播电台、电视台、信息网络等媒体刊登或者播放在公众集会上发表的讲话，但作者声明不得使用的除外；⋯⋯"与《著作权法》修改草案第一稿相比，《著作权法》修改草案第二稿在相关情形中增加了"信息网络"媒体的规定。

值得注意的是，与《著作权法》修改草案第一稿相比，《著作权法》修改草案第二稿增加了有关合理使用的开放式规定，即"其他情形"，使合理使用制度更具伸展性，同时删除了有关广播电台、电视台播放已发表作品的法定许可的规定，解除了对于作者专有权的束缚。

（3）修改草案第三稿。第42条规定："在下列情况下使用作品，可以不经著作权人许可，不向其支付报酬，但应当指明作者姓名或者名称、作品名称、作品出处，并且不得侵犯著作权人依照本法享有的其他权利：⋯⋯（三）为报道新闻，在报纸、期刊、广播电台、电视台、网络等媒体中不可避免地再现或者引用已经发表的作品；（四）报纸、期刊、广播电台、电视台、网络等媒体刊登或者播放其他报纸、期刊、广播电台、电视台、网络等媒体已经发表的关于政治、经济、宗教问题的时事性文章，但作者声明不得使用的除外；（五）报纸、期刊、广播电台、电视台、网络等媒体刊登或者播放在公众集会上发表的讲话，但作者声明不得使用的除外；……"与《著作权法》修改草案第二稿相比，《著作权法》修改草案第三稿基于非自然人著作权人署名的考虑增加了作者"名称"，同时把"时事新闻"修改为"新闻"，把"信息网络"修改为"网络"。

第 48 条规定："广播电台、电视台依照本法第四十九条规定的条件，可以不经著作权人许可，播放其已经发表的作品；但播放视听作品，应当取得著作权人的许可。"本已在《著作权法》修改草案第二稿删除的条款，又在《著作权法》修改草案第三稿中出现了。

（4）修订草案送审稿。第 43 条规定："在下列情况下使用作品，可以不经著作权人许可，不向其支付报酬，但应当指明作者姓名或者名称、作品名称、作品出处，并且不得侵犯著作权人依照本法享有的其他权利：……（三）为报道新闻，在报纸、期刊、广播电台、电视台、网络等媒体中不可避免地再现或者引用已经发表的作品；（四）报纸、期刊、广播电台、电视台、网络等媒体刊登或者播放其他报纸、期刊、广播电台、电视台、网络等媒体已经发表的关于政治、经济、宗教问题的时事性文章，但作者声明不得使用的除外；（五）报纸、期刊、广播电台、电视台、网络等媒体刊登或者播放在公众集会上发表的讲话，但作者声明不得使用的除外；……"与《著作权法》修改草案第三稿相比，《著作权法》修改草案送审稿没有变动。

第 49 条规定："广播电台、电视台依照本法第五十条规定的条件，可以不经著作权人许可，播放其已经发表的作品；但播放视听作品，应当取得著作权人的许可。本条规定适用于中国著作权人以及其作品创作于中国的外国著作权人。"与《著作权法》修改草案第三稿相比，《著作权法》修改草案送审稿对广播电台、电视台播放已发表作品的法定许可施加了限制条件，即该法定许可仅适用于中国著作权人的作品以及外国著作权人在中国创作的作品。不过，这多少有一些区别对待的味道，有可能导致超国民待遇。

4. 重构中的合理使用及法定许可制度

新中国第一部《著作权法》就明确规定了广播电台、电视台可以援引的合理使用制度，[1] 1991 年沿用至今未作大的修改。在 1991 年《著作权法》中，广播电台、电视台可以援引法定许可播放使用他人已发表的作品制作广播、电视节目，[2] 在 2001 年《著作权法》中修改为"广播电台、电视台播放他人已发表的作品，可以不经著作权人许可，但应当支付报酬"，并沿用至今。对于已经出版的录音制品的播放，1991 年《著作权法》规定广播电台、电视台可以进行合理使用，[3] 在 2001 年《著作权法》中就修改为"广播电台、电视台播放已经出版的录音制品，可以不经著作权人许可，但应当支付报酬"，并沿用至今。这说明广播电台、电视台在我国享有的特殊地位以及广播电视业的迅猛发展引起了著作权法适应性变革。

然而，在新的形势下，三网融合已成必然趋势。若将网络广播组织与传统广播组织一视同仁，均可以援引著作权法上的合理使用制度以及法定许可制度，著作权人遭受的影响不可小觑，著

---

[1] 由中华人民共和国第七届全国人民代表大会常务委员会第十五次会议于 1990 年 9 月 7 日通过，自 1991 年 6 月 1 日起施行。1991 年《著作权法》第 22 条规定："在下列情况下使用作品，可以不经著作权人许可，不向其支付报酬，但应当指明作者姓名、作品名称，并且不得侵犯著作权人依照本法享有的其他权利：……（三）为报道时事新闻，在报纸、期刊、广播、电视节目或者新闻纪录影片中引用已经发表的作品；（四）报纸、期刊、广播电台、电视台刊登或者播放其他报纸、期刊、广播电台、电视台已经发表的社论、评论员文章；（五）报纸、期刊、广播电台、电视台刊登或者播放在公众集会上发表的讲话，但作者声明不许刊登、播放的除外；……"

[2] 1991 年《著作权法》第 40 条："广播电台、电视台使用他人未发表的作品制作广播、电视节目，应当取得著作权人的许可，并支付报酬。广播电台、电视台使用他人已发表的作品制作广播、电视节目，可以不经著作权人许可，但著作权人声明不许使用的不得使用；并且除本法规定可以不支付报酬的以外，应当按照规定支付报酬。广播电台、电视台使用改编、翻译、注释、整理已有作品而产生的作品制作广播、电视节目，应当向改编、翻译、注释、整理作品的著作权人和原作品的著作权人支付报酬。"

[3] 1991 年《著作权法》第 43 条："广播电台、电视台非营业性播放已经出版的录音制品，可以不经著作权人、表演者、录音制作者许可，不向其支付报酬。"

作权人对其作品享有的广播权或信息网络传播权或向公众传播权将形同虚设。为了不给著作权人造成过大的影响，可选择下列三种策略：①废除法定许可制度，仅保留合理使用制度，且仅适用于传统的广播组织；②合理使用制度和法定许可制度均予以保留，但仅适用于传统的广播组织；③传统广播组织可援引合理使用制度和法定许可制度，网络广播组织仅能援引合理使用制度。也就是说，在任何情况下，网络广播组织均不能援引法定许可制度，这是因为网络广播组织援引法定许可制度对著作权人的影响太过巨大的缘故。

七、结　　语

随着信息通信技术（Information & Communication Technology，ICT）的迅猛发展，不同品牌的互联网电视盒、有线电视机顶盒，甚至互联网电视一体机，目前热销于各类电子产品市场，并已走进寻常百姓家，将电视机与互联网或有线电视网相连，不仅可以收看电视节目，还可以上网，甚至可以打电话。这无疑在提示，三网融合正在向我们走来。

三网融合虽不意味着电信网、互联网和广电网在物理构造上

---

❶　只要安装上一个 IPTV 机顶盒，电视机将会有更加强大功能，不仅可回看漏掉的节目，还能快进跳跃式观看。2013 年 7 月 11 日上午，爱上电视传媒有限公司与河南电视台、中国联通河南省分公司在郑州签署 IPTV 业务三方合作协议，预计 2013 年底前将正式开通，电视节目将充分满足用户个性化的需求。此次签约，是按照国务院加快推进广电网、电信网、互联网三网融合的要求取得的阶段性成果。爱上电视传媒有限公司作为国家 IPTV 唯一集成播控总平台，与河南电视台联合建设省级集成播控分平台，河南联通负责节目内容的传输与分发，三方合作开展河南的 IPTV 业务，共同推动河南三网融合的进程。据介绍，河南 IPTV 业务预计 2013 年年底前将正式开通，目前规划直播频道 100 路以上，影视剧点播节目超过 1.5 万小时，涵盖最新的高清大片、电视剧，还有在线教育、游戏娱乐等应用，并实现点播、时移、回看等功能，用户可在任意时间段收看任意频道中的任意节目或片段，可对所收看的电视节目实行暂停、快进、快退等功能操作。参见：刘瑞朝. 省三网融合 IPTV 合作协议签署［N］. 大河报，2013 - 07 - 12（A10）.

的融合，但意味着产业的融合。电信产业、互联网产业和广电产业之间的边界正在消融，形成了你中有我、我中有你的格局，原来的电信企业可以继续从事电信业务，还可以开展提供广播电视节目等服务；同样，原来的广电企业可以继续提供广播电视节目服务，还可以开展电信等新的业务。产业融合的同时也是产业主体的融合，原来的电信企业现在也是广播电视企业，原来的广播电视企业现在也是电信企业。随着三网融合的进一步发展，不能排除企业合并或收购的可能性，即广电企业通过合并或收购电信企业或互联网企业，借此进入电信以及互联网领域，电信企业也可以采取类似的方式，合并或收购广电企业，进军广播电视以及互联网领域。

鉴于三网融合的发展态势，作品的传播媒介出现了融合的趋势，在构造著作权权利结构时，不应拘泥于作品的传播媒介的不同，而应观察作品的传播方式和结果。例如，不管是以有线的方式，还是以无线的方式，只要将作品由一端传至远端，若可供公众中的个人在其选定的时间和地点接收，就受信息网络传播权的控制；若仅可供公众中的个人在限定的时间接收，就受广播权的控制。甚至，更进一步，不管公众中的个人能否选择接收作品的时间和地点，以有线或无线方式向公众传播作品，均受向公众传播权的控制。

也鉴于三网融合中广播电视企业与电信企业和互联网企业的混同，在构造著作权限制制度时，或者取消面向广播电台、电视台规定的合理使用以及法定许可，或者把有关的合理使用以及法定许可仅适用于传统的广播组织，以免著作权受到的限制过于巨大。

在三网融合环境中，可把作品的传播者区分为网络设施提供者、网络服务提供者、网络内容提供者等，以此为依据划分不同传播者的著作权侵权责任。

动漫形象司法保护中著作权法基本概念的再解读

——以深圳市盟世奇商贸有限公司诉天津某商贸公司侵犯著作权纠纷案为视角

原晓爽*

角色形象的商业化利用由来已久。世界知识产权组织于 1994 年发布的《角色商品化》报告中指出，对角色形象的使用是最古老的也是最广为人知的商品化形式，如对爱丽丝梦游仙境中的爱丽丝、米老鼠和唐老鸭中的卡通形象的使用。❶ 近些年在我国因卡通形象，尤其是动漫形象的商业化利用引发大量纠纷，不同法院对法律基本概念的解读和处理结果不尽相同。笔者近期恰好主审了深圳市盟世奇商贸有限公司（以下简称"盟世奇公司"）诉天津某商贸公司侵犯著作权纠纷上诉案，通过研读相关法律法规，与专家学者进行探讨，希望通过该案的裁判能够对动漫形象商业化使用中著作权法中的一些基本概念进行再解读，以期达成司法共识。

一、基本案情

原告盟世奇公司诉称：深圳华强数字动漫有限公司（以下简称"华强公司"）出品的动画片《熊出没》，自 2012 年 1 月在央视少儿频道播出后，深受观众喜欢，先后获得国内外诸多大奖，片

---

* 作者单位：天津市高级人民法院民事审判第三庭。

❶ WIPO：Character Merchandising，WC/ INF/ 10847998/ IPLD, p9.

中动画形象"熊大""熊二""光头强""蹦蹦"等更是家喻户晓，人人皆知，华强公司享有《熊出没》动画片影视剧作品及上述动画形象美术作品的全部著作权。2012 年 4 月 2 日，华强公司将《熊出没》卡通形象授权给盟世奇公司使用，授权范围是中国大陆独占性（专有）使用上述形象生产、销售毛绒玩具，并有权就未经许可使用上述形象生产、销售毛绒玩具的行为进行维权。盟世奇公司发现天津某商贸公司未经许可，擅自销售"熊大"动画形象美术作品的毛绒玩具商品，侵犯了盟世奇公司享有的复制权、发行权、财产报酬权，给盟世奇公司造成了经济损失。盟世奇公司为维护合法权益，请求法院判令：①天津某商贸公司停止销售侵犯盟世奇公司"熊大"美术作品著作权的毛绒玩具商品；②天津某商贸公司赔偿盟世奇公司经济损失及合理开支共计 30000 元；③天津某商贸公司承担本案诉讼费。

被告天津某商贸公司辩称：①盟世奇公司不是涉案"熊大"美术作品著作权的权利人，不具有诉讼主体资格。涉案"熊大"美术作品是职务作品，权利人应该是职务作品的作者，而不是华强公司；②涉案标的是毛绒玩具，《中华人民共和国著作权法》（以下简称《著作权法》）规定的复制权不包括把毛绒材质加工成毛绒玩具的方式。法律规定的发行权是以出售或者赠与方式向公众提供作品的原件或者复印件，某商贸公司对侵犯了具体哪种权利存在疑问；③某商贸公司在购进、销售被控侵权商品时不知道该商品上他人享有的著作权；④某商贸公司是从正规渠道进货，可以说明被控侵权商品的来源，要求免责。

法院经审理查明：2011 年 11 月 7 日，案外人华强公司创作的104 集动画片《熊出没》取得广东广播电影电视局颁发的国产电视动画片发行许可证。该动画片中的主要角色包括"熊大""熊二""光头强"等。2011 年 11 月 21 日，华强公司取得《熊大》美术作品的著作权登记证书。"熊大"动漫形象曾获得中国动画学会、深圳动漫节组委会颁发的"中国十大卡通形象"等奖项。

《熊大》动漫美术作品登记证书中载明的彩色图片表明该作品的表达方式是：以动漫方式表现的一只虚构的熊的形象，熊体呈棕色，熊身较胖，上肢长下肢短；脖颈部以下胸部以上呈现月牙形双尾翼图案；熊头部上窄下宽，两只棕色小耳朵位于头顶部；头面部特征为：大眼睛，眼睛处于头上部三分之二处，镶嵌在白色底框中，眼眶呈粉红色，白色眼仁，绿色眼珠，眼珠较小，眼珠中间镶嵌黑色圆点；酒红色鼻子较大呈凸起的椭圆形状；嘴巴较大，采用拟人化的双唇形态特征，双唇凸起；鼻子和嘴巴镶嵌在白色寿桃形图案中。

2013 年 4 月 2 日，华强公司授权盟世奇公司在毛绒玩具产品上专有使用《熊出没》作品及作品中卡通形象（包括熊大、熊二、光头强、蹦蹦等）的著作权的权利，授权权限：授权时间至 2014 年 12 月 31 日；授权区域为中国大陆境内；授权性质为专有使用许可，有权以自己的名义维权；授权范围为毛绒玩具产品。

2014 年 3 月 7 日，盟世奇公司在被告某商贸公司处公证购买了"熊大毛绒玩具"一个，花费 24 元。经公证取得的被控侵权商品无任何产品标识，其表达特征与上述动漫美术作品"熊大"表达特征相比较，不同之处在于前者酒红色鼻子呈凸起的倒心形，后者呈椭圆形；前者双唇微张呈月牙形，双唇中间为黑色月牙形，后者双唇凸起，双唇中间颜色不明显，其他特征均相同。

天津市第二中级人民法院认为，盟世奇公司提供的证据能够证明《熊出没》国产电视动画片及卡通形象《熊大》的著作权人为华强公司，盟世奇公司经过华强公司的授权，取得在毛绒玩具上专有使用《熊出没》作品及作品中卡通形象的著作权的权利，及以自己的名义提起诉讼的权利；某商贸公司在其销售的毛绒玩具上使用了盟世奇公司享有专有使用权的《熊大》形象，且未提供证据证实获得盟世奇公司的授权许可，其行为侵犯了盟世奇公司的著作权，应承担停止侵权、赔偿损失的法律责任，遂判决：①某商贸公司立即停止销售侵犯盟世奇公司著作权的"熊大"毛绒玩具的行为；②某商贸公司自本判决生效之日起 10 日内赔偿盟世奇公司经济损失和为制止侵权支出的合理费用共计 10000 元；③驳回盟世奇公司的其他诉讼请求。

天津市高级人民法院认为，《熊大》是为动画片《熊出没》开发的角色形象。该角色形象的表达方式是以自然生态的狗熊为原型，通过独创性构思，以线条、色彩等方式对自然生态的狗熊的形象进行体态特征、头部特征、面部特征等拟人化处理，该作品系作者独立创作完成，且表达了作者对线条、色彩、手法和具体形象设计的独特的美学选择和判断，属于具有审美意义并且可以复制的平面造型艺术作品，应当认定为著作权法所称的美术作品。被控侵权毛绒玩具复制了盟世奇公司发行的"熊大"毛绒玩具的所有表达特征，属于该动漫美术作品的复制品。盟世奇公司通过授权取得了《熊大》动漫美术作品在毛绒公仔产品上的著作权专有使用权，某商贸公司未经专有著作权人盟世奇公司许可销售通过对《熊大》动漫美术作品进行复制而形成的毛绒玩具商品，侵犯了盟世奇公司的专有发行权。应当承担停止侵权，赔偿损失的民事责任，一审判决结果正确，判决：驳回上诉，维持原判。

二、基本概念再解读

该案属于因"动漫形象"的商业性使用而引发的侵犯著作权诉讼的典型案例。审理此类案件，人民法院首先要确定涉案"动漫形象"是否属于著作权法中可保护作品，其次要考虑被控侵权行为是否侵犯了权利人的著作权及相关权利，最后要确定被控侵权人的民事责任范围。在裁决上述问题时，需要根据保护动漫形象商业化使用的现实需求，对著作权法中的一些基本概念进行再解读：

（一）动漫形象是否属于著作权法保护的作品

我国《著作权法》和《著作权法实施条例》所规定的作品种类中没有"动漫形象"的概念。"动漫形象"术语伴随动漫产业的发展形成。国务院办公厅转发财政部等部门《关于推动我国动漫产业发展的若干意见》（国办发〔2006〕32 号）是规范我国动漫产业发展的重要规范性文件，该文件明确动漫产业是指以"创意"为核心，以动画、漫画为表现形式，包含动漫图书、报刊、电影、电视、音像制品、舞台剧和基于现代信息传播技术手段的动漫新品种等动漫直接产品的开发、生产、出版、播出、演出和销售，以及与动漫形象有关的服装、玩具、电子游戏等衍生产品的生产和经营的产业。依据该规定，动漫产业以"创意"为核心，而动漫产业创意出的核心产品"动漫形象"是否属于我国著作权法保护的作品，必须严格按照著作权法的相关规定予以确定。

根据《著作权法实施条例》第 2 条的规定，《著作权法》所称的作品，是指文学、艺术和科学领域内具有独创性并能以某种有形形式复制的智力成果。第 4 条第（八）项规定，美术作品是指绘画、书法、雕塑等以线条、色彩或者其他方式构成的有审美意义的平面或者立体的造型艺术作品。由于动漫形象以动画、漫画为表现形式，因此动漫形象的著作权法保护首先要判断动漫形象是否属于著作权法规定的美术作品。以本案为例，"熊大"是为动画片《熊出没》开发的角色形象。该角色形象的表达方式是以自然生态的狗熊为原型，通过独创性构思，以线条、色彩等方式对自然生态的狗熊的形象进行体态特征、头部特征、面部特征等拟人化处理，该作品系作者独立创作完成，且表达了作者对线条、色彩、手法和具体形象设计的独特的美学选择和判断，属于具有审美意义并且可以复制的平面造型艺术作品，应当认定为著作权法所称的美术作品。

（二）动漫形象著作权归属

我国《著作权法》分别规定了法人作品和职务作品的著作权归属。根据《著作权法》第 11 条第 3 款的规定，由法人或者其他组织主持，代表法人或者其他组织意志创作，并由法人或者其他组织承担责任的作品，法人或者其他组织视为作者。《著作权法》

第16条规定，公民为完成法人或者其他组织工作任务所创作的作品是职务作品，除该条第2款规定的特殊情形外，著作权由作者享有。第2款规定的特殊情形包括：①主要是利用法人或者其他组织的物质技术条件创作，并由法人或者其他组织承担责任的工程设计图、产品设计图、地图、计算机软件等职务作品；②法律、行政法规规定或者合同约定著作权由法人或者其他组织享有的职务作品。特殊职务作品，作者享有署名权，著作权的其他权利由法人或者其他组织享有，法人或者其他组织可以给予作者奖励。由于动漫形象的创作往往与动漫产业相关，且动漫直接产品包括：动漫图书、报刊、电影、电视、音像制品、舞台剧和基于现代信息传播技术手段的动漫新品种等，因此对于动漫形象著作权归属的判断除创作的自然人与使用人同一的情况外，要判断是法人作品还是职务作品，属于职务作品时还要看是一般职务作品还是特殊职务作品。本案《熊大》美术作品是为系列动画片《熊出没》开发的角色形象，而动画片《熊出没》属于以类似摄制电影的方法创作的作品，依据《著作权法》第15条第1款的规定，上述动画片的著作权归属于制片人华强公司。但是《熊大》动漫美术作品的著作权归属并不当然属于华强公司。《著作权法》第15条第2款规定，电影和以类似摄制电影的方法创作的作品中的剧本、音乐等可以单独使用的作品的作者有权单独行使其著作权。因此，《熊大》动漫美术作品虽然系为动画片《熊出没》创作的角色形象，但是由于其属于可以单独使用的作品，在其不属于法人作品的情况下，其著作权并不当然归属于华强公司。根据在案《熊大》动漫美术作品登记证书及作品说明书的记载，《熊大》动漫美术作品系由李明和丁亮两人共同创作完成的职务作品，经盟世奇公司申请，二审调取版权保护中心留存的由创作人李明、丁亮出具的《著作权归属证明》，证明《熊大》动漫美术作品系职务作品，著作权归单位华强公司所有。在某商贸公司没有提供相反证据的情况下，可以认定《熊大》动漫美术作品的著作权归华强公司所有。

依据《最高人民法院关于审理著作权民事纠纷案件适用法律若干问题的解释》（以下简称《著作权法司法解释》）第 10 条的规定，《熊大》动漫美术作品著作权保护期限为该作品首次发表后的第 50 年的 12 月 31 日，该作品仍然在保护期内。

（三）动漫形象商业使用被许可人提起诉讼的条件

动漫形象商业使用方式的拓展是动漫产业发展的重要形式，动漫形象除了在主要开发的动漫直接产品中使用外，动漫形象衍生品已经成为动漫形象商业利用的主要方式，也为权利人带来了丰厚的收益。米老鼠、唐老鸭的形象可以出现在玩具、餐具、家具等不同种类的产品上。而动漫形象的商业使用被许可人在怎样的情况下可以单独提起侵权诉讼主要取决于许可人与被许可人的约定。《著作权法》第 10 条第 2 款规定，著作权人可以许可他人行使对受保护作品的复制权、发行权、出租权等经济权利，并依照约定或者本法的有关规定获得报酬。该条并没有限制著作权人许可他人使用作品的方式。《著作权法》第 24 条规定了使用他人作品应当同著作权人订立许可使用合同，著作权法规定不经许可的除外，同时规定了许可的内容主要包括许可使用的权利种类；许可使用的是专有使用权还是非专有使用权；许可使用的地域范围、期间等。《著作权法》第 24 条立法本意在于强调使用他人作品必须经过著作权人许可，该条款并没有限制许可人与被许可人签订许可使用合同为著作权人许可他人使用作品的唯一形式，因此要根据个案情况判断使用人是否取得合法授权。本案中，华强公司作为美术作品《熊大》卡通形象的著作权人出具《授权证明书》，授予盟世奇公司在毛绒公仔产品上专有使用《熊出没》作品及作品中包括《熊大》动漫美术作品在内的卡通形象，且盟世奇公司实际生产了"熊大"毛绒玩具，通过该正版毛绒玩具的防伪验证码进行查询，证实该玩具系华强公司授权生产，因此，可以认定《授权证明书》是华强公司真实意思表示，盟世奇公司依据《授权证明书》取得了在中国大陆境内，将美术作品《熊大》卡通形象用于毛绒玩具产品的著作权专有使用权，华强公司与盟世奇公司已经形成了许可使用合同关系，盟世奇公司通过华强公司的授权有权提起侵权诉讼。

（四）动漫形象商业使用被许可人主张权利的类型

《著作权法》第 10 条规定了著作权人享有的 17 项权利，包括精神权利和经济权利，同时规定只有经济权利可以许可他人使用。在 13 项经济权利中，动漫形象商业使用被许可人主张权利的种类主要取决于授权许可使用合同中的约定，如果合同中没有约定，那么要通过授权许可使用动漫形象的方式进行判断。本案中，关于授权权利种类由于华强公司出具的《授权证明书》并没有明确约定，因此需要根据著作权权利性质及盟世奇公司取得的授权使用作品的方式予以确定。根据《著作权法》第 10 条第 1 款第（五）项、第（六）项规定，复制权是指以印刷、复印、拓印、录音、录像、翻录、翻拍等方式将作品制作一份或者多份的权利，发行权是指以出售或者赠与方式向公众提供作品的原件或者复制件的权利。华强公司《授权证明书》明确授权盟世奇公司有在公仔毛绒玩具产品上使用《熊大》等美术作品卡通形象的专有权利，盟世奇公司依据授权通过生产毛绒玩具产品再现《熊大》美术卡通形象的表达特征属于对复制权的行使，而对毛绒玩具的销售属于对发行权的行使。本案中，盟世奇公司还主张获得报酬的权利。《著作权法》第 10 条第 1 款列举的经济权利中并没有规定获得报酬的权利，该条第 2 款规定，著作权人可以许可他人行使复制权、发行权等经济权利，并依照约定或者著作权法的有关规定获得报酬。根据该规定，华强公司作为著作权人可以通过许可盟世奇公司使用其著作权中的复制权、发行权等经济权利获得报酬，而被许可方盟世奇公司想要通过行使相关专有使用权获得报酬的前提是华强公司授权其可以再许可他人使用相关著作权权利。而华强公司出具的《授权证明书》仅仅许可盟世奇公司行使相关著作权并没有许可盟世奇公司行使再授权，因此盟世奇公司不享有通过授权他人行使相关著作权获得报酬的权利。

（五）从平面美术作品到立体表达的再现是否属于著作权法的复制

从平面表达到立体表达的再现是否属于著作权法的复制，在著作权制度中经过了最初的否定到最终承认的发展过程。我国1990年《著作权法》第52条规定，按照工程设计、产品设计图纸及其说明进行施工、生产工业品，不属于复制。李明德先生指出，这一规定虽然可以将一般的工程设计图和产品设计图的立体转换排除在复制的含义之外，但是也容易将建筑作品、实用艺术品的平面设计到立体复制排除在著作权法的复制之外。到2001年《著作权法》修订，删除了该规定，从而可以解释为复制也包括了对作品的从平面到立体的复制。❶ 王迁教授认为，只要符合构成复制行为的要件，一种再现作品的行为就应当受到著作权法中复制权的控制，无论其实施的手段、形式和载体。实际上，只要在新的物质载体中保留了原作品的基本表达，同时没有通过发展原作品的表达而形成新作品，将该作品或其实质性部分在物质载体上加以固定的行为都应构成复制。❷ 笔者赞同该观点。如前所述，《著作权法》第10条第1款第（五）项规定了复制权的内容，该条款中列举了印刷、复印、拓印、录音、录像、翻录、翻拍七种复制方式，虽然，由平面表达到立体表达的再现并不属于上述列举的七种复制方式，但是，该条款通过使用"等方式"的用语并没有穷尽复制的方式。判断某种行为是否构成对受保护作品的复制，关键在于判断新的载体中是否保留了原作品的基本表达，同时没有通过发展原作品的表达而形成新作品，如果最终表达载体再现了被保护作品或其独创性表达的实质内容并加以固定，且没有形成新的作品，就应当属于著作权法规定的复制。

❶ 李明德. 著作权法［M］. 北京：法律出版社，2003：87－88.
❷ 王迁. 著作权法［M］. 北京：中国人民大学出版社，2015：165.

以本案为例，《熊大》动漫美术作品是为华强公司发行的三维喜剧动画片《熊出没》开发的角色形象，该角色形象的绘制方法是以线条、色彩手绘创作初稿，然后以 Maya 三维软件进行角色最终造型渲染图的制作，该渲染图依然是以平面方式表达的艺术造型。经过华强公司授权，盟世奇公司生产的"熊大"毛绒玩具及被控侵权商品是以立体方式表达的造型。将被控侵权商品与《熊大》动漫美术作品的独创性表达相比较，不同之处仅在于前者酒红色鼻子呈凸起的倒心形，后者呈椭圆形；前者双唇微张呈月牙形，双唇中间为黑色月牙形，后者双唇凸起，双唇中间颜色不明显，其他设计特征均相同。由于被控侵权毛绒玩具完全再现了《熊大》美术作品的独创性表达特征，而两者不同之处并不足以构成新的作品，因此，应当认定制作被控侵权商品是以毛绒玩具为载体再现了《熊大》动漫美术作品，属于对该动漫美术作品的复制。

（六）未经许可销售动漫美术作品的复制品侵犯了复制权还是发行权

我国《著作权法》分别规定了复制权和发行权的内容。《著作权法》第 10 条第（五）项、第（六）项分别规定，复制权，即以印刷、复印、拓印、录音、录像、翻录、翻拍等方式将作品制作一份或者多份的权利；发行权是指未经许可以出售或者赠与方式向公众提供作品的原件或者复制件的权利。本案盟世奇公司主张被告侵犯了其专有发行权和复制权。显然，依据著作权法复制权和发行权的概念，未经许可销售动漫美术作品的复制品的行为属于以出售方式向公众提供作品复制件的行为，只是侵犯了发行权，在不能证明有复制行为的情况下，只能要求销售商承担侵犯发行权的法律责任。❶ 依据《著作权法》第 53 条的规定，复制品的发

---

❶　笔者注意到有些法院的判决中在销售商侵权行为中推定侵犯了复制权，实属对基本概念的误解。

行者不能证明其发行的复制品有合法来源的，应当承担法律责任。判断发行的复制品是否具有合法来源一般要考虑主观、客观两方面因素，客观因素主要包括复制品的进货渠道、进货价格、销售方式等，主观因素主要考虑发行者是否尽了合理注意义务。依据《著作权法司法解释》第 19 条的规定，发行者应当对其发行的复制品具有合法来源承担举证责任。如果销售商不能证明其销售被控侵权商品具有合法来源，应当承担停止侵权、赔偿损失的法律责任。

我国著作权限制规定的立法形式初探

张　鹏[*]

引　言

　　我国著作权法律体系中权利限制规定的具体内容是由相应的著作权立法划定的。相比于《著作权法》对于著作权人排他权规定的开放性，在限制与例外规定上则体现出严格的封闭性特点。特别是对于《著作权法实施条例》第 21 条所转化为国内法的"三步检验标准"的后两步要件，一般认为也是封闭性的且应该被重叠性适用。面对这一特点，在我国最新著作权法修改过程中，立法者尝试突破我国权利限制的封闭性禁区，以"三步检验标准"作为开放型立法例的典型模式，从而给予司法更多的裁量空间。这一实践的合理性寓于我国权利限制规定性质与特点，以及"三步检验标准"在我国著作权限制体系中的准确定位，因此本文主要从实证的角度论述我国现状，以期明确今后立法与司法发展应然状态的实然背景。

一、我国立法与司法实践中的著作权限制规定

　　著作权法是根据作品利用行为的各种类型来具体列举著作权分支财产权的权利内容，而不是笼统地赋予著作权人对作品利用

的绝对性、抽象性的控制权来实现的。我国著作权法律体系的主要特征就在于对于著作权中法定的利用行为采取了开放性的规定模式，而对于著作权中的限制规定采取了封闭性的规定模式。其中对于著作权的法定利用行为并未遵循知识产权法定原则，而是采用概括性的规定这种兜底性条款，为不能纳入个别分支权权项的利用行为提供了规制的余地。具体来说，现行《著作权法》第10条在列举了16项具体分支权类型后又规定了第17项，即"应当由著作权人享有的其他权利"。这种做法的优点在于在新技术导致新的利用方式出现时，可以灵活地应对新技术。但是其缺点也较为明显，就是可能会突破知识产权法定主义。其中知识产权法定主义主要是指知识产权的类型化须由制定法确定，法院无权创设的观点。❶

而对于权利限制规定则体现了与法定利用行为规定相反的特征。具体来说，在我国1990年颁布的《著作权法》以及1991年颁布的《著作权法实施条例》中并没有纳入"三步检验标准"的内容。且在"权利的限制"一章项下广泛地包括了"合理使用"与"法定许可"两类条款。但是对于某些个别例外形式的具体判断上体现出了"三步检验标准"的萌芽形态。具体来说，在1991年《著作权法实施条例》第27条中对于"适当引用他人已经发表的作品"在要件上规定了"引用的目的仅限于介绍、评论某一作品或说明某一问题""所引用部分不能构成引用人作品的主要部分或者实质部分"以及"不得损害被引用作品著作权人的利益"。在第29条中对于"课堂教学"以及"执行公务"两种限制条款规定"不得影响作品的正常使用，也不得无故损害著作权人的合法权益"。但是这种萌芽性的做法并未将"三步检验标准"作为一般性衡量某种作品利用行为是否构成"合理使用"的标准，反而对于

---

❶ 郑胜利. 论知识产权法定主义［J］. 中国发展，2006（3）；朱理. 知识产权法定主义［M］//李扬. 知识产权基础理论与前沿问题. 北京：法律出版社，2004.

个别限制条款的适用造成了疑问，即某一行为在满足个别限制条款要求的同时，是否会因为不满足这种类似"三步检验标准"的要件而不构成合理使用？

在 2001 年《著作权法》修改中，尽管维持了原有个别限制条款的封闭性特点，仅就某些限制条款的用语进行了修改，但是在 2002 年相对应的《著作权法实施条例》的修改中却首次在我国导入了"三步检验标准"的前两步。在第 21 条对有关不经许可的作品使用行为设定了一般性的判断标准，即"不得影响该作品的正常使用"与"不得不合理地损害著作权人的合法权益"。对于此款的理解一般认为由于我国著作权限制与例外属于有限列举式封闭立法模式，"可以不经著作权人许可的作品使用"情形仅限于《著作权法》第 22 条规定的合理使用与第 23 条、第 32 条第 2 款、第 39 条第 3 款、第 42 条第 2 款以及第 43 条规定的法定许可情形。

从《著作权法实施条例》中规定的"三步检验标准"与《著作权法》中规定的个别限制条款的关系看，一般认为立法者的意图是在判断某种使用行为是否合法时，在符合 12 种具体的限制条款的前提下，运用"三步检验标准"的后两步再次进行重叠式判断。❶ 也就是说，在判断某一行为是否构成"合理使用"时要分两步走：第一步是需要看其是否属于《著作权法》第 22 条规定的 12 种具体限制条款，如果不属于的话，则作品利用行为构成侵权；如果属于的话，则进入第二步考查该行为是否满足"三步检验标准"。尽管这种封闭性的立法模式可操作性强，并可以起到限制法官自由裁量，保证当事人可预见性的作用，但是可能导致一些符合权利限制正当化理论的作品利用行为游离于权利限制范围之外，特别是该模式仰仗于立法对于现实中存在的以及将来可能存在的权利限制类型的预测，而这一预测往往因为利益集团的游说而被

---

❶　朱理. 著作权的边界：信息社会著作权的限制与例外研究 [M]. 北京：北京大学出版社，2011.

俘获从而产生偏差，或由于立法程序的拖沓阻碍新技术的普及，因此可能难以满足数字技术发展所带来的新问题。❶

　　正是因为我国现行《著作权法》采取所谓的"封闭性"个别限制型立法结构，对于著作权权利限制的解释难以逃出其作为权利保护"例外"的性质。为弥补此种制度架构的不足，在我国司法实践中，对于《著作权法》第 22 条所规定的既有个别限制规定进行了灵活解释。例如，在北影录音录像公司诉北京电影学院侵犯作品专有使用权纠纷案❷中，认为北京电影学院练习拍摄电影应属于该校进行课堂教学活动必不可少的一部分，故其在上述范围内的行为系对小说《受戒》的合理使用；在胡浩波与教育部考试中心侵犯著作权纠纷上诉案❸中，认为教育部考试中心组织高考卷出题过程中使用原告作品的行为，属于国家机关为执行公务在合理范围内使用已发表作品的情形。❹ 但是此种解释方法难以避免扩大性倾向，有些判断有违规范性概念的通识（例如将教育部考试中心的高考命题行为等同于执行公务），进而使得法官在著作权限制判断上恣意性运用，因此饱受批评。❺

　　另外，也存在通过对于《著作权法实施条例》第 21 条的"三步检验标准"扩大解释来实现妥当处理的实践。例如，在覃绍殷诉北京荣宝拍卖有限公司侵犯著作权纠纷案❻中，认为拍卖公司复制国画《通途劈上彩云间》并向特定客户发行，以及在拍卖过程中以幻灯的方式放映该画的行为，是为了便于客户了解拍卖标的而提供的便利手段；在吴锐诉北京世纪读秀技术有限公司侵犯著

❶　田村善之. 日本の著作権法のリフォーム論［J］. 知的財産法政策学研究，2014（44）：95.

❷　《最高人民法院公报》1996 年第 1 期。

❸　参见北京市第一中级人民法院（2008）一中民终字第 4505 号民事判决书。

❹　类似案例也可见何平诉教育部考试中心侵犯著作权纠纷案［北京市海淀区人民法院（2007）海民初字第 26273 号民事判决书］。

❺　李扬. 知识产权法基本原理［M］. 北京：中国社会科学出版社，2010：283.

❻　参见北京市第一中级人民法院（2003）一中民初字第 12064 号民事判决书。

作权纠纷案❶中，认为独秀网为网络用户提供读书搜索，用户能够搜索到的内容只有图书的版权页、前言、目录和正文的 8～10 页的内容，上述使用方式的主要目的是给读者介绍图书，使读者了解图书的主要内容，并根据少量的正文阅览，了解作者的基本思路和表达方式，且用量与全书正文内容相比所占比例轻微，仅能使读者对该书有初步的了解，未超过不当限度；在中国音乐著作权协会与西安长安影视制作有限责任公司等侵犯著作权纠纷案❷中，认为对于使用音乐作品仅涉及作品的几个小节或几句歌词，未完整地使用整段歌词或乐谱的情况，被使用部分在整个音乐作品中所占比例较小，没有实质性地再现作品的完整表达方式和作者表达出的思想内容及作者在乐曲方面的独特构思，即使用的形式和内容非常有限，没有对音乐作品的市场价值造成不利的影响。

上述案例通过抽象地解释被告行为，并认定其既没有影响作品的正常使用，也没有不合理地损害原告的合法权益（即"三步检验标准"中的第二与第三要件），延伸性地对于《著作权法》第 22 条未规定的作品利用形式（拍卖展示、书籍介绍、附带使用）予以合法化。

此种判断方式类似于美国合理使用条款的判断方法，但是在中国现行法的基础上，如此抽象地解释作品利用行为是否构成合理使用，其妥当性仍不无疑问。特别是实践中也存在对于《著作权法实施条例》第 21 条中的"三步检验标准"持重叠性适用的实践与学说。例如在杨林与孙建国等著作权纠纷案❸中，认为对永久陈列于公共场所的艺术作品复制件的再行使用行为尽管构成了《著作权法》第 22 条第（十）项的个别限制条款，但仍需满足

---

❶ 参见北京市海淀区人民法院（2007）海民初字第 8079 号民事判决书。

❷ 北京市高级人民法院（2004）高民终字第 627 号民事判决书。对于该案中体现的"附带使用"的处理肯定性见解见于：朱理. 附带使用：著作权合理使用的一种特殊形式［J］. 电子知识产权，2005（4）.

❸ 参见湖北省高级人民法院（2008）鄂民三终字第 14 号民事判决书。

"三步检验标准"针对涉案美术作品相关后续使用者的要求和限制。也有学者认为对永久陈列于公共场所的艺术作品复制件的再行使用显然必须符合衡量所有著作权限制规范合法性的所谓"三步检验标准"国际标准。❶

因此对于我国立法转化的"三步检验标准"的适用到底是"兜底"性质还是"重叠"性质仍不明确。由于国际公约中的"三步检验标准"从渊源与解释上本来就是以"限制的限制"形式存在的，因此在"三步检验标准"向扩张权利限制范围方向解释时有可能与条约规定相抵触。

对于数字时代与著作权限制相关的新利用形态也成为"合理使用"构成与否判断的焦点。其中典型案例包括：与搜索引擎相关的网页快照、蜘蛛抓取摘要、空白框搜索及缩略图快照。❷从著作权人的角度看，在网上公开作品的行为如果是经著作权人授权的，由于搜索引擎的存在使得该内容得到链接的机会大幅增加，而这种情况应当是著作权人所乐见的。就算是违反了其意图，通过默示承诺法理也能解决这个问题。对于未经著作权人许可而在网站上传其作品的情况，由于搜索引擎服务的存在使得著作权人的损害进一步扩大，这种影响是不容忽视的。但是考虑到网络上层出不穷的信息，如果没有搜索引擎服务的话，将使用户迷失于信息的汪洋大海，反而抵消了互联网对人类社会带来的变革。考

---

❶ 王清. 室外艺术作品合理使用的司法解释与司法判决之反思［J］. 法学评论，2008（5）. 对此倾向提出批判性观点的见于：张鹏. 室外公共场所艺术作品合理使用规定解释论上的展开［M］//李扬. 知识产权法政策学论丛（2012年卷）. 北京：知识产权出版社，2013.

❷ 其中提供缩略图的案例见于：闻晓阳与北京阿里巴巴信息技术有限公司侵犯著作权纠纷案［北京市第二中级人民法院（2009）二中民终字第00010号民事判决书］；网页快照的案例见于：王路诉雅虎公司侵犯著作权案［北京市高级人民法院（2007）高民终字第1729号民事判决书］；相反判断见于：对于通过MP3搜索结果列表中的"歌词"按钮进行的歌词搜索. 浙江泛亚电子商务有限公司诉北京百度网讯科技有限公司等侵犯著作权纠纷案［北京市高级人民法院（2007）高民初字第1201号民事判决书］。

虑到这点，要求搜索引擎服务商逐一调查网站背后的权利关系是不合理的❶，应更加积极地探寻著作权限制的新类型。特别值得一提的是，在近期有关搜索引擎的判决❷中，大胆突破了封闭性权利限制的拘束，通过解释"三步检验标准"认定该种行为构成"合理使用"❸，该案涉及网页快照提供行为的著作权侵权认定问题，二审法院认定该行为属于信息网络传播行为，而非一审法院认定的搜索链接行为或缓存行为，但同时认为鉴于网页快照提供行为符合"三步检验标准"，构成合理使用行为，故其并未构成侵犯著作权的行为。

与此同时，也有案例并未依据"三步检验标准"进行扩大性解释，而是直接引述与美国版权法上"合理使用"一般规定相类似的要素判断某一行为是否构成合理使用。在谷歌公司与王莘侵害著作权纠纷案❹中，尽管最终认定谷歌公司为了谷歌数字图书搜索服务而对他人作品进行电子化扫描的复制行为不构成合理使用，但是在判断标准上则认为是否构成《著作权法》第22条规定之外的合理使用特殊情形时，应当严格掌握认定标准，综合考虑各种相关因素。判断是否构成合理使用的考量因素包括使用作品的目的和性质、受著作权保护作品的性质、所使用部分的性质及其在整个作品中的比例、使用行为是否影响了作品正常使用、使用行为是否不合理地损害著作权人的合法利益等。

可以看出，这一判断标准通过美国合理使用规定的四要素转换了"三步检验标准"的含义。从这种"大杂烩"的判断标准，以及在判断理念上要求的"严格掌握认定标准"中可以感觉到法

❶　田村善之. 検索サイトをめぐる著作権法の諸問題（3・完）［J］. 知的財産法政策学研究，2007（18）：33.

❷　王迁. 搜索引擎提供"快照"服务的著作权侵权问题研究［J］. 东方法学，2010（3）：139.

❸　参见北京市第一中级人民法院（2013）一中民终字第12533号民事判决书。

❹　参见北京市高级人民法院（2013）高民终字第1221号民事判决书。

138

院对于权利限制范围的封闭性态度。与此不同的是，在该案的一审判决❶中针对谷翔公司实施的涉案信息网络传播行为，法院认定该行为构成合理使用，其理由在于：涉案信息网络传播行为并不属于对原告作品的实质性利用行为，尚不足以对原告作品的市场价值造成实质性影响，亦难以影响原告作品的市场销路；涉案信息网络传播行为所采取的片段式的提供方式，及其具有的为网络用户提供方便快捷的图书信息检索服务的功能及目的，使得该行为构成对原告作品的转换性使用行为，不会不合理地损害原告的合法利益。从一审法院的判旨来看，通过扩大性解释我国《著作权法实施条例》中的"三步检验标准"后两步要件为"转换性使用"寻找到了正当化依据。

综上所述，尽管在我国著作权制度立法上对于权利限制规定采取了封闭性模式，并通过"三步检验标准"的后两步要件重叠适用于个别限制性条款，在立法上体现出了严格处理的倾向，但是在司法实践中我国法院并未拘泥于立法的形式严格重叠适用"三步检验标准"，特别是为了应对数字时代的新问题，在处理搜索引擎、数字图书馆等具体问题时，扩大性解释"三步检验标准"使其可能脱离了国际公约中对"三步检验标准"解释的基础含义，并在糅合了美国合理使用规定的若干因素检验标准的基础上，形成了中国特色的著作权限制司法实践。但是立法与司法理念上的冲突、国际条约与国内履行实践的龃龉以及前数字时代与数字时代的交错都使得我国在著作权限制规定的适用上产生了种种矛盾。比如：对于个别性限制条款的解释是否需要融入"三步检验标准"的考量？"三步检验标准"是作为重叠性适用要素还是作为扩张性解释要素？"三步检验标准"的实质应参照国际公约适用，还是将美国合理使用规定应用到对"三步检验标准"各要件的解释中去？上述问题也正是我国著作权限制规定在立法与司法实践中最为重

---

❶ 参见北京市第一中级人民法院（2011）一中民初字第 1321 号民事判决书。

要的问题。

二、《著作权法》最新修改中的权利限制规定立法模式

2011 年 7 月 13 日，新闻出版总署、国家版权局召开了《著作权法》第三次修改的启动会议。● 2012 年 3 月 31 日，国家版权局公布了《著作权法》修改草案第一稿●；2012 年 7 月 30 日，国家版权局公布了《著作权法》修改草案第二稿●。在公开征求社会公众意见的基础上，2012 年 10 月 30 日，新闻出版总署、国家版权局在北京举办《著作权法》修订工作领导小组第二次会议，并就修订工作领导小组就即将呈报给国务院的《著作权法》修改草案第三稿进行了热烈的讨论，而第三稿内容未公之于众。经过上述草案的征求意见，最终于 2014 年 6 月 6 日公布了《著作权法》修订草案送审稿●。由于送审稿与第二稿在权利限制问题上采取了同样的模式，因此以下将以公之于众的第一稿、第二稿为基础，具体讨论我国《著作权法》修改过程中的著作权限制制度问题，以期探寻应对数字时代新问题的妥当模式。

从《著作权法》修改的主要方法来看，在第一稿的简要说明中指出要"将目前规定于行政法规中，应在著作权法中规定的一般性问题上升至法律中——主要是《著作权法实施条例》、《计算机软件保护条例》和《信息网络传播权保护条例》三部行政法规中的内容，如著作权产生时间，'三步检验标准'、技术保护措施

❶ 柳斌杰.《著作权法》修订要面向时代、面向世界、面向未来：在"《著作权法》第三次修订启动会议"上的讲话［M］//中国版权年鉴编委会. 中国版权年鉴2012. 北京：中国人民大学出版社，2012.

❷ 国家版权局. 关于《中华人民共和国著作权法》（修改草案）公开征求意见的通知［EB/OL］. http：//www. ncac. gov. cn/chinacopyright/contents/483/17745. html.

❸ 国家版权局. 关于《中华人民共和国著作权法》（修改草案第二稿）公开征求意见的通知［EB/OL］. http：//www. ncac. gov. cn/chinacopyright/contents/483/17753. html.

❹ 国务院法制办公室. 中华人民共和国著作权法（修订草案送审稿）［EB/OL］. http：//www. chinalaw. gov. cn/article/cazjgg/201406/20140600396188. shtml.

和权利管理信息等"。因此，在第一稿中除了将《著作权法实施条例》中的"三步检验标准"上升为《著作权法》规定外，将《计算机软件保护条例》以及《信息网络传播保护条例》中的有关著作权限制的个别条款也上升到《著作权法》中予以整合。但是在立法模式上第一稿仍然沿袭封闭性特征，即在第 39 条中规定："依照本法规定，不经著作权人许可使用其已经发表作品的，不得影响该作品的正常使用，也不得不合理地侵害著作权人的合法权益。"这里所谓"依照本法规定"指的就是第 40 条项下规定的个别限制条款，而个别限制条款中并未采用开放性立法模式。也就是说在《著作权法》修改草案第一稿中仅仅是将原《著作权法实施条例》中的"三步检验标准"上升为法律层级，并成为对于《著作权法实施条例》《计算机软件保护条例》和《信息网络传播权保护条例》共通的考量标准，从而缓解了原有体制下的断片化倾向。

从立法的解读来看，不得不说仍旧采取了重叠性立法模式，并造成难以适应数字时代的发展创设新的著作权限制形式。此外在第一稿中针对"私人复制例外"缩小了原有范围，规定"为个人学习、研究，复制一份他人已经发表的作品"，对于私人复制的目的，以及复制的份数作出了限制性规定。事实上即使不作出此种规定，由于在该草案中"三步检验标准"是重叠性适用的，因此仍可以解决原有范围较广的"私人复制例外"的弊端，即使本次草案修改了对于可否私人为学习、研究目的复制整本书籍等问题，依旧没有得到明确的回答。尽管针对计算机软件增设了备份、反向工程等例外形式，但是对于搜索引擎服务相关的著作权限制形式却没有任何规定，因此在司法实践中只能依据默示许可等外在制度解决搜索引擎服务的著作权法问题。

在《著作权法》修改草案第二稿中采用的针对著作权限制规定的立法技术则大为不同。第二稿的修改说明中指出："本次修改，主要作了以下调整：①增加'合理使用'的开放式规定——其他情形，同时将原草案第 39 条并入新草案第 42 条作为第 2 款限

制所有的 13 类'合理使用'情形；②明确为个人学习、研究使用
他人作品的情形为复制文字作品的片段；③增加关于引用他人作
品不得构成引用人作品的主要或者实质部分的规定；④在相关情
形中增加'信息网络'媒体的规定；⑤增加关于对室外艺术作品
进行临摹、绘画、摄影、录像后形成的成果后续使用的规定。"也
就是说结合第 42 条第 1 款第（十三）项合理使用的开放式规
定——"其他情形"，"三步检验标准"既可以作为具体合理使用
行为的判断依据，也可以在必要的时候对合理使用情形作扩大解
释适用。

有学者评价这一修改草案借鉴了国际公约中的"三步检验标
准"，打破了封闭式的立法模式，在原有 12 种个别限制规定的基
础上又增加了"其他情形"的规定，并将原来《著作权法实施条
例》第 21 条的"三步检验标准"纳入《著作权法》中，作为判断
在个别限制条款之外是否构成"其他情形"的判断标准。❶ 也就是
说，在第二稿中采取了个别限制条款与开放式"三步检验标准"
相结合的模式。

但是由于"三步检验标准"在第二稿中仍是重叠适用标准，
特别是国际公约中的"三步检验标准"在解释上具有限制创设新
的权利限制条款的功能，即"三步检验标准"第二步骤具有排除
妨害作品一切利用形式的作品使用行为的功能，因此在多大程度
上扩大性地解释"三步检验标准"以期适应数字时代新的作品利
用方式的效果仍不明确。此外，第二稿中对于范围较大的"私人
复制例外"进行了再次限缩，即"为个人学习、研究使用他人作
品的情形为复制文字作品的片段"，也就是说对于一本书来说即使
为了学习与研究目的也不能复印一整本，只能复印其有限度的片
段。但是这一修改使得个人使用例外的适用范围再次受到极大的

---

❶ 吴汉东.《著作权法》第三次修改的背景、体例和重点［J］. 法商研究，2012
（4）.

缩减，而修改理由中又未说明依何种原理实现此种修改。从效果上看，这一规定可能直接导致了绝大多数利用者在私人范围内的作品利用活动构成侵权状态的持续。例如，对于云储存服务来说，个人以文件备份等为目的将文字、视频等作品上传网络云端并供自身下载的行为由于不构成文字作品的片段，因此构成著作权直接侵权，而对提供云储存服务行为的主体则有可能通过间接侵权追究责任。个人为家庭内成员欣赏电视节目为目的，时际转移性质录制电视节目的话将不满足个人利用例外，从而构成复制权的直接侵权，而提供家庭内录制设备的提供商将有可能被追究间接侵权责任。

三、《著作权法》最新修改草案中著作权限制规定的合条约性分析

在论证我国《著作权法》修改的应有模式之前，有必要对于现行《著作权法》以及修改草案的合条约性进行详细分析。从现行著作权法体系中有关著作权限制规定的立法状况来看，在规范上采取了个别限制条款与封闭性"三步检验标准"后两步的结合。尽管未规定"三步检验标准"第一步骤"某些特殊情形"，但是由于个别限制条款所规定的权利限制规定类型本身就属于"某些特殊情形"，除非个别限制条款的范围未"被明确地定义"（clearly defined），且未"被特定化"（is known and particularized），否则应该视为在立法上满足"三步检验标准"义务的要求。

除了立法机关之外，作为条约义务的履行主体又不限于立法机关，一国的司法机关、行政机关所作出的司法行为与行政行为也均应合条约义务规定。行政行为中的具体行政行为一般均依据法律授权理论，出自某一法律、法规或抽象行政行为。对于抽象行政行为等的审查属于条约审查机制的范围，而对于具体行政行为，由于受限于条约规范的直接适用可能性问题，私人对于某些不具有直接适用可能性的条约条款可能无法直接进行司法审查与

适用。对于司法行为来说，在司法解释过程中应履行合条约性解释义务。其具体含义为在司法解释过程中存在对于国内法的"适用、解释与不适用义务"❶，"适用义务"（obligation to apply）是指将国内法与国际法中的相关规定进行比较而进行的一致性审查；如果在一致性审查过程中发现国内法与国际法义务出现矛盾，则有"国内法排除适用义务"（obligation to diapply）以及"合条约性解释义务"（obligation to interpret）；如果由于排除国内法的适用所产生的法的效果对于具体案件的解决并不适中的情况下，而适用了国内法的话，则需要承担国家的损害赔偿义务。具体到现行我国著作权法中有关著作权限制规定的司法实践，由于司法实践中广泛地突破了立法中的封闭性要求，扩张性地适用了"三步检验标准"的后两步，而对于扩张适用的案件类型并没有具体的"特殊情况"的限定，因此司法行为并未严格采取合条约性解释的原理。在间接性司法审查层面所面临的问题就是：著作权人对于在著作权侵权诉讼中法院所作出的对于不属于个别限制条款的行为类型扩张性适用"三步检验标准"的实践，在同一民事诉讼程序中主张法院应该对于国内法规定严格按照国际著作权公约中的"三步检验标准"第一步骤义务进行解释。

从法的形式效力上讲，应该承认国际著作权公约中的"三步检验标准"在我国的间接适用，但是从实质上看，国际公约的间接适用在效果上与直接适用区别不大，特别是要求国内法院法官依照国际公约解释的原则对于国内法条款进行解释，由于国内法

---

❶ 有关合条约性解释的具体介绍请参考：SACHA PRECHAL. Direct Effect，Indirect Effect，Supremacy and the Evolving Constititution of the European Union［M］// CATHARINE BARNARD. The Fundamentals of EU Law Revisited：Assessing the Impact of the Constitutional Debate. Oxford：Oxford University Press，2007：42 – 43；柳生一成．「水平的直接効果」をめぐる議論からの指令の直接効果の定義の再検討：年齢差別禁止原則をめぐるECJの裁判例に関連させて［J］．慶應法学，2013（25）：23 – 92；松田浩道．日本の裁判所における国際人権法——国内適用論の再構成［J］．東京大学法科大学院ローレビュー，2010（5）：148 – 168.

院法官也许并不熟悉与"三步检验标准"相关条约解释，因此可能在实践中并不能得到积极适用。而对于重叠性适用则提出了不应间接适用"三步检验标准"，其理由在于因其抽象性而扩大自由裁量的范围，从而实质性地替代立法的功能，有违权力分立原则，且有违私人的预见可能性，使其不能够对法的效果有明确预见并能顺利寻求相应救济。❶ 对于扩张性适用"三步检验标准"则可能违反合条约解释原则，进而违反国际条约义务。另一方面，尽管现行司法实践中扩张性适用"三步检验标准"的实践可能违反了合条约解释原则，但是对于同样采取一般性条款的美国版权法"合理使用"条款来说，一般认为对其司法实践符合条约义务的要求，即法的明确性并不完全依赖于立法行为，法官在法的适用过程中也为确保适用上的明确性作出了贡献，美国版权法上的开放型合理使用规定正是判例法理长时期的实践确立了"特殊情况"的范围，符合"三步检验标准"的要求。事实上，合理使用的适用也依据了政策目的类型化，符合三步检验标准"特殊情况"之要求。值得注意的是，一般对于美国版权法上的"合理使用"条款仅关注到了四要素的开放性判断，忽略了事实上在《美国版权法》第107条中包含了对于使用目的的列举，即为了批评、解说、新闻报道、教学、研究以及调查等目的。这些目的代表了合理使用规定的政策性倾向。因此可以说是"特定的情况"，不是涵摄了所有情形。因此对于美国版权法上的合理使用条款以及其司法适用并未特别地在WTO争端解决机构中提出违反"三步检验标准"第一步骤，且在嗣后的践行中为多个国家国内著作权法所导入。对于我国现行司法实践中的"三步检验标准"扩大适用倾向，通过上述案例整理可以清晰地看出主要集中于搜索引擎服务、数字图书馆等领域，实现了特定的政策目的，因此如同合理使用一般

---

❶　小嶋崇弘. 著作権法における権利制限規定の解釈と3 step test（1）［J］. 知的財産法政策学研究，2010（26）：244.

条款，法官在法的适用过程中也为确保适用上的明确性作出了贡献。从这个角度上看，现行著作权法的立法规范及司法实践是符合"三步检验标准"条约义务要求的。

但是，对于《著作权法》修改草案中的著作权限制规定，立法实践则存在违反国际公约中"三步检验标准"义务之嫌。具体来说，如上所述在修改草案第二稿及送审稿中采取了"其他情形"与"三步检验标准"后两步的模式。由于"其他情形"是一种抽象性的表述，没有体现出政策目的性倾向，也基本不可能在立法中"被明确地定义"且"被特定化"，因此在导入的"三步检验标准"缺乏第一步骤的前提下，可能丧失了通过第一步骤累积适用的机会。而"三步检验标准"第一步骤在既有的 WTO 争端解决案件中明显具有规范涵义。美国版权案专家组报告❶中认为：从"certain"这一用语的通常含义可以推知限制与例外必须可以被明确地定义，但是另一方面也意味着不需要特定在何种具体的情况才能够适用例外与限制（para. 6. 108）；而"special"这一用语代表了限制与例外的范围在质及量上均应受到限定，必须是具有明确的目的且在狭小的范围内（para. 6. 109）。因此"商业设施例外"超出了"特殊情形"的范围，即尽管在一定程度上对于"商业设施例外"进行了定义，但是依据该例外潜在的获利所占比例过大，因此该例外的范围不是限定性的。根据专家组的调查显示：餐饮设施的 70％、零售设施的 45％都将构成"商业设施例外"的适用范围，因此该例外不满足"某些特殊情形"的要求（para. 6. 133）。在草案中的"其他情形"规定，首先就根本无法进行定义，且潜在地使得某些行业及领域获利比例可能过高，具有较强的不确定性。的确，在司法实践中可以通过政策性导向明确定义且限定领域性适用，但是不能使得这一立法行为本身与国际条约的矛盾性

---

❶　United States – Section 110（5）of US Copyright Act，WT/DS160/R（15 June 2000）.

得以缓解。从"三步检验标准"的条约义务角度来看，我国《著作权法》修改草案第二稿及送审稿的有关著作权限制条款的立法模式有违"三步检验标准"义务，需要进行修改，以期在符合条约义务要求的基础上，探寻数字时代对于新问题的灵活性适用标准。

四、比较法上的著作权限制立法形式分析

大陆法系著作权个别限制条款在理念上认为"限制规定作为权利的限制，因此至多作为著作权法上例外性质的存在，因此对于其适用应本着严格解释的手法，而不应当采取过分一般性的立法模式以及过分开放的解释模式"。❶ 一般来说，这种严格解释手法就是大陆法系著作权个别限制条款的典型特征。

当然这一理念有其存在的必然性：首先，这种立法以及司法模式一般均符合国际公约中有关"三步检验标准"的义务性要求。由于起源于《伯尔尼公约》斯德哥尔摩修订会议的"三步检验标准"义务从功能上看限制了各国根据本国社会经济文化发展阶段制定相应的复制权限制规定的自由，并且在三步要件的构成上体现了累积适用的特点，因此封闭性的个别限制条款可以通畅地满足"三步检验标准"义务的要求。在论证大陆法系个别限制条款合理性时以合"三步检验标准"义务为理由的观点也并不鲜见。其次，对于权利限制规定的严格解释手法最符合作为著作权正当性理论的自然权思想。一般来说，自然权思想最为典型的表达就是"人应该为其创作的成果天然地享有权利"。这种天然享有的权利在出发点上也许是根据洛克的劳动所有权理论，即由于劳动而产生赋予权利的道德正当性；或者是根据黑格尔的人格权理论，即作品是作者人格的表出物，作品即作者的等式恒常性地成立。在自然权思想的指导下一般很难或仅在例外的、封闭的、限定性

❶ 小嶋崇弘. 著作権法における権利制限規定の解釈と3 step test（1）［J］. 知的財産法政策学研究，2010（26）：223.

的条件下才能找到权利限制规定的存在理由。最后，严格解释更加有利于确保法的明确性与安定性。由于著作权限制一般性条款在适用上赋予司法机关过多的裁量权，因此不利于在纠纷出现前预测其可能性。严格解释的手法有利于提高预见可能性，维护法的安定性功能。

此种立法模式下的著作权制度体现出两种典型特点：其一是对于著作权分支权项的规定体现出了开放性特点。具体来说，一般在大陆法系国家的著作权法中均不存在对于著作权间接侵权行为的立法规制，但是在司法过程中却通过扩大解释规制这种行为，即使某一行为未落入著作权法规制的法定利用行为之中，司法也会扩大将其纳入权利保护范围，因此权利保护类型上体现出了扩大性。其二是对于著作权权利限制规定体现出了封闭性特点。由于不存在美国"合理使用"一般条款规定，因此个别限制类型往往限于"引用""私人复制"等限定性类型，企业内复制、零碎性利用等日常稀疏平常的作品利用却往往被排除在了限制规定范围之外。

著作权限制制度的另一种典型立法模式就是以美国合理使用制度为代表的一般性著作权限制条款。美国版权法上的合理使用制度滥觞于判例法理，❶ 并通过 1976 年版权法第 107 条明文化。❷根据该条规定通过以下四个要素判断是否构成合理使用，即使用的目的与性质、被使用的版权作品的性质、使用部分与被使用作品整体相比所占数量与实质性价值；对于被使用作品的潜在市场或价值的影响。该条所列举的判断要素并不是限定性的，而是开放性的，也就是说法院在具体判断时不限于上述要素，而且上述四要素在具体判断中也不是等量齐观。对于以美国法上的合理使

---

❶ Folsom v. Marsh，9 F. Cas. 342（1841）. 在该案中并未使用"fair use"用语，而是使用的"fair and bona fide abridgment"用语。第一个在美国判例中使用"fair use"的是 Lawrence v. Dana，15 F. Cas. 26（C. C. D. Mass. 1869）案.

❷ H. R. Rep. No. 94 - 1476（1976）.

用规定为代表的一般限制性规定的批评主要集中于：该规则的适用难逃个别案例因案而异的特点，而判例中也不存在对于合理使用原则的统一认识，缺乏预测可能性与法的安定性。例如莱斯格（Lawrence Lessig）教授就曾指出美国的合理使用规定不过是雇佣律师的权利（the right to hire a lawyer）。❶ 在该制度下将花费大量的诉讼成本，因此也只有那些在经济上充裕的人才有能力利用。对此观点近年出现了针对美国法上适用合理使用规定案例的实证调查，得出的结论却显示了合理使用规定反而具有惊人的可预见性。其中，碧比（Barton Beebe）教授根据 1978～2005 年有关合理使用案例的实证研究认为，相比于其他案例，适用合理使用而引起的上下级法院相异结论，或者统一判决中某些法官发表反对意见的比例并不高。❷ 这一结论与萨缪尔森教授进行的规范性研究一致，即根据合理使用规定的政策目的将各种案例进行分类后，可以发现合理使用规定的适用具有很强的可预见性。一般可为合理使用所免责的政策类型包括：维护表达自由、促进后续创作活动、与教育相关、与私人利用、个人隐私相关、对于新技术的应对。❸ 也就是说，美国合理使用规定不仅未丧失判断上的可预见性，而且能够更快速应对新技术变化下商业模式创新的需求。

对于大陆法系个别限制条款来说，最大的问题可能在于无法及时应对新技术条件下商业模式的展开。具体来说，在政策形成过程中面临着各种利益游说集团的游说，特别是与著作权保护相关的大型企业的利益可能会很轻松地为立法过程所反映。即使如

❶　ローレンス・レッシク. Free Culture [M]. 山形浩生, 守岡桜, 译. 翔泳社, 2004：121.

❷　BARTON BEEBE. An Empirical Study of U. S. Copyright Fair Use Opinions, 1978-2005 [J]. U. PA. L. REV. 2008, 156：549.

❸　PAMELA SAMUELSON. Unbundling Fair Uses, Fordham L. Rev., 2009, 77：2614. 具体分析也可参考：梁志文. 著作权合理使用的类型化 [J]. 华东政法大学学报, 2012 (3).

此，从其利益诉求的提出到真正形成法律也需要一定的时间。在此期间以新技术为基础的商业展开就面临着由于其商业模式尚未被个别限制条款所承认，而遭受著作权侵权追及的风险。这一风险的承担将使得一国新技术企业相比于不承担这一负担与风险的他国企业，在竞争中处于劣势地位。❶ 举例来说，日本是典型的采用个别限制条款的国家，在其 2009 年著作权法修改中对于搜索引擎服务中必然伴随的"抓取"行为增加了一项个别限制规定。但是事实上从此项服务在日本广泛展开到修改立法增加限制规定已经经历了十余年的历史。对于计算机程序的反向工程例外，自从 1985 年著作权法修改中将计算机程序纳入著作权法保护范围时，就已提议同时增设反向工程例外，但是至今此项立法还未成型。个别限制条款模式的这一缺陷特别不利于新技术在一国的展开，因为没有此项个别限制条款的话，新的商业模式往往面临着侵权诉讼的风险，因此可能服务提供商不愿承担这一商业风险而放弃服务模式的提供。这不仅对于发展中家，即使对于发达国家也可能意味着在国际新技术领域丧失竞争优势。❷

从原理上看大陆法系著作权个别限制规定与"三步检验标准"及合理使用等一般性条款主要体现了有关规则（rule）与标准（standard）的区别。❸ 根据这个原理，在决定是采用立法制定个别限制规定的手段，还是采用诸如合理使用等一般条款，然后通过法院事后具体化相应标准的手段时，主要考虑的是哪种更具有效率性。举例来说，如果某一种类型的纠纷频繁发生，那么采用立

---

❶ 中山信弘. 著作権制度の俯瞰と課題［J］. ジュリスト，2013（1461）：81.

❷ 中山信弘. 著作権法改正の潮流［J］. コピライト，2009（578）：13－14.

❸ 规则和标准的区别可直接转换成"排他"与"管理"之间的区别，而后者又是财产法在分配和执行权利的时候所遵循的策略。参见：HENRY E. SMITH. Exclusion versus Governance：Two Strategies for Delineating Property Rights［J］. J. Legal Stud. 2002，31：453. 排他策略类似于规则，特点是事前定位权利的高成本和事后执行权利的低成本，而管理策略则恰恰相反。

法的方式，在纠纷发生前制定明确的行为规则的手法是更具效率性的。相反，当某一类型的纠纷基本只会偶尔发生的话，如果特意就此纷争耗费相当大的立法成本，通过立法制定相应的规则就是缺乏效率的，这时更期望的是事后通过司法途径，考虑各种标准并作出合理公正的结论，进而解决此种纷争。这个原理的核心就是从事前制定的规则能够在多大程度上影响当事人的行动的视角来考察相关问题。而在著作权法制度制定过程中，特别是国际公约的形成与国内立法的策定中，都不同程度面临着利益集团的游说，而这种游说往往体现出单方向性，即朝向加强保护的方向进展。其理由就在于相比于广大公众的利用权益，权利人的数量是微小的，一般来说，微小的群体往往更易于形成强大的组织，并为自己的利益进行游说活动。尽管广大公众作为整体的作品利用权益比重极大，但是平均到每个利用者上则极其微小，这导致单个利用者不会为这种微小利益进行全力游说，也就是说广大公众的利益难以有效地形成组织合力，因此在立法过程中的游说无力，难以在立法过程中反映其增设权利限制规定的意向。因此应适当忽略立法过程中所制定的"规则"，应更多采取"标准"的立法模式，使得最终构成权利限制与否的判断由立法机构转移到相对更少受到游说影响的司法机构，由司法机构根据个案利用一般条款进行较为平衡的判断。❶

从理论上看，相比于个别限制条款的立法模式，一般限制条款模式更易于从"内在视角"（internal perspective）获得正当性。❷ 具体来说，由于立法过程中的利益反映偏差导致个别限制模式不能反映广大公众作品利用之诉求。通过强化权利保护的

❶ 丁丽瑛. "规则主义"下使用作品的"合理性"判断 [J]. 厦门大学学报：哲学社会科学版，2008（6）.

❷ HERBERT L. A. HART. The Concept of Law [M]. 2nd ed. Clarendon Press，1994：56~58. 有关哈特的"内在视角"与"外在视角"的详细介绍可以参考：张乃根. 哈特的规则分析理论 [J]. 西北政法学院学报，1988（1）.

单方向展开，并辅以惩罚性损害赔偿甚至刑罚措施的救济，使得作品利用人仅仅产生了遵守这一立法规定的"外在视角"（external perspective），而不具有遵守规范的"内在视角"。因此通过司法机关利用一般限制条款裁量性判断某一行为是否构成著作权限制的途径，易于形成公众对于著作权法遵守的"内在视角"。这种"内在视角"的获得正是源于著作权法正统性的"表出力"（express power）的获得。❶ 作为一般限制条款可选择模式的国际公约中的"三步检验标准"与美国"合理使用"规定是一国著作权限制立法的较为妥当的模式。但是相比于"合理使用"规定，"三步检验标准"在结构与渊源上更加体现了偏向权利人保护的倾向。特别是个别限制条款的立法模式往往以遵守"三步检验标准"为依据，正是因为能够完全遵守"三步检验标准"，才采取了个别限制条款的立法模式。"合理使用"规定则有可能违反"三步检验标准"第一步骤"某些特殊情形"。❷

五、我国著作权限制制度的立法形式摸索

在论证我国著作权限制制度的制度选择问题时，为避免循环论证，应从三个方面进行分析。❸ 其一是必须导入某一制度的"积极理由"，其二是即使导入这一制度也并不存在不良后果的"内在消极理由"，其三是采用其他制度会产生不良后果的"外在消极理由"。在说明我国现行著作权限制制度与著作权法修改中的著作权限制制度这一对立制度选择时，如果仅说明了现行封闭型著作权限制模式以及修改著作权法中的以"三步检验标准"为开放式条

---

❶ 田村善之. デジタル化時代の著作権制度：著作権をめぐる法と政策 [J]. 知的財産法政策学研究，2009（23）.

❷ 详细介绍请参考：张鹏. 国际著作权公约中的"三步检验标准"研究 [J]. 武大国际法评论，2015（2）：162 - 186.

❸ 这一论证方法深受田村善之教授启发。参见：田村善之. 知识产权法 [M]. 5版. 东京：有斐阁，2010.

款的模式在我国实践中的弊端（外在消极理由），或者导入"适中的合理使用型"著作权限制规定并不会对现有制度的运行产生阻碍（内在消极理由），并不能证明"适中的合理使用型"著作权限制制度一定是适合我国的制度继受模式（积极理由）。因此只有充分说明了三种理由，即现行封闭型著作权限制制度的弊端（外在消极理由）、"适中的合理使用型"著作权限制制度的导入条件（内在消极理由）以及"适中的合理使用型"著作权限制制度在应对数字时代变革的独特功能（积极理由），才能得出导入侵权诉讼中的无效抗辩是合理制度本身的内在要求，从而找到中国问题解决的出路。

从外在消极理由角度看，如上文所论述，我国现行立法中对于著作权限制规定所体现出的封闭性特点已经难以适应数字时代的要求，特别是司法实践已经频频通过判例突破了立法的藩篱，创设了针对搜索引擎、数字图书馆等新领域的扩大性适用的类型。现行《著作权法》对于著作权的保护以所有权类似的物权构成为基础，赋予著作权人停止侵害请求权以及损害赔偿请求权。但是与物权法上所有权的对象相比，著作权的保护对象作品具有独特的性质。事实上作品这一"无形物"并不存在，存在的是对于作品利用主体行为的控制，也就是说禁止他人对于作品的法定利用行为。❶赋予著作权人控制他人行为的权利的正当性基础在于激励著作权人在文学艺术领域的创造性活动增益社会价值，但是这不得不面对与他人行为自由这一对抗利益间的冲突。弥合这种冲突的著作权制度内在机制就是著作权限制制度。

从著作权法的历史来看，正是因为存在著作权限制制度这一安全阀，两利益主体的紧张关系才得以平衡。但是这一平衡点并不是僵化不变的，而是依据时代的变迁而调整。特别是数字时代

---

❶　田村善之．"知识创作物未保护领域"之思维模式的陷阱法学家［J］．李扬，许清，译．法学家，2010（4）．

的到来使得原有的平衡点出现了两方面的转移。一方面是对于著作权人来说，可以借助契约、技术保护措施等实现对于作品利用的价格歧视战略，进而实现较低交易成本下的直接许可，从而实现利益的最大化；另一方面是对于他人的行动自由来说，数字技术使得作品的利用进入了前所未有的便利状态，从利用形态到利用手段产生了质的飞跃。如何探寻新的平衡点成为我国著作权限制制度立法改革的重要问题。

从各国最新著作权法修改中有关著作权限制规定的立法例来看，存在多种倾向：其一是增设个别限制条款，并根据数字时代新技术的要求创设新的个别条款，或使得个别条款富于灵活性（英国、日本）。其二是在个别限制条款之外，导入开放性的一般条款。从比较法上看，其均采用了个别限制条款与美国版权法上"合理使用"一般条款搭配的模式（我国台湾地区、韩国）。其三是仅采用美国版权法上的"合理使用"一般条款。我国在著作权法修改过程中采取的模式是在个别限制条款之外导入以国际著作权公约中的"三步检验标准"为开放性条款的模式，这一模式选择与欧盟信息社会指令中的做法类似。如上所述，这一做法在欧盟内部产生了较多质疑，同样的弊端也会发生于我国实践之中。

我国欲修改的著作权法中的"三步检验标准"在条文的用语上与国际著作权公约中的"三步检验标准"相比，最明显的特点在于：在《伯尔尼公约》以及 TRIPS 中的"三步检验标准"的义务主体是指向缔约方的，而我国著作权法中这一义务的承担主体是司法机关，即法院负有依据"三步检验标准"直接适用的义务。由于"三步检验标准"在性质上具有"限制的限定"的特点，因此在适用上可能限制一国根据本国实际经济文化与社会发展阶段制定相应裁量性规定的自由。尽管"三步检验标准"在用语上具有抽象性特点，但是如果直接将其适用到一国司法实践，或是通过间接性的合条约解释形式适用到一国司法实践的话，往往会起到限定限制规定范围的作用。具体而言，其问题点包括❶：其一是国内法院对于"三步检验标准"的适用可能导致倾向权利人保护的问题。尽管"三步检验标准"的用语具有一定的抽象性，但是如果忠实地按照文义进行解释的话，几乎大部分限制规定难以与"三步检验标准"相整合，进而导致权利限制的范围大为缩小。其中对于大陆法系国家来说，由于一般采取个别限制性条款的立法方式，因此对于"三步检验标准"中第一步骤的通过不成问题。但是由于"三步检验标准"第二步骤中"正常使用"要件往往采取扩大性解释，因此可能导致很多限制性条款不满足其要求。其二是国内法院对于"三步检验标准"的直接适用可能导致最终用户丧失对于自己行为构成权利限制规定与否的可预见性。因为"三步检验标准"在国际条约中用来判断缔约方的立法行为是否违反国际义务的条款，是用来约束一个国家、一个政府国内法行为的，不应当被作为判断具体行为是否属于合理使用的标准。国际法和国内法有完全不同的规范目的，约束缔约方的国际法条文不应当直接移植到国内法中用来约束个人的行为。因此，如果用衡量国家行为违反条约义务与否的标准检测个人行为是否违反著作权法的话，将会导致个人行为合法与否的判断不可预见。具体来说，某一最终用户在行为时只需预测其某一行为是否符合本国著作权法上权利限制的要求，不会预测其行为是否符合国际公约上的"三步检验标准"义务，如果最终通过"三步检验标准"限缩了一国著作权法上某一著作权限制条款的适用范围的话，则最终用户的行为可能构成违法。特别是在对与著作权侵权行为在承担民事责任之外，可能还需承担刑事责任时，这就可能与罪行法定原则相冲突，并极大地限制了用户活动的自由。其三是国内法院对于"三步检验标准"的直接适用也会增加国内法官在判断上的

---

❶ 更加详细的分析请参考：小嶋崇弘. 著作権法における権利制限規定の解釈と3 step test（1）［J］. 知的財産法政策学研究，2010（26）：253.

负担。从"三步检验标准"的构造上看,第二步骤以及第三步骤的判断均需要衡量权利人的经济利益,因此国内法官在规范判断时往往需要借助经济学分析手法。此外除了单纯的经济利益之外,国内法官也需要衡量社会文化等方面的各种利益,从而取得相应的平衡性判断,这也是国内法官不得不时常面对的难题。

综上可见,"三步检验标准"一旦在一国体系内或者被直接或间接适用时,或者被转化成国内立法适用时均会产生共通的弊端。更为重要的是,由于《著作权法》修改草案第二稿及送审稿中并未导入"三步检验标准"第一步骤,因此可能在累积适用要求下违反条约义务的要求,因此这一修改模式的导入并不妥当。从我国针对数字时代新问题的司法实践也可以看出,法院在具体解释"三步检验标准"扩大适用时并不是严格依据 WTO 争端解决机构对于国际著作权公约中对于"三步检验标准"各步骤的解释进行的,而是融入了"转换性使用""选择性退出""合理使用四要素分析法"等判断方法,从而转化了"三步检验标准"的具体含义。但是放弃如同美国版权法合理使用规定的立法模式,放弃个别限制条款,仅保留四要素判断法,赋予法官较大裁量权的做法在我国现有司法体制下仍有疑问。

在明确保留我国现行个别权利限制条款的基础上,可以借鉴各国著作权法修改中的经验,在通过立法增加个别限制条款类型的基础上,通过"适中的合理使用型"著作权限制条款的导入解决新技术带来的新问题,以应对立法时滞性及游说偏差带来的新挑战。具体来说,在导入新的个别限制条款方面可以借鉴日本和英国最新修法的经验,对于搜索引擎、反向工程、电子信息备份、数字图书馆等设置新的著作权限制个别条款,同时也可以通过政策目的分类,明确个别限制条款所代表的政策导向,通过较为抽象的用语使得个别限制条款也具有一定的解释性和灵活性,具体类型化可以包括:为伴随微小经济影响的使用,为促进表达与信息自由的使用,为实现社会,政治以及文化目的的使用,为促进竞争的使用；在个别限制条款仍不足以应对新问题时，可以借鉴《欧洲著作权法草案》（*A Draft European Copyright Code*）❶ 中的"适中的合理使用型"著作权限制条款模式。

在 2001 年《欧盟信息社会指令》第 5 条第 5 款中导入了"三步检验标准"，并且要求成员国在对于第 5 条第 1～4 款中个别权利限制规定导入时必须满足"三步检验标准"的要求。❷ 从内容上看，该指令除了将成员国可以选择的个别权利限制规定限制在 21 种情形之外，还通过"三步检验标准"进一步限制各国根据本国经济发展阶段导入新的权利限制，此种做法体现了该指令重视权利人权利保护的倾向，同时也引来了学术界的批判之声。❸ 针对该指令难以应对数字化时代的弊端，也有学者提出了应该针对基本权以及欧盟境内与消费者利益息息相关的权利设置相应限制，并将其作为义务性规定进行指令的修改建议。❹ 在数字网络环境下，传统的版权行业格局不断被打破，互联网参与者之间的利益关系更加复杂，著作权限制制度面临更多的挑战和机遇，这一切使欧盟对著作权限制制度的协调陷入困境。2009 年 7 月 16 日，欧洲法院在 Infopaq International A/S v. Danske Dagblades Forening C - 5/08 的判决中对该规定的严格解释更在司法实践中凸显了目前的困境。

---

❶ ［EB/OL］. http：//www. copyrightcode. eu/.

❷ 有关该指令的立法过程请参考：MARTIN SENFTLEBEN. Copyright，Limitations and the Three - Step Test：An Analysis of the Three - Step Test in International and EC Copyright Law ［M］. Kluwer Law International，2004：245.

❸ GUIDO WESTKAMP. The Three - Step Test and Copyright Limitations in Europe：European Copyright Law between Approximation and National Decision Making ［J］. Journal of the Copyright Society of the USA，2008（55）：401 - 465.

❹ LUCIE GUIBAULT，et al. Study on the Implementation and Effect in Member States' laws of Directive 2001/29/EC on the Harmonization of Certain Aspects of Copyright and Related Rights in the Information Society ［R］. report to the European Commission，DG Internal Market，February 2007.

因此，近期由 Wittem Group 主导制定的，以统一欧洲著作权法为目的的《欧洲著作权法草案》公之于众。该草案的主要特点就在于融合了英美版权体系与大陆作者权体系，并在促进作品利用方面进行了制度创新。特别是该草案对于现行《欧盟信息社会指令》中有关著作权限制的个别列举立法模式进行了修改，采取了较为"开放型"的模式，以便于各国根据其社会经济发展阶段制定适中的限制条款。具体来说，该草案在第 5 条第 1～4 款中分别列举了个别限制条款，即分别为伴随微小经济影响的使用，为促进表达与信息自由的使用，为实现社会、政治以及文化目的的使用，为促进竞争的使用。并在个别限制条款之外，增加了一个"上位例外"（meta - exception）条款，即第 5 条第 5 款规定：任何其他类似于第 5 条第 1 款到第 5 条第 4 款（1）所列之个别例外的利用行为，只要满足了相应限制条款的要求，且不与作品通常利用相抵触，考虑到第三人的正当利益的情况下，在不存在不合理地损害作者、权利人利益的情况下，均为本法所允许。

由于上款的存在，该草案有关权利限制的立法例结合了大陆法系传统的封闭型与英美法系传统的开放型两种模式。一方面，只有在类似于该草案所列个别限制的条件下，才可以突破封闭型的限制，因此对于例外的类型具有一定的事前预测可能性；另一方面，在借鉴了"三步检验标准"中的第二步骤与第三步骤的同时，增加了对于第三者利益的考量，因此与 TRIPS 第 30 条中所涉及的"三步检验标准"模式相类似。❶该草案的起草者之一、德国著名著作权法学者德海尔（Dreier）教授则评价草案中的著作权限制条款模式是"适中的合理使用"（modest "fair use" exception）。❷对于这一"适中的合理使用型"著作权限制条款的导入来说，从内在消极理由来看，避免了在我国直接赋予法官通过"四

❶❷　上野達弘. ヨーロッパにおける著作権リフォーム：欧州著作権コードを中心［J］. 著作権研究，2014（39）.

要素分析法"的适用而造成的不可预见性与裁判的恣意性。特别是将开放性的条款限于与个别限制性条款相类似的政策范围之内，这种类比性较为可控，可以说是符合我国现行司法体制条件的。从积极理由角度看，这种模式可以在满足"三步检验标准"第一步骤的基础上，通过开放性的适用应对数字时代的新问题。

专利、植物新品种保护

我国专利间接侵权制度的完善

张晓都 *

对于发明和实用新型专利来说，要构成专利侵权，被控侵权产品或者方法的技术方案需要包含专利权利要求的全部技术特征。如果专利权利要求中的每一项技术特征均以相同或者等同的方式被包含在被控侵权技术方案中，则构成专利侵权，这就是直接侵权。间接侵权所要解决的问题是：行为人提供的部件或者设备只是覆盖了专利权利要求的部分技术特征而没有覆盖全部技术特征，在何种条件下，可以认定行为人的行为也构成专利侵权，从而承担相应的侵权法律责任。

一、司法实践中的专利间接侵权制度

我国《专利法》中没有关于间接侵权的规定，现行司法解释中也没有关于间接侵权的内容，笔者也没有检索到最高人民法院的判决或者裁定中涉及专利间接侵权的问题，但司法实践中早已承认间接侵权，并有不少涉及间接侵权的判例，北京市高级人民法院在 2001 年 9 月发布的《专利侵权判定若干问题的意见（试行)》及 2013 年 10 月发布的《专利侵权判定指南》中均有关于间接侵权的专门规定。

由于没有法律及司法解释的规定，也没有最高人民法院判例的明确表态，司法实践中间接侵权认定规则并不完全统一，判例

---

* 作者简介：君合律师事务所顾问、中国社会科学院知识产权中心客座研究员。

中的观点不尽一致，但归纳起来，司法实践对间接侵权大体有以下一些认识。

第一，间接侵权以直接侵权存在为前提条件。北京市高级人民法院《专利侵权判定若干问题的意见（试行）》第 78 条规定："间接侵权一般应以直接侵权的发生为前提条件，没有直接侵权行为发生的情况下，不存在间接侵权。"在判例中，例如，在吴积国与瑞安市天宇机械有限公司侵犯实用新型专利权纠纷上诉案❶中，法院认为，"间接侵权应以直接侵权的发生为前提条件，未证明直接侵权存在的，不成立间接侵权"。再如，在施特里克斯有限公司（Strix Limited）诉国美电器有限公司等侵犯发明专利权纠纷案❷中，法院认为，"无直接侵权行为的存在，将缺乏要求教唆或帮助行为人承担共同侵权责任的事实基础"。

第二，客观上间接侵权人向直接侵权人提供了专门用于实施专利权利要求技术方案的部件或者设备。北京市高级人民法院《专利侵权判定指南》第 108 条规定："提供、出售或者进口专门用于实施他人产品专利的材料、专用设备或者零部件的，或者提供、出售或者进口专门用于实施他人方法专利的材料、器件或者专用设备的，上述行为人与实施人构成共同侵权。"

在判例中，如前述吴积国与瑞安市天宇机械有限公司侵犯实用新型专利权纠纷上诉案❸中，法院认为，"间接侵权的对象仅限于专用品，即除了构成实施他人专利技术的一部分之外，并无其他用途"。在施特里克斯有限公司（Strix Limited）诉国美电器有限公司等侵犯发明专利权纠纷案❹中，法院认为，"之所以要求为专用设备的原因在于，对于教唆或帮助行为人实施上述制造、销售等专用产品的行为，若不予以制止将会损及专利权人的合法利益；若不要求为'专用'产品，将会导致专利权人对相关非其专

---

❶❸ 参见浙江省高级人民法院（2008）浙民三终字第 333 号民事判决书。
❷❹ 参见北京市第一中级人民法院（2011）一中民初字第 14 号民事判决书。

利保护范围限定范围内产品的不当控制和垄断，进而产生涉案专利保护范围不当扩大的后果，影响社会经济的正常发展，从而有违专利法之促进科学技术进步和经济社会发展的立法目的。对于'专用'产品的认定，应当以其是否具有'实质性非侵权用途'为判断标准，即若该产品除了用于涉案专利所保护的产品或方法而无其他'实质性非侵权用途'，一般应当认定该产品为'专用'产品"。

第三，主观上间接侵权人明知其提供的部件或者设备用于实施后来认定构成直接侵权的技术方案。尽管在已有法院判例中，多数案件均要求间接侵权行为人在主观上是明知故意，北京市高级人民法院《专利侵权判定若干问题的意见（试行）》第76条规定："间接侵权人在主观上应当有诱导、怂恿、教唆他人直接侵犯他人专利权的故意。"但在什么事项上要求明知故意，是要求行为人对专利权有存在是明知的，还是将提供的部件或者设备用于实施后来认定落入专利权利要求保护范围的技术方案是明知的，或者更进一步是要求行为人对其提供的部件或者设备用于实施的技术方案构成专利侵权是明知的，法院的观点均不一致。在大多数案件中，法院只是要求行为人明知其提供的部件或者设备是专门用于实施后来认定落入专利权利要求保护范围的技术方案即可，并不要求行为人明知专利权存在，更不要求行为人明知其提供的专用部件或者设备与其他部件组合构成的技术方案是侵犯他人专利权的。

例如，甲制造、销售部件A，乙购买部件A用于制造产品B。部件A是专门用于制造产品B的部件，除了可制造产品B外，没有其他实质性商业用途。在主观要件上，大多数判例仅要求甲明知乙购买部件A系专门用于制造产品B，但不要求甲明知存在涉案专利权，也不要求甲明知包含部件A的产品B会侵犯涉案专利权。

在判例中，如在北京东铁热陶瓷有限公司诉北京英特莱特种纺织有限公司专利侵权纠纷上诉案❶中，二审法院认为，英特莱公司公证取得的东铁公司产品的结构与专利权利要求2所述技术方案相比仅缺少连接螺钉和薄钢带这一技术特征。而未加装连接螺钉和薄钢带的东铁公司产品是专用于制造涉案专利产品的半成品。东铁公司商连增给王立文先生的信说明，上述产品须加装薄钢带和连接螺钉配套安装使用。东铁公司制造了专用于专利产品的半成品，生产这些半成品的目的是销售给他人用于实施专利技术，且东铁公司已经将上述产品销售给其他企业，系帮助他人实施专利侵权行为。在英特莱公司刊登了律师声明后，东铁公司仍生产和销售专用于制作专利产品的半成品，并告知客户其产品须加装薄钢带和连接螺钉，应认定其行为具有主观故意，构成间接侵犯专利权。在该案中，一审法院认为，被告明确承认其根据客户的要求在防火帘的外部配置螺钉和钢带，因此，客户使用被告制造的该专利的半产品与薄钢带和连接螺钉配套安装使用被告系明知，其主观上具有与他人实施侵害原告专利的故意。从前述简介中可以看出，能够得到明知结论的只是被告明知其生产销售的半成品专门用于制造后来认定落入专利权保护范围的产品，但认为被告知道专利权存在且知道其半成品与另外部件组合会落入专利权利要求的保护范围构成专利侵权，则缺乏相应的证据。认为被告知道专利存在的证据是律师声明，该律师声明并未直接发送给被告，而是刊登在《人民公安报》上，律师声明写明英特莱公司是涉案专利的专利权人，说明了专利技术的结构，并对未经许可生产、销售及使用专利产品的单位及个人发出警告，要求其停止侵权行为，否则承担一切不良法律后果。《人民公安报》刊发有律师声明最多仅可以推定认为被控侵权人有可能看了律师声明从而知道涉案专利的存在，但并得不出被控侵权人明知涉案专利存在的结论，也得不出被控侵权人明知构成专利侵权的结论。

---

❶　参见北京市高级人民法院（2003）高民终字第504号民事判决书。

在 WAC 数据服务有限公司（WAC DATASERVICE）诉昆山晶丰电子有限公司侵犯专利权纠纷上诉案❶中，二审法院认为，可以认定晶丰公司对于其制造、销售（晶丰公司制造销售压电体）用于 WAC 公司生产的 NPD4 - 16WDL - A2 - 11 型选针器（WAC 公司对选针器享有专利权）是明知的，对该选针器是否为专利产品，没有履行本行业一般注意义务，故应认定晶丰公司主观上具有帮助他人实施侵权行为的故意。在该案件中，被控侵权人只是明知其制造销售压电体用于选针器的制造，但并不明知含有其压电体的选针器受专利保护，也不明知涉案专利权的存在，更不明知包含其压电体的选针器侵犯涉案专利权。

在苏国菜诉东莞企石东山永盛塑胶厂实用新型专利侵权纠纷上诉案❷中，二审法院认为，虽然永盛塑胶厂生产的被控侵权产品不具备苏国菜本案专利权利要求的全部技术特征，但永盛塑胶厂未经苏国菜许可，制造只能用于苏国菜本案专利产品的关键部件，且明知该部件系用以装配圣诞灯饰的组件，该行为在主观上具有帮助他人实施直接侵犯苏国菜专利权的主观故意，客观上实施了引诱、帮助侵权等行为，已经间接侵权了苏国菜的专利权。该案中，被控侵权人同样只是明知其生产销售的部件是用以装配圣诞灯饰的组件，但并无证据证明被控侵权人明知涉案圣诞灯饰受专利保护，从而也不明知装配有相应组件的圣诞灯饰会侵害涉案专利权。

在庞明方诉上海民人精细化工厂、杭州华育教学设备有限公司专利侵权纠纷案❸中，法院认为，被告上海民人精细化工厂生产、销售的升降板支架虽然因缺少黑板和定轨轮这两个部件而没有完全覆盖原告专利的必要技术特征，但该支架是用于使黑板升

❶ 参见天津市高级人民法院（2008）津高民三终字第 003 号民事判决书。
❷ 参见广东省高级人民法院（2003）粤高法民三终字第 224 号民事判决书。
❸ 参见上海市第一中级人民法院（2006）沪一中民五（知）初第 376 号民事判决书。

降的关键部件，且被告上海民人精细化工厂在诉讼中表示只向黑板生产厂家提供过这一支架，其亦清楚华育教学设备有限公司购买支架就是为了用于升降黑板的安装，同时上海民人精细化工厂又未能提供证据证明该支架还可作他用。因此，当被告华育教学设备有限公司从被告上海民人精细化工厂处购得升降板支架后，只要配上属通用部件的黑板和定轨轮完成升降黑板的组装势必会导致侵犯原告专利权的后果，而这一侵权后果显然与两被告行为的结合有直接的因果关系，被告上海民人精细化工厂在此过程中起到了帮助被告华育教学设备有限公司实施侵权行为的作用，故两被告为共同侵权人。

第四，诉讼程序上可以单独对间接侵权人提起诉讼。法院判决专利间接侵权引用的法律依据《民法通则》及其司法解释。《民法通则》第 130 条规定："二人以上共同侵权造成他人损害的，应当承担连带责任。"《最高人民法院关于贯彻执行〈中华人民共和国民法通则〉若干问题的意见（试行）》第 148 条第 1 款规定："教唆、帮助他人实施侵权行为的人，为共同侵权人，应当承担连带民事责任。"2010 年 7 月 1 日起施行《侵权责任法》后，法院还可以引用《侵权责任法》第 9 条第 1 款的规定："教唆、帮助他人实施侵权行为的，应当与行为人承担连带责任。"

不管是依据《民法通则》及其司法解释，还是依据《侵权责任法》，实质上均是将间接侵权人认为是专利侵权的共同侵权人，认为间接侵权人与直接侵权人共同侵犯他人的专利权。

《民事诉讼法》第 52 条第 1 款规定："当事人一方或者双方为二人以上，其诉讼标的是共同的，……为共同诉讼。"通常认为，对于共同侵权，如果其诉讼标的是共同的，则构成必要的共同诉讼。在司法实践中，专利间接侵权诉讼并不认为间接侵权人与直接侵权人是必要的共同诉讼当事人，专利权人可以仅对间接侵权人单独提起诉讼。当然，在起诉间接侵权人时，专利权人也可以将直接侵权人或者部分直接侵权人作为共同被告一起提起诉讼。

例如，前述北京东铁热陶瓷有限公司诉北京英特莱特种纺织有限公司专利侵权纠纷案、WAC 数据服务有限公司（WAC DATASERVICE）诉昆山晶丰电子有限公司侵犯专利权纠纷案、苏国棻诉东莞企石东山永盛塑胶厂实用新型专利侵权纠纷案中，专利权人仅就间接侵权人向法院提起诉讼；庞明方诉上海民人精细化工厂、杭州华育教学设备有限公司专利侵权纠纷案中，专利权人将间接侵权人和一位直接侵权人（事实上，直接侵权人不止一位）作为共同被告向法院提起诉讼。

二、专利间接侵权制度的完善

1. 区分引诱侵权与帮助侵权两种专利间接侵权形式

在美国，专利间接侵权分为引诱侵权与帮助侵权两种形式。《美国专利法》第 271 条（b）、（c）❶ 分别规定如下：

（b）任何积极引诱侵犯他人专利权的人应当作为侵权人承担法律责任。

（c）任何人在美国许诺销售、销售或者进口专利产品的部件，或者用于实施专利方法的材料与装置，且该部件或者材料与装置是专利发明的实质性部分，如果他知道这样的部件或者材料与装置是专门为侵犯他人专利权而制造或者改造，且这样的部件或者材料与装置不是常用物品或者具有实质性非侵权用途，则应当作为帮助侵权人承担法律责任。

引诱侵权是行为人提供的部件或者设备既可以用于实施侵权

---

❶　(b) Whoever actively induces infringement of a patent shall be liable as an infringer.

(c) Whoever offers to sell or sells within the United States or imports into the United States a component of a patented machine, manufacture, combination, or composition, or a material or apparatus for use in practicing a patented process, constituting a material part of the invention, knowing the same to be especially made or especially adapted for use in an infringement of such patent, and not a staple article or commodity of commerce suitable for substantial noninfringing use, shall be liable as a contributory infringer.

的技术方案，也可以用于实施其他技术方案时的间接侵权制度；帮助侵权是行为人提供的部件或者设备是专门用于实施侵权技术方案时的间接侵权制度。《美国专利法》第 271 条（b）规定的是引诱侵权，第 271 条（c）规定的是帮助侵权。

现行《日本专利法》中也规定对应于引诱侵权与帮助侵权的两种专利间接侵权制度。《日本专利法》第 101 条规定如下：

> 下列行为被视为侵犯专利权或者侵犯独占实施权的行为：
>
> （i）对于产品发明专利来说，商业性制造、销售、进口或者许诺销售专门用于生产专利产品的物品的行为。
>
> （ii）对于产品发明专利权来说，如果某物品（在日本国内广泛流通的物品除外）对专利发明所要解决的技术问题是必不可少的，在明知产品发明已经被授予专利权，且明知该物品是用于制造专利产品的情况下，商业性制造、销售、进口或者许诺销售用于制造专利产品的该物品的行为。
>
> ⋯⋯
>
> （iv）对于方法发明专利来说，商业性制造、销售、进口或者许诺销售专门用于实施专利方法的物品的行为。
>
> （v）对于方法发明专利来说，如果某物品（在日本国内广泛流通的物品除外）对专利发明所要解决的技术问题是必不可少的，在明知方法发明已经被授予专利权，且明知该物品是用于实施专利方法的情况下，商业性制造、销售、进口或者许诺销售用于实施专利方法的该物品的行为。

《日本专利法》第 101 条第（i）项及第（iv）项规定的是帮助间接侵权，第（ii）项及第（v）项规定的是引诱间接侵权。

在我国司法实践中，法院判例中主要涉及的是帮助间接侵权，是间接侵权人提供的部件或者设备系专门用于实施侵权技术方案情况下的专利间接侵权。2014 年 7 月，最高人民法院公布的《最高人民法院关于审理侵犯专利权纠纷案件应用法律若干问题的解释（二）（公开征求意见稿）》❶ 第25条规定：

> 明知有关产品系专门用于实施发明创造的原材料、零部
> 件、中间物等，未经专利权人许可，将该产品提供给无权实
> 施该专利的人或者依法不承担侵权责任的人实施，权利人主
> 张该提供者的行为属于侵权责任法第九条规定的帮助侵权行
> 为的，人民法院应予支持。
>
> 明知有关产品、方法可以用于实施发明创造未经专利权
> 人许可，通过提供图纸、传授技术方案等方式积极诱导无权
> 实施该专利的人或者依法不承担侵权责任的人实施，权利人
> 主张该诱导者的行为属于侵权责任法第九条规定的教唆侵权
> 行为的，人民法院应予支持。

该司法解释草案第1款以《侵权责任法》第9条为依据规定了
帮助间接侵权，第2款以《侵权责任法》第9条为依据规定了引诱
间接侵权。

2. 帮助间接侵权

（1）帮助间接侵权成立的前提条件

专利权的保护范围以权利要求的内容为准，被控侵权技术方
案仅包含权利要求中记载的部分技术特征，本没有落入权利要求
有保护范围，但为了更好地保护专利权人的利益，将符合一定条
件的仅提供覆盖权利要求部分技术特征部件或者设备的行为人也
视为侵权人，由其承担相应的侵权法律责任。尽管间接侵权提供
的部件或者设备没有全部覆盖权利要求记载的技术特征，但一定
存在他人利用间接侵权人提供的该些部件或者设备实施了落入权
利要求保护范围的技术方案，从而侵害了专利权人的合法权利，
由此才有对间接侵权人的行为进行制止的必要。因此，间接侵权
应以存在直接侵权为前提条件。

---

❶ 本文成文时间在《最高人民法院关于审理侵犯专利权纠纷案件应用法律若干问
题的解释（二）》发布之前，本文相关引用及观点系基于公开征求意见稿。

在美国，不管是《美国专利法》第 271 条（b）规定的引诱侵权还是第 271 条（c）规定的帮助侵权均要求以存在直接侵权为前提条件的，这点没有争议。当然，以直接侵权存在为前提条件，并不是要求必须将直接侵权人（或者至少一位直接侵权人）作为共同被告一同向法院起诉，而是只要有证据能够证明存在直接侵权即可。

而且美国法院认为，对于方法权利要求，直接侵权成立要求方法所有步骤必须由一个主体实施；在有第二个主体或者更多主体实施部分步骤的情形时，只有第一个主体对其他主体的行为负责的时候，第一个主体才构成直接侵权。例如，方法权利要求包含步骤 1～6，一个主体 A 实施权利要求的步骤 1～3，另一个主体 B 实施权利要求的步骤 4～6，只有在主体 A 对主体 B 的行为负责，即主体 A 对主体 B 实施控制或指挥，主体 B 的行为可归咎于主体 A 的时候，主体 A 才构成直接侵权。如果主体 A 和主体 B 之间没有控制或指挥关系，他们都没有侵权责任。❶

在我国，司法实践中已经普遍认为间接侵权以直接侵权存在为前提条件，但仅以存在直接侵权为前提条件，则会将一些应纳入间接侵权予以规制的行为排除在外。根据我国《专利法》第 11 条的规定，未经许可非生产经营目的实施专利技术方案并不构成专利侵权，如果行为人生产销售部件或者设备给个人消费者，让个人消费者用该些部件或者设备去实施专利技术方案，尽管个人消费者实施的技术方案已经落入权利要求的保护范围之中，由于个人消费者非为生产经营目的实施，因而不构成专利侵权。在这种情况下，如果认为没有直接侵权也就没有间接侵权，则会诱使行为人生产、销售故意省掉部分技术特征的部件，让非生产经营目的的最终用户去实施产品专利技术方案，或者生产、销售用于

---

❶　陈维国．美国专利诉讼：规则、判例与实务［M］．北京：知识产权出版社，2014：79．所述观点反映的正是美国联邦最高法院 2014 年 6 月 2 日在 LIMELIGHT NETWORKS, INC. v. AKAMAI TECHNOLOGIES, INC., ET AL. 案中确认的观点。

实施方法专利技术方案的原料及设备，让非生产经营目的的最终用户用实施方法专利技术方案。如此，在该种特定情况下，就为行为人逃避侵权责任开了方便之门。因此，间接侵权成立的前提条件应是存在直接侵权或者已落入权利要求保护范围但因非生产经营目的而不构成直接侵权两种情形。

或许有人会说，为什么美国专利间接侵权前提条件只有存在直接侵权，而没有我们这里所说的"已落入权利要求保护范围但因非生产经营目的而不构成直接侵权"的情形呢。因为《美国专利法》并没有如我国《专利法》第 11 条所规定的非生产经营目的实施专利技术方案不构成侵权，根据《美国专利法》第 271 条（a）❶ 的规定，在专利有效期内，任何未经授权在美国境内制造、使用、许诺销售、销售受专利保护的发明，或者将受专利保护的发明进口到美国，均属于专利侵权行为。在美国未经授权非生产经营目的的实施专利技术方案也构成专利侵权，故其间接侵权仅以直接侵权存在为前提条件就足够了。

根据北京市高级人民法院《专利侵权判定若干问题的意见（试行）》第 79 条的规定，在属于根据《专利法》规定不视为侵犯专利权的行为的情况下，也可以直接追究间接侵权行为人的侵权责任。《专利法》第 69 条规定了先用权、临时过境、科学研究与实验例外及 Bolar 例外等不视为专利侵权的情形。既然在该些情形下，所实施的技术方案已经落入了权利要求的保护范围，由于政策层面考虑的原因，不视为侵犯专利权，那么为这些情形实施专利技术方案提供部件或者设备，即使是专门用实施落入权利要求保护范围技术方案的部件或者设备，均不应当被认为构成间接侵权。如果在这些不视为侵犯专利权行为的情形下，也追究间接侵

---

❶ （a）Except as otherwise provided in this title, whoever without authority makes, uses, offers to sell, or sells any patented invention, within the United States, or imports into the United States any patented invention during the term of the patent therefor, infringes the patent.

权行为人的侵权责任，立法设定这些不视为侵犯专利权行为的政策目的就难以实现。

基于前面的讨论，不论是引诱间接侵权还是帮助间接侵权，其成立的前提条件均是存在直接侵权或者已落入权利要求保护范围但因非生产经营目的而不构成直接侵权。

（2）帮助间接侵权成立的客观要件

帮助侵权均要求行为人提供的原材料、零部件、中间产品或者设备等是专用于实施权利要求技术方案的原材料、零部件、中间产品或者设备，是除用于实施权利要求技术方案外没有其他实质性商业用途的原材料、中间产品、零部件或者设备，但"提供"行为限于哪些行为，《美国专利法》与《日本专利法》不完全一样，《美国专利法》第 271 条（c）的规定限于许诺销售、销售及进口行为，而不包括制造行为。《日本专利法》第 101 条第（i）项及第（iv）项的规定则包括制造、许诺销售、销售及进口行为。本来只要控制了许诺销售、销售行为，则所制造的材料、零部件、原料、中间产品或者设备就不会流入市场，就不会引发直接侵权行为，也就不会侵犯相应的专利权。但毕竟先有制造，然后才有许诺销售与销售，故可借鉴《日本专利法》的做法将制造行为也包括在内。实际上，在我国现行司法实践中，在认定专利间接侵权时也包括制造行为。

因此，帮助侵权的客观要件是行为人制造、许诺销售、销售或者进口专门用于实施他人专利技术方案的原材料、中间产品、零部件或者设备。

（3）帮助间接侵权成立的主观要件

美国联邦最高法院法院认为，《美国专利法》第 271 条（c）规定帮助侵权中的"知道"，要求行为人：第一，知道专利权存在；第二，知道组合其部件、材料或者装置的技术方案会侵犯专利权。❶

---

❶ Aro Mfg. Co. v. Convertible Top Replacement Co., 377 U. S. 476, 84 S. Ct. 1526, 141 U. S. P. Q. 681（1964）（Aro Ⅱ）.

在我国司法实践中，判例中大多只是要求行为人明知其提供的部件或者设备是专门用于实施后来认定落入专利权利要求保护范围的技术方案即可，并不要求行为人明知专利权存在，更不要求行为人明知其提供的专用部件或者设备与其他部件组合构成的技术方案是侵犯他人专利权的。

当然，由于行为人提供的部件或者设备是专门用于实施落入专利权利要求保护范围的技术方案的部件或者设备，通常从提供行为本身就可以推定行为人明知其提供的部件或者设备是专门用于实施后来认定落入专利权利要求保护范围的技术方案。可能正是基于这样的原因，《日本专利法》第 101 条第（i）项及第（iv）项规定帮助间接侵权的条文并没有要求行为人"知道"的字样，可能因为行为人"知道"的要求已包含在条文规定中。

其实也可能有例外，例如，在委托加工的情况下，如果受托人也被认为是制造者，❶ 就不能根据受托人加工了专门用于实施落入专利权利要求保护范围技术方案的部件或者设备，就推定其明知加工的部件或者设备用于实施后来认定落入专利权利要求保护范围的技术方案。

美国帮助侵权的主观要件中还要求行为人知道组合其提供的部件或者设备的技术方案是侵犯专利权的，这在我国可能不太适合。知道专利权存在，知道其提供的部件或者设备专门用于实施某一技术方案，但所实施的包含其提供部件或者设备的技术方案是否构成专利侵权，行为人是否明知，则难以判断。在美国，行为人（被告）可能更多地会依赖事先的律师专业咨询意见主张自己并不知道构成专利侵权，但在中国目前还不具有这样的社会诚信环境条件。

---

❶ 有法院判例认为，委托合同是委托人和受托人约定，由受托人处理委托人事务的合同。委托他人制造专利产品，应当视为委托人自己也实施了制造行为。如北京创锐文化传媒有限公司诉东莞怡信磁碟有限公司等侵犯实用新型专利权纠纷案［北京市高级人民法院（2014）高民终字第 739 号民事判决书］。

笔者建议我国帮助侵权的主观要件明知包括：第一，明知他人专利权存在；第二，明知其制造、许诺销售、销售或者进口原材料、中间产品、零部件或者设备等系专门用于实施后来认定落入他人专利权保护范围的技术方案。

举例来说，甲制造、销售部件 A，乙购买部件 A 用于制造产品 B。由于部件 A 是专门用于制造产品 B 的部件，除了可制造产品 B 外，没有其他实质性商业用途。在这样情况下，要认定甲的行为构成帮助间接侵权，在主观要件上要证明：第一，甲明知存在涉案专利权；第二，甲明知其部件 A 系专门用于制造产品 B。但不需要甲明知包含部件 A 的产品 B 会侵犯涉案专利权。

在甲明知存在涉案专利权，明知其部件 A 系专门用于制造产品 B 的情况下，包含部件 A 的产品 B 是否会侵犯涉案专利权的风险由甲承担，如果事后法院认定包含部件 A 的产品 B 侵犯涉案专利权，则甲要承担间接侵权的法律责任。

（4）诉讼程序上可以单独对帮助间接侵权人提起诉讼

应与现行司法实践中的做法一样，专利权人可以仅对间接侵权人单独提起诉讼。事实上，专利间接侵权制度设立的目的就在于允许权利人可以仅起诉间接侵权人，让间接侵权人承担专利侵权责任，而不必起诉直接侵权人。在很多情况下，直接侵权人众多，起诉众多的直接侵权人或者要求将间接侵权人与众多的直接侵权人一起共同起诉，在事实上难以办到或者成本过高。另外，在直接实施专利技术方案为自然人等非生产经营目的的实施时，还不存在直接侵权人，这种情况下，如果不允许单独对间接侵权人提起诉讼，就无法保护专利权人的专利权。

当然，在起诉间接侵权人时，根据案件的具体情况，专利权人也可以将直接侵权人或者部分直接侵权人作为共同被告一起提起诉讼。

（5）帮助间接侵权人承担的法律责任

① 停止侵权。如果帮助间接侵权成立，行为人应承担停止侵

权的民事责任，即停止制造、许诺销售、销售或者进口专门用于实施发明或者实用新型技术方案的原材料、中间产品、零部件或者设备等行为。

由于帮助侵权成立的主观要件是要求明知涉案专利权存在，且明知其制造、许诺销售、销售或者进口原材料、中间产品、零部件或者设备等系专门用于实施后来认定落入涉案专利权保护范围的技术方案。后一个"明知"通常可以从"专门"用于实施涉案专利技术方案中推出，但行为人明知涉案专利权存在，则需要证据证明。

当然，即使没有证据证明在起诉之前行为人已经明知涉案专利权的存在，但至少在被提起诉讼后，被告（行为人）无疑已经明知涉案专利权存在。被告在起诉后才明知涉案专利权存在的，也应当承担停止侵权的民事责任。

② 赔偿损失。帮助间接侵权所依据的法律不论是《民法通则》及其司法解释还是《侵权责任法》，均规定间接侵权人应当与直接侵权人承担连带责任，但这并不排除可以单独对帮助间接侵权人提起诉讼要求间接侵权人承担全部损害结果。帮助间接侵权所导致的损害结果应是专门用于实施发明或者实用新型技术方案的原材料、中间产品、零部件或者设备等销售给直接侵权人实施侵权技术方案给专利权人造成的损失，或者是专门用于实施发明或者实用新型技术方案的原材料、中间产品、零部件或者设备等销售给非生产经营目的实施者实施落入专利权保护范围技术方案从而给专利权人造成的损失。

如果直接侵权人人数有限，专利权人愿意将帮助间接侵权人与所有直接侵权人一同起诉也是可以的。这种情况下，专利权人可以要求帮助间接侵权人与直接侵权人承担连带赔偿责任：帮助间接侵权人应承担所有直接侵权行为给专利权人造成的损失，每一直接侵权人对其自己侵权行为造成的损失与帮助间接侵权人承担连带赔偿责任。

如果专利权人在起诉帮助间接侵权人时，从众多的直接侵权人中选择一位或者两位直接侵权人一同向法院提起诉讼，专利权人可要求的损害赔偿并非只是该一位或者两位直接侵权人的直接侵权行为造成的损失，仍然是可以要求帮助间接侵权行为人导致的所有损失，只是该一位或者两位直接侵权人对其自己行为造成的损失与帮助间接侵权人承担连带赔偿责任。

帮助间接侵权人承担损害赔偿责任在主观上要求行为人明知，而非直接侵权中承担损害赔偿责任的过错推定。为了让帮助间接侵权人承担损害赔偿责任，要提供证据证明涉案专利权存在，且明知制造、许诺销售、销售或者进口原材料、中间产品、零部件或者设备等系专门用于实施后来认定落入涉案专利权保护范围的技术方案。如果没有能够证明在起诉前被告（行为人）已经明知，只能认定在起诉后被告是明知的，这种情况下，如果有证据能够证明在起诉后被告还在继续其间接侵权行为，则可以在一审中判决被告就其明知后的帮助间接侵权行为给专利权人造成的损失承担赔偿责任；如果没有证据能够证明在起诉后被告还在继续其帮助间接侵权行为，就不应判决被告承担损害赔偿责任。

间接侵权制度仅是解决部分覆盖专利权利要求记载技术特征时何种情形下可追究行为人侵权法律责任的问题，应直接与发明专利及实用新型专利相关，而与外观设计专利无关。

基于前面的讨论，笔者建议《最高人民法院关于审理侵犯专利权纠纷案件应用法律若干问题的解释（二）（公开征求意见稿）》第 25 条第 1 款规定修改为：

> 明知发明或者实用新型已被授权专利权，且明知有关产品系专门用于实施该发明或者实用新型技术方案的原材料、中间产品、零部件或者设备等，行为人制造、许诺销售、销售或者进口该有关产品，供未经专利权人许可的人或者非生产经营目的实施的人实施发明或者实用新型技术方案的，权利人主张该行为人的行为属于侵权责任法第九条规定的帮助侵权行为，

以该行为人为被告或者以该行为人及未经专利权人许可的人为共同被告向人民法院提起诉讼的，人民法院应予支持。

行为人在起诉后才明知发明或者实用新型已被授权专利权和明知有关产品系专门用于实施该发明或者实用新型技术方案的原材料、中间产品、零部件或者设备等的，应当承担停止侵权的民事责任。

3. 引诱间接侵权

（1）引诱间接侵权成立的前提条件

前因已经论述，同帮助间接侵权一样，引诱间接侵权成立的前提条件是存在直接侵权或者已落入权利要求保护范围但因非生产经营目的而不构成直接侵权。

（2）引诱间接侵权成立的客观要件

仅从条文上看，《美国专利法》第 271 条（b）规定的引诱侵权范围很宽泛，任何积极引诱侵犯他人专利权的行为均构成引诱间接侵权。但引诱侵权制度是行为人提供的部件或者设备既可以用于实施侵权的技术方案，也可以用于实施其他技术方案时的间接侵权制度。大量判例所见的仍是行为人提供了非专用部件或者设备，认定是否构成间接侵权。

《日本专利法》第 101 条第（ii）项及第（v）项规定的是引诱间接侵权明确限于提供非专门物品，即限于行为人提供了对专利发明所要解决的技术问题是必不可少的物品（在日本国内广泛流通的物品除外）。《日本专利法》中关于"在日本国内广泛流通的物品除外"例外规定很有必要，原因在于："在日本国内广泛流通的物品"例如螺丝、钉子、电灯泡、晶体管等在日本国内广泛普及的一般产品，如果将这样的物品的生产、转让也包括到间接行为中，则不利于保证交易稳定，因此予以排除。❶

---

❶ 青山紘一. 日本专利法概论 ［M］. 聂宁乐，译. 北京：知识产权出版社，2014：27.

笔者认为，规定引诱侵权的《最高人民法院关于审理侵犯专利权纠纷案件应用法律若干问题的解释（二）（公开征求意见稿）》第 25 条第 2 款规定"有关产品、方法可以用于实施发明创造"，没有表达出引诱侵权要解决非专用部件用于实施专利技术方案问题的含义，建议将其修改为"有关产品系可用于实施该发明或者实用新型技术方案的原材料、中间产品、零部件或者设备等（国内广泛流通的除外）"。

（3）引诱间接侵权成立的主观要件

美国联邦最高法院认为，《美国专利法》第 271 条（b）规定的引诱侵权在主观要件上要求：第一，知道专利存在；第二，知道被诱导人的行为会构成侵权行为，仍积极引诱被引诱人实施侵权行为。或者"故意回避事实"积极引诱被引诱人实施侵权行为。"故意回避事实"要求：①当事人必须相信，事实存在的概率非常高；②当事人故意不去了解该事实。"故意回避事实"与疏忽大意和过失不同。疏忽大意是指当事人知道有很高的风险，仍然从事该危险行为；过失则是指当事人应该知道但是并不知道风险的存在，从事了该危险行为。"故意回避事实"的过错度要比疏忽大意和过失都要高。❶

《日本专利法》第 101 条第（ii）项及第（v）项规定的引诱间

————

❶ 陈维国. 美国专利诉讼：规则、判例与实务［M］. 北京：知识产权出版社，2014：77－78. 在 GLOBAL－TECH APPLIANCES, INC. , ET AL. v. SEB S. A. （U. S. 2011）案中，美国联邦最高法院认为，Pentalpha 公司（GLOBAL－TECH APPLIANCES 的子公司）抄袭 SEB 公司设计的事实表明，Pentalpha 公司相信 SEB 公司的产品含有有价值的高科技技术。Pentalpha 公司自己本身也申请了很多专利。Pentalpha 公司雇佣律师去分析产品是否侵犯任何专利，但却不告知律师自己抄袭 SEB 公司设计的事实说明，Pentalpha 公司只是想，将来一旦被诉，可以用律师的意见做抗辩非故意侵权之用。以上事实表明，Pentalpha 公司明知 SEB 公司有专利保护其产品的概率非常高，故意避免知道 SEB 公司专利的存在。Pentalpha 公司的行为构成"故意回避"去了解自己的产品侵犯 SEB 公司专利的事实。因此，Pentalpha 公司的行为满足了诱导侵权中的"故意"的要素。

接侵权，明确规定要求行为人在主观上明知存在专利权，且在明知产品或者方法受专利保护的情况下，制造、销售、进口或者许诺销售用于制造专利产品或者实施专利方法的物品。在日本，"明知"（主观要件）是指实际上知道，不包括因过失而未能得知的情况。这是因为，在零部件具有多种用途时，如果要求零部件的提供方尽到其所提供的零部件被接收方如何使用的注意义务，对于提供方来说过于苛刻，并且会导致交易安全无法得到保障。❶

笔者建议我国引诱侵权的主观要件明知包括：第一，明知他人专利权存在；第二，明知其制造、许诺销售、销售或者进口原材料、中间产品、零部件或者设备等（国内广泛流通的除外）可用于实施后来认定落入他人专利权保护范围的技术方案；第三，积极诱导未经专利权人许可的人或者非生产经营目的实施的人实施后来认定落入他人专利权保护范围的技术方案。

（4）诉讼程序上可以单独对引诱间接侵权人提起诉讼

同帮助间接侵权一样，诉讼程序上专利权人可以单独对引诱间接侵权人提起诉讼。同时，在起诉间接侵权人时，根据案件的具体情况，专利权人也可以将直接侵权人或者部分直接侵权人作为共同被告一起提供诉讼。

（5）引诱间接侵权人承担的法律责任

① 停止侵权。如果引诱间接侵权成立，行为人应承担停止侵权的民事责任，即停止诱导未经专利权人许可的人或者非生产经营目的实施的人利用其制造、许诺销售、销售或者进口的可用于实施发明或者实用新型技术方案的原材料、中间产品、零部件或者设备等（国内广泛流通的除外）实施发明或者实用新型的技术方案。

引诱侵权在主观要件上比帮助侵权要求要高，不仅要明知涉案专利权存在及明知其制造、许诺销售、销售或者进口原材料、

❶ 青山紘一. 日本专利法概论［M］. 聂宁乐，译. 北京：知识产权出版社，2014：27.

中间产品、零部件或者设备等可用于实施后来认定落入他人专利权保护范围的技术方案，而且要积极诱导未经专利权人许可的人或者非生产经营目的实施的人实施后来认定落入他人专利权保护范围的技术方案。

如果没有证据可以证明被告（行为人）在主观上满足主观要件，则引诱间接侵权不能成立，就无需承担停止侵权的民事责任。

即使认为在被提起诉讼后，被告（行为人）无疑已经明知涉案专利权存在，且明知其制造、许诺销售、销售或者进口原材料、中间产品、零部件或者设备等可用于实施后来认定落入他人专利权保护范围的技术方案，但只要没有证据能够证明被告（行为人）积极诱导未经专利权人许可的人或者非生产经营目的实施的人实施后来认定落入他人专利权保护范围的技术方案，引诱间接侵权不成立，仍无需承担停止侵权的民事责任。

② 赔偿损失。同帮助间接侵权一样，引诱间接侵权所依据的法律不论是《民法通则》及其司法解释还是《侵权责任法》，均规定间接侵权人应当与直接侵权人承担连带责任，但并不排除可以单独对间接侵权人提起诉讼要求间接侵权人承担全部损害结果。间接侵权所导致的损害结果应是诱导未经专利权人许可的人或者非生产经营目的实施的人利用有关产品实施发明或者实用新型技术方案给专利权人造成的损失。

如果直接侵权人人数有限，专利权人愿意将引诱间接侵权人与所有直接侵权人一同起诉也是可以的。这种情况下，专利权人可以要求引诱间接侵权人与直接侵权人承担连带赔偿责任：引诱间接侵权人应承担所有直接侵权行为给专利权人造成的损失，每一直接侵权人对其自己侵权行为造成的损失与引诱间接侵权人承担连带赔偿责任。

如果专利权人在起诉引诱间接侵权人时，从众多的直接侵权人中选择一位或者两位直接侵权人一同向法院提起诉讼，专利权人可要求的损害赔偿并非只是该一位或者两位直接侵权人的直接侵权行为造成的损失，仍然是可以要求赔偿引诱间接侵权行为人导致的所有损失，只是该一位或者两位直接侵权人对其自己行为造成的损失与引诱间接侵权人承担连带赔偿责任。

引诱间接侵权人承担损害赔偿责任在主观上要求行为人明知，而非直接侵权中承担损害赔偿责任的过错推定。为了让引诱间接侵权人承担损害赔偿责任，要提供证据证明行为人不仅明知涉案专利权存在及明知其制造、许诺销售、销售或者进口原材料、中间产品、零部件或者设备等可用于实施后来认定落入他人专利权保护范围的技术方案，而且积极诱导未经专利权人许可的人或者非生产经营目的实施的人实施后来认定落入他人专利权保护范围的技术方案。仅证明行为人明知涉案专利权存在及明知其制造、许诺销售、销售或者进口原材料、中间产品、零部件或者设备等可用于实施后来认定落入他人专利权保护范围的技术方案，引诱侵权不成立，无需承担损害赔偿责任。

间接侵权制度仅是解决部分覆盖专利权利要求记载技术特征时何种情形下可追究行为人侵权法律责任的问题，应直接与发明专利及实用新型专利相关，与外观设计专利无关。

基于前面的讨论，笔者建议《最高人民法院关于审理侵犯专利权纠纷案件应用法律若干问题的解释（二）（公开征求意见稿）》第 25 条第 2 款规定修改为：

> 明知发明或者实用新型已被授权专利权，且明知有关产品系可用于实施该发明或者实用新型技术方案的原材料、中间产品、零部件或者设备等（国内广泛流通的除外），行为人制造、许诺销售、销售或者进口该有关产品，并积极诱导未经专利权人许可的人或者非生产经营目的实施的人利用该有关产品实施发明或者实用新型技术方案的，权利人主张该行为人的行为属于侵权责任法第九条规定的帮助侵权行为，以该行为人为被告或者以该行为人及未经专利权人许可的人为共同被告向人民法院提起诉讼的，人民法院应予支持。

我国《专利法》中专利实用性
定义的评析与重构

杨德桥 *

引　言

　　实用性与新颖性、创造性并列为发明或者实用新型获取专利授权的实质性要件。我国《专利法》第 22 条第 4 款对实用性进行了定义："实用性，是指该发明或者实用新型能够制造或者使用，并且能够产生积极效果。"《专利法》第 22 条第 4 款的规定，确立了我国《专利法》中实用性的判断标准，深刻影响了我国的专利审查实践。专利实用性的判断标准，应该根据不同历史时期社会经济、技术的发展状况和现实需要，以审查实践中所出现的各种新的案件为经验基础，不断地形成和革新。专利实用性要件的判断标准应该和社会发展保持一种动态的平衡和适应。由于我国专利制度建立的时间还不长，经验积累比较有限，特别是经济、技术发展相对滞后的现实状况限制了具有开拓性和挑战性的鲜活案例的产生，这一切导致我国对专利实用性要件的判断标准进行创新的基础和动力不足，致使在 20 世纪 80 年代形成的判断标准至今未有实质改变，在某种程度上已经落后于社会发展的需要。要想利用专利制度促进本国经济与技术的发展，就必须设定与国情和

---

　　* 作者简介：法学博士、中国社会科学院法学研究所博士后研究人员、内蒙古科技大学副教授。

时代相适应的实用性判断标准。实用性标准设定得过低，虽然可以尽可能早地对尚远离工业应用的新技术授予专利权，进而促进基础性研究的开展，却可能给下游应用研究施加过度的限制，不利于终端产品的开发。实用性标准设定得过高，虽然有可能尽量克服"专利丛林"现象的发生，降低技术交易成本，却会由于使具有一定应用前景的新技术不能及时获得专利保护，从而挫伤了人们进行前期研究的积极性，最终同样不利于终端产品的尽早产生。因此，设定科学合理的实用性标准，在过高与过低两个端点之间寻求一种合理的平衡，将始终是《专利法》面临的一项艰巨课题。专利实用性的判断标准主要通过《专利法》对实用性的定义体现出来，所以科学合理的专利立法对实用性判断至关重要。通过对国外经验的借鉴以及我国审查实践的考察可以看出，我国目前关于专利实用性要件的立法存在明显的不足，应当予以重构。

一、"能够制造或者使用"的要求落后于时代需求

我国《专利法》第 22 条第 4 款规定："实用性，是指该发明或者实用新型能够制造或者使用……"此处所谓"能够制造或者使用"是指产品发明必须能够在生产过程中被实际制造出来，方法发明必须能够在生产过程中被实际运用，也就是说发明创造所包含的技术方案本身必须具有可实施性。可实施性意味着发明或者实用新型在技术上是可以实现的，[1]虽然在授权时并不要求该发明或实用新型已经被实际制造或使用，但至少必须切实存在被制造或使用的可能性。关于专利可实施性的要求是专利实用性标准中最早被确立下来的。在专利实践的早期阶段，特别是机械时代，专利实用性遇到的真正障碍就是发明设想如何予以实现，特别是设想中的产品如何被制造出来。因此，在威尼斯城市共和国和英国封建时代的专利授予实践中，专利审查人员经常前往专利申请

---

❶　冯晓青，刘友华. 专利法 ［M］. 北京：法律出版社，2010：117.

人处实地查看其发明的实际操作情况，看其所称产品发明是否真地被制造出来，或方法发明是否真正能够在产业中运用。甚至在进入资本主义社会之后的很长一个历史时期，专利管理机关还要求专利申请人必须提交其发明的模型，必要的时候还要进行现场演示。因为在那个历史时期，只要申请人所述的发明能够被制造出来或被实际使用，其实用性就是必然存在的，实用性的要求与"制造或者使用"之间存在一种必然性的内在联系，不会发生相互分离的情况。

在当时，实用性是内在于"能够制造或者使用"的要求之中的，没有发挥相应的作用就等于不能制造或者使用。例如，一件关于新式磨坊的发明专利申请或者一件关于新式蒸汽机的发明专利申请，只要它们被实际制造出来，就必然表明它可以用于磨面或者用作生产的动力；反之，如果它不能用于磨面或者生产的动力，就等于它没有被制造出来。能够制造出来和有用性是完全重合的概念，所以专利法在实用性中强调了可实施性就等于强调了技术本身的有用性。根据当时的技术状况，在能够制造和使用之外，一个独立的有用性的概念和要求是不存在的，也是完全多余的。由于一个理性的人根本不会去就一件不能制造或使用的发明设想申请专利，所以实用性这一要件在当时并未引起人们的重视，甚至处于一种可有可无的无足轻重的境地。

但是，随着 20 世纪中期以来化学、医药和生物技术的深入发展并在专利申请中占据日益重要的地位，人们才发现形成于机械时代的"能够制造或者使用"的要求已经难以适应新技术给专利审查所带来的挑战。针对此类新技术领域的专利申请，如果一味固守传统的可实施性的实用性标准，就会在实质上损害专利制度的目标和宗旨。这是因为，化学以及生物技术等新兴领域内的发明具有与机械领域相当不同的性质，主要表现为：化学物质在现代技术条件下可以被轻而易举地制造出来，通过一定的基因工程方法可以得到大量的基因或蛋白质，并且专利申请中所包含的技术方案具有良好的可再现性，完全满足了专利法对于"专利产品能够被制造出来以及专利方法能够被使用"的要求。但是此时经常遇到的真正困难是，被制造出来的化学物质或被分离出来的基因和蛋白质等生物材料到底有什么用途？这是专利法在机械时代从未遇到过的问题，却又是关系到专利法宗旨能否得到实现而必须予以解决的问题。例如，1991 年，美国国立卫生研究院（National Institutes of Health，NIH）在其专利申请中，要求美国专利商标局（USPTO）对其研究人员 Crag Venter 博士在实验室中获得的 351 个 cDNA 片段以及包含这些片段的整个 cDNA 链授予专利权。在披露该 cDNA 片段的实用性时，NIH 认为这些片段可以被用作基因标记（genetic markers）或者其他研究领域（forensic identification、PCR primers、tissue typing 等）。但是，根据生物技术学原理，此类序列在工业领域内的应用，必须通过此类 cDNA 或其中基因信息所编码表达的蛋白质的应用来体现。所以，申请人必须清楚地指出该 cDNA 所编码的蛋白质的实际产业用途，才能说明该 cDNA 序列本身具有实用性。正如美国最高法院在 Brenner v. Manson 案所确立的发明人必须证明化合物的实用性才能满足专利法对合成该化合物的方法的实用性要求的实用性判断标准。NIH 所提出的其专利申请中 cDNA 的各种应用，均是作为研究工具的使用，这只能说明该技术方案还停留在思想领域（the realm of philosophy）之中，因而不具备工业实用性。❶ 这是因为，专利法被认为是服从和服务于产业利益的，一项未知用途的化学物质或生物物质对于产业实践没有直接的现实价值。根据专利契约理论，社会公众受制于专利权的基本对价就是从专利所保护的发明中得到切实的好处。很显然，授予此类用途不明的物质或生产该物质的方法以专利权，社会公众只是受到了专利权的制约，

❶　G. KENNETH DENISE, M. KETTELBERGER. Patents and The Human Genome Project [J]. AIPLA Q. J. 1994, 22（1）：52 - 53. 转引自：崔国斌. 基因序列的专利性审查 [G] //国家知识产权局条法司. 专利法研究 1999. 北京：知识产权出版社，1999：85 - 86.

并未从中得到任何有价值的真正回报。而且，由于此类物质被制造出来相对简单，而寻找用途则要困难得多，如液晶材料从其被在实验室中合成出来到最终运用于工业生产曾经历了一百多年的漫长等待。很显然，如果此时再按照机械时代形成的"能够制造或者使用"作为授权标准，必将会造成该领域内专利泛滥成灾。正是在这样的历史背景下，美国联邦最高法院在 1966 年的 Brenner v. Manson 案中，创造性地发展了实用性的判断标准，提出了实用性必须是特定性的和本质性的这一新的判断基准。日本和欧洲的专利实践响应了美国所形成的新的判断标准。目前，国际范围内形成的基本共识是：化学或生物物质的产品发明必须指明其实际用途；生产特定化学或生物物质的方法发明，只有在该产品有实际用途的情况下，才视为符合了专利实用性的要求。实际上，我国《专利审查指南 2010》对化学和生物技术领域内的发明专利申请已经作出了类似的规定。《专利审查指南 2010》规定："对于化学产品发明，应当完整地公开该产品的用途和/或使用效果，即使是结构首创的化合物，也应当至少记载一种用途。""对于涉及基因、载体、重组载体、转化体、多肽或蛋白质、融合细胞、单克隆抗体等发明，应在说明书中描述其用途和/或效果，明确记载获得所述效果所需的技术手段、条件等。"❶ 只是我国《专利法》对于实用性的定义尚未跟进，造成了《专利法》和专利审查指南之间的脱节。借用美国联邦巡回上诉法院 Rader 法官在 In re Bilski 案中所提出的异议意见中的一句话来表达，我国《专利法》是在亚原子粒子和千兆字节时代适用钢铁时代的可专利性标准。❷ 对新技术领域内的专利申请，着重考察其"有用性"是国际专利审查实践的共同趋势。❸ 因此，在新的技术条件下，我国《专利法》对

---

❶　中华人民共和国国家知识产权局. 专利审查指南 2010 [M]. 北京：知识产权出版社，2010：第二部分第十章第 3.1 节及第 9.2.2.1 节.

❷　In re Bilski, 545 F. 3d 943 (Fed. Cir. 2008).

❸　赵琳. 专利的实用性标准比较研究 [D]. 上海：华东政法大学，2011：27.

于实用性内涵的界定应进行相应的发展和更新。

二、"能够产生积极效果"的要求难合立法之本旨

我国《专利法》第 22 条第 4 款规定："实用性，是指该发明或者实用新型……能够产生积极效果。"在《专利法》对于实用性所下的定义中，申请专利保护的发明创造"能够产生积极效果"的要求被视为实用性概念的当然内涵之一，即以立法的形式明确了"积极效果"在实用性判断中的重要地位。这一规定是我国《专利法》所独有的，迄今未见到有他国法或国际公约作出过类似规定。虽然欧美专利法基于实用性或者工业实用性要件的考虑，要求发明必须具备技术性特征，但是并不要求具有技术上的积极效果。❶我国《专利审查指南 2010》对《专利法》所要求的"积极效果"作出了进一步界定："能够产生积极效果，是指发明或者实用新型专利申请在提出申请之日，其产生的经济、技术和社会的效果是所属技术领域的技术人员可以预料到的。这些效果应当是积极的和有益的。"《专利审查指南 2010》在其给出的不具备实用性的示例中，特别就"无积极效果"的情形进行了解释性说明，其表述道："具备实用性的发明或者实用新型专利申请的技术方案应当能够产生预期的积极效果。明显无益、脱离社会需要的发明或者实用新型专利申请的技术方案不具备实用性。"《审查指南 1993》和《审查指南 2001》还更为具体地提醒审查员，那些"严重污染环境、严重浪费能源或者资源、损害人身健康"的发明或者实用新型必然是不具备实用性的，甚至《审查指南 1993》还提示了"积极效果"的主要表现形式，即"质量改善、产量提高、节约能源、防治环境污染等"。我国审查指南对于专利申请应当"能够产生积极效果"的规定，随着其版本的历史演进，总体上呈现出一种抽

---

❶　张晓都. 发明与实用新型的实用性［G］//国家知识产权局条法司. 专利法研究 2002. 北京：知识产权出版社，2002：58.

象化的发展趋势。在专利审查实践中，专利局以专利申请缺乏积极效果的理由驳回申请的情形是罕见的，《专利法》的这项要求事实上被束之高阁，远未达到立法者通过该规范想要达到的制度目的。虽然审查指南和审查实践都在弱化"积极效果"的影响，但仅就立法论而言，要求专利申请"能够产生积极效果"并不符合《专利法》设置实用性要件之本旨，实用性要件仅仅要求专利"有用"而非"有益"，同时实用性要件自身也难于担当起专利申请"能够产生积极效果"的保证者。也就是说，《专利法》对于"能够产生积极效果"的要求在总体上是失策的，应该予以废除。

首先，申请专利保护的技术方案能否产生"积极效果"难以判断。导致难以对"积极效果"作出客观判断的原因有两个方面。其一，对于"积极效果"的定义决定其难以由审查员判断。《专利法》对于申请专利保护的技术方案"能够产生积极效果"的要求，到底是要求该技术方案在整体上呈现出"积极效果"的面貌，还是说只要在任何一方面有"积极效果"就可以了呢？对此，国内学者普遍认为所谓"积极效果"指的是申请专利保护的技术方案所能产生的整体效果，应采用一种"整体论"的眼光来审视其是否存在。"这里说的积极效果是指技术、经济、社会方面的综合积极效果。……有益性并不要求发明或实用新型完美无缺。有些缺陷的存在是允许的，只要它无碍于在整体上使有益性占主导地位。"❶ "一项发明的效果是否是'积极'的，是看该发明整体效果，即正面和负面效果综合后的结果是否为'积极'的。"❷ 也就是说，《专利法》上所讲的积极效果应该是一种正面效果冲抵负面效果后的剩余效果。如果这一剩余效果为正，则为积极效果，否则为消极效果。有些学者在这一问题上走得更远，认为《专利法》所要求的"能够产生积极效果""是指该项发明或者实用新型被实

❶　冯晓青，刘友华. 专利法［M］. 北京：法律出版社，2010：118.
❷　崔国斌. 专利法：原理与案例［M］. 北京：北京大学出版社，2012：139.

施后，不产生对社会的危害，不产生对人类生存、安全、环境的危害，不损害社会公共道德。"❶ 也就是说，"积极效果"指的是一种无负面效果的纯正面作用。很显然，这种看法不切合实际。我们常说科学技术是把双刃剑，再先进的技术也会有其负面效应，只不过负面效应的大小有所不同而已。即使在整体论意义上看待"积极效果"的要求，在专利审查实践中也难以作出准确判断。因为有关"积极效果"的判断实属一种价值判断，❷ 不同的人因立场或观察视角的不同会得出不同结论。试想一下近年来社会上对于转基因食品所产生的争论，❸ 即可以理解这一点。即使将其视为一种事实判断，由于一项发明可能引发的正面和负面效果都是多样化的，审查员很难全面掌握这些效果，所以要求审查员在信息不充分的条件下作出准确判断只能是一种奢望和过度的苛求。在专利审查实践中，国家知识产权局专利复审委员会曾经多次拒绝无效请求人以争议专利存在重大缺陷从而在整体上无积极效果为由宣告专利权无效的请求，司法机关毫无例外地和专利复审委员会秉持了一致的立场。例如，2000 年 7 月 4 日，无效请求人郭行干向专利复审委员会提出请求，要求宣告一项申请号为 95217004.3、名称为"鉴相鉴幅无声运行漏电保护器"的实用新型专利无效。郭行干提出的无效理由是："专利是否实用性，要在实际应用中评

---

❶ 吴汉东. 知识产权法学 ［M］. 北京：北京大学出版社，2007：161.

❷ 崔国斌. 专利法：原理与案例 ［M］. 北京：北京大学出版社，2012：139.

❸ 虽然眼下我国已经存在大量的转基因植物和转基因食品，但是关于转基因食品是否安全的争论方兴未艾。赞成转基因食品的观点有：新华社：转基因食品已经在美国市场上存在约 20 年 ［EB/OL］. ［2015 - 03 - 03］. http：//news. sina. com. cn/w/2013 - 10 - 28/113528550784. shtml；我吃了 14 年转基因，家人也在吃 ［EB/OL］. ［2015 - 03 -03］. http：//news. sina. com. cn/o/2013 - 10 - 25/044028526558. shtml. 反对转基因食品的观点有：顾秀林教授：转基因技术从根本上灭绝人类是邪恶技术 ［EB/OL］. ［2015 - 03 - 03］. http：//news. sina. com. cn/c/2013 - 10 - 29/174028563461. shtml；北航教授：以解决粮食需求推广转基欺世盗名 ［EB/OL］. ［2015 - 03 - 03］. http：//news. sina. com. cn/2013 - 10 - 29/174028563457. shtml.

估是否有积极的和有益的效果。本案专利存在威胁人身安全的危险，故不符合《专利法》第22条第4款的规定，不具备实用性。"专利复审委员会和一审、二审法院都没有支持郭行干的无效请求。法院给出的理由是："具备专利性的发明或者实用新型并非十全十美的技术方案，它们往往存在某种缺陷，只要所存在的缺点或不足之处没有严重到使其技术方案根本无法实施或根本无法实现其发明目的的程度，就不能因为其存在不足或缺点就认为该技术方案失去专利法意义上的实用性……至于涉及人身安全的工业产品的市场准入问题，与专利法所指的实用性无关，不受专利法的调整，不是本案审理的范围。"❶ 类似的案例在实践中还有不少。

那么，如果我们不将"积极效果"视为一种整体效果，而理解为申请专利保护的技术方案可能产生的任一侧面的有益效果，情形又会怎样呢？我们知道矛盾是普遍存在的，发明的积极效果与消极效果同样构成一对矛盾，它们统一于发明效果之中。无论其消极效果有多大，积极效果总是存在的，否则矛盾对立面的消失意味着事物自身的灭亡。所以，如果我们可以接纳一项关于"积极效果"的很低水平的要求，那么几乎没有什么发明不能通过积极效果的检验。甚至有观点认为："一项发明或者实用新型与现有技术相比即使谈不上有什么优点，仅从它为公众提供了更多的选择余地来看，也可以认为它能够产生本条第4款所要求的积极效果。"❷ 如，一项申请号为02261686.1、名称为"手动插秧机"的实用新型专利被授权后，就有人提出了无效宣告请求。其理由是，现有技术中已有机械插秧机，手动插秧机相比机械插秧机工作效率更低，属于技术上的退步，未产生《专利法》所要求的积

---

❶ 郭行干与国家知识产权局专利复审委员会专利无效行政纠纷案（2004）高行终字第149号二审行政判决书［EB/OL］.［2015-03-03］. http://www.110.com/panli/panli_110888.html.

❷ 尹新天. 中国专利法详解［M］. 北京：知识产权出版社，2011：277.

极效果，所以不具备实用性。❶ 专利复审委员会未支持无效宣告请求人的请求。因为，手动插秧机虽然效率相对较低，但仍有自己的优势，至少其相比机械插秧机更环保、价格也更低。这个事例说明，为专利找到一个方面的积极效果其实很容易，不存在没有任何优点的技术。既然所有的发明都必定有其"积极效果"，那么再设定"积极效果"的要求还有什么意义呢？总之，无论在整体论意义上，还是在单个侧面的意义上，要求发明"能够产生积极效果"均属不可能或者多余。

其二，由于在申请专利时并不要求发明创造已经投入使用，所以《专利法》所讲的积极效果往往只是一种预测、一种可能性，而不是一种现实。由于人类预知未来的能力是有限的，在未经实践检验前，审查员很难准确预期一件专利申请在未来可能产生的确切效果。世界上第一台蒸汽机、第一支白炽灯、第一辆火车出世的时候，都曾因为过于笨重、寿命短、速度慢而为时人所讥讽，但日后的实践以无可争辩的事实证明了上述发明的积极效果和重要价值。当然，也有大量的发明，在作出的时候被普遍看好，而事后的实践却证明其只不过是纸上谈兵或者昙花一现。有学者就此指出："从立法论的角度而言，发明或者实用新型是否能够产生积极的效果，只有经过市场化应用之后才能确实加以事后判断。我国《专利法》要求申请专利的发明或者实用新型必须具备积极效果，存在先入为主的嫌疑，不但大大增加了审查员审查的难度，而且减少了申请人获得专利的机会。"❷ 所以，自 19 世纪初期以来，欧美的专利法上存在一项基本共识，即发明的社会价值应交由市场而非专利局去判断，专利局仅仅审查专利申请是否能够产生申请人所披露的用途，即是否有用，而不会去过问这种作用的大小以及性质。例如，上述"手动插秧机"案例，虽然专利复审

───────────

❶ 曹义怀. 专利文件撰写实务与案例［M］. 北京：知识产权出版社，2010：54.
❷ 李扬. 知识产权法基本原理［M］. 北京：中国社会科学出版社，2010：451.

委员会维持其有效，但可能是由于缺乏真正的市场价值，在授权后的不久，专利权人即放弃了该专利的维持。❶ 专利法是从属于市场的，凡是市场能够做到的，法律就没必要越俎代庖。

其次，对"积极效果"的要求不符合《专利法》设定实用性要件的本旨。所谓"积极效果"必定是一个对比中的概念，是相对于某种"消极效果"而言的。这种作为对比对象而存在的、体现着"消极效果"的技术，显然不可能是申请专利保护的发明创造本身，应该是该发明创造之外的其他的某种现有技术。也就是说，《专利法》所讲的"积极效果"是相对于某种现有技术的消极效果而言的。《审查指南1993》曾明确规定，所谓能够产生积极效果，是指"同现有技术相比，这些效果应当是积极的和有益的。"❷然而，就《专利法》设定实用性要件的本旨而言，它只是要求申请专利保护的发明创造具有某种用途，不仅仅是一种技术空想，并无意将之与现有技术的效果进行优劣对比。一项发明创造为了取得专利而须具有的实用性，并不要求比其以前的那些发明创造的效果更好；实用性要件的价值在于确保一项发明创造能够在最低限度上发挥作用。❸ 在作为专利授权基础的"三性"要件中，新颖性和创造性是对比性概念，其评价结论是在与现有技术进行比较后才可以得出的；而实用性则完全不是这样，现有技术的概念对于实用性的判断没有价值。对此，国家知识产权局条法司编著的《新专利法详解》评论道："实用性涉及的是对发明或者实用新型本身性质的判断，而不是一种比较性质的判断。"❹ 正是基于这

---

❶ ［EB/OL］．［2014－12－30］．http：//publicquery. sipo. gov. cn/index. jsp? language＝zh＿CN.

❷ 参见《审查指南1993》第二部分第五章第2节"实用性的概念"。

❸ JANICE M. MUELLER. An Introduction to Patent Law ［M］. 2nd ed. Aspen Publisher，Inc. 2006：198.

❹ 国家知识产权局条法司. 新专利法详解 ［M］. 北京：知识产权出版社，2001：152.

样的认识，该书进一步指出："要求申请专利的发明或者实用新型具有实用性，并不是要求发明或者实用新型已经高度完善，毫无缺陷。事实上，任何技术方案都不可能是完善无缺的。只要存在的缺点或者不足之处没有严重到使有关技术方案根本无法实施，或者根本无法实现其发明目的程度，就不能因为存在这样或者那样的缺点或者不足之处，否认该技术方案具有实用性。"❶ 相反，如果认为有关实用性的要求是一项对比性概念，就不可能允许品质如此之低——刚刚脱离根本无法实施或者无法实现其发明目的的程度——的发明通过实用性标准的测试。《审查指南 2001》及之后的审查指南在谈到有关"能够产生积极效果"的认定时，删除了《审查指南 1993》中"同现有技术相比"的字样，即为最好的说明，它体现了我国专利行政机关对于专利实用性要件认识的深化。美国学者 Curtis 早在 1873 年的一篇论文中就注意到了人们经常在两种不同的意义——对比意义与非对比意义——上使用"实用性"一语。他将这两种意义上的实用性分别称为"绝对的实用性"（positive utility）与"比较或相对的实用性"（comparative or relative utility）。他认为，不与现有技术相比的"绝对实用性"是发明创造成为有效专利的条件，而与现有技术对比产生的"相对实用性"可用于作为识别某一发明是否与其他发明有区别的测试，但这并不是立法所关注的。❷

最后，"积极效果"的要求容易与其他可专利性条件的审查形成不必要的法律竞合，违背立法上的资源节约原则。一般认为，《专利法》对"积极效果"的要求可以分解为正反两个侧面：反面的要求是，发明创造的实施不得给社会造成严重伤害；正面的要

---

❶ 国家知识产权局条法司. 新专利法详解［M］. 北京：知识产权出版社，2001：151.

❷ G. T. CURTIS. A Treatise on the Law of Patents for Useful Inventions［M］. 4th ed. Little，Brown and Co.，1873. 转引自：徐棣枫. 专利权的扩张与限制［M］. 北京：知识产权出版社，2007：204.

求是，发明创造的实施必须产生某种有益的效果。反面的要求是为了限制那些有害于社会的发明创造获取专利权，比如那些严重污染环境、严重浪费资源或者能源以及损害人体健康的发明。我国《专利法》第 5 条在客体审查环节所规定的公共秩序和道德条款所发挥的作用正是排除这类对社会和道德原则造成严重伤害的发明创造，所以二者会形成很大程度的重叠，特别是在发明的实施会引发公共道德上的关切时。❶ 由于在专利审查的程序上，客体审查先于专利"三性"审查，所以，那些在本质上严重违背公共秩序和道德原则的发明往往在客体审查环节就被排除了，致使在可专利性审查环节以缺乏实用性的理由再次否定此类专利申请的可专利性成为一种多余，徒增程序上的累赘。❷ 除非在立法上打破现有体制，将客体审查中的公共秩序和社会公德审查后移至实质性审查环节，作为缺乏实用性的一种情况。正面的要求——实施效果优于、甚至全面超越现有技术——一般认为是通过专利的"创造性"要件加以保障的。根据创造性的要求，获取专利的发明创造相较于现有技术必须具有（突出的）实质性特点和（显著的）进步。这里所讲的"显著的进步"或者"进步"，是指申请专利的发明或者实用新型同申请日以前已有的技术相比，其技术方案具有良好的效果。❸ 这种良好的效果表现在发明克服了现有技术中存在的缺点和不足，或者使现有技术具有新的功能和用途，或者在现在发明所代表的某种新技术趋势等方面。❹ 取得了预料不到的技术效果是证明创造性存在的一项重要辅助因素。当然，这里所讲的"进步"并不一定是全面的进步，因为对于绝大多数发明创造来讲，在一个方面取得进步，有时就不得不在另外一些方面作出

---

❶　崔国斌. 专利法：原理与案例［M］. 北京：北京大学出版社，2012：139.

❷　张勇. 发明的技术性与实用性研究［D］. 武汉：华中科技大学，2006：40.

❸　国家知识产权局条法司. 新专利法详解［M］. 北京：知识产权出版社，2001：146.

❹　汤宗舜. 专利法教程［M］. 北京：法律出版社，2003：94.

牺牲。要求发明创造在所有方面都有进步或者显著进步不但过于苛刻，而且多数情况下不切实际。创造性中的"进步性"要求的主要目的在于防止那些在技术上具有特点，但其技术实质却是倒退或对科技进步没有益处的发明被授权。❶ 因此，实用性中对积极效果的要求与创造性中对进步性的要求发生了过度的重叠，既不符合立法资源节约的原则，又人为地造成了法律适用上的复杂化。从立法的整体布局上来考虑，实用性中所包含的对积极效果的要求基本上已为其他法律规范所涵盖，实无存在的必要。

三、我国《专利法》上实用性定义的重构

《专利法》是我国专利制度和专利实践的法律基础，对我国专利事业的发展发挥着方向性指引作用。如果《专利法》的规定有失科学、合理，必将给整个专利制度和专利实践产生危害。因此，《专利法》内容设计的科学合理是健全专利制度、优化专利实践的根本所在。实用性要求既是发明所应满足的条件，同时也是整个专利制度运行的基础。我国《专利法》按照国际通例规定了专利的实用性要件，但对专利实用性的界定却不尽科学合理。正如上文所分析，这种规定的不科学之处主要表现为，《专利法》第22条第4款对专利实用性要件所下的定义中，关于"能够制造或者使用"的规定落后于时代的需求，无法满足新技术领域内专利实用性审查的需要；关于"能够产生积极效果"的规定不符合《专利法》设定实用性要件之本旨，而且在专利审查实践中也无从加以把握和实际操作，致使该规定完全流于形式。因此，建议删除《专利法》第22条第4款关于发明或者实用新型"能够制造或者使用"以及"能够产生积极效果"的要求。《专利法》第22条第4款是关于实用性的定义，其核心元素即在于规定了上述两个方面的内容。如果舍弃这两个方面的规定，实际上就等于取消了《专利

---

❶ 冯晓青，刘友华. 专利法［M］. 北京：法律出版社，2010：114.

法》第 22 条第 4 款及其所内含的专利实用性的定义。虽然可以取消专利实用性定义中"能够制造或者使用"以及"能够产生积极效果"的规定，但却不应取消专利实用性定义本身。这是因为，虽然《专利法》作为专利立法的基础应保持一定的抽象性和稳定性，因而不宜对于实用性判断之具体操作性规则进行规范，但是对于内含于专利实用性要件之中的本质性的东西还是应该通过定义的方式保留在《专利法》中，以为审查指南和专利审查实践提供方向性指导。

借鉴欧洲和日本专利立法的经验可知，专利实用性中不变的本质规定性在于其工业实用性或产业应用性，因此应该在《专利法》中运用工业实用性或者产业应用性的范畴来界定实用性概念，避免因为"实用性"一词的过度抽象而产生理解上的歧义。考虑到"工业"一词在汉语中可能会被狭义化理解，以及在专利实践中我们已经使用"产业"一词界定实用性的既有习惯，建议选用"产业应用性"一词来对实用性作出进一步的界定。如此修正之后，《专利法》关于实用性的定义具体可以表述为："实用性，是指该发明或者实用新型具备产业应用性。"运用"产业应用性"来界定实用性要件的内涵有如下几个方面的优势：首先，"产业应用性"意味着申请专利保护的发明创造必须真正有用，完全契合了"实用性"要件所承担的立法使命。有学者指出："申请专利的发明或者实用新型必须能在产业中应用，是指发明或者实用新型不能是抽象的、纯理论的，只能在理论上、思维上予以应用，必须是能在实际产业中予以应用。"❶ 因此，所谓实用性就是一种产业应用性。产业应用性这一概念代表了发明创造的直接实践性和稳定的再现性，完全符合了实用性要件所承担的立法使命。其次，"产业应用性"一词虽较实用性一词具体，但其本身仍比较抽象，包含了使《专利法》的相关规定保持相对稳定性的足够弹性。产

---

❶ 尹新天. 中国专利法详解［M］. 北京：知识产权出版社，2011：276.

业应用性的具体内涵可有多种解读方式，完全可以适应不同技术领域内专利审查的需要以及技术发展的需要，因此符合《专利法》作为专利制度的立法基础其内容须保持相对稳定性的要求。最后，用"产业应用性"一词来界定实用性可以调和日、欧的"工业实用性"标准和美国的"实用性"标准之间存在的冲突，便于我国的专利立法和实践与国际接轨。按照《美国专利法》的规定，专利的实用性必须是特定的、本质的和可信的。

这三个方面的要求完全可以融入"产业应用性"的内涵之中，作为对于我国"产业应用性"标准的具体解读，从而可以实现日、欧的"工业实用性"标准和美国的"实用性"标准的协调，兼采二者之所长，共同丰富我国的专利实用性要件制度。考虑到《专利法》内容的相对稳定性以及专利审查实践的易变性，除了"产业应用性"这一限定语之外不应再在《专利法》中对实用性作出更为具体的规定。包括实用性的判断基准在内的实用性判定的具体问题宜在审查指南中作出规定。

与标准必要专利 FRAND 许诺有关的诉讼研究

闫文军 *

标准制定组织在制定标准过程中，如果标准实施涉及专利，一般会要求专利权人作出以公平、合理、无歧视原则（Fair，Reasonable，and Non Discriminatory，FRAND）对外许可其专利的声明，然后再将专利纳入标准中。标准必要专利的专利权人所作出的声明，一般称为 FRAND 声明，或 FRAND 许诺（FRAND commitment）。近几年来，因 FRAND 许诺产生的诉讼有增加的趋势。本文在分析 FRAND 许诺的性质的基础上，对专利权人是否可以得到禁令救济以及标准实施人是否可以要求法院确定许可费率提出自己的看法。

一、FRAND 许诺的内容

国家标准化管理委员会、国家知识产权局于 2013 年 12 月 19 日发布的《国家标准涉及专利的管理规定（暂行）》第 9 条规定，国家标准在制修订过程中涉及专利的，全国专业标准化技术委员会或者归口单位应当及时要求专利权人或者专利申请人作出专利实施许可声明。声明的选择之一是："专利权人或者专利申请人同意在公平、合理、无歧视基础上，收费许可任何组织或者个人在实施该国家标准时实施其专利。"

由专利权人作出 FRAND 许诺，是世界上大多数标准制定组

---

* 作者单位：中国科学院大学法律系。

织涉及标准必要专利时的通常做法。例如，电器和电子工程师协会（Institute of Electrical Electronics Engineers，IEEE）的《必要专利权利要求确认函》中的一个选项是："声明人愿意给全球范围内无数量限制的申请者按照合理费率发放许可，许可的条款或条件是合理的，且明显没有不公平的歧视。"❶ 国际电信联盟（International Telecommunication Union，ITU）的《专利陈述和许可声明》中的一个选项是："专利权人准备在世界范围内非歧视地向无数量限制的申请人发放许可，授权其按照合理的条款和条件以制造、使用和销售方式实施上述标准。"❷

欧洲标准组织一般要求标准必要专利权人声明按照 FRAND 原则进行对外许可，而美国标准组织一般要求专利权人按照 RAND 原则进行对外许可。一般认为，由于"fair"与"reasonable"的含义基本相同，所以 FRAND 和 RAND 可以互换使用，内容没有差别。❸ 本文在使用 FRAND 时，其含义与 RAND 是相同的。

二、FRAND 许诺的法律性质

FRAND 许诺至少涉及专利权人、标准制定组织和标准实施人三个主体。对于 FRAND 许诺的不同认识，直接影响到各主体之间法律关系的认定。

（一）关于 FRAND 许诺的法律性质的不同观点

对于 FRAND 许诺的法律性质，国内外理论和实务中存在不

---

❶ Letter of Assurance of Essential Patent Claims［EB/OL］. https：//development. standards. ieee. org/myproject/Public//mytools/mob/loa. pdf.

❷ Patent Statement and Licensing Declaration［EB/OL］. http：//www. itu. int/oth/T0404000002/en.

❸ 例如，美国司法部和美国专利商标局在 Policy Statement on Remedies for Standards – Essential Patents Subject to Voluntary F/RAND Commitments（2013）中曾有这种表述，参见 http：//www. justice. gov/atr/public/guidelines/290994. pdf。

同的观点，其中主要有以下四种。

第一种意见认为，FRAND 许诺是专利权人与标准制定组织合同的一部分。这种观点认为，发布 FRAND 许诺的专利权人与标准制定组织是合同关系。标准制定组织的知识产权政策是要约，而 FRAND 许诺及加入标准制定组织的行为是承诺，FRAND 许诺的内容是合同内容的组成部分。例如，在美国的苹果诉摩托罗拉案❶和微软诉摩托罗拉案❷中，美国威斯康星州法院和华盛顿西区法院都持上述观点并作出了判决。

第二种意见认为，FRAND 许诺是专利权人对标准实施人的要约邀请。这种观点主要针对专利权人与标准实施人之间的法律关系，认为 FRAND 许诺并不是要约，只是要约邀请。例如，德国曼海姆地区法院在摩托罗拉诉微软案中认为，摩托罗拉向标准制定组织作出的 FRAND 许可声明，不能视为针对不特定的，甚至不认识的多数第三人作出的，仅需要第三人接受即可的具有约束力的要约，应仅仅是请求寻求许可的各方寻求符合 FRAND 条款的要约邀请。❸

第三种意见认为，FRAND 许诺是专利权人对标准实施人的要约，标准实施人实施标准后双方就成立专利许可使用合同。例如，我国最高人民法院在《关于朝阳兴诺公司按照建设部颁发的行业标准〈复合载体夯扩桩设计规程〉设计、施工而实施标准中专利的行为是否构成侵犯专利权问题的函》（〔2008〕民三他字第 4 号）中指出："专利权人参与了标准的制定或者经其同意，将专利纳入国家、行业或者地方标准的，视为专利权人许可他人在实施标准的同时实施该专利……"上述批复虽然没有涉及 FRAND 许诺，

❶　Apple v. Motorola Mobility，886 F. Supp. 2d 1061（District Court for the Western District of Wisconsin August 10，2012）

❷　Microsoft Corp. v. Motorola，Inc. ，864 F. Supp. 2d 1023，2012 U. S. Dist. LEXIS 78670，2012 WL 2030098，＊5－6（W. D. Wash. June 6，2012）.

❸　LG Mannheim，02. 05. 2012－2 O 376/11.

但从该批复的内容可以推论，如果专利权人作出 FRAND 许诺，就具有要约的效力。

第四种意见认为，FRAND 许诺是专利权人应负的强制缔约义务。这种观点认为，专利权人加入标准组织，同意将其专利纳入标准，并作出 FRAND 许诺，应理解为标准必要专利权人对标准实施者以及潜在的实施者负有以符合 FRAND 条件许可的义务，该义务与供水、供电、供气等垄断企业所担负强制缔约义务相似。❶ 在华为诉 IDC 公司一案中，法院认为根据我国的法律，IDC 公司应将其标准必要专利以公平、合理、无歧视的原则授权给华为使用，IDC 公司负担的该义务贯穿于标准必要专利授权许可谈判、签订、履行的整个过程。❷

（二）对 FRAND 许诺的法律性质的分析

对 FRAND 许诺性质的界定，主要目的还是为了解决专利权人与标准实施人之间的争议。前述四种意见，都是从 FRAND 许诺的法律性质入手，确定专利权人与标准实施人之间法律关系，从而解决双方之间的争议。

第一种意见承认 FRAND 许诺并不在专利权人与标准实施人之间产生许可合同关系，而是从认为专利权人与标准制定组织存在合同关系，而标准实施人是利益第三人。因此，标准实施人可以以利益第三人的身份直接向专利权人主张权利。笔者认为，专利权人与标准制定组织存在合同关系一般不会有争议。标准实施人是不是可以作为该合同的利益第三人并且可以直接向专利权人主张权利，则需要根据所适用的法律进行具体分析。美国法院已接受了允许第三人执行利他合同的合同法原则。❸ 因此，确认了标

---

❶❷ 叶若思，祝建军，陈文全. 标准必要专利使用费纠纷中 FRAND 规则的司法适用：评华为公司诉美国 IDC 公司必要专利使用费纠纷案［J］. 电子知识产权，2013（6）.

❸ CLAUDE D. ROHWER，GORDON D. SCHABER. Contracts［M］. 4 ed. 北京：法律出版社，1999：347.

准实施人是利他合同的第三人，就使标准实施人可以直接向专利权人主张权利。但根据我国《合同法》第 64 条的规定❶，第三人不能直接向债务人主张权利。因此，按照第一种意见，在我国的法律框架下是不能解决专利权人与标准实施人之间的争议的。

第二种意见和第三种意见都从专利权人与标准实施人之间的"合同"着眼去分析的。第二种意见将 FRAND 许诺作为要约邀请，而第三种意见将其视为要约。笔者认为，从内容看，专利权人的 FRAND 许诺并不符合要约的条件，更符合要约邀请的条件。"要约是希望和他人订立合同的意思表示"，其内容应当具体明确，且要约人应表明经受要约人承诺，要约人即受该意思表示约束。而 FRAND 许诺只是表明专利权人有意愿按照公平、合理、无歧视的原则对标准实施人发放许可。其许可的条件并不具体明确，缺少构成专利实施许可合同的很多重要因素，例如许可的标的、期限、价款等。另外，专利权人也只表明将"做好准备"进行许可，或愿意给申请人发放许可。这说明，专利权人并没有一旦他人承诺就成立合同的意思表示，更没有他人实施标准的行为就构成承诺的意思表示。将 FRAND 许诺视为要约，并将实施标准的行为视为承诺，会将专利权人置于非常不利的境地。专利权人自己都不知道和谁订立了合同，也不知道合同的内容是什么，专利权人的利益将无法保障。美国学者也认为，标准的实施者需要与标准必要专利的专利权人签订许可协议。标准必要专利的声明本身并不构成合同。❷ 因此，FRAND 许诺不应当视为要约。单纯从

---

❶ 《中华人民共和国合同法》第 64 条规定："当事人约定由债务人向第三人履行债务的，债务人未向第三人履行债务或者履行债务不符合约定，应当向债权人承担违约责任。"

❷ DAMIEN GERADIN. Standardization and Technological Innovation：Some Reflections on Ex－ante Licensing，FRAND，Paper presented to the Conference "Intellectual Property and Competition Law"，Brussels［EB/OL］.（2006－06－08）. http：// papers. ssrn. com/sol3/papers. cfm? abstract _ id＝909011.

内容看，FRAND 许诺具有要约邀请的性质。然而，如果将 FRAND 许诺仅仅视为要约邀请，则对于专利权人没有任何约束力，无法保障标准实施人可以以 FRAND 原则获利专利许可。

第四种意见认为 FRAND 许诺使专利权人具有强制缔约义务，该义务与供水、供电、供气等垄断企业所担负的强制缔约义务相似。但是，供水、供电、供气等垄断企业所负担的义务是由于其自身的特殊企业性质，其义务源自法律法规的规定。而作出 FRAND 许诺的专利权人与一般企业并没有区别，并没有法定的义务。

笔者认为，专利权人本来具有充分的缔约自由。在法律允许的范围内，专利权人可以自由决定订立合同的主体及内容。在专利权人作出 FRAND 许诺后，专利权已不能行使其部分权能，如专利权人不能拒绝与他人订立专利许可合同，只能按照 FRAND 原则确定合同内容等。因此，FRAND 许诺应视为专利权的弃权声明，放弃了专利权中的部分权能，如拒绝许可权、自由定价权等。至于是否还放弃了获得禁令救济的权利，需要进一步分析。

三、FRAND 许诺后的禁令救济

标准必要专利的专利权人作出 FRAND 许诺后，针对未经许可实施标准的人，是否可以获得禁令救济，是近些年来有争议的一个问题。对此，不同的法院有不同的做法。

（一）法院对 FRAND 许诺后禁令救济的不同做法

我国有的法院根据最高人民法院的批复，驳回参与标准制定的专利权人提出的禁令申请。在张晶廷诉衡水子牙河建筑工程有限公司专利侵权纠纷中，一审法院作出了责令被告停止侵权的判决，二审法院在查明专利权人参与了包含该专利的标准制定后，撤销了一审判决。❶ 上述判决虽然没有涉及 FRAND 许诺，但是既

---

❶ 参见河北省高级人民法院（2011）冀民三终字第 15 号民事判决书。

然参与标准制定，就丧失了禁令救济的权利，作出 FRAND 许诺自然也就不能得到禁令救济。

德国法院一般认定专利侵权就发布禁令。但德国最高法院在 2009 年的橙皮书案件❶判决中虽然支持了禁令的请求，但同时还提出了针对标准必要专利颁发禁令的条件：标准必要专利的专利权人可以寻求针对侵权者的禁令救济，除非被诉侵权者：（1）已经向专利权人提出一项真实的、合理的、无条件的以及易于被接受的报价；（2）被诉侵权者如许可合同已实际订立那样已"预期履行"其合同义务，例如将其认为合理的专利许可费提存至特别的账户。❷

德国法院一般遵循德国最高法院的前述判决处理涉及标准必要专利的禁令问题。曼海姆地区法院在 Philips v. Sony Ericsson 案中，认为被告的 FRAND 抗辩成立，驳回了禁令请求。❸ 而在前述摩托罗拉诉微软的判决中，曼海姆地区法院则支持了摩托罗拉要求颁发禁令的要求。法院认为，摩托罗拉的 FRAND 许诺，并不构成对其禁用权的弃权。在许可声明中，不存在任何对于寻求禁令的请求权的限制。即使存在这样关于专利的排他性权利的限制，其也只具有债法的性质，并不应影响专利法本质的处分权能，也不应直接限制原告作为专利权人享有的权利。根据债法作出的不起诉承诺，并不足以构成专利权人对于不特定的、多数可能侵犯其专利的潜在侵权人放弃寻求禁令，放弃实施其专利请求权。❹ 然

---

❶　飞利浦公司和索尼公司拥有可刻录光盘（CD－Rs）和可重写光盘（CD－RWs）相关标准的专利技术。由于标准的技术指标都发布在被称为"橙皮书"（Orange Book）的出版物上，因此相关标准也被称为"橙皮书标准"。飞利浦公司针对实施标准者提起了专利侵权诉讼，俗称"橙皮书案件"。

❷　Federal Court of Justice, Decision of May 6th, 2009 – Case – No. KZR 39/06, IIC 2010, 369 – Orange Book Standard. ［EB/OL］. http: //zh. scribd. com/doc/151697269/Haedicke – Expert – Report.

❸　PHILIPS V. SONYERICSSON（District Court of Mannheim, May 27, 2011, doc. no. 7 O 65/10）.

❹　LG Mannheim, 02. 05. 2012 – 2 O 376/11.

而，欧盟委员会于 2014 年 4 月底裁定，摩托罗拉以标准专利为由在德国对苹果提出索赔的行为属于滥用专利，因为它之前保证过要将那项标准专利授权给竞争对手。苹果已经同意接受许可并支付使用费。

并不是所有欧洲国家的法院都采取同样的标准。法国巴黎法院在 Ericsson v. TCT Mobile 案中，于 2013 年 11 月驳回了临时禁令的申请，理由是，当双方在进行许可谈判并且就许可的地域和技术范围达成了一致，只是欠缺许可费条款，给标准必要专利的专利权人颁发临时禁令将给其不正当的优势。❶

在荷兰海牙法院同样涉及橙皮书标准的专利侵权案件❷中，被告援引了德国最高法院的判决，认为飞利浦公司的 FRAND 许诺将阻止其行使专利权。法院于 2010 年 3 月判决驳回了被告的抗辩。理由是，FRAND 许诺如果转化为许可合同，则被告可以自由使用专利技术。但是被告并没有取得许可，原则上不能再使用专利技术。如果仅仅因为 FRAND 许诺就允许被告使用专利技术或禁止专利权人行使专利权，将带来法律的不确定性。并且被告也没有向飞利浦公司要求取得许可。❸ 然而，同一法院在 2011 年 10 月判决的三星诉苹果案中，驳回了三星要求对苹果发放禁令的请求。法院认为，从双方进行 FRAND 许可谈判的过程来看，三星要求发放禁令是权利滥用，违反了善意协商的先合同义务。❹

2013 年 2 月 28 日，东京地方法院就三星诉苹果的禁令请求作

❶　Ericsson v. TCT Mobile：tribunal de grande instance de Paris，29 November 2013，Docket No 12/14922〔EB/OL〕. http：//www. eplawpatentblog. com/eplaw/frand/.

❷　Philips Electronics v. SK Kassetten GmbH & Co. KG，District Court The Hague，The Netherlands，No. 316533/HA ZA 08 - 2522 and 316535/HA ZA 08 - 2524.

❸　〔EB/OL〕. http：//www. iprinfo. com/julkaisut/iprinfo - lehti/lehtiarkisto/2010/IPRinfo _ 3 - 2010 - en/en _ GB/Dutch _ Court _ Rejected _ FRAND _ Defence/.

❹　Samsung v. Apple（District Court of The Hague，March 14，2012，doc. no. 400367/HA ZA 11 - 2212）〔EB/OL〕. http：//www. eplawpatentblog. com/eplaw/2012/03/nl - samsung - v - apple - frand. html.

出判决。法院认定苹果的产品落入三星专利的保护范围（该专利
为 2G 和 3G 通信标准中的必要专利），但是驳回了三星的禁令请
求。法院认为，作出 FRAND 许诺后，专利权人有义务与要求许
可者进行善意谈判。苹果提出了许可请求，并提出了许可费率等
具体条款。然而三星没有向对方提供相关资料，违反了基于诚实
信用原则进行善意谈判的义务，构成权利滥用。❶

近几年，在美国法院审理的有关案件中，针对已作出 FRAND
许诺的标准必要专利的专利权人提出的禁令请求，法院基本都没
有支持。在华盛顿西区法院审理的摩托罗拉诉微软专利案中，针
对摩托罗拉的禁令主张，法院于 2012 年 11 月 29 日根据美国联邦
最高法院在 eBay 案中确立的颁发禁令的要件，驳回了摩托罗拉的
主张。法院认为，摩托罗拉有义务按照 FRAND 条款发放专利许
可，而微软愿意接受这样的许可，正在法院进行的诉讼也将会确
定许可的内容，因此，许可将成为现实，摩托罗拉不会受到不可
弥补的损害，而摩托罗拉也没有证明除了禁令外没有充分的法律
救济。❷ 在伊利诺伊州北区法院审理的苹果诉摩托罗拉专利侵权案
中，针对摩托罗拉的禁令请求，法院于 2012 年 6 月 22 日判决，驳
回了双方的禁令请求。法官认为，考虑到摩托罗拉的 FRAND 许
诺，法官没有理由命令苹果停止侵权，除非苹果拒绝支付 FRAND
许可费。❸ 在加州北区法院审理的 Barnes & Noble v. LSI 案中，法
院认为，专利权人作出了 RAND 许诺，就不能获得禁令救济。❹ 在
加州南区法院审理的 Realtek v. LSI 案中，法院于 2013 年 5 月 20

---

❶ 东京地方法院平成 23 年（ヨ）第 22098 号［EB/OL］．http：//www. courts.
go. jp/hanrei/pdf/20140109130738. pdf.

❷ Microsoft Corporation v. Motorola, Inc. , 2：10 - cv - 01823 - JLR（W. D. Wash. ）.

❸ Apple, Inc. v. Motorola, Inc, No. 1：11 - cv - 08540 2012 BL 157789（N. D.
Ill. June 22, 2012）.

❹ Barnes & Noble, Inc. v. LSI Corp. , 849 F. Supp. 2d 925, 943 - 44（N. D.
Cal. 2012）.

日判决认为，专利权人许诺按 RAND 条件发放许可，就承认名为 RAND 许可费的金钱赔偿，足以弥补其所称侵权行为造成的损害。法院还认为，悬而未决的禁令威胁将在 RAND 许可谈判中给予专利权人内在的讨价还价的能力。❶

（二）对各国法院不同做法的总结

从是否颁发禁令的态度来看，可以分为三种情形。第一种情形是绝对不颁发禁令，如中国法院和美国的部分法院。表现在裁决中，只要专利权人作出 FRAND 许诺，不考虑具体情形，就裁决不颁发禁令。第二种情形是一般不颁发禁令的，如美国的部分法院、日本法院。表现在裁决中，法院会考虑案件的具体情况，分析是否颁发禁令，而颁发禁令的条件非常严格。第三种情形一般颁发禁令，德国法院和荷兰法院在前述相关案件中的做法就属于这种情况。表现在裁决中，法院也是考虑案件具体情形分析是否颁发禁令，而不颁发禁令的条件比较严格。

从是否颁发禁令的法律依据来看，中国法院按照最高人民法院的批复；德国法院适用竞争法原则；日本法院适用权利滥用原则；美国法院则有的适用 eBAY 案的判例，有的适用合同法和竞争法的原则。

可见，不论是对于颁发禁令的态度还是法律依据，不同国家的法院存在差异，同一国家的不同法院存在差异，甚至同一法院在不同的时期也存在差异。

（三）对 FRAND 许诺后的专利权人是否可以得到禁令救济的分析

学者从理论上对 FRAND 许诺对禁令的影响进行了分析。美国学者 Miller 认为，专利权人作出 FRAND 许诺，不可撤销地放弃了大部分寻求传统知识产权法律救济（如法院禁令）的权利，

---

❶　Realtek Semiconductor Corp. v. LSI Corp. ，No. 12 - 3451，2013 WL 2181717 (N. D. Cal. May 20，2013).

专利权人只能请求合理使用费。❶ Shapiro 和 Lemley 也主张标准必要专利的专利权人不能寻求禁令救济。他们主要是从经济学的角度来分析的。通过禁令的威胁，使作出特定投资的潜在被许可人面临巨大损失，"取得永久禁令的威胁极大地增强了专利权人的谈判力量，导致专利许可费率高于基于专利价值和强度的自然水准。"❷ 因此，一旦标准被普遍接受，以至于只有采纳标准才能在特定市场竞争，每个拥有标准必要专利的人都可以对采纳标准的产品或服务收取不合理的高额许可费。这被称为"专利挟持"。❸

　　如果标准必要专利的专利权人很容易获得禁令，禁令的威胁会影响标准实施人对专利的使用，有可能迫使标准实施者缴纳不合理的使用费。因此，所有法院都认为，FRAND 许诺的作出，会对禁令救济产生影响。作出 FRAND 许诺的专利权人，并不能自动获得禁令。

　　但是，如果认为作出 FRAND 许诺后就失去了获得禁令救济的权利，不但在理论上依据不足，实践中也会出现难以解决的问题。首先，FRAND 许诺并不导致专利权人与标准实施人之间产生专利许可合同关系，标准实施人未经许可实施专利的行为仍是侵权行为。其次，禁令是专利权人的一种救济手段，也可以视为专利权人的权利。专利权人在作出 FRAND 许诺时并没有放弃禁令救济的意思。完全剥夺专利权人禁令救济权没有法律依据。再次，实施标准者并不一定都是善意的使用人，也可能存在根本就不想支付专利使用费的人。对于这些人，如果专利权人也得不到禁令

　　❶　JOSEPH MILLER. Standard Setting, Patents, and Access Lock – in：RAND Licensing and the Theory of the Firm [J]. Indiana Law Review，2006，40.

　　❷　MARK A. LEMLEY，CARL SHAPIRO. Patent Hold – up and Royalty Stacking [J]. Texas Law Review，2007：85.

　　❸　MARK A. LEMLEY. Ten Things to Do About Patent Holdup of Standards（And One Not To）[J]. B. C. L. Rev. 2007，48：149. SHAPIRO CARL. Injunctions，Hold – Up, and Patent Royalties，American Law and Economics Review，2010，12（2）：509 – 557.

救济，明显是不合理的。最后，即使善意的使用人，在知道不会受到禁令的制止后，也可能不与专利权人协商，或者不认真与专利权人协商，而是到法院去碰运气，并且以此威胁专利权人，从而专利权人不得不接受对于其投资来说回报并不公平的许可，形成"反向专利挟持"。❶

不论是专利挟持还是反向专利挟持，都不利于专利权人与标准实施人进行积极的公平谈判，既没有效率，也不公平。禁令的运用，应促使双方进行认真积极谈判，尽快达成双方都认为公平，而实质上许可费率也与专利权人的贡献相当的许可协议。因此，专利权人作出 FRAND 许诺后，既不能一概地颁发禁令，也不能一律不发禁令。由于专利权人已经作出了 FRAND 许诺，善意的标准实施人会预期可以得到 FRAND 专利许可，可能会一边实施标准一边与专利权人进行谈判。如果对于善意的、愿意接受许可的标准实施者颁发禁令，会使潜在实施人不敢在签订许可协议前实施专利，从而带来标准推广的困难。对于已经开始实施标准的人来说，则会出现专利挟持而导致其接受不合理的条件。因此，颁发禁令的条件应受到严格限制。

2013 年 1 月 8 日，美国司法部和美国专利商标局联合发布《标准必要专利权利人基于 FRAND 原则下获取救济的政策声明》（*Policy Statement on Remedies for Standards - essential Patents Subject to Voluntary F/RAND Commitments*）指出："作出 FRAND 许诺的标准必要专利的专利权人，要求禁令的目的主要是

---

❶　近年来，专利反向挟持及其危害性也受到学者的关注。参见：DAMIEN GERADIN, MIGUEL RATO. Can Standard‑Setting lead to Exploitative Abuse? A Dissonant View on Patent Hold‑Up, Royalty Stacking and the Meaning of FRAND［EB/OL］. http：//papers. ssrn. com/sol3/papers. cfm? abstract _ id = 946792. GANGLMAIR, BERNHARD, LUKE M. FROEB, GREGORY J. WERDEN. Patent Hold‑Up and Antitrust：How A Well‑Intentioned Rule Could Retard Innovation［J］. The Journal of Industrial Economics，2012，60（2）：249‑273.

为了获取比 FRAND 条款更好的授权条件。实质上，对那些依赖可以依照标准制定组织的政策以合理条件获得专利许可的企业，专利权人企图重新取得讨价还价的能力。这会损害标准制定组织规范 FRAND 条款或标准必要专利权人行为的能力，进一步削弱竞争的基础，并伤害消费者的权益。……当然，在某些情况下，颁发禁令仍然是合适的救济手段。例如，在无法进行假定的许可或拒绝 FRAND 许可，或者其行为超出 FRAND 条款范围时。举例来说，如果假定的被许可人拒绝支付已经被确认为符合 FRAND 的许可使用费，或拒绝进行谈判以确定 FRAND 条款等。这种拒绝可以为推定拒绝，如坚持那些明显不能合理地认定为 FRAND 条款的条件，企图逃避被许可人对专利权人合理补偿的义务。"❶

我们赞同上述声明中颁发禁令条件的意见。在一般情况下，专利权人作出 FRAND 许诺就不能再得到禁令救济。但是对于已经明确表示拒绝接受 FRAND 专利许可的人，或者从其行为可以推定为拒绝接受 FRAND 专利许可的人，法院可以应专利权人的要求颁发禁令。

四、标准实施人提起的诉讼

（一）标准实施人针对标准必要专利专利权人提起诉讼的主要案件

1. 华为诉 IDC 案（中国）

从 2008 年 11 月开始，华为与 IDC 就涉案专利许可使用费问题在中国广东省深圳市等地进行了多次谈判。IDC 向华为多次发出要约，华为均未接受。2011 年，华为向深圳市中级人民法院提起诉讼，要求按照公平、合理、无歧视条件判决确定 IDC 就其中

---

❶ ［EB/OL］. http: //www. uspto. gov/about/offices/ogc/Final ＿ DOJ－PTO ＿ Policy ＿ Statement ＿ on ＿ FRAND ＿ SEPs ＿ 1－8－13. pdf.

国基本专利许可华为的许可费率或费率范围。2013 年 2 月，深圳市中级人民法院判决 IDC 就其中国标准必要专利和标准必要专利申请给予华为许可，许可使用费率以相关产品实际销售价格计算，不超过 0.019％。❶ 2013 年 10 月，广东省高级人民法院二审判决维持了一审判决。❷

2. 微软诉摩托罗拉案（美国）

摩托罗拉是 WiFi 技术"802.11 标准"（IEEE 的标准）和视频解码技术"H. 264 标准"（ITU 的标准）中必要专利的专利权人。按照 ITU 和 IEEE 的规定，其标准中的专利必须按照 RAND 的原则许可，摩托罗拉也按要求作了 RAND 许诺。微软的 X－Box 360 游戏等产品使用了上述标准。2010 年 10 月 21 日和 29 日，摩托罗拉分别就两项标准中的必要专利向微软提出许可提议，许可费均为最终产品售价的 2.25％。2010 年 11 月 9 日，微软以摩托罗拉违约为由向华盛顿西区法院起诉，称上述两份要约违反了摩托罗拉对 ITU 和 IEEE 的许诺。Robart 法官认为，在确定是否违约前，应先决定 RAND 的费率应是多少。2013 年 4 月 25 日，法官判决认定，摩托罗拉在 H. 264 标准中的专利许可费为每件产品 0.555 美分（最低 0.555 美分，最高 16.389 美分），WiFi 标准中的专利许可费为每件产品 3.471 美分（最高 19.5 美分，最低 0.8 美分）。❸ 2013 年 9 月 4 日，陪审团认定摩托罗拉构成违约，应赔偿微软损失及律师费 1452 万美元。2013 年 11 月 12 日，法院依据上述陪审团裁决作出了最终判决。判决指出，关于 RAND 许可费率的认定，是认定违约的实质性因素。❹

---

❶ 参见深圳市中级人民法院（2011）深中知民初字第 857 号民事判决书。

❷ 参见广东省高级人民法院（2013）粤高法民三终字第 305 号民事判决书。

❸ Microsoft Corp. v. Motorola, Inc., 2013 U. S. Dist. LEXIS 60233（W. D. Wash., Apr. 25，2013）.

❹ Microsoft Corp. v. Motorola, Inc., 2013 U. S. Dist. LEXIS 161762（W. D. Wash., Nov. 12，2013）.

3. 苹果诉摩托罗拉案（美国）

摩托罗拉是移动通信 3G 标准中必要专利的专利权人，标准制定组织是 ESTI 和 IEEE。2007 年，摩托罗拉向苹果提出许可其专利，许可费率为 2.25％，被苹果拒绝。后来的三年间双方继续进行谈判，但摩托罗拉的所有报价都被苹果拒绝。2010 年，摩托罗拉在 ITC 向苹果提起请求。苹果向法院起诉，主张摩托罗拉没有及时披露其专利以及没有提供 FRAND 许可，构成不公平的、欺骗的反竞争行为。最初，法院认为有必要确定 FRAND 许可费率。苹果要求法院确定摩托罗拉 FRAND 上限，但同时宣布其支付的最高使用费率为每部手机不超过 1 美元，如果法院确定的费率超过每件产品 1 美元，将继续对摩托罗拉诉讼。因此，法院认为，苹果一方面要求法院确定许可费率，另一方面又宣布不受法院确定的数额的影响，实质上是希望法院确定许可费率的上限，以便于其进行今后的商谈。因此，法院决定将不确定 FRAND 的费率是多少，只是认定摩托罗拉提出来的条件是否是 FRAND 许诺。❶

4. 瑞昱诉 LSI 案（美国）

LSI 拥有 IEEE 802.11 标准中的两项专利，LSI 提出了许可建议，许可费为售价的 5％，台湾瑞昱（Realtek）提出让 LSI 提供更多信息，后来双方中止了谈判。2012 年初，LSI 提出瑞昱的产品侵犯了其专利，要求停止侵权。一周后，LSI 向美国联邦贸易委员会提出"337 调查"，并要求美国联邦贸易委员会发布禁令。瑞昱向法院起诉，主张 LSI 违反合同，因其提议的许可费过高，另外还要求法院确定 RAND 许可费率。2014 年 2 月，陪审团确定了许可费率，两项专利的许可费为售价的 0.19％，同时陪审团还确定了 LSI 因违约赔偿瑞昱 385.5 万美元。❷

---

❶　Apple Corp. v. Motorola, Inc. , 2012 U. S. Dist. LEXIS 157525（Wis，November 2, 2012）.

❷　［EB/OL］. http：//www. essentialpatentblog. com/wp – content/uploads/sites/ 234/2014/02/2014. 02. 27 – 324 – Verdict. pdf.

（二）对标准实施人起诉案件的总结和比较

上述 4 个案件都是由标准实施人针对专利权人提起的，都涉及法院确定 FRAND 许可费率的问题。

美国的 3 起案件都是以违约纠纷提起来的，标准实施人并没有请求法院确定 FRAND 许可费率。美国法院受理上述案件都是按利益第三人合同的法律关系受理的。只要专利权人作出 FRAND 许诺，标准实施人都是利益第三人，都可以提出违约诉讼。当然，在提起违约诉讼时，应有专利权人违约的事实，即专利权人违反了其 FRAND 承诺，也就是违反了与标准制定组织的合同。在瑞昱诉 LSI 案中，瑞昱提出，LSI 提出的不合理报价本身就构成了违约。在微软与摩托罗拉的案件中，微软提出的违约基于以下事实：提出的许可费率不符合 RAND、对微软侵犯标准必要专利要求禁令、不对微软的芯片供应商发放许可等。从美国法院的审理情况看，FRAND 许可费率只是作为认定是否构成违约的前提，而不是最终判决的主文。

华为诉 IDC 案中，华为起诉的主张是要求按照公平、合理、无歧视条件判决确定 IDC 就其中国基本专利许可华为的许可费率或费率范围，法院将案由定为"标准必要专利使用费纠纷"而不是合同纠纷，❶ 最终法院判决的是 IDC 许可给华为的费率。

四个案件都涉及了 FRAND 许可费率，但对许可费率的表述是不同的。华为诉 IDC 案中，法院确定了一个固定的数额；微软诉摩托罗拉案件中，法院确定了固定的数额以及上下限额；在瑞昱诉 LSI 案中，陪审团确定了固定的数额，但法院的判决还没有最后决定；在苹果诉摩托罗拉案中，法院只就摩托罗拉是否违约

---

❶ 确定案由的理由，参见：华为 VS 美国 IDC：中国判决赢得世界尊重［EB/OL］．http：//news. nfdaily. cn/content/2014 – 04/17/content _ 97821504. htm. 此案被最高人民法院确定为 2013 年中国法院十大知识产权案件之一，是我国首例标准必要专利使用费纠纷案件。

作出认定，不对许可费率作出判决。另外，四个案件中 FRAND 许可费率的效力也是不同的。华为诉 IDC 案中的许可费率是法院的判决主文，具有强制执行的效力；微软诉摩托罗拉案中的许可费率只是认定违约的因素，并不具有执行执行效力。

（三）对标准实施人起诉案件的总结分析

1. 法院解决 FRAND 许可费的必要性

标准实施人提起诉讼的案件，都是在双方无法就 FRAND 许可费达成协议时产生的，法院在审理过程中也都涉及 FRAND 许可费。标准制定组织的知识产权政策，以及专利权人的 FRAND 许诺，只是确定了标准实施中涉及标准必要专利的解决原则。标准发布后，标准制定组织不介入专利权人与标准实施人之间的谈判。当标准必要专利的专利权人与标准实施人无法达成协议时，通过什么机构、适用什么程序解决双方的争议，促进双方的谈判成为标准实施过程中面临的问题。对此，美国法院和我国法院都认为法院是解决这一争议的机构。例如，在前述微软诉摩托罗拉案中，法官指出："认定了摩托罗拉必须按照 RAND 条件许可其标准必要专利后，法院不可避免地得出结论，必须有一个场所解决什么是 RAND 许可协议这一现实的问题。在这里，法院可能是唯一这样的场所。"❶ 在苹果诉摩托罗拉案中，法官指出："像在本案中这样双方不能达成公平合理非歧视的条款的情况，法院可能是决定许可条款的唯一场所。"❷ 在华为诉 IDC 案中，法官认为，被告方违背了其承诺的 FRAND 义务，原告如果不寻求司法救济，除被迫接受被告单方面所提出的条件外，原告没有任何谈判余地，因此，原告请求通过民事诉讼寻求救济，符合法

❶　Microsoft Corp. v. Motorola, Inc. 2012 U. S. Dist. LEXIS 146517；106 U. S. P. Q. 2D (BNA) 1127 (W. D. Wash. October 10, 2012).

❷　Apple Corp. v. Motorola, Inc. , 2012 U. S. Dist. LEXIS 157525 (Wis, November 2, 2012).

律规定。❶

在专利权人与标准实施人就专利许可费率争执不下时，标准制定组织和仲裁机构都没有成为合格的争议解决机构。这时，法院介入以确定许可费率是必要的。

2. 标准实施人起诉专利权人的受理条件

华为诉 IDC 案中，广东省高级人民法院认为，关于标准必要专利使用费或者使用费率的确定问题，在当事人不能达成协议的情况下，可以请求人民法院确定。❷ 而审理该案的法官认为，倘若权利人滥用了这种必要专利，比如进行了不公平定价或者故意拖延、阻碍许可实现，双方长期无法达成一致时，则可以申请法院裁决。❸

在美国的三个案件中，由于标准实施人提起的是违约诉讼，法院都没有对受理条件进行分析。原则上说，只要原告是实施标准的人，被告是作出 FRAND 许诺的标准必要专利的专利权人，法院就可以受理这类诉讼。

可以看出，无论是我国法院还是美国法院，受理标准实施人提起的诉讼的受理条件是非常宽松的，基本上是无条件地受理这类诉讼。笔者认为，如果标准实施人可以无条件地对专利权人提起诉讼，会带来严重的问题。专利权人在将标准纳入专利并向标准制定组织提交 FRAND 承诺时，该标准在哪些地方被采纳、哪些人可能实施该标准都可能是不确定的。有时专利权人就标准必要专利在很多国家都申请了专利。只要是在采纳了该标准并且专利权人也申请了专利的国家，标准实施人都可能对专利权人提起

---

❶　叶若思，祝建军，陈文全. 标准必要专利使用费纠纷中 FRAND 规则的司法适用：评华为公司诉美国 IDC 公司必要专利使用费纠纷案［J］. 电子知识产权，2013（6）.

❷　参见广东省高级人民法院（2013）粤高法民三终字第 305 号民事判决书。

❸　华为 VS 美国 IDC：中国判决赢得世界尊重［EB/OL］. http：//news. nfdaily. cn/content/2014－04/17/content_97821504. htm.

诉讼，专利权人不但要花费人力、物力应付这些诉讼，还有可能承担赔偿责任以及负担法院诉讼费和对方律师代理费。❶ 另一方面，标准实施人可以选择对自己有利的法院诉讼，即使败诉也不用承担责任，而且通过诉讼有可能获利比较低的许可费率。这样，标准实施人有足够的动机对专利权人提起诉讼，而没有动力与专利权人进行许可谈判。专利权人不得不特别谨慎地主张专利权，甚至不敢主张专利权。这会影响专利权人将专利纳入标准的积极性，也会削弱其创新的动力，不利于科技的发展和进步。

3. 法院受理标准实施人提起诉讼的价值目标

为了克服或尽量避免前面所说的问题，我们有必要分析法院受理标准实施人起诉并解决 FRAND 许可费率的价值目标。法院介入解决 FRAND 许可费率，主要是破解专利权人与标准实施人在许可费率谈判中的僵局，使专利许可能够继续进行。

笔者认为，法院在介入解决 FRAND 许可费率时，有两个价值目标需要考虑。第一个价值目标是许可费率要公平合理。要实现真实的许可费率公平合理，主要依靠双方当事人平等协商确定。这就要求双方当事人在协商时法律地位平等。如果一方可以以诉讼为手段"要挟"另一方，则双方的地位不平等，难以达成公平合理的许可协议。如果标准必要专利专利权人可以要求法院对未经许可的实施人发放禁令，则可能出现专利挟持。❷ 为了避免这一现象，美国法院、司法部和专利商标局都认为，除了极个别的标准实施人拒绝许可的情形外，专利权人不能获得禁令。❸ 我国法官

---

❶   如前所述，在微软诉摩托罗拉案中，法院判令摩托罗拉赔偿微软 1452 万美元。

❷   MARK A. LEMLEY. Ten Things to Do About Patent Holdup of Standards（And One Not To）［J］. B. C. L. Rev.，2007，48：149；SHAPIRO，CARL. Injunctions，Hold-Up，and Patent Royalties［J］. American Law and Economics Review，2010，12（2）：509-557.

❸   例如，2013 年 1 月 8 日美国司法部和美国专利商标局联合发布的《标准必要专利权利人基于 FRAND 原则下获取救济的政策声明》就表明了这种观点。

也认为，作出 FRAND 许诺的专利权人不能获得禁令救济。❶ 如果专利权人不能得到禁令救济，专利权人的专利挟持问题就不会存在。但是，在专利权人不能获得禁令救济，而标准实施人还能够很容易地向法院提起诉讼时，则对专利权人形成更强有力的反向挟持。在这种情况下，双方的地位又变得不平等，标准实施人成为强势方。专利权人为了避免诉讼，更愿意接受可能不公平的许可价格。

第二个价值目标是要尽量减少诉讼，促进谈判。法院受理标准实施人的起诉，介入确定 FRAND 许可费率，只应作为标准必要专利许可的特例，不能成为常态。因为法院的介入不是有效率的解决方式。最好的方式是双方积极进行协商，通过协商达成协议。标准实施人可以很容易地对专利权人提起诉讼，会刺激标准实施人的投机行为，抑制其积极谈判的热情。除了双方都是标准必要专利的专利权人从而需要交叉许可的情形外，标准实施人不会轻易提出愿意接受的价格，而是一直要求专利权人降低价格，最后标准实施人再向法院提起诉讼。

如果不对法院受理标准实施人针对专利权人的诉讼设定条件，不利于公平合理地确定许可费率，也不利于促进谈判。因此，有必要考虑设定法院受理标准实施人起诉的条件，以促进上述两个价值目标的实现。

4. 法院介入确定 FRAND 许可费率的构想

法院介入确定 FRAND 许可费率，不只是出现在标准实施人针对专利权人的诉讼中，也可以适用于专利权人针对标准实施人提起的侵权诉讼中。针对专利权人的侵权诉讼，如果标准实施人不是拒绝接受许可的人，专利权人不能得到禁令救济，标准实施

---

❶ 叶若思，祝建军，陈文全. 标准必要专利使用费纠纷中 FRAND 规则的司法适用：评华为公司诉美国 IDC 公司必要专利使用费纠纷案 [J]. 电子知识产权，2013 (6).

人可以继续实施专利，但要向专利权人支付使用费。这时，法院应当确定 FRAND 许可的费率。这种方式应成为法院介入确定 FRAND 许可费率的主要方式。

除此之外，对于标准实施人针对专利权人提起的诉讼，应严格受理条件。笔者认为，应将这种案件限定在专利权人拒绝许可的情形。当专利权人明确表示拒绝许可或以其行为表示拒绝许可时，标准实施人可以对专利权人提起诉讼。一般情况下，专利权人不会明确表示拒绝许可。但是，有时针对标准实施人提出的许可请求，明确了包括许可费率的实施许可的条件，如果专利权人不予答复，或坚持明显不合理的条件，则可以认为专利权人拒绝许可。

相同技术贡献的不同权利要求的损害赔偿问题

周　详 *

一、问题的由来

不久前，一位专利代理人就其撰写的一件拟提交的发明专利申请的权利要求书向笔者征求意见。该权利要求书中的 3 项并列的独立权利要求如下：

1. 一种轮胎防爆装置，包括可环抱轮毂的弹性环状物，所述弹性环状物由两个或两个以上的弹性弧形体连接而成，其特征在于：所述弹性弧形体的内部设有刚性结构体，所述刚性结构体的纵截面形状与所述弹性弧形体的纵截面形状相匹配，所述刚性结构体的横截面形状为"工"字形、"十"字形或"×"形，所述刚性结构体上还设有通孔。❶

9. 一种汽车，包括轮胎，其特征在于：所述轮胎内安装了如权利要求 1 至 8 任意一项权利要求所述的轮胎防爆装置。

10. 一种飞机，包括轮胎，其特征在于：所述轮胎内安装了如权利要求 1 至 8 任意一项权利要求所述的轮胎防爆装置。

针对权利要求 9 和权利要求 10，笔者向这位专利代理人提出了一个问题：为了在汽车或者飞机的轮胎内安装上述轮胎防爆装

---

* 作者简介：北京信慧永光知识产权代理有限责任公司专利代理人、律师。

❶　由于该发明尚处于保密阶段，本文在陈述权利要求 1 所限定的技术方案时，省略了体现该技术方案对现有技术作出贡献的区别技术特征。

置，是否需要对汽车或者飞机本身的机械结构或者控制系统进行相应的改进？在咨询了发明人之后，这位专利代理人十分干脆地告诉笔者，根据轮胎的具体规格，直接将相应规格的轮胎防爆装置安装到轮胎内即可，无须对汽车或飞机本身作任何改进。

由于权利要求 9 所限定的汽车和权利要求 10 所限定的飞机除了在轮胎内安装所述轮胎防爆装置外，并未对汽车或飞机本身作任何改进，且汽车和飞机原本就属于轮胎防爆装置所应用的对象，亦即在汽车或飞机的轮胎内安装轮胎防爆装置并非对轮胎防爆装置的未知应用领域的拓展，因此，相对于权利要求 1 以及直接或间接地从属于权利要求 1 的其他权利要求，权利要求 9 和权利要求 10 并未对现有技术作出新的实质性贡献。换句话说，权利要求 9 或者权利要求 10 对现有技术所作的贡献与权利要求 1 及其从属权利要求对现有技术所作的贡献实质上是相同的。

既然相对于权利要求 1 及其从属权利要求，权利要求 9 和权利要求 10 并未对现有技术作出新的实质性贡献，并且汽车和飞机原本就是轮胎防爆装置应用的对象，那么，专利代理人为什么要撰写这两项权利要求呢？对此，这位专利代理人解释说，虽然从技术的角度看，权利要求 9 和权利要求 10 并没有新的实质性的贡献，但是，从维权——假定该发明专利申请将获得授权并且会遭受侵权——的角度看，这两项权利要求绝不是可有可无的摆设，而是具有极为重大的现实意义。其理由如下：

轮胎防爆装置的单价低、利润薄，按照目前的市场行情，生产商每销售一套轮胎防爆装置所获得的利润只有数十元。这就意味着，即便专利权人费尽周折获取了侵权人制造、销售 1000 件侵权产品的确凿证据，根据《专利法》第 65 条第 1 款和《最高人民法院关于审理专利纠纷案件适用法律问题的若干规定》（2015 年 1 月 19 日第二次修正，以下简称《审理专利纠纷案件适用法律问题的若干规定》）第 20 条第 2 款的规定，其所能获得的损害赔偿也仅有数万元而已，甚至还没有按法定赔偿所获得的赔偿多。与单价低、利润薄的轮胎防爆装置不同，汽车的单价高、利润多，例如，生产商每销售一辆中档轿车——轮胎防爆装置大多用于中、高档轿车或越野车——所获得的利润通常可达数万元。与汽车相比，飞机的单价和利润就更高了，目前，生产商每销售一架中型客机所获得的利润一般可达数千万元，而一架大型客机的利润甚至高达数亿元，这就意味着专利权人只要有证据证明侵权人制造、销售了少量侵权产品，例如一百辆中档轿车或者一架中型客机，其所能获得的损害赔偿就可达数百万元甚至数千万元。

生产商每销售一辆中档轿车所获得的利润通常可达数万元，每销售一架中型客机所获得的利润更是高达数千万元，这是不争的事实。然而，在发明专利对现有技术的实质贡献只是提供了性能更好的轮胎防爆装置，而侵权的轿车或客机也仅仅只是在其轮胎内安装了所述轮胎防爆装置的情况下，仅因专利权人采用了前述权利要求9或者权利要求10的撰写方式并以此主张权利，就能把生产商销售所述轿车或客机所获得的利润全部视为侵权人因侵权所获得的利益吗？对此，有必要围绕相关的法律依据展开分析。

二、确定专利侵权损害赔偿数额的法律依据

《专利法》第 65 条是确定专利侵权损害赔偿数额的基本法律依据。针对侵犯专利权的赔偿数额，《专利法》第 65 条作了下述规定：

> 侵犯专利权的赔偿数额按照权利人因被侵权所受到的实际损失确定；实际损失难以确定的，可以按照侵权人因侵权所获得的利益确定。权利人的损失或者侵权人获得的利益难以确定的，参照该专利许可使用费的倍数合理确定。赔偿数额还应当包括权利人为制止侵权行为所支付的合理开支。
>
> 权利人的损失、侵权人获得的利益和专利许可使用费均难以确定的，人民法院可以根据专利权的类型、侵权行为的性质和情节等因素，确定给予一万元以上一百万元以下的赔偿。

在《专利法》第 65 条规定的上述四种赔偿方式中，与本文所讨论的问题密切相关的是按照侵权人因侵权所获得的利益确定赔偿数额这一赔偿方式，至于按照权利人因被侵权所受到的实际损失确定赔偿数额、参照该专利许可使用费的倍数合理确定赔偿数额以及法定赔偿三种赔偿方式，因与本文所讨论的问题无关，故不予展开讨论。

针对侵权人因侵权所获得的利益，《审理专利纠纷案件适用法律问题的若干规定》第 20 条第 2 款规定："专利法第 65 条规定的侵权人因侵权所获得的利益可以根据该侵权产品在市场上销售的总数乘以每件侵权产品的合理利润所得之积计算。侵权人因侵权所获得的利益一般按照侵权人的营业利润计算，对于完全以侵权为业的侵权人，可以按照销售利润计算。"❶

仅就《专利法》第 65 条第 1 款和《审理专利纠纷案件适用法律问题的若干规定》第 20 条第 2 款的字面规定而言，似乎可以认定，当侵权人制造、销售了前述权利要求 9 所述的汽车或者权利要求 10 所述的飞机，且权利人因被侵权所受到的实际损失难以确定时，可以按照侵权人生产、销售汽车或者飞机所获得的利润确定赔偿数额。然而，这种认定明显不符合事实。这是因为，无论是汽车还是飞机，即使其轮胎内未安装前述权利要求 1 至权利要求 8 任意一项权利要求所述的轮胎防爆装置——事实上前述权利要求所限定的轮胎防爆装置尚未投入实际应用，在其销售之后也能给生产商带来丰厚的利润。因此，即便他人生产、销售的汽车或者飞机的轮胎内擅自安装了前述权利要求 1 至权利要求 8 任意一项权利要求所述的轮胎防爆装置，因而落入前述权利要求 9 或者权利要求 10 的保护范围，也不能简单地将所述汽车或者飞机销售

---

❶ 据财务人员介绍，生产商的销售利润＝销售收入-生产成本-销售费用-销售税金及附加费用，在生产商除了生产、销售商品，没有其他业务可获得利润的情况下，其营业利润＝销售利润-管理费用-财务费用。

之后所获得的全部利润视为侵权人因侵权所获得的利益。

既然落入前述权利要求 9 或者权利要求 10 的保护范围的汽车或者飞机在销售之后所产生的利润并非全部来源于侵权所获得的利益，那是否意味着《专利法》第 65 条第 1 款和《审理专利纠纷案件适用法律问题的若干规定》第 20 条第 2 款的规定本身就不合理呢？本文认为，《专利法》第 65 条第 1 款所规定的按照侵权人因侵权所获得的利益确定赔偿数额的这一赔偿方式本身并没有错，而《审理专利纠纷案件适用法律问题的若干规定》第 20 条第 2 款也为人民法院在专利侵权纠纷案件中正确适用《专利法》第 65 条第 1 款关于按照侵权人因侵权所获得的利益确定赔偿数额的这一较为原则的规定提供了一个颇具可操作性的基本尺度。问题是，按照《专利法》第 65 条第 1 款的上述规定确定赔偿数额时，不应孤立地、机械地搬用《审理专利纠纷案件适用法律问题的若干规定》第 20 条第 2 款的规定。事实上，在《专利法》第 65 条第 1 款的适用问题上，另一司法解释，亦即《最高人民法院关于审理侵犯专利权纠纷案件应用法律若干问题的解释》（法释〔2009〕21 号，以下简称《审理侵犯专利权纠纷案件应用法律若干问题的解释》）也具有指导和规范作用。人民法院在适用《专利法》第 65 条第 1 款的上述规定时，需要综合运用《审理专利纠纷案件适用法律问题的若干规定》和《审理侵犯专利权纠纷案件应用法律若干问题的解释》的相关规定。

针对《专利法》第 65 条第 1 款的适用问题，《审理侵犯专利权纠纷案件应用法律若干问题的解释》第 16 条作了如下规定：

> 人民法院依据专利法第 65 条第 1 款的规定确定侵权人因侵权所获得的利益，应当限于侵权人因侵犯专利权行为所获得的利益；因其他权利所产生的利益，应当合理扣除。
>
> 侵犯发明、实用新型专利权的产品系另一产品的零部件的，人民法院应当根据该零部件本身的价值及其在实现成品利润中的作用等因素合理确定赔偿数额。

侵犯外观设计专利权的产品为包装物的，人民法院应当按照包装物本身的价值及其在实现被包装产品利润中的作用等因素合理确定赔偿数额。

　　《审理侵犯专利权纠纷案件应用法律若干问题的解释》第 16 条不仅在法律适用的层面上确立了我国的专利侵权损害赔偿计算的技术分摊规则，而且完全符合立法的本意。这是因为《专利法》第 65 条第 1 款所使用的是"侵权所获得的利益"这一表述，而"侵权所获得的利益"与"侵权产品的利润"显然是两个不同的概念。尤其是对于那些由成千上万个不同的技术方案集合而成的产品——如汽车、飞机等复杂产品——来说，绝对不能因产品中的某个技术方案侵犯了他人的专利权，就简单地把整个产品的利润视为"侵权所获得的利益"。综合《审理专利纠纷案件适用法律问题的若干规定》第 20 条第 2 款和《审理侵犯专利权纠纷案件应用法律若干问题的解释》第 16 条的规定，可以认为，当且仅当专利之外的其他权利，要么不存在，要么并没有在侵权产品实现利润的过程中发挥作用时，才可将侵权产品的利润视为侵权所获得的利益。

三、复杂产品局部侵权的损害赔偿问题

　　如上所述，尽管专利代理人在归纳轮胎防爆装置这一发明专利申请的权利要求时，将权利要求扩展到了轮胎防爆装置的应用对象——汽车和飞机，从而撰写了三个不同的独立权利要求，但是，由于以汽车为主题的权利要求 9 和以飞机为主题的权利要求 10 并没有对现有技术作出新的、有别于权利要求 1 及其从属权利要求的实质性贡献，并且在汽车或者飞机形成利润的过程中有多种权利客体在发挥作用，因此，在发生侵权且难以证明权利人因被侵权而受到的损失的情况下，简单地按照汽车或飞机的利润来确定损害赔偿数额是明显不妥的。那么，在发生了侵犯权利要求 9 或者权利要求 10 的保护主题，且难以证明权利人因被侵权而受到

的损失的情况下，究竟该怎样具体确定损害赔偿数额呢？对此，《审理侵犯专利权纠纷案件应用法律若干问题的解释》第16条为解决这一问题提供了一个基本尺度。

根据《审理侵犯专利权纠纷案件应用法律若干问题的解释》第16条第1款的规定，确定侵权人因侵权所获得的利益，应当限于侵权人因侵犯专利权行为所获得的利益；因其他权利所产生的利益，应当合理扣除。一般说来，汽车、飞机等由成千上万个不同的技术方案集合而成的复杂产品，其所涉及的权利通常不仅限于被侵权人的专利，除了被侵权人的专利外，侵权人往往会有自己的专利，并且除了专利外，商标、商业秘密等其他权利客体也会在产品利润的形成过程中或多或少地发挥作用。因此，确定侵权损害赔偿的数额时，应扣除其他权利所产生的利润。

退一步说，即便除了被侵权的专利以外，侵权的汽车或飞机的利润不涉及其他权利——这种情况在现实的经济活动中几乎是不存在的，也不意味着可以将侵权的汽车或飞机的全部利润视为侵权所获得的利益。这是因为，尽管专利权人在其专利申请文件中采用了权利要求9和权利要求10这样的写法，但就其对现有技术的实质贡献而言，客观上相当于将其发明的轮胎防爆装置作为零部件用在了现有的汽车或飞机的轮胎内。针对涉及零部件的专利侵权损害赔偿问题，《审理侵犯专利权纠纷案件应用法律若干问题的解释》第16条第2款规定："侵犯发明、实用新型专利权的产品系另一产品的零部件的，人民法院应当根据该零部件本身的价值及其在实现成品利润中的作用等因素合理确定赔偿数额。"这一规定表明，简单地将侵权的汽车或飞机的全部利润视为侵权所获得的利益是不妥的。

需要进一步说明的是，在与一些同行讨论前述权利要求的写法及其与损害赔偿的关系时，不少同行赞成上述权利要求的撰写方式，并表示他们自己经常是这么干的。个别同行还对《审理侵犯专利权纠纷案件应用法律若干问题的解释》第16条所确立的技术分摊规则提出了质疑，其理由如下：其一，技术分摊规则是一个在美国专利史上曾经存在，后被该国放弃且至今仍未恢复的制度，作为一个专利制度相当成熟的国家，美国放弃技术分摊规则自然有其合理性，中国有什么必要将已被美国放弃的"旧规则"作为一种"新规则"引入自己的专利制度中来呢？其二，由于影响产品利润的因素很多，且难以量化，因此，《审理侵犯专利权纠纷案件应用法律若干问题的解释》第 16 条的规定事实上不具备可操作性。

　　笔者不同意上述观点，理由如下：①中国的专利制度不是对美国专利制度的复制、翻译，美国放弃技术分摊规则，不能成为中国拒绝该规则的理由。其实，即使在美国国内，在是否恢复技术分摊规则的问题上，也是一直有争议的。❶ ②"影响产品利润的因素很多，且难以量化"的问题的确存在，但这并不能成为我国专利制度拒绝技术分摊规则的理由。技术分摊规则的价值和意义在于，该规则要求法官在确定专利侵权的损害赔偿数额时，不能简单地将侵权产品的利润全部视为侵权所获得的利益，至于具体的赔偿数额，法官可以根据原被告双方的证据和其他具体的案件事实，相对合理地作出认定。具体到前述权利要求 9 或者权利要求 10 所保护的汽车或飞机而言，如果真的发生侵权，按技术分摊规则确定赔偿数额并不难。以同一品牌、同一型号的中档轿车为例，目前，未安装轮胎防爆装置的中档轿车的销售利润一般可达数万元，将侵犯专利权的中档轿车的利润减去未安装轮胎防爆装置的中档轿车的利润后所得到的差，即可视为侵权所获得的利益。

　　❶　张玉敏，杨晓玲. 美国专利侵权诉讼中损害赔偿金计算及对我国的借鉴意义［J］. 法律适用，2014（8）.

实用新型制度国际比较研究

管荣齐[*]

实用新型制度旨在鼓励和保护中小微科技创新，目前世界上近 60 个国家和地区建立了这一制度，[❶] 包括中国、德国、俄罗斯、韩国、日本、巴西、意大利、西班牙、澳大利亚、法国（以实用新型申请量为序）等。因为国际上没有关于实用新型制度的公约，所以各个国家和地区的实用新型制度差别较大，主要集中在实用新型的客体范围、实质条件和审查程序三个方面。中国正在加快实施创新驱动发展战略，需要实用新型制度更加充分地发挥作用，同时面临实用新型量大质次问题的进一步考验，因而应当在学习和借鉴典型国家先进做法的基础上，全面深化实用新型制度改革。

一、世界上典型国家实用新型制度模式

（一）法国实用新型制度模式

法国实用新型制度模式的主要特点是：实用新型和发明专利都规定在专利法中，且实用新型的客体范围、实质条件与发明专

---

* 作者简介：天津工业大学文法学院副教授、硕士生导师，天津大学知识产权法研究基地研究员，中国社会科学院知识产权中心法学博士，天津市高级人民法院知识产权庭副庭长（挂职）。本文为 2015 年度天津市哲学社会科学研究规划项目成果（项目编号：TJFX15－008）、最高人民法院 2015 年度审判理论重大课题成果（项目编号：2015SPZD15）。

❶ WIPO. Where can Utility Models be Acquired? [EB/OL]. [2015－02－10]. http://www.wipo.int/sme/en/ip_business/utility_models/where.htm.

利的完全相同，但实用新型只进行形式审查而不进行实质审查。

根据法国《知识产权法典》发明专利法部分的有关规定，实用新型证书是一项专利申请通过了形式审查以后、进入实质审查程序之前所获得的权利证书，该专利申请可以选择就此终止审查程序，也可以选择申请进入实质审查而获取发明专利证书；无论申请获得实用新型证书还是发明专利证书，对其实质条件要求是完全相同的，其中，新颖性实行世界地域标准（即绝对新颖性标准，要求所涉及的技术方案没有在世界任何地方以任何方式公开过），创造性要求对所属领域普通技术人员来说非显而易见，实用性要求能够在产业上应用。❶ 法国实用新型制度模式，目前在世界上独树一帜。

法国实用新型与发明专利相同的实质条件要求，是建立在三个前提之上的。第一个前提是，法国实用新型的客体范围和发明专利的相同，比绝大多数国家和地区的客体范围大；第二个前提是，法国实用新型证书不影响发明专利证书的获得，较好地解决了发明专利申请临时保护问题；第三个前提是，实用新型证书的获得实行形式审查制，不进行任何实质审查。❷ 这三个前提在一定程度上释放了实用新型申请的热情，但是由于实用新型实质条件过高，法国实用新型的申请量多年来一直在低位徘徊。根据世界知识产权组织（WIPO）的统计数据，法国 2011～2014 年实用新型的申请量分别为 506 件、428 件、480 件、424 件。❸

法国实用新型制度对于中小微科技创新的保护，还不及没有实用新型制度的美国。美国发明专利的新颖性至今仍然坚守相对新颖性标准，只要所涉及的技术方案没有在世界范围内公开出版

---

❶　Code de la propriété intellectuelle. Article L611 - 2，L611 - 10，L611 - 11，L611 - 14，L611 - 15. 2014.

❷　Code de la propriété intellectuelle. Article L612 - 15，L612 - 21. 2014.

❸　WIPO. Statistical Country Profiles：France ［EB/OL］. ［2015 - 02 - 10］. http：//www. wipo. int/ipstats/en/statistics/country _ profile/profile. jsp？ code＝FR.

过、没有在本国范围内以使用或其他方式公开过即可。❶ 这虽然看似降低了发明专利的质量，但有利于技术引进和中小微科技创新的保护。如果将绝对新颖性标准以下、相对新颖性标准以上的中小微科技创新视为实用新型客体的话，那么可以视为美国有类似于法国的实用新型制度。美国"实用新型"制度的特点在于，实行相对新颖性标准，并进行实质审查。

（二）日本实用新型制度模式

日本实用新型制度模式的主要特点是：实用新型由专门法保护，而专利法仅保护发明；实用新型的客体范围比发明专利小，仅限于具有一定形状、构造或其结合的发明创造；实用新型的新颖性、实用性与发明专利完全相同，但创造性比发明专利低；实用新型只进行形式审查，而不进行实质审查。

日本是世界上第二个正式建立实用新型制度的国家，于1905年在《特许法》之外制定了专门的《实用新案法》。根据日本《实用新案法》和《特许法》的有关规定，实用新型的新颖性与发明专利相同，实行绝对新颖性标准，现有技术的范围涵盖日本国内外；实用新型的创造性比发明专利低，其差别在于得到技术方案的难度是极其轻易（exceedingly easy）还是轻易（easily）；实用新型的实用性与发明专利相同，要求技术方案能够在产业上利用；实用新型的授权实行注册制（即形式审查制），无需进行实质审查。❷ 目前世界上采用日本实用新型制度模式的国家有意大利、西班牙、捷克、澳大利亚、奥地利等。

日本实用新型的实质条件比法国低，但申请环境未必较法国宽松。日本实用新型申请环境没有因其实质条件降低而得到根本性改善，其原因有：①日本实用新型的客体范围比法国小，仅限于具有一定形状、构造或其结合的发明创造；②日本实用新型转

---

❶ United States Code Title 35 – Patents. Article 102. 2014.

❷ 日本《实用新案法》（2011）第3条、第14条；《特许法》（2011）第29条。

换为发明专利有很多限制条件，不如法国方便。❶ 尽管如此，由于日本具有学习-模仿、借鉴-改进欧美先进科技并以实用新型加以保护的历史传统和强烈意识，且其《实用新案法》经过了1993年和2004年的修改，极大地改善了实用新型申请环境，因而日本实用新型的申请量近20多年来处于高位平稳下滑的态势。

日本实用新型申请量下滑的主要症结之一，在于实用新型的实质条件暨新颖性要求偏高。日本《实用新案法》修改的1993年和2004年，日本实用新型申请量在当年有一个明显攀升之后马上重新进入下滑通道。❷ 就改善实用新型申请环境而言，日本《实用新案法》至今仍未作出重大调整的只剩下实质条件和客体范围。关于实用新型实质条件特别是新颖性要求的调整，可以学习借鉴美国、德国的做法。对于美国"实用新型"的新颖性，已在法国模式部分作过介绍，此处不再赘述；对于德国实用新型的新颖性，参见德国模式部分的分析。

（三）韩国实用新型制度模式

韩国实用新型制度模式的主要特点是：实用新型由专门法保护，而专利法仅保护发明；实用新型的客体范围比发明专利小，仅限于具有一定形状、构造或其结合的发明创造；实用新型的新颖性、实用性与发明专利相同，但创造性低于发明专利；实用新型不但进行形式审查，而且进行实质审查。

韩国实用新型的立法模式、客体范围、实质条件与日本类似，但审查程序不同。韩国于1961年在《专利法》之外建立了专门的《实用新型法》。根据韩国《实用新型法》和《专利法》的有关规定，实用新型的客体范围限于具有一定形状、构造或其结合的发明创造；实用新型的新颖性与发明专利相同，实行绝对新颖性标

---

❶　日本《实用新案法》（2011）第3条、第10条；日本《特许法》（2011）第46条。

❷　WIPO. Statistical Country Profiles：Japan［EB/OL］.［2015 - 02 - 10］. http：//www. wipo. int/ipstats/en/statistics/country _ profile/profile. jsp? code＝JP.

准；实用新型的创造性比发明专利低，其差别在于得到技术方案的难度状态是轻易地已经做到（easily have been made）还是轻易地能够做到（easily be made）；实用新型的实用性与发明专利相同，要求技术方案具有产业应用性；实用新型的授权像发明专利一样，实行实质审查制。❶ 目前世界上巴西等国采用韩国实用新型制度模式。

韩国实用新型的审查程序经历过反复调整。其实，最初日本（1905 年）和韩国（1961 年）实用新型都实行实质审查制，后来日本于 1993 年、韩国于 1999 年改为注册制（形式审查制）。但进入 21 世纪以后，日本于 2004 年在注册制的基础上进一步优化实用新型申请环境，而韩国于 2006 年在加大优先（加快）审查范围和力度的情况下又改回到实质审查制。❷ 韩国实用新型实质审查制的主要目的在于提高实用新型授权质量，但牺牲了实用新型授权速度和申请环境。从 WIPO 统计数据来看，韩国实用新型 2006 年以后的年均申请量仅为 2000～2006 年的 1/3 左右，且还在逐年下滑。❸

韩国实用新型实质审查制所带来的质量提高和数量下滑，从长远来看不利于其社会经济技术进步。韩国总体科技水平尚不及美国、德国、法国、英国、日本等国，还需要引进、借鉴这些国家的原始科技创新，而由原始科技创新衍生出的中小微科技创新，亦应是韩国在相当长的时期内实用新型保护的重点。即使科技发达如德国、日本，仍在尽一切可能地通过改善实用新型申请环境来保护中小微科技创新。世界各国实用新型发展的历史证明，随

---

❶ Utility Model Act. Article 4. 2013；Patent Act. Article 29. 2013.

❷ 杨平. 日本实用新型制度的历史及变革［J］. 中国发明与专利，2008（9）；周璠. 韩国实用新型制度的变革［J］. 中国发明与专利，2008（10）.

❸ WIPO. Statistical Country Profiles：Republic of Korea［EB/OL］. ［2015 – 02 – 10］. http：//www. wipo. int/ipstats/en/statistics/country _ profile/profile. jsp？code＝KR.

着科技水平的提高，实用新型申请量有一个加速下滑的趋势，实用新型的客体范围、实质条件和审查程序应当有利于改善实用新型申请环境。

（四）德国实用新型制度模式

德国实用新型制度模式的主要特点是：实用新型由专门法保护，而专利法仅保护发明；实用新型的客体范围虽比发明专利小，但涵盖除方法以外的所有产品；实用新型的实用性与发明专利的相同，但新颖性、创造性低于发明专利；实用新型只进行形式审查，不进行实质审查。

德国是世界上第一个正式建立实用新型制度的国家，于 1891 年在专利法之外制定了专门的实用新型法。根据德国实用新型法和专利法的有关规定，实用新型的新颖性低于发明专利，前者实行相对新颖性标准，后者实行绝对新颖性标准；实用新型的创造性低于发明专利，前者要求技术方案中包含"创造性步骤"（erfin-derischen Schritt），后者要求技术方案中包含更高标准的"创造性活动"（erfinderischen Tätigkeit）；实用新型的实用性与发明专利相同，要求技术方案适于工业应用；实用新型的授权实行注册制，不进行实质条件审查。❶ 目前世界上匈牙利等国采用德国实用新型制度模式。

与法国、日本、韩国相比，德国实用新型实质条件最大的不同是其低于发明专利的相对新颖性标准。德国实用新型实行低于发明专利的相对新颖性标准，具有两个方面的含义和作用：一方面，德国实用新型的新颖性要求低于发明专利，有利于吸收和引进在国外尚未书面记载而只以口头、使用或其他方式公开的科技创新成果；另一方面，德国实用新型的新颖性实行相对新颖性标准，有利于保护相对新颖性标准以上、绝对新颖性标准以下的中小微科技创新成果。总之，德国实用新型较低的新颖性拓宽了科

---

❶　Gebrauchsmustergesetz. § 1, 2, 3, 8. 2013; Patentgesetz. § 1, 3, 5. 2013.

技创新成果的实用新型保护范围。

德国实用新型的实质条件和审查程序，自 1891 年以来《实用新型法》历经十多次修改而基本保持不变，是基于实用新型的客体范围和其他相关制度的不断完善。德国实用新型客体范围最初同日本、韩国一样，限于具有一定形状、构造或其结合的发明创造，但在 1990 年修改《实用新型法》以后，实用新型客体范围扩大至除方法以外的所有"发明"（Erfindungen），不再限定实用新型保护客体的样态。德国 1986 年修改实用新型法时，在优先权制度之外建立了期限灵活、完全独立的岔路申请（branch application）制度，同一技术方案依此可以同时获得发明专利、实用新型两种权利保护。❶

（五）俄罗斯实用新型制度模式

俄罗斯实用新型制度模式的主要特点是：实用新型和发明、外观设计一样，都是专利法的保护对象；实用新型的客体范围比发明专利小，限于具有一定形状构造或者其结合的装置；实用新型的新颖性、实用性与发明专利的相同，但创造性没有要求；实用新型只进行形式审查，而不进行实质审查。

根据《俄罗斯联邦民法典》第四部分"知识产权编"的有关规定，实用新型的新颖性与发明专利相同，实行绝对新颖性标准；实用新型没有创造性要求，而发明专利要求具有创造性；实用新型的实用性与发明专利相同，要求技术方案适于工业上应用；实用新型的授权实行形式审查制，不进行实质条件审查。❷ 目前世界上采用俄罗斯实用新型制度模式的国家，有乌克兰、土耳其、白俄罗斯、菲律宾、墨西哥等。

与法国、日本、韩国、德国相比，俄罗斯实用新型实质条件最大的不同在于没有创造性要求。法国实用新型实质条件与发明

❶　Gebrauchsmustergesetz. § 1, 5. 2013.

❷　Гражданский кодекс Российской Федерации. Статья 1350，1351，1390. 2014.

专利相同，其创造性要求不低于发明专利自不必说；日本、韩国、德国实用新型的创造性虽然低于发明专利，但是仍有最低的创造性要求（创造性底线）；但是在俄罗斯，实用新型没有创造性底线，亦即所有不同于现有技术的技术方案都可以获得实用新型保护。没有创造性底线的结果是，一方面，实用新型申请环境较为宽松，推动实用新型申请量持续增长；另一方面，实用新型质量较低，限制了社会公众对技术方案的实施，阻碍了社会经济技术进步。

俄罗斯目前处于科技水平不高的阶段，没有创造性底线的实用新型制度契合其国情。前面已经述及，一国科技水平与实用新型申请量之间是二元二次函数关系（开口向下的抛物线），在科技水平不高时，实用新型申请量增长缓慢，为了鼓励和保护中小微科技创新，实用新型实质条件将会尽可能放低要求；随着科技水平的提高，实用新型申请量加速上升，实用新型质量问题凸显，如果原有的实用新型实质条件要求过低，将会在国内外压力（主要是国外压力）之下有所提高；当科技水平发展到一定阶段，实用新型申请量不升反降并加速下滑，为了继续鼓励和保护中小微科技创新，如果现有的实用新型实质条件要求过高，将会在国内外压力（主要是国内压力）之下有所降低。

（六）中国实用新型制度模式

中国实用新型制度模式的主要特点是：实用新型和发明、外观设计一样，都是专利法的保护对象；实用新型的客体范围比发明专利小，仅限于具有一定形状、构造或其结合的发明创造；实用新型的新颖性、实用性与发明专利的完全相同，但创造性比发明专利的低；实用新型只进行初步审查，包括形式审查和明显实质性缺陷审查。

中国实用新型的立法模式与法国、俄罗斯类似，但实质条件和审查程序与日本近似。中国实用新型制度与发明专利制度一并规定在专利法中。根据中国《专利法》《专利法实施细则》和《专利审查指南 2010》的有关规定，实用新型的新颖性与发明专利的相同，实行绝对新颖性标准；实用新型的创造性低于发明专利，前者包括"实质性特点和进步"，后者包括"突出的实质性特点和显著的进步"；实用新型的实用性与发明专利相同，包括"能够制造或者使用"和"能够产生积极效果"；实用新型的授权实行初步审查制，包括新颖性审查、实用性审查而不包括创造性审查。❶

总体而言，中国实用新型实质条件不低于多数国家。中国实用新型采用世界上最高的绝对新颖性标准，显然高于多数国家所采用的相对新颖性标准，❷ 这虽然有利于保证实用新型的质量，但是不利于鼓励和保护只具有相对新颖性的中小微科技创新。中国实用新型的创造性虽然低于发明专利，看似高于日本、韩国、德国等大多数国家，实质上与这些国家大体一致，基本上适合中国现阶段总体科技水平和创新能力较低的国情。中国实用新型的实用性高于其他国家，虽然较高的实用性是实用新型的应有之义，但与国际主流做法和国际趋势不符。❸ 中国实用新型的初步审查制，虽比韩国、巴西等国的实质审查制宽松一些，但比法国、日本、德国、俄罗斯等绝大多数国家所采用的形式审查制要严格得多。

中国实用新型制度模式中，目前广受诟病的主要有两点：①实用新型的创造性过低。前面已经述及，中国专利法所规定的实用新型的创造性要求并不低，只是因为在创造性判断中掺入了技术效果因素，在一定程度上降低了实用新型的创造性。❹ ②实用新型不经实质审查就获得授权。通过前面的分析已经知道，中国实用

---

❶　2008 年《中华人民共和国专利法》第 22 条、第 40 条；2010 年《中华人民共和国专利法实施细则》第 44 条；2014 年《专利审查指南 2010》第一部分第二章。

❷　国家知识产权局. 中国实用新型专利制度发展状况［N］. 中国知识产权报，2012 - 12 - 21（5）.

❸　管荣齐. 中国专利创造性条件的改进建议［J］. 法学论坛，2012（3）.

❹　管荣齐. 发明专利的创造性［M］. 北京：知识产权出版社，2012：128 - 140.

新型所实行的初步审查制，比绝大多数国家所采用的形式审查制要严格得多，只是因为中国专利审查指南在 2013 年修改前不允许使用检索手段进行实用新型的初步审查，❶ 造成实用新型的新颖性审查形同虚设，但这已经成为历史。

二、对中国实用新型制度改革的启示

（一）中国实用新型制度改革的背景和目标

1. 创新驱动发展战略提出新的要求

当前正在加快实施的创新驱动发展战略，主要有两层含义，❷相应地提出了两个方面的新要求：①发展的驱动力是创新而不是其他，要求进一步鼓励和保护创新。创新的核心是科技创新，❸ 依据创新程度的不同，可以将科技创新划分为重大科技创新和中小微科技创新，其中，重大科技创新数量有限，其主体一般是政府、大型企业；而中小微科技创新数量众多，其主体一般是中小微企业或个人。就推动社会经济技术进步而言，众多的中小微科技创新，不亚于有限的重大科技创新。就鼓励和保护而言，重大科技创新举世瞩目，无需特别关照；而中小微科技创新势单力薄，容易被忽视，因而应当加大力度。②创新的目的是驱动发展而不是其他，要求更加注重创新成果的质量。影响科技创新成果质量的因素主要是科技创新成果的新颖性、创造性和实用性（统称为"三性"），其中，新颖性要求科技创新成果与现有技术不同，创造性要求科技创新成果与现有技术不同的程度要达到一定高度，实用性要求科技创新成果能够在产业（包括但不限于工业、商业、农业等）上应用。重大科技创新成果的"三性"毋庸置疑，但中

---

❶　国家知识产权局令第 67 号：《国家知识产权局关于修改〈专利审查指南〉的决定》第 1 条（2013 年 9 月 16 日）。

❷　胡伟武. 如何克服科技与经济"两张皮"［N］. 光明日报，2012 - 12 - 13 (16).

❸　习近平. 加快实施创新驱动发展战略［N］. 经济参考报，2014 - 08 - 19（3）.

小微科技创新成果往往存在"三性"问题。

创新驱动发展战略所提出的新要求，为中国实用新型制度改革确立了新目标。实用新型旨在保护中小微科技创新，其实质条件包括两个方面的内容：一是实用新型实质条件的设置，即新颖性、创造性、实用性的高低，关系到实用新型的内在质量和保护深度；二是实用新型实质条件的审查，即是否及如何进行新颖性、创造性、实用性的审查，关系到实用新型的授权质量和保护速度。实用新型的质量包括内在质量和外在质量，其中，内在质量是指实用新型所涉及的技术方案所包含的社会经济技术价值大小，外在质量主要是授权质量，即实用新型所涉及的技术方案对实用新型授权标准的符合程度。❶ 实用新型的保护长度、保护宽度、保护深度和保护速度是实用新型保护的四个维度，其中保护长度即实用新型的有效期限，保护宽度即实用新型的客体范围，保护深度是指实用新型所保护的技术方案的社会经济技术价值基准，保护速度是指实用新型所涉及的技术方案获得实用新型授权的快慢。创新驱动发展战略要求加强中小微科技创新的保护，在实用新型的保护长度、保护宽度不变的情况下，需要增加实用新型的保护深度和保护速度，为此应当降低实用新型实质条件，减少实用新型实质条件审查；创新驱动发展战略要求提高中小微科技创新成果的质量，那么实用新型的内在质量和外在质量都要有所提高，为此应当提升实用新型实质条件，加强实用新型实质条件审查。很显然，这两个目标之间存在矛盾，必须适度把握、做好平衡，具有较大专业难度，也正因如此，中国实用新型制度改革像其他方面的改革一样需要全面深化。

2. 实用新型"量大质次"问题依然突出

2005～2008 年，国家知识产权局曾就实用新型制度组织系列专项课题研究，研究对象和内容涵盖中外比较、客体范围、授权

---

❶ 朱雪忠，万小丽. 竞争力视角下的专利质量界定 [J]. 知识产权，2009（4）.

标准、审查模式等，❶ 当时的背景是，中国实用新型量大质次的问题日益突出，反对甚至否定实用新型之声不绝于耳。这些课题研究成果多数已经反映在其后中国《专利法》《专利法实施细则》《专利审查指南 2010》的修改中。2008 年中国《专利法》的修改：实用新型与发明专利一同实行绝对新颖性标准，提高了实用新型的实质条件；允许同一申请人就同样的发明创造同时申请实用新型和发明专利，以实用新型弥补了发明专利申请临时保护措施的不足。❷ 中国 2010 年《专利法实施细则》的修改：适当扩大实用新型申请的初步审查范围，增加明显新颖性缺陷、明显实用性缺陷审查，❸ 提高了实用新型的授权质量。2013 年中国《专利审查指南 2010》的修改：允许以检索获得的对比文件来审查实用新型申请的新颖性，❹ 加大了对实用新型申请的实质审查工作力度，从而进一步提高了实用新型的授权质量。经过上述修改后，中国实用新型量大质次的问题已经有所缓解，中国现行的实用新型制度也已得到了"适合中国现阶段国情"的评价。

中国实用新型量大质次的问题，经过上述修法虽然得到了一定缓解，但依然比较突出，且有升级之势。究其原因，主要是没有标本兼治、内外兼修。实用新型量大质次问题的根源既有内因又有外因。实用新型量大质次问题的内因即实用新型制度本身，主要是实用新型的实质条件和审查程序，经过此前的修法已经调整到位甚至有些过度，例如，新颖性标准过高，审查程序过于死板。实用新型量大质次问题的外因则是相关政策和国情，主要表现在三个方面：①中央和地方为了推进科技创新，对自主知识产权给予一定财政补贴、税收优惠，由于实用新型无需实审、授权

❶　　贺化. 中国知识产权年鉴［M］. 北京：知识产权出版社，2006～2009 年各年版本，"学术成果"部分。

❷　　2008 年《中华人民共和国专利法》第 9 条、第 22 条。

❸　　2010 年《中华人民共和国专利法实施细则》第 44 条。

❹　　2014 年《专利审查指南 2010》第一部分第二章第 11 节。

较快，因而受到广泛青睐，其申请量连年持续增长；②中国实用新型总量已经占到全世界的80%以上，但人均值仍远低于德国、日本、韩国等国历史高位时的数据，且中国科技水平尚处于快速上升期，因而在未来一段时间内，中国实用新型申请量还将继续保持较高的增长速度；③中国实用新型被宣告无效的比例极低，且呈逐年明显下降趋势，❶ 由于基数巨大，因而其绝对数仍然不小，给人一种数量巨大、垃圾泛滥的印象。如果紧密结合中国上述国情而减弱甚至消除上述造成中国实用新型数量增长的政策因素，深刻吸取其他国家调整实用新型实质条件的经验教训，准确把握科技发展水平与实用新型数量之间的变化规律，就不会对中国目前实用新型数量巨大而过分担忧，反而会对中国将来实用新型数量下滑而未雨绸缪，从而预先研究和修正所调整过度的实用新型实质条件和审查程序。

（二）中国实用新型制度改革的思路和举措

1. 总体思路

概括地说，24个字：扩大客体范围，优化实质条件，细化审查程序，弱化相关政策。所谓"扩大客体范围"是指借鉴典型国家的先进做法，结合创新驱动发展战略的新要求和实用新型量大质次的老问题，适当扩大实用新型的客体范围，由具有一定"形状、构造或者其结合"的产品，延伸至具有一定"形状、构造或者其结合"的产品及其制造方法。所谓"优化实质条件"是指优化实用新型的新颖性、创造性、实用性，包括降低新颖性标准、改善创造性和实用性，其目的在于加强中小微科技创新保护（增加实用新型保护深度），同时可能造成实用新型内在质量下降，对此通过细化审查程序、弱化相关政策予以化解。所谓"细化审查程序"是指将实用新型的初步审查程序细分为形式审查和明显实

❶ 国家知识产权局. 中国实用新型专利制度发展状况［N］. 中国知识产权报，2012－12－21（5）.

质性缺陷审查两个程序，其目标是在实用新型保护速度和授权质量之间，寻求一个稍微偏向于前者的平衡点。所谓"弱化相关政策"是指弱化实用新型申请相关的财政补贴、税收优惠政策，其目的在于减弱甚至消除推动实用新型数量增长的非市场化因素，由于不属于本文主题，在下面不展开讨论。

2. 扩大客体范围

实用新型的客体范围仅限于具有一定"形状、构造或者其结合"的产品，将会造成《专利法》第9条第1款和第11条第1款在适用上的问题。根据《专利法》第9条第1款的规定，为了尽快并长久获得专利保护，同一申请人就同样的发明创造可以同时申请实用新型专利和发明专利，并为在后获得发明专利而放弃在先获得的实用新型专利。根据《专利法》第11条第1款的规定，方法专利的法律效力可以延伸到依照该专利方法直接获得的产品。由于产品制造方法只能申请发明专利，从申请日到授权日的临时保护期内，方法本身容易遭受侵权使用；为了加强对产品的保护，申请人不得不先单独提出产品的实用新型专利申请，这样不但给申请人增加了负担，而且对产品制造方法本身保护不力。如果允许产品制造方法申请获得实用新型专利，那么同一申请人可以就产品制造方法同时申请实用新型专利和发明专利，这样既加强了对产品制造方法及其产品的保护，又为申请人节省了成本。因此，在当前实用新型申请量居高不下、实用新型客体范围不宜大扩的背景下，应当首先将实用新型客体范围延伸至具有一定"形状、构造或者其结合"的产品制造方法。

3. 优化实质条件

（1）降低新颖性标准

实用新型的新颖性由绝对新颖性标准调整为相对新颖性标准，直接产生的影响是实用新型的现有技术范围缩小，有关规定应当作出相应修改。《专利法》第22条第5款修改为："本法所称现有技术，是指申请日以前，该发明在国内外为公众所知的技术，该实用新型在国内外出版物上公开发表过、在国内公开使用过或者以其他方式为公众所知的技术。"《专利审查指南 2010》第二部分第三章第 2.1 节第 1 段修改为："现有技术是指申请日以前，发明在国内外为公众所知的技术，实用新型在国内外出版物上公开发表过、在国内公开使用过或者以其他方式为公众所知的技术。发明的现有技术包括在申请日（有优先权的，指优先权日）以前在国内外出版物上公开发表、在国内外公开使用或者以其他方式为公众所知的技术。"

除了上述修改以外，还需特别注意和应对的是，实用新型新颖性标准的调整将会带来一系列连锁反应和后续影响。实用新型的新颖性调整为相对新颖性标准以后，由实用新型的现有技术范围缩小进而影响到：以现有技术确定其技术水平的所属领域普通技术人员，以现有技术作为对比基准的创造性、实用性、技术效果、等同技术特征、现有技术抗辩，以所属领域普通技术人员作为判断主体的创造性、实用性、等同技术特征、专利权的保护范围、专利申请文件的撰写和修改等。这些影响带来正反两个方面的后果，其中正面的后果只有一个，即实用新型的技术效果变得更好；反面的后果较多，包括：实用新型所属领域普通技术人员的技术水平下降，实用新型的创造性、实用性要求降低，实用新型的等同技术特征减少，实用新型的现有技术抗辩减弱，实用新型的保护范围、申请文件的修改范围缩小，实用新型权利要求书、说明书的撰写要求提高。

（2）改善创造性和实用性

与发明专利创造性中"显著的进步"要求多余一样，实用新型创造性中"进步"要求也是不必要的，应当予以取消并相应修改有关规定。《专利法》第 22 条第 3 款修改为："创造性，是指与现有技术相比，该发明具有突出的实质性特点，该实用新型具有实质性特点。"《专利审查指南 2010》作出如下修改：第二部分第四章第 2 节内容部分删除文字"显著的进步"，删除第 2.3 节"显著的进步"，第3.1节第1段中删除文字"同时还应当审查发明是否具有显著的进步"，第3.2节前言部分删除文字"分别""和显著的进步的判断标准"，删除第3.2.2节"显著的进步的判断"；第四部分第六章第4节第3段中删除文字"和显著的进步""和进步"。

实用新型和发明专利的创造性判断中，"预料不到的技术效果"明显越位，应当让其归位并相应修改有关规定。有关"预料不到的技术效果"的地位和作用，规定在《专利审查指南2010》第二部分第四章第4.2～4.6节、第5.3节和第6.3节。总的修改建议是，在取得或产生"预料不到的技术效果"就直接认定为具有或符合创造性的内容中，增设"对所属领域普通技术人员来说非显而易见"的条件，即只有取得或产生"预料不到的技术效果"并"对所属领域普通技术人员来说非显而易见"时，才能作出具有或符合创造性的判断。

实用新型和发明的实用性中"能够产生积极效果"的要求，在其他国家和地区中没有类似规定，应当予以取消并相应修改有关规定。《专利法》第22条第4款修改为："实用性，是指该发明或者实用新型能够制造或者使用。"《专利审查指南2010》作出如下修改：第一部分第二章第12节删除文字"而且该产品能够产生积极、有益的效果"；第二部分第五章第2节删除第1段中文字"并且能够产生积极效果"和最后1段，删除第3.2.6节"无积极效果"。❶

4. 细化审查程序

对于实用新型的明显实质性缺陷的审查，建议作出如下细化规定：

除以下两种情形以外，实用新型申请需要经过形式审查、明显实质性缺陷审查后方可授权。其中，明显实质性缺陷包括新颖性缺陷、实用性缺陷，不包括创造性缺陷，创造性审查在实用新

---

❶　管荣齐. 我国专利实质条件的改进建议［J］. 知识产权，2013（10）.

型的评价报告、无效审查时进行。实用新型的新颖性、创造性、实用性审查要求，同发明专利。

（1）在实用新型申请提交的同时（同一天），或者在实用新型申请提交后、进行明显实质性缺陷审查前，就同一发明创造主题提交了发明专利申请，只要发明专利申请没有被驳回、撤回、视为撤回或视为未提交，则实用新型申请只经过形式审查即可授权；若实用新型授权后，发明专利申请被驳回、撤回或视为撤回，则实用新型需要补充进行明显实质性缺陷审查。

（2）在实用新型申请提交的同时（同一天），或者在实用新型申请提交后、进行明显实质性缺陷审查前，提交了实用新型评价报告请求书，只要该评价报告请求书没有被视为未提交，则实用新型申请只经过形式审查即可授权；若实用新型授权后，该评价报告请求书没有被视为未提交，则实用新型需要补充进行明显实质性缺陷审查。

我国植物新品种保护"走出去"战略思考

陈　红 *

随着知识经济和经济全球化深入发展，知识产权日益成为国家发展的战略性资源和国际竞争力的核心要素，成为建设创新型国家的重要支撑和掌握发展主动权的关键。《国家知识产权战略纲要》明确提出：到 2020 年要把我国建设成为知识产权创造、运用、保护和管理水平较高的国家，自主知识产权的水平和拥有量能够有效支撑创新型国家建设。植物新品种权是知识产权的一种重要形式，是实施国家知识产权战略和国家粮食安全战略的重要组成部分，是农业科技创新的重要原动力。为了在激烈的国际种子市场竞争中掌握主动，推动本国种业走出国门，进入国际市场，并在其他国家积极申请品种权保护，已成为主要发达国家跨国公司的重要海外战略，这也是我国种子企业占据国际种业市场的必然选择。❶ 我国植物新品种保护事业从无到有发展迅速，取得了显著成效。但是，我国单位和个人向海外申请植物新品种权的数量很少。为此，本文对我国向海外申请植物新品种权保护的现状和存在的问题进行分析，并厘清、总结出影响我国种子企业向海外申请品种权保护的各种因素，为规范和引导对外申请植物新品种权提供理论支持和政策依据。

---

* 作者简介：农业部科技发展中心植物新品种保护处副处长、高级农艺师，中国政法大学法律硕士学院兼职教授、硕士生导师。

❶ 王学君，宋敏. 国际化背景下中国种业竞争力分析［J］. 中国种业，2009（2）：5 - 9.

一、我国种业海外申请植物新品种权保护现状及存在的问题

截至 2014 年 12 月底，农业部共受理国外植物新品种权申请 809 件，主要有：荷兰 318 件、美国 228 件、韩国 86 件、日本 57 件、德国 29 件。[1] 根据目前的市场情况，国外申请的玉米、蔬菜、花卉等作物的新品种已在我国种业市场占据着重要的位置。但与外国单位和个人积极在我国布局植物新品种权相比，我国至今未批准过任何单位和个人向海外申请植物新品种权，通过地下通道私自向海外申请植物新品种权的数量也非常少。我国向海外申请品种权存在以下问题。

（一）所有向海外申请品种权保护都属未经登记私自申请的行为

通过对国际植物新品种保护联盟（UPOV）提供的数据进行分析，2000～2014 年，我国单位和个人共向海外提出品种权申请 135 件，接受我国植物新品种权申请的国家和地区数量由高到低依次为：欧盟 35 件，日本 24 件，美国 19 件，越南 16 件，荷兰 11 件，阿根廷 5 件，新西兰、乌克兰、澳大利亚、智利各 3 件，巴西、玻利维亚、韩国、以色列、加拿大各 2 件，巴拉圭、瑞士、南非各 1 件。[2] 按照《植物新品种保护条例》第 26 条规定，中国的单位或者个人将国内培育的植物新品种向国外申请品种权的，应当向审批机关登记。[3] 但是，到目前为止，没有任何单位和个人就海外申请品种权向我国审批机关登记过，因此，这 135 件植物

---

[1] 农业部植物新品种保护办公室. 1999—2014 年品种权申请情况汇总表［EB/OL］. http：//www.cnpvp.cn/Detail.aspx? k＝892&itemID＝1.

[2] UPOV. Plant Variety Protection Statistics for the Period 2010－2014［EB/OL］. http：//www.upov.int/edocs/mdocs/upov/en/c_49/c_49_7.pdf.

[3] 中华人民共和国国务院. 中华人民共和国植物新品种保护条例［M］. 北京：中国农业出版社，1997：10-18.

新品种实际上都是未经审批机关登记，私自向海外提出品种权申请的。

（二）海外申请品种权保护的申请量和授权数量都很少

根据相关数据统计，我国向海外申请品种权数量最多的年份是 2013 年。以 2013 年为例，全年 UPOV 成员国共接受来自外国品种权申请 5286 件，获得授权 3235 件，这是我国向海外申请量和授权量的 160 倍和 647 倍。2013 年荷兰向海外申请品种权 1078 件，获得授权 719 件，这是我国向海外申请量和授权量的 33 倍和 143 倍。与其他 UPOV 成员国相比，我国向海外申请量和授权量同样差距很大。

（三）海外年度申请和授权在数量上未形成持续性稳定增长

从申请年度来看，2014 年我国向海外申请量仅为 2 件，2013 年最多，共申请 33 件，其次为 2006 年 19 件、2008 年 17 件、2010 年 15 件、2011 年 11 件，其他年份的年申请量尚不足 10 件。新品种授权数量更是寥寥无几，2000～2014 年，我国共获得国外审批机关授权 48 件，2011 年授权量最多达 11 件，其次是 2012 年 7 件、2008 年 6 件，2005 年和 2013 年各 5 件，其他年份尚不足 5 件。总体上，与在国内申请相比，我国单位和个人向海外申请和授权数量均不多，且未形成持续性稳定增长态势。

（四）海外申请新品种的比例小

截至 2014 年底，我国单位和个人向海外申请植物新品种权数量仅占在国内申请量 12680 件的 1.1%，这说明我国育成的绝大部分品种均未在国外提出品种权申请。2009～2014 年，所有 UPOV 成员国接受国内申请 45991 件，接受国外申请 24337 件，向国外申请量超过国内申请量 50% 以上。我国向海外申请品种权保护的情况，与荷兰、美国、德国、瑞士等国家差距很大。

二、影响我国植物新品种保护海外申请的主要因素

植物新品种权同其他知识产权一样，具有鲜明的地域性特征。❶ 如果某个植物新品种在其他国家同样具有市场价值，还必须到当地申请品种权才能获得有效保护。从前面分析可以看出，我国目前还没有形成海外申请品种权的稳定态势。主要影响因素有以下几个。

（一）我国对植物品种资源出口的制度限制

申请植物新品种保护，一般需要申请人提交申请品种的繁殖材料，并经特异性、一致性和稳定性测试。❷ 根据《中华人民共和国农业部进出口农作物种子（苗）管理暂行办法》相关规定，我国现阶段对植物品种资源出口管理规定非常严格，❸ 特别是"不能对外交换"，"有条件对外交换"和"可以对外交换"的作物种质资源目录修订超过 10 年，已经不适应当前国际国内种业发展形势。即使向海外申请了品种权，由于不能按时按质按量提交申请品种繁殖材料，国内单位和个人最终也难以获得授权。即使得到授权，由于种质资源出口政策限制，也难以出口种子并发挥应有的市场效益。例如，我国对杂交水稻种子的出口有着过于严格的政策性限制，一些新育成的在国际市场上有较大优势的新品种，由于种质资源保护的原因不能出口，但原有的老品种由于品质及产量的原因，又在国际市场上难以接受，这大大削弱了我国种子的出口竞争力。

---

❶ 农业部科技发展中心. 植物新品种保护知识问答［M］. 北京：中国农业出版社，2009.

❷ 陈红，刘伟，郑金贵. 我国植物新品种 DUS 测试指南研制策略探讨［J］. 福建农林大学学报：哲学社会科学版，2011（3）：25 - 29.

❸ 中华人民共和国农业部进出口农作物种子（苗）管理暂行办法［EB/OL］.（2008 - 06 - 06）. http：//www. moa. gov. cn/zwllm/zcfg/nybgz/200806/t20080606_1057107. htm.

（二） 海外植物新品种保护缺乏前瞻性的战略布局

主要发达国家除了从国家战略的高度，采取积极措施提升本国的育种创新水平，争取技术优势之外，还会通过外交开道、财力撑腰等综合措施鼓励和支持本国企业、科研单位实施全球植物新品种保护战略部署，以便抢占国际种子市场的竞争优势。与发达国家积极在海外申请品种权相比，我国育种者的品种权申请还基本局限在国内。这不仅反映出我国育种创新能力与其他发达国家存在差距，也反映出我国育种者走出国门实施和运用品种权的意识、能力还非常薄弱，缺乏根据种子和农产品贸易需要，实施国际植物新品种保护的战略布局。

（三） 企业植物新品种创新能力不足

截至 2014 年 12 月底，农业部受理国内种子企业品种权申请 5186 件，授权 1558 件。根据调查，我国拥有植物新品种权的企业实际只有 100 家左右。按照 5400 家种子企业计算，[1] 每一家企业还不到 1 件申请，平均 6 家企业才拥有 1 件品种权。同时从已经获得品种权保护的情况来看，我国种子企业在国内的品种权申请较少，创新程度总体较低，商业修饰性育成的品种较多，原创性的主控品种少；[2] 急功近利型的短线品种多，防御型战略型的品种少。由于激烈的市场竞争，国内 90% 以上的种子企业长期停留在维持生存的水平，无力顾及科研开发，即使有研发能力的企业投入也严重不足。为了在竞争中维持市场地位，跨国种子企业投入大量资金用于新品种和新技术的研发，一般都把销售收入的 8%～10% 用于科学研究。我国种子企业科研投入平均不到销售收入的 1%，低于国际公认的"死亡线"。目前我国种子企业普遍缺乏国

---

❶ 中国种业如何提高技术创新能力 ［EB/OL］. （2012－08－23）. http：//news. xinhuanet. com/tech/2012－08/23/c_112825680. htm.

❷ 陈红，刘平，吕波，等. 我国建立实质性派生品种制度的必要性讨论 ［J］. 农业科技管理，2009 （1）：10－12.

际竞争力，育成品种创新能力不足，不具备大量向海外申请品种权的竞争优势。

（四）不熟悉国际植物新品种保护规则

植物新品种保护已成为我国种子企业参与国际贸易竞争的必需选择。由于我国植物新品种保护起步较晚，宣传培训工作开展不够，熟悉国际植物新品种保护制度的人才较少，尤其缺乏具有法律、新品种保护、遗传育种复合型知识结构，熟悉国际事务和国际规则，具备国际视野和战略思维的高层次人才。我国种子企业普遍对植物新品种保护国际规则不熟悉，更不知道如何向海外申请和保护植物新品种权。

三、我国植物新品种保护走出去的政策建议

2008 年发布的《国家知识产权战略纲要》指出，"支持企业等市场主体在境外取得知识产权"。《农业知识产权战略纲要》也提出在 2015 年前植物新品种权"向外国申请数量大幅度增加"的战略目标。2011 年颁布的《国务院关于加快推进现代农作物种业发展的意见》也明确提出，"支持国内优势种子企业开拓国外市场"。在种业国际竞争中，谁拥有更多的知识产权，谁就取得了市场的主动权和发展的优先权。我们应当鼓励具有竞争优势的植物新品种走出国门，发挥市场竞争优势，相应地，种子企业就应该及时向特定的出口国提出品种权保护的申请，并为获得品种权保护做好各种准备。但我国目前现行的一些规章制度在某种程度上阻碍了种业的国际化进程，必须加以改进。同时，我们还要做好一些基础的服务工作和采取一些必要的措施，以便更好地推动我们种业的国际化进程。

（一）启动修订种质资源管理制度的工作

任何一个国家对本国的种质资源应当享有主权，即使本国企业到国外开发和利用这些种质资源时，也应保证本国的种业发展

和种业安全。为了更好地加强种质资源出口管理，同时又便利我国单位和个人向海外申请品种权保护，应尽快启动我国种质资源管理制度的修订工作。首先，修订《植物新品种保护条例》。根据构建现代种业、发展种业强国的要求，修订或者明确和细化向海外申请品种权的规定，指定管理部门，细化申请程序方法，明确法律依据、权利、义务和责任，避免国内单位和个人走地下通道，使我国优良品种资源遭到不明流失。适当限制实质性派生品种，鼓励原始育种创新，提升育成品种国际竞争力。其次，完善《农作物种质资源管理办法》和《进出口农作物种子（苗）管理暂行办法》，特别是进一步修订我国现阶段对外提供作物种质资源分类原则及三类目录，支持国内单位和个人通过正常渠道提供必要的品种资源到国外申请植物新品种权和进行市场营销。

（二）强化海外植物新品种保护战略性布局

发达国家和跨国种业集团普遍重视植物新品种保护战略。品种权保护的海外部署是实现种子市场海外扩张的重要保障。我国政府和种子企业应当着眼于长远，就重点作物在相关国家或地区做好植物新品种保护部署。在制定海外发展战略时，应广泛调研各国的气候条件、品种要求、植物检疫措施、关税、市场需求、国民消费状况、进出口状况、该国政府对农业生产的鼓励措施等内容，根据各国不同的国情制定相应的发展计划。对于未建立植物新品种保护制度的出口对象国，如出口种子数量较大的部分东南亚国家，我国应与之签订双边互惠协议，积极开展宣传培训和技术支持，敦促和帮助其建立植物新品种保护制度。

（三）建立海外植物新品种保护预警系统

我国应尽快建立植物新品种保护预警分析系统，强化植物新品种保护信息分析和预警，动态监控，提前预防，制定相应的宏观指导政策。这一系统既可以帮助国内种子企业了解特定国家的植物新品种保护制度的内容、实施情况和影响因素，也可以为特定企业进入相关市场提供品种保护风险分析，做好提前预防，避免不必要的损失。

（四）扶持一批外向型"育繁推"一体化企业

目前国内种子企业战略性利用植物新品种权的能力还十分有限，特别是利用植物新品种权进行超前部署，占领世界种子市场的战略能力和意识都非常薄弱。政府应采取财政支持和信息咨询等综合措施，积极帮扶我国种子企业走出国门。一是设立国外申请新品种权的专项资金，重点支持国内"育繁推"一体化种子企业，重点支持符合国家植物新品种保护战略需求导向、有助于提升自主创新能力的作物领域。二是建立植物新品种海外申请帮扶机制。加强国际植物新品种保护宣传培训，正确引导企业积极向海外申请和保护植物新品种权。发布中国主要贸易对象国的植物新品种权申请指南，构建促进企业向外申请的配套审查机制，建立企业向外申请植物新品种权与目的国植物新品种权中介服务资源的对接渠道，支持企业获得国外植物新品种授权。

（五）加强国际植物新品种保护中介服务

鼓励建立品种权海外申请中介服务机构，加强国际植物新品种权代理、评估、转让和维权服务，促进植物新品种保护服务的国际化和产业化。还要发挥种子行业协会作用，使其作为政府和企业间的中介，积极为种业国际化搭建各种平台和渠道，为种业的国际化发展营造良好的氛围。

品种权侵权刑事责任比较研究

李菊丹*

2015 年 4 月 20 日，《种子法》（修订草案）提交全国人大常委会进行第一次审议。尽管在《种子法》（修订草案）中没有规定对植物新品种权（以下简称"品种权"）侵权行为追究刑事责任，但在整个《种子法》修订过程中，不少来自种子企业、国家机关的代表以及许多育种者都提出，现行法律关于品种权侵权责任规定过轻，不足以遏制当前品种侵权泛滥的严重行为，要求对品种权侵权行为追究刑事责任。一些全国人大和政协提案也强烈要求强化品种权的保护力度，提高品种权保护水平，将侵犯植物新品种权罪入刑。这样的想法和初衷是可以理解的，但是品种权侵权行为追究刑事责任是一项非常严厉的处罚，应持十分慎重的态度。本文拟从我国关于品种权侵权责任的基本内容、品种权侵权损害的利益、国际上关于品种权侵权是否追究刑事责任的情况以及现阶段追究品种权侵权刑事责任面临的问题等角度进行分析，认为我国现阶段不宜贸然对品种权侵权行为规定刑事责任，并就如何解决品种权保护实践中存在的问题，从制度建设的角度提出三点建议，以期对《种子法》以及《植物新品种保护条例》（2013 年）（以下简称《条例》）的进一步修订有所助益。

---

　　*　作者简介：中国社会科学院知识产权中心、中国社会科学院法学研究所副研究员。本文为国家社科基金青年基金项目"生物技术背景下我国植物新品种保护对策研究"（项目编号：13CFX087）研究成果。

一、我国关于品种权侵权责任的基本内容

根据《条例》相关规定❶，未经品种权人许可，为商业目的生产或者销售该授权品种的繁殖材料，为商业目的将该授权品种的繁殖材料重复使用于生产另一品种的繁殖材料，构成品种权侵权。《条例》没有明确规定品种权侵权所应的民事责任，仅规定省级以上人民政府农业、林业行政部门依据各自的职权处理品种权侵权案件时，为维护社会公共利益，可以责令侵权人停止侵权行为，没收违法所得，可以并处违法所得5倍以下的罚款。为了弥补上述《条例》的不足，最高人民法院于2007年颁布《关于审理侵犯植物新品种权纠纷案件具体应用法律问题的若干规定》（以下简称"法释〔2007〕1号"），规定人民法院审理侵犯植物新品种权纠纷案件，应当依照《民法通则》第134条的规定，结合案件具体情况，判决侵权人承担停止侵害、赔偿损失等民事责任。由此可见，在我国，品种权侵权人主要承担以停止侵害、赔偿损失为主要内容的民事责任，以及以没收违法所得和罚款为主要内容的行政责任，不需要承担刑事责任。

二、品种权侵权行为损害利益分析

品种权与其他知识产权一样，是一种无形财产权。根据我国现行《条例》的规定，未经品种权人许可，生产、销售授权品种繁殖材料，或者重复利用授权品种繁殖材料培育另一品种的，不属于法律规定的例外，即构成品种权侵权。目前与知识产权有关并涉及侵权法律责任的国际条约（如TRIPS），以及大部分国家的知识产权法，主要对著作权侵权和商标侵权中的假冒注册商标追究刑事责任，而专利侵权和品种侵权主要承担行政责任和民事责任。为什么会对各类知识产权侵权行为规定不同类型的法律责任

---

❶ 《植物新品种保护条例》（2013年）第6条和第39条。

呢？主要是考虑到这些侵权行为所侵犯的利益类型是有所不同的。

（一）严重的著作权侵权和假冒商标行为损害社会公共利益

著作权侵权行为不但侵害著作权人的私人利益，还容易损害文化产业的发展。因为几乎所有著作权保护的作品都直接暴露于公共领域，任何人都可以采取较为简单的手段获得作品并加以复制。例如只要拥有一台复印机就可以复制出大量的与原作品完全相同的作品复制件，复制的成本很小，复制的速度很快，尤其在电子环境下，这种复制的数量和速度更加惊人。例如，一部投资过亿的电影，如果被非法传上互联网供下载，哪怕只有数小时，完全有可能导致电影投资人所有投资血本无归，也可能导致投资者破产。因此，这些非法复制行为对作者原创动力、著作权人的经济利益以及整个国家文化产业的发展造成损害是极其巨大的。

商标假冒行为除了损害商标权人的利益，还严重损害消费者利益和危害市场竞争秩序。商标是用来区别商品或服务来源的标志，广大消费者主要通过商标来确定和选择消费的商品或服务。未经商标权人许可，在相同或近似的商品或服务上使用与注册商标相同或近似的商标，存在混淆可能的，构成商标侵权。商标假冒行为是商标侵权的一种，是指未经商标权人许可，在相同的商品或服务上使用与注册商标相同商标的行为。这种商标侵权具有很大的隐蔽性，消费者无法通过细心的选择来加以避免，而且造成的社会危害很大，商标假冒者不但可以享受搭便车的巨额利润，而且可以将由此出现的法律责任嫁祸给商标权人，在败坏商标权人商誉的同时，还严重危害市场竞争秩序和消费安全。

基于上述考虑，世界各国将严重的著作权侵权行为和商标假冒行为纳入刑法的调整范围，TRIPS 也明确要求世界知识产权组织成员，应当为以商业性规模故意假冒他人商标和盗版的情形，规定刑事程序和刑罚措施。❶ 但是对于一般的商标侵权行为，如在相同的商品或服务上使用近似的商标，或者在近似的商品上使用相同或近似的商标，则普遍没有要求追究刑事责任。

（二）品种权侵权和专利侵权主要损害权利人的经济利益

品种权侵权与专利侵权类似，主要损害权利人的合法利益。作为一种创造性的智力活动成果，品种权的保护对象与专利权的保护对象最为近似。实践中，未经许可使用专利覆盖的技术或设计，或者未经许可生产、销售授权品种繁殖材料，或者重复利用授权品种生产另一品种的，必须借助于一定的技术条件和设备，不是所有人都能实施上述侵权行为。这类侵权行为主要损害了专利或授权品种权利人的利益，基本不影响购买专利侵权产品或侵权种子的消费者的利益。因此，对这两类侵权行为则通常以追究民事赔偿责任为主，在特别情况下，辅以行政责任。

（三）严重的假冒授权品种和假冒专利侵害社会公共利益

实践中，还有一类违法行为与专利侵权、品种权侵权行为联系较为紧密，就是假冒专利和假冒品种权行为。根据 2001 年修订的《专利法》相关规定❷，假冒专利包括假冒他人专利和冒充专利。假冒他人专利是指未经专利权人许可而在自己制造或销售的产品、产品包装上标注他人的专利号；冒充专利是指以非专利产品冒充专利产品。假冒他人专利的，将受到行政处罚，构成犯罪的，依法追究刑事责任。冒充专利的，则由专利管理部门责令改正和处以罚款。2008 年修订的《专利法》将上述假冒他人专利和冒充专利合并为"冒充专利"❸，《专利法实施细则》具体规定了冒

---

❶　TRIPS 第 61 条。

❷　《专利法》（2001 年）第 58 条、第 59 条。

❸　《专利法》（2008 年）第 63 条。

充专利的各种情形。❶ 由于假冒专利是在相关产品、包装和文件上标注了虚假的专利标识，欺骗了社会公众并损害了公共利益。对于此种行为，除了依法承担民事责任外，还应由管理专利工作的部门责令改正并予公告，没收违法所得，可以并处违法所得 4 倍以下的罚款；没有违法所得的，可以处 20 万元以下的罚款；构成犯罪，依法追究刑事责任。同时，《刑法》第 216 条规定，假冒他人专利，情节严重的，处 3 年以下有期徒刑或者拘役，并处或者单处罚金。❷《专利法》之所以规定对冒充专利行为，除了要追究民事责任外，还要追究行政和刑事责任，主要是考虑到此种非法行为对消费者、市场竞争秩序和公共利益的严重影响。

基于同样道理，假冒授权品种的，尽管现行《条例》没有进行更细的区分，但是也应包括假冒他人授权品种和冒充授权品种两种行为。由于假冒授权品种的行为，不但可能损害品种权人的利益，更多的是欺骗社会公众和损害公共利益。因此，《条例》规定，假冒授权品种的，应被责令停止假冒行为，没收违法所得的植物品种繁殖材料，并处违法所得 1 倍以上 5 倍以下的罚款；情节严重，构成犯罪的，依法追究刑事责任。❸ 但《刑法》在"侵犯知识产权罪"部分中没有"假冒授权品种罪"与该条款进行对应，这是《条例》与《刑法》协调中存在的一个问题，但不妨碍相关行为承担相应的刑事责任。

1. 单纯的销售假种子行为

实践中，行为人甲以 B 授权品种的名称销售 A 品种的繁殖材料，如果 B 品种为他人拥有的真实存在的授权品种名称，则甲的行为构成假冒他人授权品种；如果 B 品种为无中生有的授权品种

---

❶　《专利法实施细则》（2010 年）第 84 条。

❷　《专利法》（2001 年）仅规定假冒他人专利的需要追究刑事责任，冒充专利的，由专利管理部门责令改正和处以罚款即可。因此《刑法》仅规定假冒他人专利行为，情节严重的，应追究刑事责任。

❸　《植物新品种保护条例》（2013 年）第 40 条。

名称，则甲的行为构成冒充授权品种。当然还会出现，行为人甲以自己拥有的 B 授权品种的名称销售 A 品种的繁殖材料，此时，其行为亦构成假冒授权品种。行为人甲的上述三种行为，不会构成品种权侵权，但是构成《种子法》中销售假种子的行为。因为，根据《种子法》规定，以非种子冒充种子或者以此种品种种子冒充他种品种种子的，以及种子种类、品种、产地与标签标注的内容不符的种子，均为假种子。❶ 销售假种子的行为，情节严重的，可追究刑事责任。

根据《刑法》第 147 条规定，销售明知是假的或者失去使用效能的种子，或者生产者、销售者以不合格的种子冒充合格的农种子，使生产遭受较大损失的，处 3 年以下有期徒刑或者拘役，并处或者单处销售金额 50％ 以上 2 倍以下罚金；使生产遭受重大损失的，处 3 年以上 7 年以下有期徒刑，并处销售金额 50％ 以上 2 倍以下罚金；使生产遭受特别重大损失的，处 7 年以上有期徒刑或者无期徒刑，并处销售金额 50％ 以上 2 倍以下罚金或者没收财产。❷ 实践中，只有使生产遭受较大损失的，才构成本罪。如果没有使生产遭受较大损失的，就不构成本罪。但是，根据《刑法》第 149 条规定，如果销售假冒种子的行为，没有对生产造成较大损失的额，但销售金额在 5 万元以上的，将根据《刑法》第 140 条销售伪劣产品罪追究行为人的刑事责任。❸《刑法》还同时规定，如果销售假冒种子，构成销售假冒种子罪，同时又构成销售伪劣产品罪的，依照处罚较重的规定定罪处罚。❹ 从《刑法》上述规定内容可以看出，相关违法行为需要追究刑事责任的前提是，该违法行为必须严重损害社会公共利益或者国家对相关社会关系的管理。也正是基于此种考虑，刑法要求只有那些使生产遭受较大损

❶ 《种子法》（2004 年）第 46 条。

❷ 《刑法》（2011 年）第 147 条。

❸ 《刑法》（2011 年）第 149 条第 1 款。

❹ 《刑法》（2011 年）第 149 条第 2 款。

失的销售假种子的行为，才能追究刑事责任。

2. 品种权侵权与生产销售假种子行为竞合

实际中，还存在另一种比较普遍的情况，即 A 品种为其他人拥有的授权品种，甲未经许可以 B 品种名称生产销售 A 品种的行为，就同时构成品种权侵权和生产销售假种子，这就是实践中常见的套牌销售行为。被控侵权人应同时承担品种权侵权和生产销售假种子的法律责任，即应承担相应行政责任或刑事责任的同时，还应向权利人承担损害赔偿责任。

（四）分析结论

品种权作为知识产权的一种，应当遵守知识产权侵权法律责任的一般规则，即只有相关侵权行为严重损害公共利益时，才能科以行政责任，乃至刑事责任。根据前文分析，可以发现，单纯的品种权侵权行为，基本上仅仅损害品种权人的利益，没有损害社会公共利益。侵权人只要承担相应的民事责任即可。实践中的套牌行为，不是单纯的品种权侵权行为，而是品种权侵权与生产销售假种子竞合的行为，需要根据情况分别追究相应的法律责任。因此，不能以我国目前实践中存在严重的套牌侵权行为，要求对品种权侵权行为科以严重的刑事责任，应当具体分析不同的法律责任，进行区别对待。

三、国际上关于品种权侵权是否追究刑事责任的相关情况分析

为了更全面地了解国际上对品种权侵权法律责任的基本情况，我们选择了美国、欧盟、日本、荷兰、德国、英国、加拿大、澳大利亚、印度、巴西等对国际植物新品种保护具有重要影响的国家或地区，以及中国台湾地区和两个知识产权国际公约加以考察，分析它们是否对品种权侵权行为追究刑事责任。通过考察发现，可以将这些国家分为两类加以具体分析。

（一）大多数国家或地区没有为品种权侵权提供刑事保护

在上述所选的 10 个国家及地区中，其中美国、欧盟、荷兰、英国、加拿大、印度和中国台湾地区主要通过以禁令与损害赔偿为主要内容的民事责任追究品种权侵权责任，没有对品种权侵权行为追究刑事责任。

1. 美国

美国是最早为植物发明提供知识产权保护的国家，分别通过《植物专利法》《植物新品种保护法》和《专利法》分别为植物发明提供植物专利（无性繁殖的植物）、植物新品种保护证书（有性繁殖的植物）和发明专利（所有植物发明）保护。《美国专利法》对侵害植物专利、发明专利行为主要提供两种救济手段，即禁令（injunctions，包括初步禁令和永久禁令）❶ 和损害赔偿（damages）❷，没有规定追究刑事责任。根据美国 1970 年《植物新品种保护法》相关规定，对于品种权侵权行为，品种权人可以通过民事诉讼获得禁令❸、损害赔偿金（在某些情况下还可以将损害赔偿金数额增加到 3 倍）❹，要求侵权人承担合理律师费用❺等方式获得救济。同时规定，任何人假冒"美国保护品种"或者没有合理理由使用"禁止未经许可繁殖""禁止未经许可繁殖种子"，或者没有使用品种保护证书所标明的品种名称等情形的，具有欺骗社会公众目的的，应判处不超过 1 万美元，最低不得少于 500 美元。上述刑罚，不妨碍权利人还可以通过民事诉讼获得救济。❻

2. 欧盟

欧盟于 1994 年颁布《欧共体植物品种保护条例》（以下简称《CPVR 条例》），创设具有欧盟统一效力的品种权保护制度，也用

---

❶　35 U. S. C. § 283.

❷　35 U. S. C. § 284.

❸❹❺　7 U. S. C. § 2563.

❻　7 U. S. C. § 2568.

以协调欧盟各成员国有关品种保护制度。根据相关规定❶，欧盟品种权（CPVR）所有人可以就他人的品种权侵权行为要求损害赔偿或者颁发禁令，或者两者皆可；还可以就第三方不正确地使用品种命名，或者在相同植物类别（species）中的其他植物品种上，使用与受保护品种的命名相同或容易混淆的近似命名的行为，要求损害赔偿或颁发禁令。实施上述行为的人不管是出于故意还是过失均应就 CPVR 所有人因此导致的损失承担赔偿责任。在轻微疏忽的情况下（in case of slight negligence），赔偿要求应根据轻微疏忽的程度予以减少，但不得少于实施侵权的人从侵权行为中获得的收益。❷ 同时，《CPVR 条例》规定，根据第 84 条规定承担侵权责任的行为人所获的任何收益都是利用品种权人权利的结果，因此成员国法院有权根据该条例第 101 条和第 102 条规定，适用成员国法律，包括国际私法，使权利人的利益得到补偿。该项规定也适用于欧共体品种权授权前使用相关植物新品种的行为。除上述规定外，欧盟品种权所有其他效力均应根据条例的相关规定。❸由上可知，尽管在实践中，侵犯欧盟品种权的行为需要通过成员国法院进行司法救济，但成员国法院只在品种权侵权赔偿范围方面有权适用本国法律，除此之外，包括侵权责任类型方面，均应根据欧盟 CPVR 条例相关规定进行裁判。也就是说，侵犯欧盟品种权的，侵权人只承担损害赔偿或者停止侵权，或者两者并处的法律责任。

　3. 荷兰

　　荷兰是全球花卉产业最为发达的国家之一，是花卉新品种选育和花卉贸易的全球中心，也是马铃薯种薯和园艺作物种子种苗

---

❶　(EC) No. 2506/95（of 25 October 199），Art. 13（2）.

❷　(EC) No. 2506/95（of 25 October 199），Art. 94.

❸　(EC) No. 2506/95（of 25 October 199），Art. 97

的重要出口国❶，"在欧盟和全球范围内申请保护的植物品种总数均居第一位，也是在中国申请植物品种保护最多的国家"。❷ 根据荷兰于 2005 年修订的《种子种苗法》（*Seeds and Planting Materials Act*）相关规定，品种权持有人拥有生产、繁殖、销售、出口、进口、用于上述目的的存储以及许可他人实施上述相关行为。未经授权任何其他人不得实施上述行为。该项排他性权利也应及于与该受保护品种收获材料有关的行为，以及由收获材料直接生产产品的相关行为，只要权利人在该品种的繁殖材料阶段或收获材料阶段没有合理机会行使权利。❸ 根据该法第五部分相关规定，品种权人有权禁止他人未经许可实施上述由品种权人享有的权利❹，对于行为人故意侵权的可以要求补偿（compensation），或者要求被控侵权人放弃因侵权获得利润，支付损害赔偿金（damages），没收侵权材料和工具，以及要求被控侵权方提供所有与侵权有关的数据等。因此，荷兰没有对品种权侵权行为追究刑事责任。

4. 英国

英国的植物新品种保护数量一直处于欧盟国家前列，其于 1997 年制定的《植物新品种保护法》（*Plant Varieties Act*）对涉及植物新品种保护的问题进行了系统规定，其中，明确规定品种权侵权的救济责任，品种权人可以提起品种权侵权诉讼，要求被控侵权人承担损害赔偿金（damages）、禁令（injunction 和 interdict）以及其他用以追究财产权利侵权责任的方式。❺ 同时，该法

---

❶ 郁书君，崔永强，杨梅. 荷兰的植物新品种保护与审定制度［J］. 中国种业，2009（1）：15.

❷ 张新明，杨坤，周云龙. 荷兰植物新品种保护制度的成功经验及对中国的启示［J］. 世界农业，2011（5）：52.

❸ Netherlands Seeds and Planting Materials Act（Act Of 19 February 2005），Section 57。

❹ Netherlands Seeds and Planting Materials Act（Act Of 19 February 2005），Section 70.

❺ United Kingdom Plant Varieties Act 1997. Section 13.

也明确规定了标注虚假信息和错误陈述的法律责任，如果在品种权申请、维持或者品种权争议复审、利用受保护品种过程中存在提供虚假信息或虚假标注的，应承担一定的刑事责任（guilty of an offence），或者不超过三倍基本标准的罚金（fine）。❶

5. 加拿大

加拿大于 2015 年最新修订的《育种者权保护法》相关规定，任何侵害育种者权的，有责任赔偿权利人因侵权造成的全部损失，除非有明确规定，权利人应承担部分责任。在品种权侵权诉讼中，权利人可以向法官请求颁发禁令，或要求损害赔偿，或者要求法院作出限制使用、生产或销售相关品种、赔偿侵权损失等内容的命令（order）。❷ 如果行为人没有以授权品种名称销售该品种的繁殖材料、或者利用授权品种名称销售不是该品种的繁殖材料、或者使用与授权品种名称相似以至产生误导的名称进行销售的，构成犯罪。❸

6. 印度

印度于 2001 制定的《植物新品种与农民权利保护法》对品种权侵权责任和假冒授权品种名称的法律责任进行了明确区分。根据相关规定，非权利人未经许可销售、出口、进口或生产相关品种，构成对品种权侵权的，可以请求法院判定停止侵权的禁令和由原告选择判定损害赔偿金或者分享被告因侵权获得的利润。❹

对于任何错误使用品种名称的，对于任何在品种销售中标错国家或产地信息，登记品种的育种者名字或地址的，除非能证明行为人没有欺骗的故意，应判处不少于 3 个月，不超过 2 年的监

---

❶ United Kingdom Plant Varieties Act 1997. Section 31，32.

❷ Canada Plant Breeders' Rights Act （Last amended on February 27，2015），Art. 41.

❸ Canada Plant Breeders' Rights Act （Last amended on February 27，2015），Art. 53 （2）.

❹ India Protection of Plant Varieties and Farmers' Rights Act 2001，Art. 66 （1）.

禁，或者判处不少于 5 万卢比但不超过 50 万卢比，或者两者并罚。❶ 任何销售、销售展示、为销售或生产目的占有任何假冒品种名称的品种的，或者假冒品种的产地国家或地区、育种者的名称或地址的，除非能证明：①其已尽到了所有合理注意，没有理由怀疑该品种的名称，相关国家、产地标记，育种者名称和地址的真实性；②根据控诉方要求，提供所有该品种来源；③其他没有犯罪故意的情形；否则应判处不少于 6 个月，不超过 2 年的监禁，或者判处不少于 5 万卢比但不超过 50 万卢比，或者两者并罚。❷

对于任何将不是该登记品种的名称、繁殖材料、实质性派生品种描述成该品种的名称、繁殖材料、实质性派生品种的描述，或者对该登记品种名称、繁殖材料、实质性派生品种进行相反的描述的，应判处不少于 6 个月，不超过 3 年的监禁，或者判处不少于 10 万卢比但不超过 50 万卢比的罚金，或者两者并罚。❸

7. 中国台湾地区

根据中国台湾地区于 2004 年修订的"植物品种及种苗法"规定，如果品种权人及相关权利人在品种权受侵害时，有权要求排除侵害，有侵害之虞者，得请求防止之。对于因故意或过失侵害品种权者，并得请求损害赔偿。❹ 同时规定，违反该规定关于植物新品种名称使用规定，未使用该品种取得品种权之名称的，处新台币 6 万元以上 30 万元以下罚锾。❺

（二）部分国家明确规定对品种权侵权追究刑事责任

在所选的 11 个国家及地区中，其中德国、日本、澳大利亚和巴西明确规定，对相关的品种权侵权行为，除了规定权利人可以要求损害赔偿、禁令等救济方式外，还可以对品种权侵权追究刑

❶ India Protection of Plant Varieties and Farmers' Rights Act 2001，Art. 70.
❷ India Protection of Plant Varieties and Farmers' Rights Act 2001，Art. 71.
❸ India Protection of Plant Varieties and Farmers' Rights Act 2001，Art. 72.
❹ 中国台湾地区"植物品种及种苗法"第 40 条。
❺ 中国台湾地区"植物品种及种苗法"第 56 条。

事责任。

1. 德国

德国于 1997 年修订的《植物新品种法》规定，未经品种权人许可，利用受保护品种的，构成品种权侵权；未经许可利用受保护品种名称，或者在相同或相近植物属或种上使用容易与受保护品种混淆的品种名称的，权利人可以请求停止侵权、损害赔偿和相应补偿。❶ 同时规定，任何人违反规定，生产、为繁殖目的处理、销售、进口、出口或者存储受德国保护的品种的繁殖材料、植物或植物的部分，以及产品的，或者违反《欧盟植物新品种保护条例》规定，繁殖、为繁殖目的的处理、许诺销售、销售、进口、出口或存储受欧盟品种权保护的品种材料的，应判处 3 年或 3 年以下监禁，或者罚金。如果行为以商业目的实施上述行为，则可判处监禁最长期限可达 5 年，或者判处罚金。此外，实施上述犯罪行为的企图也应受到惩罚。因侵犯品种权构成犯罪的，应权利人请求起诉。检查机关只有涉及特定公共利益的，才会依职权起诉。❷ 对没有以受保护品种（德国国家品种权或欧盟品种权保护的）名称销售该品种繁殖材料，或者没有以规定方式使用该品种名称的，或者使用容易与相同或相近植物属或种的品种名称混淆的品种名称的，构成犯罪的，应判处不超过 1 万马克的罚金。❸

2. 日本

根据日本于 2007 年修订的《植物品种保护与种苗法》规定，侵害育种者权或者排他性利用权的，应判处不超过 10 年或者不超

---

❶ Germany Plant Variety Protection Law（the Second Amendment Law of July 17, 1997），Art. 37.

❷ Germany Plant Variety Protection Law（the Second Amendment Law of July 17, 1997），Art. 39.

❸ Germany Plant Variety Protection Law（the Second Amendment Law of July 17, 1997），Art. 40.

过 1000 万日元的罚金，或者两者并罚。❶ 如果将登记品种名称或相似标记用于未登记品种的繁殖材料或包装上，或者用于未登记品种繁殖材料的销售的，或者进行广告的，构成品种名称的假冒，应判处不超过 3 年，或者不超过 300 万日元的罚金。❷

3. 澳大利亚

澳大利亚于 1994 年制定《植物育种者权利法》，后经 2003 年、2012 年、2013 年和 2015 年数次汇编修订。关于品种权侵权的救济。根据该法规定，只有品种权受让人可以向法院提起侵权之诉。澳大利亚联邦法院对品种权侵权诉讼拥有排他性的司法管辖权，在侵权诉讼过程中，可以根据设定的条件给予禁令（injunction），以及根据原告的请求给予损害赔偿金或者返回利润收益（damages or an account of profits）的救济。❸ 同时，该法还规定，如果被控侵权人在实施相关行为时，不知道或者没有合理理由证明其知道该品种权的存在，则法院可以驳回原告要求损害赔偿金和返回利润收益的诉讼请求。如果相关侵权行为实施之前，该授权品种的繁殖材料在澳大利亚销售时已经标明该品种获得品种权保护，并且销售量已经比较大量时（a substantial extent），则可以推定被控侵权人知道相关品种受品种权保护。❹ 同时该法规定，品种侵权人除对品种权侵权行为承担上述民事责任外，还可以根据严格责任追究 500 元罚金的刑事责任。其品种权侵权民事责任的承担，不影响对侵权行为刑事责任的追究。❺

4. 巴西

根据巴西于 1997 年制定的《制定植物品种保护和其他措施

---

❶　Japan Plant Variety Protection and Seed Act（amended by Act No. 49/2007），Art. 67.

❷　Japan Plant Variety Protection and Seed Act（amended by Act No. 49/2007），Art. 69.

❸❹　Australia Plant Breeder's Rights Act 1994，Section 56.

❺　Australia Plant Breeder's Rights Act 1994，Section 74.

法》规定，未经许可，以正确的品种名称或者其他名称销售、许诺销售、繁殖、进口或者出口，或者以上述目的存储、或以任何目的提供受保护品种繁殖材料的，必须对该品种权持有人进行补偿，除了没收相关繁殖材料外，还应支付所涉繁殖材料价格20％的罚金，构成犯罪的，还应承担相应的刑事责任。如果是累犯的情况，应判处双倍罚金。如果没收的繁殖材料质量合格的话，适格的机构可以将这些繁殖材料通过农业改革项目分配给农民种植，或者应用于支持家庭农业的公共项目中。相关种子禁止市场销售。❶

（三）UPOV 公约和 TRIPS 协议的相关要求

《国际植物新品种保护联盟公约》（以下简称《UPOV 公约》）和《与贸易有关的知识产权协议》（TRIPS）是与植物新品种保护有关的最为重要的国际条约。从《UPOV 公约》各文本的基本内容来看，主要规定了成员要为植物新品种提供保护，品种权的授权要件，品种权申请程序中的优先权、审查测试以及临时保护，品种权的保护范围与例外，权利用尽的情形与限制，保护期限与品种名称，品种权的无效与终止等内容，但没有为品种权侵权行为设定具体的法律责任。这就意味着品种权侵权责任交由各成员国国内法具体规定。

TRIPS 是 WTO 项下的一揽子协议之一，是迄今为止第一个试图在全球范围内，针对大部分知识产权，包括专利、商标、版权、工业外观设计、集成电路布图设计以及商业秘密等，建立最低保护标准的知识产权协议，要求 WTO 所有成员遵守。尽管 TRIPS 对植物新品种的保护没有给予较多的笔墨，甚至没有提及《UPOV 公约》，但是"它的实施比任何其他国际条约都更有助于

---

❶　Brazil Establishing the Plant Variety Protection Law and enacting other measures (Law No. 9，456 of April 28，1997)，Art. 37.

鼓励（各成员）为植物品种提供法律保护"❶，关键就在于 TRIPS 明确了成员国国内知识产权执法程序、TRIPS 理事会监督成员履行义务以及成员间的争端解决机制。根据 TRIPS 第 27 条 3（b）规定，各成员应以专利制度或有效的专门制度，或以任何组合制度，为植物新品种提供保护。同时根据 TRIPS 第三部分"知识产权的施行"相关规定，对于知识产权侵权行为，成员应给予权利人以禁止令、损害赔偿费以及要求司法部门将侵权商品排除商业渠道等方式的救济；❷ 至少在以商业规模蓄意假冒商标或剽窃著作权的案件中适用刑事诉讼程序和刑事处罚，适用的救济措施包括监禁或罚款，以及充公、没收或销毁侵权物品等。同时授权成员对其他侵犯知识产权的案件，特别是当侵权行为是蓄意的和以商业规模来进行的，适用刑事诉讼程序和刑事处罚。❸ 也就是说，TRIPS 仅要求各成员必须对以商业规模蓄意假冒商标或剽窃著作权的行为追究刑事责任，对于其他类型的知识产权案件适用何种法律责任由各成员决定。

（四）比较与分析

综合《UPOV 公约》和 TRIPS 的相关内容，这两个条约均没有要求成员对品种权侵权行为追究刑事责任。通过前述分析，可以发现所选择的 11 个国家和地区中，其中美国、欧盟等 7 个国家和地区仅对品种权侵权行为追究民事责任；日本和澳大利亚明确对品种权侵权行为除了追究民事责任外，还应追究刑事责任；德国和巴西将不正确使用品种名称的行为也纳入品种权侵权范围，在此基础上规定品种权侵权应承担相应的民事责任和刑事责任。除了德国和巴西之外的其他 9 个国家和地区明确规定应对不正确

❶　LAURENCE R. HELFER（for the Development law Service FAO legal Office）. Intellectual Property Right in Plant Varieties：International legal regimes and policy options for national governments［M］. FAO，2004：33.

❷　TRIPS 第 42～47 条。

❸　TRIPS 第 61 条。

使用品种名称的行为追究刑事责任。也就是说，大部分国家和地区没有超越《UPOV 公约》和 TRIPS 的规定，国内法中为品种权侵权行为设置刑事责任。

四、现阶段品种权侵权追究刑事责任面临的问题分析

自 1999 年我国农业部植物新品种保护办公室受理第一例植物新品种权以来，尽管我国在植物新品种保护的数量和分布上发生巨大变化，但是在品种权保护制度的宣传、司法、执法以及品种权创新成果的转化运用方面与品种权保护大国和强国的差距还很远，而且品种权保护范围和保护水平一直比较保守，如果在短时间内，没有探索其他有利于品种权的措施和手段，贸然采用刑事责任的方式强化品种权的保护，有可能使我国的品种权保护实践出现新的问题。

（一）品种权是一种法律推定有效的权利

知识产权是一种法律上推定有效的权利，无论是自创作完成自动产生的著作权，还是需要经过国家相关机关审批的专利权、商标权、品种权和集成电路布图设计权，在理论上都是一种推定有效的权利。相关的社会公众或被控侵权人，均可以通过特定无效程序，宣告相关的知识产权无效。从理论角度来说，将知识产权视为一项推定有效的权利，主要有以下两点考虑。一是从知识产权制度设计的角度来说，无论是专利、工业外观设计、商标还是品种权等其他知识产权，国家赋予排他性权利的前提条件必须是真正创新的智力活动成果，这些知识产权是否真正属于创新成果，必须接受第三人的挑战。二是考虑到大部分知识产权的申请与审查过程，只是申请人与国家相关审查机关的互动，无论是申请人还是审查机关工作人员，都可能存在或故意或过失地导致相关审查行为存在瑕疵，更何况两者都无法完全穷尽所有与特定知识产权有关的所有信息，因此，从制度设计上提供一种第三人可以通过无效程序否定已经授予的知识产权的补救措施。应该说，

知识产权是一种推定有效的权利，是理解整个知识产权制度和恰当合理运用知识产权规则的理论基础。

品种权是一种法律上推定有效的权利，对于考虑品种权侵权行为是否追究刑事责任的问题，至少有两个重要的影响。第一个影响是，品种权既然是一种法律上推定有效的权利，就有可能在实践中通过无效程序被宣告无效；第二个影响是品种权的无效宣告是实践中被控侵权人的一种有力侵权抗辩手段。假定某被控侵权人因其实施的品种权侵权行为被追究了刑事责任，结果相关品种权在后来的无效宣告程序中被宣告无效了，那么该已经承担或正在承担刑事责任（有可能丧失人身自由）的被控侵权人，是仍然有罪还是应宣告其无罪呢？品种权，从本质上与专利权一样，是一种财产性权利。如果为了维护财产性权利，而致使某些人有可能错误地承担有可能丧失人身自由的刑罚，这种司法保护的代价似乎就太大了一些。况且，根据过去的实践，被宣告无效的品种权数量也不在少数。

（二）品种权侵权民刑交叉的程序困境

植物新品种侵权纠纷属于技术性较强的知识产权案件，为了更好地审理此类案件，最高人民法院通过司法解释规定对此类案件采取集中管辖的方式，由各省、自治区、直辖市人民政府所在地和最高人民法院指定的中级人民法院作为第一审人民法院管辖。❶ 如果现阶段规定对品种权侵权行为追究刑事责任，根据《刑事诉讼法》相关规定，品种权侵权追究刑事责任的案件应由基层人民法院管辖。❷ 也就是说，品种权侵权的民事纠纷必须由特定的中级人民法院管辖，而品种权侵权刑事案件则由全国所有基层法院有权管辖。如果这样设置，就会出现侵犯商业秘密刑民交叉案

---

❶ 《最高人民法院关于审理植物新品种纠纷案件若干问题的解释》（法释〔2001〕5号）第3条。

❷ 《刑事诉讼法》（2012年）第19～20条。

件处理中所遇到的问题，如"刑民案件判决冲突""高级别法院专业性的知识产权业务庭审理侵犯商业秘密民事案件要参照低级别非专业性的刑事案件的定案结果"以及"将侵犯商业秘密民事纠纷当作刑事犯罪定罪科刑"❶等。尽管最高人民法院正在探索建立知识产权案件"三审合一"的审理模式或者建立专门的知识产权法院，但到目前为止，仍然没有找到妥善处理商业秘密侵权案件中的民事和刑事交叉问题。事实上，如果对品种权侵权设置刑事责任，会使得大部分基层法院获得品种权侵权案件的管辖权，在某种程度上与最高人民法院将品种权侵权案件进行集中管辖的宗旨是相违背的。因此，考虑品种权侵权是否追究刑事责任的问题，不但要考虑运用刑事责任保护品种权的必要性和紧急性，还要考虑设置此种保护能否在我国现行诉讼制度得以实施以及能否实现应有的实施效果。

（三）品种权侵权判定复杂技术性强

《条例》关于品种权保护范围的规定看似简单，"任何单位或者个人未经品种权所有人（以下简称"品种权人"）许可，不得为商业目的生产或者销售该授权品种的繁殖材料，不得为商业目的将该授权品种的繁殖材料重复使用于生产另一品种的繁殖材料；但是，本条例另有规定的除外"❷，实践中如何判定被侵权人所生产和销售的相关品种的繁殖材料为授权品种的繁殖材料，仍然具有很强的技术性。最高人民法院通过相关司法解释对如何判定品种权侵权也作了补充，即"未经品种权人许可，为商业目的生产或销售授权品种的繁殖材料，或者为商业目的将授权品种的繁殖材料重复使用于生产另一品种的繁殖材料的，人民法院应当认定为侵犯品种权。被控侵权物的特征、特性与授权品种的特征、特

---

❶　胡良荣．侵犯商业秘密刑民交叉案件处理的困惑与出路［J］．知识产权，2010（6）：49－50.

❷　《植物新品种保护条例》（2013年）第6条。

性相同，或者特征、特性的不同是因非遗传变异所致的，人民法院一般应当认定被控侵权物属于商业目的生产或者销售授权品种的繁殖材料。被控侵权人重复以授权品种的繁殖材料为亲本与其他亲本另行繁殖的，人民法院一般应当认定属于商业目的将授权品种的繁殖材料重复使用于生产另一品种的繁殖材料"❶，但上述品种权侵权判定规则仍然是十分抽象的。首先，品种权侵权的判断关键是被控侵权人所生产和销售的相关品种的繁殖材料是否为授权品种的繁殖材料。如果是，则构成侵权；如果不是，则不构成侵权。判定两个品种的繁殖材料是否为相同品种，最权威的判定方法是通过田间测试，即 DUS 测试方法进行判定，目前的 DNA 分子检测技术可以进行辅助。其次，关于"商业目的将该授权品种的繁殖材料重复使用于生产另一品种的繁殖材料"的界定，不能简单地解释为"被控侵权人重复以授权品种的繁殖材料为亲本与其他亲本另行繁殖的"。什么情况下属于将该授权品种的繁殖材料重复使用于生产另一品种的繁殖材料，必须根据育种技术要求来判定。比如，某杂交品种的亲本（包括母本和父本）为授权品种，那么生产该杂交品种的繁殖材料就应获得亲本品种权人的授权，因为杂交品种的繁殖材料必须重复使用亲本的繁殖材料进行生产。

（四）分析结论

品种权是一种法律上推定有效的权利，就要求应慎重考虑对单纯的品种权侵权行为科以严格的刑事责任。如果法律上贸然规定对品种权侵权行为追究刑事责任，但目前的司法救济程序无法避免民事案件形式化倾向带来的危害，加上审理品种权侵权案件（包括民事和刑事）对技术性要求更高，势必引发更多的新问题。

---

❶ 《最高人民法院关于审理侵犯植物新品种权纠纷案件具体应用法律问题的若干规定》（法释〔2007〕1 号）第 2 条。

五、完善我国品种权侵权救济的对策建议

品种权侵权普遍、权利人维权成本高、取证困难、维权时间长、赔偿低、效果差，是目前品种保护实践中存在的问题。造成这些问题的原因比较复杂，法律责任轻是其中一个原因，但不是唯一的原因。品种权保护范围规定过窄、品种维权成本高、品种权保护执行水平、种子管理制度方面的漏洞、地方保护主义严重，都是造成这种现象的重要原因。要妥善解决品种权侵权严重的问题，必须综合考虑法治环境、法律制度、司法审判能力、行政执法水平、品种权保护意识等因素。刑事责任作为品种权侵权法律责任的一项，即使增加刑事责任也无法有效解决相关问题。况且，品种权侵权行为所损害的主要是品种权人的经济利益，增加刑事责任不是维护品种权人利益的最好方式。从国际上看，我国没有对品种权侵权行为实施刑事保护的义务，很多发达国家也没有为其品种权提供刑事保护。从国内的司法审判制度及品种权侵权案件的特性看，我国现阶段也不易对品种权侵权行为追究刑事责任。

在《条例》或《种子法》的未来修订中，从制度建设的角度还是可以采取一些改进措施，在一定程度上解决品种权侵权严重、维权成本高、取证困难、维权时间长、赔偿低和效果差等问题。具体建议如下。

（一）适度扩大品种权保护范围

现行《条例》对品种权范围和维权环节规定太窄，仅限定于对授权品种繁殖材料的商业目的性生产和销售，以及将该授权品种的繁殖材料重复使用于生产另一品种的繁殖材料等行为。由于植物新品种具有季节性、生物性等特点，特别是对于一些无性繁殖类品种和常规品种，品种权保护范围只有从繁殖材料扩大到收获物，品种权人才能获得更多的渠道维护权利。同时，品种权保护链条要有所延长，应将生产、繁殖、销售、提供销售、种子处理、进出口，以及存贮、运输授权品种的各个环节均纳入保护范

围，权利人和执法部门才能多渠道、多环节地监督、发现、围堵侵权行为，收集侵权证据，从而严防侵权行为。

（二）加大品种权侵权赔偿和处罚力度

现行《条例》对品种权侵权赔偿较轻，处罚力度弱，相关的法律责任明显不能遏制实践中品种权侵权人的行为，导致实践中品种权人"胜了官司输了钱"，而侵权人"处罚之后还有盈余"。品种权人由于得不到合理赔偿，维权行为日益懈怠，侵权行为反而日益猖狂，也影响到育种创新投入。因此，应切实加大品种权侵权赔偿和处罚力度，建议：①加大民事赔偿的力度，引进品种权侵权法定赔偿制度，如规定 1 万元以上 100 万元以下的法定赔偿额；②引进惩罚性赔偿，恶意重大侵权的，权利人可以要求侵权人承担 1 倍以上 3 倍以下损害赔偿，要求侵权人承担合理的维权成本；③对大规模、多次反复侵权的，可以适当增加行政处罚的额度，建议设置最低处罚标准如 15 万元，让侵权人不愿侵权，不敢侵权。

（三）区分品种权侵权与品种套牌行为，分别适用法律责任

实践中，实务部门通常用"侵权行为"涵盖"品种权侵权""假冒授权品种"和"套牌销售"等行为，事实上这些行为的法律性质和引起的社会危害性是不同的，必须予以区别对待。正如前文分析，单纯的品种权侵权行为主要侵害品种权人的经济利益，对于这类侵权行为应该主要交由品种权人自己解决法律救济问题，只要法律制度上规定好相应的法律责任。对于假冒授权品种行为，明显具有危害社会公共利益的特征，公共权力就应及时介入，打击相关违法行为。对于品种套牌行为，品种权人和公共权力应分别履行各自权利义务，追究被控侵权人的法律责任。从现行法律规定看，假冒授权品种和品种套牌行为可以根据《刑法》相关规定追究刑事责任；品种权侵权行为的法律责任，主要是民事赔偿责任和行政处罚责任，则需要进一步提高赔偿和处罚的力度。

知识产权保护制度创新

司法改革与知识产权法院

李明德[*]

一、设立专门的知识产权法院或者法庭是国际知识产权保护的趋势

设立专门的知识产权法院或者法庭，审理技术性较强的知识产权案件，是国际知识产权保护的一个趋势。1982 年，美国设立联邦巡回上诉法院，统一受理全美国的专利二审案件。1991 年，英国在伦敦设立专门的专利法院，管辖来自英格兰和威尔士的专利侵权案件。1997 年，日本将涉及专利、实用新型、集成电路布图设计和计算机软件的案件，集中到东京和大阪的地方法院审理。2005 年，日本又设立知识产权高等法院，统一受理来自上述两个地方法院的上诉案件。2001 年，欧盟颁布《欧共体外观设计条例》，要求欧盟成员国设立专门的"外观设计法院"，包括一审法院和二审法院。❶ 2012 年以来，欧盟又在探索建立统一的专利法院，审理有关欧洲专利的纠纷案件。此外，我国台湾地区也于2008 年设立了"智慧财产法院"，专门审理包括专利、商业秘密在内的知识产权案件。

我国自 1993 年在北京市高级人民法院和中级人民法院设立知

---

* 作者简介：中国社会科学院知识产权中心主任、教授、博士生导师。

❶ 中国社会科学院知识产权中心. 中国知识产权保护体系改革研究 [M]. 北京：知识产权出版社，2008：188 – 191.

识产权审判庭，专门审理有关知识产权的案件。随后，最高人民法院和各省区市的高级人民法院，以及很多地级市和县级市的人民法院，也设立了专门的知识产权审判庭。在此基础之上，最高人民法院还指定一些中级人民法院和基层人民法院，作为专利案件、植物新品种案件和集成电路布图设计案件的一审或者二审法院。截至 2013 年底，全国可以管辖专利一审案件的中级人民法院有 87 个，可以管辖植物新品种一审案件的中级人民法院有 45 个，可以管辖集成电路布图设计一审案件的中级人民法院有 46 个，可以管辖实用新型和外观设计专利纠纷案件的基层人民法院有 7 个。❶

　　从美国、欧盟、日本设立专门法院，审理技术性较强知识产权案件的情形来看，大体可以说，这是世界知识产权保护的一个趋势。至于中国，自 1993 年以来设立专门的知识产权法庭，并且指定一些中级和基层人民法院集中审理专利、植物新品种和集成电路布图设计案件，也顺应了世界知识产权保护的趋势。而且，更为重要的是，中国设立专门的知识产权法庭，集中审理技术性较强的知识产权案件，极大地提升了我国知识产权保护的水准，促进了技术创新和产业发展，推动了我国经济社会的快速发展。

二、设立知识产权法院，保障创新驱动发展战略的实施

　　中国自 1978 年改革开发以来，取得了举世瞩目的经济和社会发展成绩。然而，随着产业升级和发展模式的转型，我国经济和社会的发展越来越依赖于科学技术的创新和创新成果的转化运用。2006 年，我国提出了"建设创新型国家"的战略目标。2012 年，党的十八大报告提出了"实施创新驱动发展"的战略。与此相应，

---

　　❶　最高人民法院. 中国法院知识产权司法保护状况（2013 年）［EB/OL］.（2014 - 04 - 25）. http：//zsc. court. gov. cn/bhcg/201404/t20140425 _ 195314. html.

通过知识产权制度激励创新和保护创新成果，也成了摆在我们面前的一大任务。2008 年 6 月，国务院发布了《国家知识产权战略纲要》，围绕建设创新型国家的目标，提出了一系列知识产权方面的战略措施。2012 年，党的十八大报告强调了对于知识产权的保护。2013 年，党的十八届三中全会关于深化改革的决定，再次强调"加强知识产权的运用和保护"，同时提出了要探索设立知识产权法院。正是在这样一个历史背景之下，中央全面深化改革领导小组第三次会议于 2014 年 6 月审议通过了《关于设立知识产权法院的方案》，全国人大常委会于 2014 年 8 月审议通过了《关于在北京、上海、广州设立知识产权法院的决定》（以下简称《决定》）。

设立专门的知识产权法院，首先是为了满足创新发展的需要。全国人大常委会的《决定》开宗明义指出，为推动实施国家创新驱动发展战略，进一步加强知识产权司法保护，切实依法维护权利人合法权益和社会公共利益，在北京、上海、广州设立知识产权法院。同时，知识产权法院主要管辖专利、植物新品种、集成电路布图设计、技术秘密等知识产权民事和行政案件，也显示了保护技术创新成果、落实创新驱动发展战略的宗旨。

设立专门的知识产权法院，另一个目的是集中审理技术类知识产权案件，尽可能统一司法裁判的标准。根据全国人大常委会的《决定》，知识产权法院对本省或者直辖市的技术类知识产权案件，实行跨区域的管辖。以广东省为例，按照原来的做法，全省有关专利、植物新品种和集成电路布图设计的一审案件，分别由广州、深圳、佛山等市的中级人民法院管辖。在设立了广州知识产权法院以后，所有这类案件的一审，均由新设立的知识产权法受理，然后上诉到广东省高级人民法院。显然，这样的集中审理，有助于提高技术类知识产权案件的审判水平，在很大程度上统一裁判的尺度，进而加强对于技术创新成果的保护，落实创新驱动发展的战略。

三、继续探索设立知识产权法院，深化司法改革

全国人大常委会决定在北京、上海和广州设立专门的知识产权法院，这在我国知识产权专门审判的历史进程中具有深远而重大的意义。中国自 1993 年开始推行知识产权案件的专门化审判，并且对专利、植物新品种和集成电路布图设计的案件进行相对集中的管辖。此次在北京、上海和广州设立知识产权法院，进一步集中管辖所在省或者直辖市的专利、植物新品种、集成电路布图设计和技术秘密的案件，在我国知识产权专门审判的发展进程中具有里程碑的意义。

毫无疑问，在北京、上海和广州设立专门的知识产权法院，仅仅是探索设立知识产权法院进程中的第一步。关于这一点，党的十八届三中全会的决定是"探索设立知识产权法院"，并没有局限于在北京、上海和广州设立知识产权法院。最高人民法院院长周强在提请全国人大常委会审议《决定》草案时也指出，知识产权法院的设立必须坚持逐步探索、稳步推进的原则。在北京、上海和广州设立知识产权法院，仅仅是改革探索的起步阶段。三个法院设立以后，将积极探索专利等技术类知识产权案件在省（直辖市）域内的集中管辖，认真总结跨区域整合审判资源和审理案件的经验，更好地发挥知识产权法院职能，进而不断推进知识产权法院的建设。

可以预见，在今后相当长的一段时间里，我国将继续探索设立知识产权法院，并在探索的过程中解决与此相应的一系列问题。依笔者所见，在继续探索知识产权法院设立的过程中，有以下几个问题值得注意。

第一，合理布局知识产权法院。根据全国人大常委会的《决定》，在北京、上海和广州设立知识产权法院，集中管辖本直辖市或者省内的技术类知识产权案件。这表明，知识产权法院的设立，应当以省、自治区和直辖市为案件管辖范围，集中审理本省、自

治区和直辖市内发生的技术类知识产权案件。显然，发生于北京、上海和广东的技术类知识产权案件相对较多，设立专门的知识产权法院没有问题。然而，就一些内地的省或者自治区而言，技术类的知识产权案件相对较少，是否有必要在每个省或者自治区设立一个专门的知识产权法院，就值得斟酌了。或许我们有必要进一步探索，仅在一些必要的省会城市或者自治区的首府设立知识产权法院，不仅管辖本省、自治区内的技术类知识产权案件，而且管辖邻近省、自治区的技术类知识产权案件。显然，我们没有必要一刀切地在各个省、自治区和直辖市设立专门的知识产权法院。

第二，统一技术类知识产权案件的上诉管辖。根据《决定》，设立于北京、上海和广州的知识产权法院，相当于中级人民法院，如果当事人对相关判决不服，可以上诉到法院所在省、直辖市的高级人民法院。以此类推，如果在 25 个左右的省、自治区和直辖市设立了知识产权法院，就会有 25 个高级人民法院受理相关案件的二审。显然，这仍然不利于审判尺度的统一。在这方面，2008 年颁布的《国家知识产权战略纲要》提出，研究适当集中专利等技术性较强案件的审理管辖权问题，探索建立知识产权上诉法院。❶ 其中的"知识产权上诉法院"，就是针对技术类知识产权案件的。关于这一点，中国社会科学院知识产权中心曾经提出了一个两步走的方案。第一步，由北京、上海、广东、陕西和重庆的高级人民法院知识产权审判庭，分别受理来自本省、直辖市和临近省、直辖市、自治区的上诉案件，相对统一技术类知识产权案件的审理尺度。第二步，则是由北京市高级人民法院的知识产权审判庭作为全国性的上诉机构，统一受理技术类知识产权案件的上诉。必要的时候，可以将其称为"知识产权上诉法院"❷

---

❶　参见《国家知识产权战略纲要》第 45 条。

❷　中国社会科学院知识产权中心. 中国知识产权保护体系改革研究［M］. 北京：知识产权出版社，2008：222 - 242.

第三，统一管辖知识产权的民事、行政和刑事案件。根据全国人大常委会的《决定》，设立于北京、上海和广州的知识产权法院，对技术类知识产权的"民事和行政"案件进行跨区域管辖。显然，这个规定刻意忽略了技术类知识产权的刑事案件，例如有关假冒专利的犯罪和窃取他人商业秘密的犯罪。在这方面，2008年颁布的《国家知识产权战略纲要》提出，完善知识产权审判体制，优化审判资源配置，研究设置统一受理知识产权民事、行政和刑事案件的专门知识产权法庭。❶ 自《国家知识产权战略纲要》颁布以来，各级人民法院已经试点推行了知识产权民事、行政和刑事案件的"三审合一"，在很大的程度上统一了知识产权案件的审判尺度。❷ 由此出发，在未来设立知识产权法院的探索中，是否有必要将技术类知识产权的刑事案件也纳入知识产权法院的审理权限中，就是一个应当予以考虑的问题。

四、结　　语

纵观世界各国设立专门的知识产权法院或者知识产权审判庭，主要是为了集中和统一审理技术类知识产权案件，如专利、植物新品种、计算机软件和技术秘密的案件。美国设立联邦巡回上诉法院统一受理专利纠纷的二审案件，英国设立专利法院审理专利纠纷案件，日本设立知识产权高等法院统一受理有关专利、计算机软件和商业秘密的二审案件，以及欧盟设立统一的专利法院审理有关欧盟专利的案件，都说明了这一点。隐藏在这些举措后面的动因则是不言而喻的。因为，专利、工业品外观设计、植物新品种、计算机软件和技术秘密，与一个国家的核心竞争力密切相关。集中管辖技术类知识产权案件，统一裁判尺度，不仅有助于

---

❶　参见《国家知识产权战略纲要》第 45 条。

❷　最高人民法院. 中国法院知识产权司法保护状况（2013 年）［EB/OL］.（2014 - 04 - 25）. http：//zscq. court. gov. cn/bhcg/201404/t20140425 _ 195314. html.

保护已有的创新成果，而且会进一步鼓励相关的市场主体积极创新，获取更多的创新成果。

中国在产业升级和发展模式转型的背景之下，由全国人大常委会作出决定，在北京、上海和广州设立知识产权法院，集中审理专利、植物新品种、集成电路布图设计和技术秘密的民事和行政案件，显然是为了落实创新驱动的发展战略，通过保护和激励创新实现我国经济社会的快速发展。由此看来，我国设立知识产权法院，专门审理技术类知识产权案件，不仅顺应了国际知识产权制度发展的趋势，而且反映了我国社会经济发展的现实需要。

当然，目前在北京、上海和广州设立知识产权法院，仅仅是探索设立知识产权法院进程中的第一步。探索建立符合中国国情的知识产权法院体系，包括在全国范围内合理布局专门审理技术类知识产权案件的法院，集中和统一相关案件的上诉审理，统一知识产权民事、行政和刑事案件的审判尺度，仍然有很长的道路要走。毫无疑问，我国知识产权法院体系的建立和完善，将会强有力地保护技术创新成果，进而鼓励持续创新和创新成果的转化运用，最终促进我国社会经济的快速发展。

试论我国知识产权保护体制的改革

管育鹰*

一、知识产权战略在今后我国发展和改革中的重要作用

众所周知，1979 年以来，我国通过吸收外资和引进技术、利用国内自然和劳动力资源大力发展，取得了举世瞩目的经济成效。然而，经过近三十年的建设，我国逐渐认识到资源耗费型和劳动力密集型的经济发展模式不可持续，迫切需要提高社会各界对"科学技术是第一生产力"的认识，加大对科技创新的投入、有效保护知识产权以促进和实现产业的升级换代，建设创新型国家，走可持续发展的道路。目前，世界正处于新一轮产业革命的前夜。这场以信息、能源、材料、生物等新技术和智能环保等关键词来描述的变革，将改变人们的生产、生活方式与社会经济发展模式。为把握这一重要的发展机遇，世界主要发达国家都出台了一系列创新激励战略和行动计划，加大科技研发投入、保持其科技前沿地位、抢占未来发展的制高点。我国领导层也清醒认识到高新科技产业是今后新的经济增长点，今后国家经济制度建设的重点是促进科技成果的全面产出并转化为能够带动社会经济发展的生产力，实施创新驱动发展战略决定着中华民族前途命运。❶

---

* 作者简介：中国社会科学院知识产权中心执行主任、中国社会科学院法学研究所研究员。

❶ 中共中国科学院党组. 决定中华民族前途命运的重大战略：学习习近平总书记关于创新驱动发展战略的重要论述［J］. 求是，2014（3）.

相应地，我国对知识产权制度的认识从最初因市场经济引入而被迫接受的"舶来品"，上升到了建设创新型国家不可或缺的制度保障。2008 年我国政府通过了《国家知识产权战略纲要》，提出了增强自主创新能力、提高知识产权"创造、运用、保护和管理"水平以保护促进创新的国家战略。2012 年 11 月党的第十八次全国代表大会上明确指出"科技创新是提高社会生产力和综合国力的战略支撑，必须摆在国家发展全局的核心位置……要实施知识产权战略，加强知识产权保护"。在随后 2013 年 11 月的十八大三中全会决定进一步将"加强知识产权运用和保护，健全技术创新激励机制，探索建立知识产权法院"和"建立多层次文化产品和要素市场……加强版权保护"明确列入今后一段时期内国家知识产权战略实施的重点。2014 年 10 月，党的十八大四中全会在《中共中央关于全面推进依法治国若干重大问题的决定》这一我国法治建设里程碑式的纲领性文件中，作出了"完善激励创新的产权制度、知识产权保护制度和促进科技成果转化的体制机制""创新执法体制，完善执法程序，推进综合执法，严格执法责任""深化行政执法体制改革。根据不同层级政府的事权和职能，按照减少层次、整合队伍、提高效率的原则，合理配置执法力量。推进综合执法，大幅减少市县两级政府执法队伍种类""最高人民法院设立巡回法庭，审理跨行政区域重大行政和民商事案件。探索设立跨行政区划的人民法院和人民检察院，办理跨地区案件"等重大决定。2014 年 12 月，国务院办公厅发布《关于转发知识产权局等单位深入实施国家知识产权战略行动计划（2014～2020 年）的通知》，进一步明确了国家知识产权战略的目标，即到 2020 年我国知识产权法治环境更加完善，创造、运用、保护和管理知识产权的能力显著增强，知识产权意识深入人心，知识产权制度对经济发展、文化繁荣和社会建设的促进作用充分显现。

　　实施创新驱动发展战略，需要从机制上激发创新主体的积极性，保障其就自己创新成果的市场化运用享有应得的利益回报。

依法保护知识产权，是市场经济、法治经济的内在要求，有效的知识产权保护可以营造良好市场环境，为实施创新驱动发展战略提供法律制度保障。为此，除了完善立法对创新性智力成果加强保护外，更需要完善知识产权执法体制，真正将知识产权的立法保护落到实处。发达国家的实践经验证明，产权明晰的知识产权法律制度有助于实现新兴产业市场资源的优化配置，而规则明确、执法程序公正透明、相关行为法律后果可预期的知识产权法律制度可以使创新活动相关投入者权益的保障无后顾之忧。我国加强知识产权保护的最终目标，是激发中华民族的创新力，提升企业核心竞争力，为国家的长远发展奠定制度基础。

知识产权制度的本质是市场经济法律制度，市场经济的本质是法治经济。回顾近几年来我国国家领导层关于创新驱动发展战略的决策和部署，我们可以看到"激励创新""法治建设"是引领我国今后知识产权制度发展方向的主线。笔者认为，今后我国知识产权战略推进的举措，无论体现在立法、执法、司法、守法哪个方面，都应当与上述近期领导层关于国家经济发展战略和国家治理体系建设的总体思路相一致。当然，考虑到我国具体国情的复杂性，知识产权战略仅是国家经济社会生活中的一个组成部分，尤其是我国的知识产权执法体制涉及整个国家行政、司法领域的改革，这一制度的完善需要一个较长的过程。

二、我国知识产权执法体制的现状及问题

广义上说，执法（Enforcement）指国家行政机关、司法机关及其公职人员依法实施和适用法律的所有活动。本文讨论的我国知识产权执法是狭义上的，指主管知识产权工作的国家行政机关和司法机关依法适用法律法规对知识产权侵权纠纷进行查处或裁判的行为。在知识产权执法方面，我国实行"行政保护＋司法保护"的"双轨制"，即对侵害知识产权的行为，被侵权人可以向国家主管知识产权行政执法事务的相关部门投诉，请求对侵权行为

进行查处，也可直接向人民法院起诉。我国现行的主要知识产权法律，比如《著作权法》第 47 条、《专利法》第 60 条以及《商标法》第 60 条，都无例外地规定权利人可以向相关行政管理部门请求查处侵权行为；特别是工商行政管理机构在查处侵权行为时具有相当大的职权，如调阅证据、处以罚款、没收或销毁主要用于侵权活动的材料工具或设备等，从而从根本上防止侵权行为的再次发生。从"双轨制"实施的实效看，行政执法为改善我国的知识产权保护状况做出了贡献。

尽管我国在改革开放以来已经迅速建立起符合国际保护标准的知识产权法律体系，但是，迄今知识产权执法问题仍是我国在国际贸易往来中常被关注的议题和谈判筹码。为了应对国内外经贸发展带来的新挑战，早在 2004 年我国政府就建立了以时任国务院副总理的吴仪为组长的国家保护知识产权工作组，吸收了商务部、公安部、司法部、信息产业部、文化部、国有资产监督管理委员会、海关总署、国家工商行政管理总局、国家质量监督检验检疫总局、国家版权局、国家食品药品监管局、国家知识产权局、国务院法制办公室和新闻办公室、最高人民法院、最高人民检察院等主要国家机关成员单位，协调知识产权相关部门的执法工作以落实知识产权保护。在 2008 年《国家知识产权战略纲要》颁布实施后，我国建立了"国家知识产权战略实施工作部际联席会议制度"，协调相关部门制定年度的知识产权战略推进计划，其中包括各知识产权主管机关职权范围内的重点领域执法活动、联合执法专项行动等内容。然而，我们看到，我国政府每年投入大量人力物力进行的知识产权执法工作仍难以使国家摆脱国际上指责知识产权保护不力的压力，也得不到国内权利人、公众和学界普遍的理解和支持，可谓费力不讨好。对此，笔者认为，将我国的知识产权保护或知识产权执法与国际经贸往来和国际政治挂钩，是发达国家在现阶段必然采取的政策，因为知识产权既是发达国家目前最得力的竞争工具，也是我国这一日益壮大的世界经济体目前存在的一大软肋。在某种程度上，我国与主要发达国家之间将知识产权保护作为谈判筹码进行经济甚至政治利益上的讨价还价，将是一段时期内不时交替出现的有趣现象。当然，我国目前国内经济发展模式的转型态势也滋生了加强知识产权保护的内部需求，应当及时完善知识产权执法体制，提供全民的知识产权法律意识。认真研究并解决我国知识产权执法中存在的问题，不仅关系到知识产权保护法律规则本身的落实，还关系到我国国际形象的维护，更关系到我国创新驱动发展战略的推进。

（一）我国现阶段知识产权行政执法现状及问题

从我国的传统经验看，人们对行政机关的执法行为容易认同，因为行政机关的处罚程序启动和程序相对简便，有利于快速解决纠纷，对制止一般违法行为似乎更有效。在我国，当权利人遭遇知识产权侵权纠纷时首先想到向相应主管机关请求查处以获得保护的这一思维也成为理所当然，更何况知识产权行政保护并不排除而是补充司法保护。同时，时至今日，我国的行政和司法体制的改革还远未完成。在 2014 年依法治国方针下描绘的新一轮司法体制改革蓝图中，知识产权司法保护体制被赋予众望，但这场改革牵涉了太多复杂因素，要建立起高效运作的我国知识产权法院体系是一个较长期的任务。因此，在知识产权审判资源相对紧缺的现阶段，具有一定经验的知识产权行政执法队伍对化解一般知识产权民事侵权纠纷是具有必要性的；如果把所有的侵害知识产权行为一下都交给司法机关，必然给整个司法体制改革带来沉重压力。很难想象短时间内国家能够做到大力扩充知识产权刑事司法资源（包括警察、法院和监狱劳教等机构）以完成比较繁重的执法任务，毕竟除了知识产权之外，我国的司法制度还要负担护卫更多、更贴近民生、更紧迫的使命。因此，在侵害知识产权行为，尤其是盗版和假冒现象还十分严重，知识产权保护日益重要的今天，保留行政保护这一途径对权利人是有利的。此外，针对目前我国知识产权的保护现状，仅寄希望于短时间内大幅度增加司法资源也是行不通的（这也是法官遴选机制所决定的），应当充分利用有丰富执法经验的人员来加强知识产权行政执法；同时，根据行政行为必须接受司法审查的法律理念，行政诉讼程序可以及时纠正不恰当的行政执法，这一制度设计也为行政执法机关快捷准确合法的解决纠纷提供了保障。

我国的知识产权行政执法作为各主管部门重视的职权，多年来依托政府机关极强的执行能力取得了成效，但是一直以来存在的以下问题至今并未得到解决。

问题一：知识产权行政执法部门过于分散，即多头执法。如《商标法》规定工商行政管理部门负责商标侵权违法行为执法，《著作权法》规定查处侵犯著作权行为的执法主体是著作权行政管理部门，《专利法》规定管理专利工作的部门负责专利侵权的查处，其他具有知识产权行政执法职能的还有海关、国家质量监督检验检疫机构、农（林）业行政主管部门、商务主管部门等。按现有的我国行政机关职权职能划分，这些知识产权行政执法职能分属不同的主管机关，难免出现不相协调、各自为政的状况。更重要的一点是，这些主管机关的最高级别机构承担着授权登记、确权、管理、宣传及对外联系等职能，而在省、市、县一级相应的知识产权管理机构由于公务人员编制限制对行政执法常感到力不从心、疲于应付。另一方面，由于分工具体，或者说职权界限划分很清楚，这些分属不同主管部门的执法机关往往只关心自己的那部分，可能会对眼皮底下的即使很明显但又不属于自己管理范围的侵权行为视而不见，或者是因为职权交叉就同一执法标的发生反复执法。

问题二：知识产权行政执法缺乏普遍的有效措施。我国知识产权法将行政执法的权力交给了不同的知识产权行政管理机关，但是并没有同时赋予其相应的执法能力。比如，《著作权法》并没有赋予著作权行政管理部门相应的行政强制权，如采取"查封扣押"等强制措施，各地著作权行政执法人员在查处案件时无权实施扣押、查封等保全证据的行为，通常只能采取各种方法（如记录、拍摄）对证据进行登记，而这种方式一则极易遭到相对人的抵制，二则不足以防止侵权证据的保全，对涉及网络的侵权更缺乏任何有效措施追踪和控制证据。国家版权局承担着指导、规划、管理全国版权保护工作的全部责任，包括法律法规的起草、全国版权执法的规划和协调、版权社会活动的监管、社会和公众的宣传教育、国际多双边问题的应对和处理等多项职责，其职能和编制根本不足以执行行政执法职责。地方省级著作权行政管理部门同样存在人员严重缺乏的问题，而市级以下一般仅在政府的文化行政管理部门名下加挂一个牌子，基本没有专职的著作权管理和执法人员。这样的现实或多或少可以解释我国近几年来总是不时集中力量兴起一轮打击盗版行为的行动，但总是难以取得长效、也总不能解脱我国"知识产权保护不力"诟病的特有现象。国家知识产权局体系负责的专利行政执法也存在同样的问题，但是因为涉及公共利益的专利侵权行政执法还不多见，矛盾尚不突出。在我国目前的知识产权行政执法实践中，只有负责商标行政执法的工商行政管理机构拥有采取强制性措施的职权。❶

　　问题三：行政执法与刑事审判之间衔接不力。我国《刑法》和《中华人民共和国行政处罚法》两部法律对行政机关及其执法人员应当将案件移送司法机关作了原则性的规定，❷ 但行政执法人员应如何把握罪与非罪的界限？具体案件中应如何进行移交？法律并没有进一步规定。根据各知识产权单行法律的规定，知识产

---

　　❶ 根据《商标法》第 60 条、第 62 条，行政执法机关可以通过各种合法的行政执法手段对侵权嫌疑人采取行政强制措施，如责令停止侵权、没收、销毁、罚款、询问、查阅、检查、调查、责令查封和扣押等。

　　❷ 《刑法》第 402 条："行政执法人员徇私舞弊，对依法应当移交司法机关追究刑事责任的不移交，情节严重的，处三年以下有期徒刑或者拘役；造成严重后果的，处三年以上七年以下有期徒刑。"《行政处罚法》第 22 条："违法行为构成犯罪的，行政机关必须将案件移送司法机关，依法追究刑事责任。"

权行政执法机关具有主动查处和接受权利人投诉后查处侵犯知识产权违法行为的行政职权，他们通常处在保护知识产权的第一线；为便于结案，实践中知识产权行政执法部门更倾向于以罚款了事。尽管自国家知识产权战略实施以来，我国相继出台了《行政执法机关移送涉嫌犯罪案件的规定》《人民检察院办理行政执法机关移送涉嫌犯罪案件的规定》《关于在行政执法中及时移送涉嫌犯罪案件的意见》《关于工商行政执法与刑事司法衔接配合工作若干问题的意见》等规范性文件，近年来加强了"两法衔接"工作机制（即行政执法与刑事司法衔接工作机制）建设，"以罚代刑"的现象稍有好转，但不可能杜绝。从数字统计看，行政执法机关移交给司法机关的追究刑事责任的案件比例仍很有限。❶ 当然，这也与我国的知识产权刑事保护门槛设置相关指标有关，因刑事辩护属于司法保护范围，本文后面部分再加以分析阐述。

（二）我国现阶段知识产权司法保护现状及问题

我国的知识产权审判工作自 20 世纪 90 年代开始呈现专业化趋势。1993 年 8 月北京市中级、高级人民法院在全国率先建立了知识产权审判庭。1996 年 10 月最高人民法院成立了知识产权审判庭（后来在司法改革过程中应"大民事"格局改为第三、第五等民事审判庭）。目前我国各省高级、中级、基层三级法院设立的知识产权审判庭有 400 多个，尤其是知识产权战略实施以来，我国注意从精通法律、学历层次高、审判经验丰富的人员中选拔知识产权法官，优化知识产权法官队伍结构，增强了审判力量、提高了专业化审理水平。同时，知识产权专业性强的技术性等案件相对集中管辖的布局更加合理；截至 2014 年底，全国具有专利、植物新品种、集成电路布图设计和涉及驰名商标认定民事案件管辖权的中级人民法院分别为 87 个、46 个、46 个和 45 个。另外，我国还

❶ 比如，2014 年，全国工商系统查处假冒案件 6.75 万件，移送司法机关仅 355 件，参见《二〇一四年中国知识产权保护状况》。

深入推进知识产权审判庭集中审理知识产权民事、行政和刑事案件的试点工作，完善知识产权民事、行政和刑事审判协调机制，司法保护知识产权的综合效能初步发挥。截至 2014 年底，共有 5 个高级人民法院、94 个中级人民法院开展了知识产权审判"三合一"试点工作。❶ 截至 2015 年 6 月，经最高人民法院指定的全国有知识产权民事案件管辖权的基层法院有 165 家。❷ 可以说，我国的知识产权司法保护在国家知识产权战略实施以来，基本实现了"完善知识产权审判体制，优化审判资源配置，简化救济程序"之目标，在专业化、集中优势知识产权司法资源方面取得了明显的效果。

鉴于目前我国已经形成了比较完备的知识产权审判体系，尤其是在经济发达地区，知识产权民事、行政案件审判专业化较强，将这些经验丰富的知识产权法庭转化为专门法院在人才队伍和案源等方面不会有太大障碍。因此，结合我国当前正在规划的司法改革方案，2013 年 11 月，党的十八届三中全会的决定中明确提出了"探索建立知识产权法院"，将专门的知识产权法院之建设作为新一轮司法改革的敲门砖。2014 年 8 月 31 日，第十二届全国人民代表大会常务委员会第十次会议通过了《关于在北京、上海、广州设立知识产权法院的决定》，启动了我国知识产权法院设置的试点方案。2014 年 11 月 6 日、12 月 16 日、12 月 29 日，北京、广州、上海知识产权法院先后挂牌成立并开始运行。

笔者认为，设立北京、上海、广州三个专门的知识产权法院是落实国家知识产权战略、稳妥推进司法改革、提升国际形象的一举多得之策。通过设立知识产权专门法院可以更强调司法保护的主导作用，进一步集中管辖有利于统一裁判标准，比如通过完

---

❶　以上数据来源参见《2014 年中国法院知识产权司法保护状况》。

❷　[EB/OL].［2015 - 06 - 01］. http：//www.chinaiprlaw.cn/index.php？id＝1918.

善侵权救济措施、合理分配举证责任、加重损害赔偿责任等方式来更好地达到加大知识产权保护力度的目的；另外还可以试行技术调查官、陪审员等制度，提高公正与效率。同时，建立专业化的精英审判队伍是国家司法制度改革的一个重要内容。作为国家司法体制改革的一环，这三个知识产权专门法院的组建目的除了提高知识产权案件专业化审判的质量与效率外，还承担着更多的期冀；比如在法院人员分类管理、员额制、法官的选任及专业化、与行政区划适当分离的司法管辖、主审法官和合议庭办案责任制、司法流程公开等方面进行尝试，其运作经验将成为推进我国司法体制改革的有益参考。

但是，三个知识产权法院的设立并未解决知识产权执法领域长期存在的问题，即知识产权确权纠纷久拖不决、循环诉讼、知识产权司法保护成本高、保护力度低等诟病。

问题一：民事与行政诉讼纠缠形成久拖不决的循环诉讼。确权纠纷是人民法院对当事人不服专利复审委、商标评审委（简称"两委"）作出的决定或裁定所提起的诉讼纠纷案件的总称。目前，专利的授权由我国国家知识产权局专利局负责，专利复审委员会则承担对专利局作出的行政决定进行复议，以及通过专利无效程序对专利局已经授权的专利效力进行审查的职能。商标的注册由国家工商行政管理总局商标局负责，商标评审委员会则对商标局作出的有关注册和效力的各种决定进行复审。在我国，因专利授权或商标注册及权利有效性引发的争议通常可能需要经历四个或者三个裁判程序，即一级或两级行政程序，再加上两级司法程序。另外，我国的法律没有规定法院在对涉及专利权和商标权效力的案件作出裁判时是否可以直接判决该知识产权无效，因此法院也认为宣告专利权和商标权无效的决定只能由相关授权机关及其复议机构作出。由于司法程序不能直接作出专利权或商标权无效的判决，某些当事人还有可能在一项争议已经经历四个程序之后再次就知识产权的有效性问题提起新的行政程序，从而将争议的解决推入新一轮程序循环，使争议解决时间进一步加长。

显然，如此繁杂、耗费时间精力的程序设置，使相关当事人付出的成本过高，不利于知识产权确权纠纷的解决，也耗费了大量的公共资源。本来，相对于一般民事诉讼而言，知识产权民事案件由于涉及证据及财产保全、证据交换、专家鉴定、侵权审计等环节，诉讼周期较长；如果再卷入确权纠纷而中止侵权民事诉讼程序，案件审理更"遥遥无期"，这常常会使知识产权人感到苦不堪言。不幸的是，这一点恰恰是很多被控侵权人通常采用的诉讼策略。以最典型的耗时最长的复杂的专利侵权纠纷为例，如果被告在答辩期内提出原告专利无效的请求，民事诉讼程序就会中止；在专利复审委员会作出维持专利权有效的决定后，被告还可以进入一审和二审两个行政诉讼程序；之后恢复原先中止的民事诉讼程序；民事案件仍是两审终审制。如此一来，整个程序周期极长，对专利权人而言，在自己的专利权遭受侵害尚未解决之时，实际上受到了诉讼制度的拖累；对于被控侵权者和其他厉害关系人来说，知识产权长期处于权利不稳定状态，也不利于各自权利义务的明确和交易安全。

对此，我国的知识产权学界实际上很早就提出了相应的方案，尤其是中国社会科学院知识产权中心提出的完善我国知识产权执法体制方案❶中的相关内容被 2008 年的《国家知识产权战略纲要》以"探索建立知识产权上诉法院"的举措明确写入。专利、商标的无效程序往往由存在利害关系的第三人（请求人）启动，针对权利人或申请人提出知识产权权利无效或归属自己的理由；可以说在这些程序中，申请人（权利人）与第三人（请求人）双方是平等的民事主体，而"两委"主要是根据双方当事人提供的证据进行居中审查。这样，涉及第三方的确权纠纷在本质上是一种民

---

❶ 参见：中国社会科学院知识产权中心. 我国知识产权保护体系改革研究［M］. 北京：知识产权出版社，2008.

事争议，权利人与第三人双方对知识产权是否存在、权利效力、范围如何等问题提出各自意见并进行论证，整个确权程序是一种类似民事诉讼的程序，"两委"在程序中的角色与法院审理民事诉讼案件并无区别。为此，国内很多研究者和实务工作者都称这类知识产权确权程序是一种特殊的类似民事诉讼的程序，"两委"在程序中的角色是准司法机构。❶

尽管我国的知识产权战略早就提出要改革专利和商标确权程序、研究专利无效审理和商标评审机构向准司法机构转变的问题，但目前看来这一问题的复杂程度远超出当时的设想。因此，本文认为目前北京、上海、广州知识产权专门法院的设置方案，实际上是我国领导层在司法改革进程中综合考虑其他因素而临时插入知识产权战略实施计划中的一个试点性内容。从这三个知识产权法院的设立和试运行经验来看，哪怕是这种没有完全打破现有体系的司法体制改革举措，都会带来人力、财力、物力和制度建设各个方面的巨大冲击。在这个意义上，我国关于先行尝试建立北京、上海、广州这类仅涉及技术性民事、行政案件集中管辖的知识产权中级法院，而不是一步到位建立必定对现有行政、司法体制带来巨大影响的知识产权高级法院的决策是稳妥的，这样可以尽可能简化矛盾、减少改革的负面影响。

问题二：知识产权案件民事、行政、刑事程序中可能存在理解和适用法律的不一致。我国的知识产权司法保护的刑事执法向来被认为十分不力。我国知识产权侵权领域的典型现象一方面是假冒盗版屡禁不止，另一方面是能够进入审判程序的刑事案件不多，因此屡受国际社会的指责。虽然 2004 年底出台的"两高"司法解释将知识产权犯罪定罪量刑的标准具体量化，但在具体案件中如何确定数额、如何解决与生产销售伪劣商品罪和非法经营罪

---

❶ 北京市高级人民法院知识产权庭. 专利、商标确权纠纷解决机制的问题研究[J]. 法律适用，2006（4）：14-17.

等罪的竞合、如何认定商业秘密与驰名商标及网络侵权犯罪等方面仍存在不少的问题。在程序方面，知识产权刑事案件与行政案件的衔接可能出现的问题是"以罚代刑"。另外，知识产权案件刑事程序还有与民事案件的衔接问题。首先由于侵犯知识产权案件多为刑事自诉案件，即使法院审理民事案件时发现被告的同一侵权行为可能达到犯罪的程度，但在原告自己没有提出刑事自诉的情况下，找不到将案件作为刑事案件移送公安机关处理的明确法律依据。其次我国历来司法实践中都有"先刑后民"的惯例，在现实中许多案件都是权利人同时或者先启动了民事诉讼程序。这就会产生一个问题，即由于知识产权民事案件的复杂性，大多数严重的民事侵权和行政案件都在中级以上法院的知识产权庭或民事庭审理（在 2015 年之后的北京、上海、广州将由专门的知识产权法院审理），涉及最严重侵权的知识产权刑事案件则通常在基层人民法院的刑庭审理，这在审级上显然不相协调；如果是刑事程序启动在先，则同一个刑事法庭还要负责刑事附带民事诉讼，既无法体现知识产权案件审理分工的必要性，也难以采用诉前禁令等措施，达不到对权利人充分有效的民事救济。

问题三：知识产权司法保护长期存在的问题：举证难、周期长、成本高、赔偿低。相对于前两个涉及司法与行政体制全局的重大疑难问题，这一问题主要与审判裁量权的适用相关，因此解决起来复杂性相对低一些；当然"周期长"这一问题更多涉及前面所说的"循环诉讼"之体制改革难题，但法院内部仍可通过对审判期限的科学掌握做出一定的调节和控制。众所周知，知识产权侵权诉讼也适用民事诉讼程序；而民事诉讼的基本规则是"谁主张谁举证"。在知识产权司法审判活动中，由于知识产权本身的无形特征，权利人一开始就面临针对被告侵权行为的举证难题；即使侵权举证的困难被克服、被告侵权被法院认定，权利人也还要面对赔偿额举证的巨大压力。通常来说，影响营利的因素是综合性的、权利人难以举证说明被侵害的某项知识产权的具体损失，而笼统按自己会计账簿记录计算损失的方式往往不能被法院采纳；当权利人转而求诸被告获利计算方式时，则发现非常难以获得被告财务方面的准确数据。如果法院依据权利人的请求而做出对被告获利进行司法鉴定的裁定，则又面临另一个知识产权案件审判中的难题——知识产权领域司法鉴定制度的不完善，❶ 因此实践中为慎重起见，法院认为有必要进行司法鉴定并据此裁判的并不多；尤其是在侵权者为那些账目不清的中小企业甚至个体户的情形下，即使是司法鉴定者也难以获得侵权人获利信息并据此做出鉴定。❷ 这样，"赢了官司输了钱"成为常态，也是我国的知识产权司法保护最为人诟病的一点。

综上，我国当前的知识产权司法体制存在的主要问题，一方面是需要建立一个简化确权程序的高一级知识产权专门法院审理涉及确权的案件，另一方面是需要进一步考虑设置知识产权专门法院统一管辖刑事案件的路径。目前我国知识产权法院的建立仅是结合知识产权保护重要性推出的司法改革试点，三年的试验期结束后，知识产权法院的建立运行经验或教训之总结将是下一步改革的重要依据。我国当前知识产权司法保护力度不够的问题，则需要在全面修订知识产权相关立法、制定相关法律适用规则时以及在个案裁判中加以考虑。

三、我国近期知识产权法律修订中的执法方案改革评述

结合本文上述的分析，有必要就我国近期知识产权领域法律修订中体现的执法体制方面的内容进行评述。根据依法治国的方针，今后我国知识产权战略推进中任何完善知识产权执法机制的

---

❶ 司法鉴定课题组. 民事诉讼鉴定启动程序若干问题研究［EB/OL］.［2015 - 11 - 01］. http：//www.jsfy.gov.cn/llyj/xslw/2014/06/06095124284.html.

❷ 若侵权者为正规的企业，尤其是在工商、税务等部门留有较完备信息的大公司，则比较获得利润等相关数据，参见：韩芳，余建华，孟焕良. 小专利扭转大乾坤：正泰集团诉法国施耐德公司专利侵权案调解纪实［N］. 人民法院报，2012 - 04 - 23.

改革举措都需要立法先行，而立法工作的基本要求是科学性、民主性、前瞻性、可操作性，尤其是要避免部门利益倾向和地方化。因此，在知识产权领域立法修订过程中，需要对每一项修订内容进行充分的研究和论证，为法律的通过和有效实施提供充足的理论基础。

目前，我国《商标法》第三次修订已经完成并于 2014 年 5 月开始实施。新《商标法》除了有效改善我国商标注册和使用方面长期以来不诚信抢注和假、冒、仿、靠等乱象外，还对整个我国知识产权法律制度的完善具有引领作用；其中，最值得期许的、对其他知识产权法律完善最具有参考价值是新《商标法》加大了对侵权行为的惩处，即提高法定赔偿额、增设惩罚性赔偿制度、在赔偿额判定中实行举证妨碍规则减轻权利人举证责任等。另外，由于《商标法》自 1982 年以来赋予了行政机关较强查处案件职权，而且工商机构的设置及人员配备遍及全国各地，我国商标领域的行政执法历来较强；虽然新《商标法》并未对商标权确权和保护的执法体制作出调整，但还是增加了缩短注册和无效等程序期间以及民事行政案件衔接的规定，并增加了罚款幅度等可操作性标准以强化执法效果。❶

鉴于我国《专利法》实体条款的主要修订已经于 2008 年底完成，目前启动第四次《专利法》修订的主要目的是加大执法力度、降低维权成本、提高侵权代价、有效遏制侵权行为。因此，此次修订的内容除了将外观设计保护期延长至 15 年之外，主要集中在强化行政执法和司法保护的程序设置方面❷。对此，本文认为，应当考虑到发明专利侵权纠纷往往涉及复杂的技术特征、实用新型与外观设计专利权因无实质性审查而权利不稳定性明显等因素，

---

❶　参见 2014 年实施《商标法》各项关于期间的规定，以及第 60 条、第 62 条、第 63 条。

❷　专利法修改草案（征求意见稿）［EB/OL］.（2015 - 04 - 01）［2015 -11 -01］. http：//www. sipo. gov. cn/tz/gz/201504/t20150401_ 1095939. html.

行政执法人员难以像对出版物、音像制品盗版以及假冒注册商标那样快速有效地作出侵权判断和加以惩处；因此，专利权的保护应当逐渐过渡到以司法保护为主，即按照严格公正的程序根据事实和法律作出裁决，而不宜在《专利法》中强化行政执法人员查处专利侵权的职权，以免适用不当造成对被控侵权人合法民事权益的影响。另一方面，我国目前正在进行综合行政执法改革，对实用新型、外观设计等比较容易判定侵权的对象，在权利人提供专利权评价报告的条件下，对这类专利权行政保护的加强在一定程度上可以通过整合的、具有一致职权和职责的执法队伍来实现。当然，笔者认为，最理想的制度设计是将实用新型和外观设计从《专利法》中单列出来，不过这一立法进程需要更长远的计划。就目前而言，拟修订的《专利法》与新修订《商标法》一样，通过大幅提高法定赔偿额、增加惩罚性赔偿制度、实行权利人赔偿额举证妨碍制度等方式来加大专利权的司法保护力度，对此立法动向笔者十分认同、学界主流意见也基本无异议。笔者认为，下一步还可以结合国家司法体制的改革，修改《专利法》并配合制定专门的法律文件和司法解释以建立专门的知识产权高级法院以简化专利确权程序。

　　我国《著作权法》进行中的第三次修改因涉及很多新制度规则的修改或设立而进展缓慢，与其他引起社会各界广泛关注的议题相比较而言，其中涉及的著作权行政执法和司法保护方面的内容并未引起太多争议，尤其是关于司法保护力度增强的大幅提高法定赔偿额、增加惩罚性赔偿制度、实行权利人赔偿额举证妨碍制度等方面❶。不过，关于修法中对著作权行政执法的强化，笔者认为应当和《专利法》的修订思路一样，要通过整合的、具有一

---

　　❶ 《著作权法修订草案》（送审稿）第76～79条。［EB/OL］.（2014－06－01）［2015－11－01］. http：//www. chinalaw. gov. cn/article/cazjgg/201406/20140600396188. shtml.

致职权和职责的执法队伍来实现，而不是单纯强调增强部门的职权。事实上，目前著作权行政执法在一些地方的机制设置改革试点中已经整合进综合文化执法队伍且能够有效运作。因此，《著作权法》可以增加行政执法的职权，但应当考虑灵活性，即这一职权所赋予的有著作权行政执法权的部门是各地有综合行政执法职能的部门，而不是对应作为著作权管理部门的国家版权局之下设机构。

在其他与知识产权保护相关的法律修订中，也同样需要考虑执法机制的完善问题。简而言之，在我国知识产权战略推进中，对加强知识产权保护的途径之理解和修法的思路应当与党的十八大四中全会制定的"依法治国"方略保持一致，即在行政执法方面注重综合执法整合队伍，在司法保护方面，一要通过个案审理加大对侵权行为的惩处；二要结合司法改革完善知识产权案件审判机制。

四、我国知识产权战略推进中完善执法体制的建议

知识产权执法体制的完善是深化实施我国知识产权战略的重要内容。为了有效保护知识产权、适应现阶段创新驱动发展国家战略实施的需要，我国的知识产权执法体制改革应当沿着党中央描绘的"法治我国建设"蓝图的主线、本着加强知识产权保护以促进和激励创新的战略思想稳步推进，逐步改善我国知识产权行政执法和司法保护状况，实现知识产权战略的设定目标。

（一）我国知识产权行政执法体制的完善

笔者认为，由知识产权行政主管机关与司法机关一起处理和解决侵权纠纷的"双轨制"是适应我国国情的历史产物，也将在今后一定时期内继续成为我国知识产权执法的特色。另一方面，从世界各发达国家经济、政治和法律制度的发展规律来看，知识产权侵权纠纷将日益复杂化，尤其是技术性强、具有高度专业性的案件将日益增多，未经严格法律专业技能培养和高新技术专业

人员辅助的执法者难以简单快速地作出判断、处理相关争议。因此，目前这种我国特色的知识产权行政保护从长远来说将向着程序更严格、规范、公开以及配备专业审判资源及技术辅助人员的司法保护过渡。

不过，在当前我国知识产权战略推进过程中，虽然知识产权行政执法与司法保护一样需要进一步加强，但关于这一论断的阐释除了需要加深对知识产权制度"激励创新"作用的认识外，还应当结合当前整个国家依法治国蓝图顶层设计的思路考虑。考察党中央近期关于依法治国方略的最新部署，在"深入推进依法行政，加快建设法治政府"的框架下对行政执法提出的改革措施包括：减少层次、整合队伍、提高效率为原则，合理配置执法力量，推行跨部门综合执法。❶

事实上，这一思路早在深圳、浙江、上海等沿海经济相对发达地区以机制改革、经济新区、自由贸易区等试点方式得到体现。比如，在 2002 年，中央编制委员会办公室即开始在深圳、重庆实行综合行政执法改革的试点❷，两地 2004 年成立了文化市场行政执法总队；2009 年 8 月通过的《深圳市人民政府机构改革方案》组建了"市场监督管理局"，统一承担原工商局、质量技术监督局、知识产权局以及卫生局餐饮环节的食品安全监管职责。在 2013 年底党中央明确市场监管体制改革的方向后，上海自贸区开展了综合执法体制改革，由自贸区管委会统一执行专利、著作权的行政执法工作。2014 年 7 月，我国发布了《国务院关于促进市场公平竞争维护市场正常秩序的若干意见》，指出"不同部门下设的职责任务相近或相似的执法队伍，逐步整合为一支队伍"的目标；可见，在知识产权行政执法领域，将来的改革方向也应当是

---

❶　参见 2014 年 10 月 23 日《中共中央关于全面推进依法治国若干重大问题的决定》第三部分。

❷　参见《国务院办公厅转发中央编办关于清理整顿行政执法队伍实行综合行政执法试点工作意见的通知》（国办发〔2002〕56 号）。

综合执法资源，提高执法效率。

不可否认，这种行政执法改革思路或多或少将牵动政府机关职能的重新分配、影响目前各知识产权主管机关的惯性工作机制。事实上，体制改革就应当做到精兵简政；知识产权行政执法的职能从本质上说是政府依法承担的知识产权保护职责，具体由哪一个机构来履行此职责不应当影响到对知识产权的保护。相反由原机构和人员编制欠缺的知识产权主管机关分离整合到综合行政执法职能后，会起到强化知识产权行政保护、提高知识产权行政执法的效率和水平的作用，因为建立一支拥有统一执法权的专门知识产权执法队伍可以集中原有的执法力量，有效打击盗版和假冒等侵犯知识产权的活动。对于目前的知识产权主管行政机关，则应当强化其公共服务职能，尤其是通过优化申请及授权、确权、备案等专业性活动的程序为创新者提供便利，提高知识产权审查质量以促进创新；其他的管理、服务性职能也可以进一步拓展，比如与知识产权相关的竞争秩序监管、专题研究的指南制定、政策宣传、信息集散、公众教育、配合相关部门的执法和司法活动、对涉及公共秩序和公共利益的知识产权事项进行决策等。

总的来说，知识产权行政执法职能应当逐渐与知识产权行政机关的管理和专业性职能相分离。虽然综合执法体制改革是全局性问题、知识产权行政执法仅是其中的一个部分，但在关于知识产权行政执法的诸项立法、执法活动中，相关部门和决策者需要通盘考虑，朝着既定的改革方向采取相应的对策。目前沿海发达地区试点设立的市场监管统一行政执法或整合知识产权行政执法的措施是有益的尝试。长远来说，知识产权海关边境措施是可以独立的行政执法；其他的知识产权行政执法将逐渐过渡到刑事司法保护，因此目前应开始注重行政执法与刑事司法制度的衔接，比如完善案件移送标准和程序，建立行政执法机关、公安机关、检察机关、审判机关信息共享、案情通报、案件移送制度，坚决克服有案不移、有案难移、以罚代刑现象，实现行政处罚和刑事处罚无缝对接。行政执法职能分离出去后，知识产权行政主管部门可以整合（尤其是专利和商标管理机构），通过制定和实施知识产权战略推进计划，引导企业和地方政府在知识产权或创新能力判断中从以量取胜逐渐过渡到注重质量和效益，真正认识到知识产权制度对建设创新型国家的重要作用，从商标、专利的知识产权大国转变为强国，提高文化产业市场竞争力。具体措施包括提高和完善专利商标审查标准、完善创新评价指标、改进创新激励措施，发布各种产业发展知识产权战略指南等。

（二）我国知识产权司法保护体制的完善

2014 年可谓我国知识产权法院建设元年，自 8 月 31 日第十二届全国人民代表大会常务委员会第十次会议通过了《关于在北京、上海、广州设立知识产权法院的决定》（以下简称《决定》）后，同年 11 月 6 日、12 月 16 日、12 月 29 日，北京、广州、上海知识产权法院先后挂牌成立并开始运行。前述人大常委会《决定》的主要思路，是集中优势审判资源，突破现有省级行政区划内的区域性法院设置体系，将技术性强的复杂知识产权案件一并交由拟设立的相当于中级人民法院层级的知识产权专门法院受理，以保证疑难案件的审判质量和裁判尺度的统一。

为了落实《决定》这一涉及我国司法体制改革的立法措施，最高人民法院很快作出了具体部署，针对北京、上海、广州三地的不同情况划定了不同的案件管辖范围。❶ 具体说，北京、上海、广州知识产权法院管辖所在市辖区内的下列第一审案件：①专利、植物新品种、集成电路布图设计、技术秘密、计算机软件民事和行政案件；②对国务院部门或者县级以上地方人民政府所作的涉及著作权、商标、不正当竞争等行政行为提起诉讼的行政案件；③涉及驰名商标认定的民事案件。其中，凡涉及国务院部门作出

---

❶ 参见《最高人民法院关于北京、上海、广州知识产权法院案件管辖的规定》（2014 年 10 月 27 日最高人民法院审判委员会第 1628 次会议通过）。

的有关专利、商标、植物新品种、集成电路布图设计等知识产权的授权确权裁定或者决定，以及关于强制许可或强制许可使用费、报酬的裁决等方面的行政案件，均由北京知识产权法院审理。事实上，由于北京和上海是直辖市，即使将所有技术性知识产权案件收归同一个法院受理，受影响的机构、人员、编制等实际问题并不大，而广州知识产权法院若将全省技术性知识产权案件管辖统一起来，则所涉及的不确定因素就复杂得多。因此，广州知识产权法院如何设立和运转，其经验或教训才更具有参考价值，也会成为整个司法体制改革会面对什么问题以及如何解决的样本。

从现有观察来看，北京、上海、广州三地知识产权法院的建立过程中都一致按照司法改革的要求，在简化庭审程序、实施法官员额制和主审法官负责制大幅度减少非审判人员、新增法官助理席位、提高法官遴选标准和透明度以及院长、庭长办案常态化等方面做出了尝试，在增强司法审判的效率和质量、增加审判透明度等方面取得了良好的社会效果。不过，在短短半年内的三地知识产权法院建立过程也存在一些值得关注的问题。首先也是最重要的一点，是改革措施的推进缺乏比较充分的讨论，使得一些举措的出台仍然给各界带来一种仓促和不确定的印象。比如，《决定》出台之初，对各个知识产权法院的案件受理范围列举的是"专利、植物新品种、集成电路布图设计、技术秘密等专业技术性较强的第一审知识产权民事和行政案件"；但是《最高人民法院关于北京、上海、广州知识产权法院案件管辖的规定》（以下简称《规定》）在对各知识产权法院具体管辖范围进行阐释时，根据已有的审判经验补充了"计算机软件"和"涉及驰名商标认定的民事案件"。当然，由于立法具有弹性，司法解释把"等"字具体化为涉及计算机软件和驰名商标认定的民事案件在理论上也没问题；只是法律刚刚通过而司法解释立即进行补充这种形式显得立法技术不够完善。又比如，广州知识产权法院的设立过程中存在原先方案临时变更的问题。实践中，深圳地区的中级法院历年来所审理的重大疑难知识产权案件远比全国其他地区的多，将广东全省技术性知识产权案件集中到新设立的广州知识产权法院审理必然涉及人员调动、资源重整等诸多操作性难题；但在前述《决定》通过后，最高院的《规定》作为必要的落实方案匆匆跟进，当时在划定各知识产权法院案件管辖范围时还来不及仔细研究广东省内所有技术性案件和驰名商标案件都由新设立的广州知识产权法院管辖的可行性。另一方面，按照整个司法体制改革的部署，广州知识产权法院又必须在 2014 年底之前设立。因此，广州知识产权法院筹建的最终方案只能通过《最高人民法院关于同意广东省深圳市两级法院继续管辖专利等知识产权案件的批复》来迂回适应现实，即"在广东省内跨行政区域管辖全省除深圳市以外的专利、植物新品种、集成电路布图设计、技术秘密、计算机软件第一审知识产权民事和行政案件以及涉及驰名商标认定的民事案件"。❶

北京、上海、广州三地知识产权法院的建立和运行中还存在与原有体制的交接磨合产生很多琐碎的问题，给知识产权法院的法官（包括亲自审理案件的领导）带来更重的负担。比如，北京、上海、广州知识产权法院设立之后，原先相应的各个中级人民法院中的知识产权庭随之撤销，新设立的知识产权专门法院是否还受理依照原先划定的知识产权案件级别管辖标准应当归中级人民法院审理的非技术性普通知识产权一审案件？在《决定》和《规定》中，这个问题怎么处理并无明确规定；因此，按照法理，目前北京、上海、广州知识产权法院可不再审理非技术性普通知识产权案件，即使其标的额超过当地基层法院的管辖标准，此类案件也将由有知识产权案件的基层人民法院或报请最高人民法院指定相应的基层法院管辖。当然，也有变通方法，即知识产权专门法院是作为中级人民法院层级而设立的，所以也可以依照《民事

❶ 广东省高级人民法院关于广州知识产权法院履职的公告［EB/OL］.［20115－06－30］. http：//www.gdcourts.gov.cn.

诉讼法》的规定提级审理涉外或重大的普通非技术性知识产权案件。除了管辖，法院工作中离不开的各项制度还有很多；这些知识产权法院设立后运行中必然会陆续碰到的问题，都需要及时作出回应，尤其是结合司法改革和知识产权专业化审判新设立的制度。此外，作为独立于原先相应中级人民法院的新机构，知识产权法院的设置是一个牵涉诸多环节的复杂程序，从选址到审判等专业人员选拔和行政人员、设施的配备，再到新旧案件受理和审结，都要耗费大量精力。还有一点需要指出的是，以上这些繁琐事项，还不包括改革给法官个人和家庭生活带来的不便影响。法官压力剧增的形势下，如何增强职业荣誉感、提高法官待遇也是留住优秀审判人员需要考虑的问题。

笔者认为，尽管我国从立法上明确了北京、上海、广州知识产权法院的专门法院地位，但完善知识产权司法保护体制并不是朝夕之间的事，在下一步知识产权法院建设相关措施改革出台之前，至少应该在一定范围内征求意见，集思广益，避免划定时间线而造成仓促立法或解释。在这方面，与我们文化、法律思维同源的台湾地区已有相关经验。比如，在 2008 年 7 月 1 日"台湾智慧财产法院"正式开始运行之前，其"立法机构"先于 2007 年 3 月 28 日通过了"智慧财产法院组织法"和"智慧财产案件审理法"，此后相关机构很快又制定了"智慧财产案件审理法施行细则""智慧财产案件审理细则"等文件。为此，近期要注重一方面随时总结北京、上海、广州知识产权法院挂牌后面临的共同问题（比如本文前面提到的法官员额有限而案件数量多），另一方面要尽快作出知识产权司法保护体制全面完善的前瞻性规划并进行尽量充分的考虑以便最终形成最适于国情的具体方案。事实上，这也是全国人大常委会在《决定》中所要求的：三年之后最高人民法院将向全国人大常委会汇报实施情况；可以预测的是，同时将启动下一步关于知识产权法院建设的司法改革措施。

简言之，在探索建立我国知识产权法院的进程中，知识产权法院的设立仅仅是第一步，离《国家知识产权战略纲要》设定的"知识产权上诉法院"之目标还有一定距离，与世界多数国家已经建立的专利法院或其他类似性质的知识产权法院还有较明显的区别。今后我国知识产权法院体系的进一步完善应当尽早考虑以下方面。

（1）北京、上海、广州知识产权法院存在的问题及此模式推广的必要性和可行性

北京、上海、广州知识产权法院虽然为优化审判资源而设立，但集中管辖面临着两个比较明显的障碍：即降低民事诉讼的便利性和法官办案力量严重不足。不过，关于前者，我国目前的司法改革重点应当以"公正、独立、效率"等为主题词，为此造成的给当事人、法官诉讼和审判活动带来一定不便，只能作为改革所承受的一定代价；而且从根本上说，公正裁判更是诉讼当事人对法律制度的最高需求，多数当事人宁愿选择有公正高效声誉的法院管辖而放弃地域便利，因此，知识产权专门法院设置的地域不便天生缺陷可以通过提高专业化审判质量来弥补；另外，网络技术的发展，也使得异地实时审判在将来成为可能。关于后者，新设立的北京、上海、广州知识产权法院因法官员额制而承受巨大案件压力现在已经显现，而相应的解决方案如配备充足法官助理、技术调查官制度、增加员额等措施也已经启动；当然，这些制度运行效果还有待观察。从理论上讲，三年之后可以根据实际需要在条件成熟的地区设立与北京、上海、广州知识产权法院类似的专门法院，以达到整合优势审判资源集中审理技术性和疑难的知识产权案件之改革目的；当然，也可以根据北京、上海、广州知识产权法院运行状况对其各自管辖范围重新设定、包括扩大其地域管辖范围以适应不断发展的知识产权审判实践之需要。另外，北京、上海、广州知识产权法院模式的推广，应当结合实际需要进行，不宜遍地开花，应当适当集中，尤其要考虑将现有全国80个左右的具有审理技术性案件的法院之管辖权进行适当整合，即

调研已有这些法院所管辖地域的案件需求以及这些法院在审理技术性案件方面的经验，设立跨行政区域的大区性的知识产权专门法院，以便更好整合优质知识产权审判资源，并通过针对这些专门法院的审理法（参考我国台湾地区相关规定），为最终设立知识产权上诉法院做制度准备。

（2）知识产权法院受理刑事案件的可行性

虽然我国有些地方的法院已经开展了知识产权民事、行政、刑事案件"三审合一"试点并取得一定经验，但并无成熟一致的做法或相应的法律规定。考虑到知识产权案件的专业性，由专门的知识产权法院管辖相应地区的知识产权刑事案件有利于进一步统一知识产权案件裁判尺度。根据全国人大常委会《决定》，目前北京、上海、广州知识产权法院并无刑事案件管辖权，根据重大改革举措应做到有法可依的精神，若建立知识产权法院"三审合一"的立体审判模式必须首先通过新的法律，突破原有法律对地域管辖和级别管辖的规定，才有可能进一步探讨在知识产权法院内如何设置刑事案件审判机制的问题。也就是说，通过修改知识产权单行法本身，或者另行颁布专门法律以便依据特殊性法先适用的原则将知识产权刑事案件划归相应的知识产权专门审判组织来专门管辖。

（3）技术调查官等配套制度的建立与完善问题

知识产权法院专属管辖技术性知识产权案件，因此为健全知识产权审判机构根据域外经验采用技术调查官制度很有必要。目前最高人民法院已经发布《关于知识产权法院技术调查官参与诉讼活动若干问题的暂行规定》，为北京、上海、广州知识产权法院配备司法辅助人员提供了依据，也为其他有技术性案件管辖权的法院审理此类案件提供了参考。技术调查官通过接受法官指派参与诉讼活动，可以提高技术事实查明的科学性、专业性和中立性。笔者认为，技术调查官可以充实知识产权审判力量、弥补法律专业出身的法官因缺乏技术背景对技术性问题认识的不足，最终提高整个知识产权审判的质量。尽管如此，如何选任合格的技术调查官、如何建立任期等机制以解决技术更新问题、如何设立规则以技术调查官本身的技术局限和技术偏见、如何既充分发挥技术调查官作用又不会形成对其过度依赖等，都还需要进一步研究制定更加详细明确的司法意见。

（4）知识产权高级法院的建立问题

笔者认为，北京、上海、广州知识产权法院设立虽然是知识产权事业的里程碑式重要事件，但在知识产权司法保护进程中仅是结合整个司法改革所做的初步尝试。在知识产权领域，加强保护除了集中优势审判资源、更新司法理念严格执法外，还需要解决涉及确权的知识产权案件久拖不决和循环诉讼的难题；其中，建立专门的知识产权高级法院以优化确权程序至关重要。从域外的相关情况来看，我国目前在北京、上海、广州设立的知识产权法院与世界多数国家或地区已经建立的专利法院或其他类似性质的知识产权法院还有较明显的区别。比如英国、美国、新加坡等由同一上诉审法院审理专利无效及专利侵权诉讼的知识产权法院，且该法院的最后判决即可确定权利的有效与否；而德国、日本、韩国等大陆法系国家则设立专门的知识产权高级法院来直接审理不服知识产权行政管理部门裁决的一审案件，该法院的判决可直接上诉到国家管辖行政诉讼案件的最高审判机关。当然，对我国来说，由于大陆法系对司法制度的影响更多，采取简化确权程序的方案更容易为各界所接受。因此，首先需要修改《专利法》和《商标法》，将国家知识产权局专利复审委员会和国家工商行政管理总局商标评审委员会作出的有关专利和商标之效力的行政决定视为准司法裁决，当事人不服的直接上诉到拟设的知识产权高级法院；与此相应，目前对此类案件有管辖权的北京知识产权法院将不再审理专利、商标确权一审案件，从而减少一个环节。这一拟设的知识产权高级法院设立在北京，可建制在北京市高级人民法院内部平行于各审判庭，也可单独设立平级的北京知识产权高级法院。同时，此方案还需要通过修改《专利法》和《商标法》规定由北京市高级人民法院统一受理前述不服二委裁决的确权案件之上诉案件以及来自北京知识产权法院的专利等技术性侵权民事案件的二审。考虑到我国机构体制改革的复杂性，要最终建立起一套既反映知识产权审判活动共性、又适应我国国情具体需要的我国特色的知识产权法院体系，还需要一个边探索边总结经验逐步构建和完善的过程。

作为过渡措施，结合前面论述的北京、上海、广州知识产权专门法院的推广以及专利等技术性案件的集中管辖，可以先在相关的专门立法中实行专利无效抗辩制度，简化知识产权案件民事、行政程序交叉可能带来的延滞问题。

五、结　　语

笔者认为，我国特色知识产权法院体系的建立和运行，是加强我国知识产权保护的制度性建设，其完善过程需要结合司法改革总规划渐进式进行。不过，在司法理念上，这套体系要真正发挥促进创新的作用，关键仍在于严格执法，法官能够灵活适用司法技巧以落实已经或即将修正的知识产权各单行法中关于降低维权成本、提高侵权代价、有效遏制侵权行为的思路，消除长期以来权利人艰难维权"赢了官司输了钱"、侵权人则轻易另起炉灶反复恶意侵权等极不利于保护创新的现象。设立知识产权法院是实施国家知识产权战略的重要举措，提升我国司法机关处理知识产权案件的专业性和效率，积累审理知识产权案件的经验，适应法官专业化的需求，避免案件的延滞、加速纠纷解决，促进国家经济发展。是否能通过专门法院制度建设和法官审判过程中司法理念的理解和把握达到改革目标，已经建立的北京、上海、广州知识产权法院需要作出示范。

建设法治中国是个长期的艰巨的工程，知识产权法律体系的建立不等于知识产权领域法治的实现。知识产权法律制度要得到有效实施，需要有足够的法律文化背景作支撑。目前我国正处于经济转型期，市场经济建设过程中相关主体还未真正形成自觉的法律意识，尤其是由于诚信普遍缺失，与知识产权相关的市场竞争中假、冒、仿、靠行为屡禁不止，乱象百出。同时，我国社会总体仍处于初级发展阶段，尤其是各地区发展极不平衡，欠发达区域和人口比例占多数；人们无论在工作还是日常生活行为中的规则意识淡薄，相反，潜规则盛行。再加上我国传统上民众的从众心理、爱慕虚荣等因素，多数人对知识产权这一建立在无形客体之上的私权受法律保护的意识相对于有形物的财产权意识更陌生，因此对侵权假冒等行为持有容忍态度、远不如对盗窃抢夺有形物之不法行为的痛恨。

笔者必须强调的是，任何制度建设和改革要取得真正的成功，没有相应的共识作为思想理论基础都是不可能的，来源于西方发达国家的知识产权制度尤为如此。正所谓"标本兼治"，仅从法律完善、机制改革方面入手固然可以通过国家强制力加强知识产权保护，更重要的是，各界真正拥有创新意识。在我国要形成尊重创新、积极创新的风气，除了在立法、执法、司法方面加大知识产权保护力度外，需要坚持不懈地通过各种可行方式增强全民知识产权法律意识，培养市场主体尊法、信法、守法、用法的意识和依法维权的能力，提高党政机关领导带头守法的意识，形成守法光荣、违法可耻的社会氛围，逐渐引导人们在日常工作、生活中将买盗版、假货，抄袭、雷同，以及假冒仿靠等不正当竞争的习惯抛弃。知识产权法律意识的培养，可以通过一定方式纳入国民教育体系，使人们从小养成尊重创新、保护知识产权的意识。此外还要重视将知识产权法律意识融入知识产权创造、运用和管理各环节专门人才的培养中，全面塑造符合建设创新型国家和法治国家需要的复合型知识产权人才。

回顾日美知识产权高等法院

古谷真帆[*]

一、序　　言

日本知识产权高等法院是 2005 年 5 月设立的，到今年已有 10年的历史。美国的联邦巡回上诉法院是 1982 年设立的，到现在也有了 30 多年的历史。这两者都是专门性的知识产权上诉法院。但是，仔细观察可以发现两者存在明显不同。这可能是由于日本的知识产权高等法院是在日本司法制度、诉讼制度基础上发展起来的。美国的联邦巡回上诉法院也同样是在美国司法制度、诉讼制度基础上发展起来的。本文回顾两国知识产权专门法院的历史沿革和现况，尽量在比较各国司法制度、诉讼制度的基础上，希望提出一些新的认识。

二、日本知识产权高等法院

（一）设立的背景

1. 知识产权案件的集中审理[●]

设立知识产权高等法院之前，知识产权案件是由东京高等法院（以下简称"东京高裁"）里涉及知识产权有关民事案件的专门

---

　　* 作者简介：东京大学政策前景研究所项目研究员。
　　● 日本最高法院秘书局《知识产权高等法院》第 5 页［EB/OL］. http：//www.ip. courts. go. jp/vcms _ lf/full _ setugusiryo. pdf.

法庭进行审理。

1948 年修改的《日本专利法》规定对不服日本特许厅决定的诉讼，东京高裁有专属管辖权。通过这次修改，第一次把知识产权相关的案件集中到某一个法庭审理。1950 年，在东京高裁内设置了第五特别部，该部对不服日本特许厅的决定的诉讼及知识产权相关的上诉案件进行了集中审理。此后，在东京高裁的普通法庭内设置了针对知识产权有关诉讼的专门法庭，然后，2004 年施行的《日本民事诉讼法》等法律，新采用了大合议审理制度，设置了第六特别部。

2. 知识产权高等法院设置法的制定

21 世纪初，日本政府提出以知识产权的创造、保护及使用为经济振兴的基础方案。2001 年发表了司法制度改革审议会意见书（这个意见书为 1999 年日本政府（内阁）之下设置的司法改革审议会的最终报告❶）。该意见书表示需要强化对知识产权有关案件的综合处理，提出了很多具体方案。比如，法院强化专门审理体制等。2002 年 7 月，日本政府公布了知识产权战略大纲，表示为了让东京地方法院（以下简称"东京地裁"）和大阪地方法院（以下简称"大阪地裁"）的专门法庭起到专利法院的作用，由这两所法院对专利有关的诉讼保持专属管辖。

根据政府提出的意见，有关部门、学界讨论怎样能够强化法院处理知识产权有关纠纷的作用，并探讨是否设立独立的知识产权上诉法院。其后，2004 年 6 月，出台了《知识产权高等法院设置法》；2005 年 4 月 1 日，知识产权高等法院作为东京高裁的特别支部宣布设立（见表1）。

---

❶　该意见书采纳：①建立应对国民期待的司法制度；②支持司法制度的法律有关的工作人员；③确立国民性平台。为了实现这些目标，2001 年 11 月政府制定司法制度改革推进法，同年 12 月在政府（内阁）设置了以总理（内阁总理大臣）为本部长的司法制度改革推进本部，而其后的 2002 年 3 月决定了司法制度改革推进计划。

表 1 日本知识产权法院发展大事记

年份	大事记
1996 年前	专利侵权诉讼：第一审：全国各地地方法院有权管辖； 第二审：全国八所高级法院（东京、大阪、名古屋、广岛、福冈、仙台、札幌、高松）； 第三审：最高法院。 专利行政诉讼：第一审：东京高裁有专属管辖； 第二审：最高法院
1996 年	《日本民事诉讼法》的修改：设置了技术有关的知识产权诉讼的竞合管辖（可以向各地地方法院提起诉讼）； 专利侵权诉讼：第一审：无论是其他地区法院有管辖也可以在东京，大阪提起诉讼
2003 年	《日本民事诉讼法》的修改 有关技术的知识产权诉讼 专利侵权诉讼　第一审：东京地裁、大阪地裁专属管辖（无法向其他各地法院提起诉讼）； 第二审：东京高裁统一审理 另外，有关非技术的案例还为竞合管辖，除了东京、大阪的法院之外，也可以向其他各地法院提起诉讼
2004 年	《日本知识产权高等法院设置法》出台
2005 年	设置了知识产权高等法院〔作为东京高裁的特别分部（办事处）〕； 知识产权有关案例的第二审，以及对行政决定不服的诉讼统一由知识产权高级法院管辖。参照了美国联邦巡回上诉法院的体系，但是日本在知识产权高等法院对专利法之外的知识产权案例也有管辖权

（二）现在的体制

1. 管辖

在知识产权有关的民事案件当中，对与专利权有关的诉讼（专利、实用新型等）东京地裁及大阪地裁有专属管辖（《日本民事诉讼法》第6条第1款）。其上诉案件是由知识产权高等法院进行审理（《日本民事诉讼法》第6条第3款，《知识产权高等法院设置法》第2条第1款）。

另外，对外观设计权、商标权、计算机程序有关的作品等非技术性的诉讼，全国50个地方法院、东京地裁、大阪地裁都有管辖权。其上诉案件是由第一审审理法院所属地区的高裁（上诉法院）负责审理。其中，东京高裁管辖的案件是由知识产权高等法院负责审理（《日本知识产权高等法院设置法》第2条第1款）。还有，对日本特许厅作出的行政决定不服的诉讼也是由知识产权高等法院负责审理（《日本知识产权上诉法院设置法》第2条第2款）。

另外，知识产权高等法院及其他法院的知识产权部不审理与知识产权有关的刑事案件。

2. 组织构成

① 地方法院：知财专业（法庭）部、东京地裁4个部、大阪地裁2个部地方法院的案件由3名法官组成的合议庭进行审理。

② 知识产权高等法院：4部及特别（法庭）部、大合议（法庭）部。

知识产权高等法院的审理一般由3名法官的合议庭审理，但是对重大或需要统一判例的案例就由大合议组进行审理。具体说来，《日本法院法》第26条第3款规定，一般合议组的成员为3名，但是《日本民事诉讼法》第310条第2款规定审理侵权诉讼的合议组成员可以为5名，《日本专利法》第182条之二规定审理不服行政决定有关诉讼的合议组成员也可以为5名。这是因为知识产权上诉案件的审理需要一定信赖性及判例的统一。这样的案件由兼任第一部部长的知识产权上诉法院院长作为审判长，和第二部到第四部的各个部的"部长法官"或跟3名部长法官类似的法官及1名主审法官组成大合议组进行审理。就是说，知识产权高等法院的大合议组的审理是通过知识产权高等法院全体的讨论研究，所以可以反映知识产权高等法院的全体性意见。❶ 截至 2014 年 12 月，一共有 9 件类似这样的案件通过大合议组审理。

另外，最高法院分为 3 个小法庭，每个小法庭审理所有类型的案件，而不只审理知识产权案件。最高法院是由精通知识产权案例的最高法院研究法官帮助法官审理知识产权案件。

日本的法官一般没有培养为专才法官（隔三年调到其他地方工作，不只是审理知识产权案件）。所以，在日本，集中案件的做法只让法官能够精通处理知识产权案例。

3. 在诉讼上与技术有关问题的解决

大多数与知识产权有关的案例包括复杂性而专业（技术）性的问题。为了便于法官正确了解这些案例，日本设立以下几个制度。

（1）法院调查官

知识产权高等法院、东京地裁、大阪地裁雇佣法院调查官的专职法院工作人员。法院调查官是拥有机械、化学、电气等技术领域专业知识的专家，如在日本特许厅工作过的人士、专利代理人等。法院调查官受法院的任命，原则上参与专利、实用新型等技术性的知识产权案件。

目前，法院调查官为东京地裁 7 名、大阪地裁 3 名、知识产权高等法院 11 名。对一件案例，法院调查官从开始到最后负责参与审理。

（2）专门委员

专门委员是受最高法院任命的兼职的国家公务员，由电气、机械、化学、信息通信、生物技术等多个专业领域的专家组成。专门委员根据法院的决定参与法院指定案件的审理。法院选任拥有专业（技术）知识的大学教授及代理人等 200 名。

（3）程序上的安排（说明会的举行等）

在开庭时，为了从当事人处听取技术有关的事项，法院可以

---

❶ 中野哲弘. 知财高裁 5 年的回顾及展望 [J]. Law&Technology，2011（50）：35.

召开技术说明会。技术说明会无论是对最尖端的技术领域，还是对需要反映该技术领域的一般技术人员知识等各种类型的案例，都会召开技术说明会。在开庭时，除了法官之外，法院调查官、专门委员及当事人等可以出庭。

（4）日本式"法庭之友"制度的试行

美国的"法庭之友"制度是从当事人以外的个人或组织对与案件有关的事实或法律问题进行论证，并可以提出书面的意见书。日本知识产权高等法院在 2014 年的苹果诉三星专利案件中初次采用了日本式的"法庭之友"制度。因为日本民事诉讼法没有规定"法庭之友"制度，所以现行法律上无法直接采用这个制度。因此，这次日本式的"法庭之友"制度是法院催促当事人达成诉讼上的合意，诉讼代理人向一般公众征求了意见，代理人把收到的意见书作为书证提交给法院。❶

4. 双轨问题

依据《日本专利法》第 123 条（专利无效程序），在日本，无论是否对涉案专利提起诉讼，专利宣告无效程序可以并行。即任何人可以申请专利宣告无效程序（第 123 条第 2 款），而且在专利被宣告无效后也可以申请该程序（第 123 条第 3 款）。

在专利侵权诉讼法院不能判断涉案专利的有效性。但是 2000 年 4 月 11 日 Kilby 案最高法院的判决创造了由法院审查专利有效性的判例。如涉案专利明确存在无效理由，法院根据滥用专利权理论就可以判断专利的有效性。

2004 年修改的《日本专利法》第 104 条第 3 款规定无效抗辩，即"认为该专利根据专利无效审判应该被无效时，专利权人或专用实施权人不得针对相对方行使该权利。如果认定前款规定的攻

---

❶　饭村敏明. 法院在法律判断时收集专业知识［J］. NBL，2014，1038：1. 小田真治. 关于知识产权干等法院在大合议案件上的意见［J］. 判例タイムズ，2014，1401：116.

击或防御方法是以不当拖延审理的目的提出的，则法院可以依申请或职权作出驳回的决定。"

从该条文来看，没有规定存在无效理由的要件，因此，对 Kilby 案件的有效性，即是否有先例的作用，是在日本有争论的。

因此判断专利无效的程序出现了双轨问题，即专利行政诉讼和侵权诉讼的程序并行存在。

2011 年，《日本专利法》作了修改。其中第 104 条之四规定，如果确定侵权诉讼的终局判决之后作出了无效决定，当事人在再审的诉讼中无法主张其确定的判决内容（但是，关于承认停止侵权诉讼的有关的判决，确定无效决定后结束事实审开庭之后的新事由，可以解释为请求异议事由）。

根据相关研究，专利制度、专利政策是最好根据各个产业领域的特点、现况决定的。那么，我们以后还要考虑的问题是：第一点，关于无效审查，是否更多地依据侵权诉讼的判断内容；第二点，为了促进创新判断专利要件，法院的单独判断是否最适合。

5. 有关法院迅速审判的讨论

在日本，根据 2003 年 7 月 16 日施行的《法院迅速审判有关的法律》在法院内设置了包括各界专家的"法院迅速审判检查监督委员会（大学等法律教授 6 名、律师 2 名、检察官 1 名、法官 2 名）"对迅速审判及高效率的诉讼管理进行检查。

该法附则规定在实施后的 10 年有关部门对该法实施的情况可以进行检查监督。然后，根据监督检查的结果，10 年后可以采取需要的措施。在 10 年当中，法院迅速审判检查监督委员会对以下内容进行检查分析，比如，迅速审理、推迟审理的原因及其对策、法院有关的社会环境。对此，从 2014 年 1 月起在法务省开始召开检讨会议，之后同年 6 月 27 日表明维持目前的法院迅速审判检查监督委员会的方向及模式。

在法院迅速审判检查监督委员会发出的报告里对知识产权有关的诉讼作为专业性诉讼与医疗诉讼及建筑诉讼一起进行详细的

调查。目前的情况来看，通过专属管辖等措施，平均审理期间变得简短，迅速审判的目标已经实现，认为不用再采用紧急的措施。❶ 那么，日本过去这一系列制度改革是否确实对审理期间带来好的影响。对此，我们也可以参考下面的统计数字。

6. 知识产权案例的统计数字

图 1 显示了知识产权民事案件（第二审）受理/审理案件数及平均审理期限（2005 年 3 月 31 日之前为东京高级法院，参考日本最高法院的网站）。

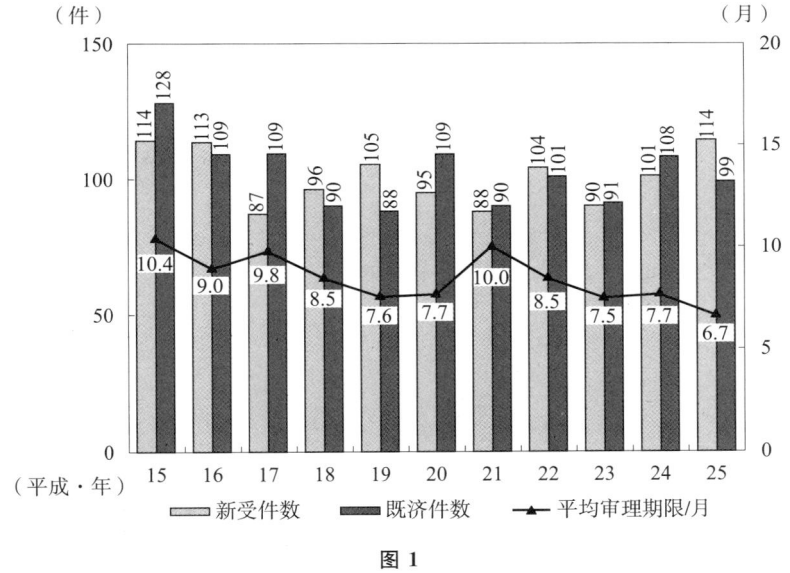

图 1

图 2 显示了知识产权行政案件受理/审理案件数及平均审理期限（2005 年 3 月 31 日之前为东京高级法院）。

图 3 显示了知识产权民事案件（第一审）受理/审理案件数及平均审理周期。

---

❶ 有关迅速审判的第四次报告〔EB/OL〕. http：//www. ip. courts. go. jp.

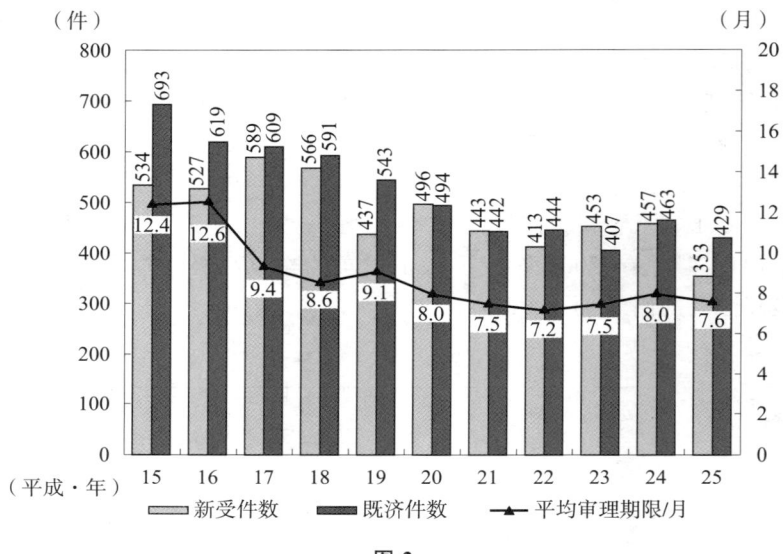

图 2

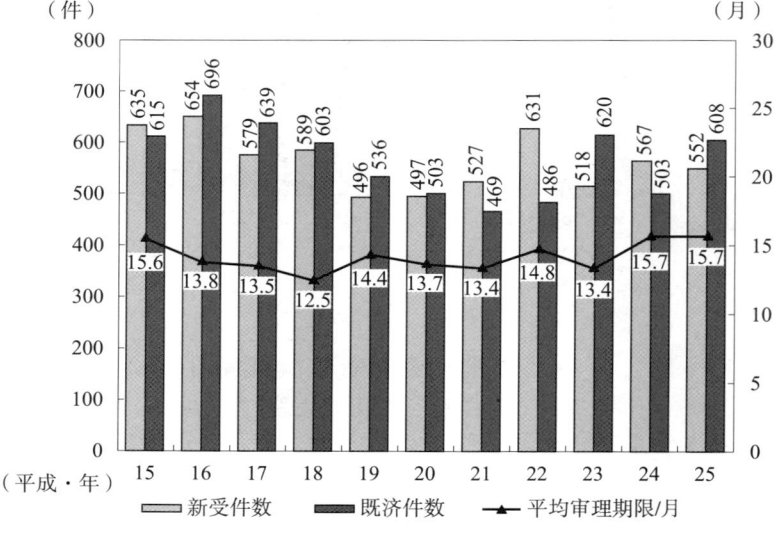

图 3

三、美国联邦巡回上诉法院

（一） 对专利案件等的集中审理❶

20 世纪 70 年代末到 80 年代初，为了对应上诉案件的增加而产生的上诉法院负担重的问题，美国司法机关和政府在 The Federal Judicial Center 或议会里设置了联邦巡回上诉法院改革委员会，这些机构对那时候的美国面临的问题进行了分析，并提出了改革方案。

根据其改革方案，1977 年，在司法部（The Department of Justice）设置了司法制度改革办公室（Office for Improvements in the Administration of Justice），该办公室探讨是否设置对环境、科学、税务有关的法律领域拥有特别关系的法院。根据该报告等研究结果，1982 年美国政府制定《联邦法院改善法》（*Federal Court Improvement Act of* 1982），该法律规定设立联邦巡回上诉法院。该法律对联邦巡回上诉法院赋予专利诉讼的专属管辖。

（二） 最近有关美国联邦巡回上诉法院的讨论

这几年学界不断讨论是否要维持美国联邦巡回上诉法院现有体制。有学者指出美国联邦巡回上诉法院维持现有功能，并主张维持现在的体制。也有学者指出现在的美国联邦巡回上诉法院无法发挥国会原来想让该法院承担的主要功能。有的还批判作为唯一的上诉法院该法院作出自以为是的判断。这也许因为最近几年最高法院连续推翻联邦巡回上诉法院作出的判断。无论如何我们还要继续关注这一系列讨论。

对联邦巡回上诉法院的存在意义，有的主张废止联邦巡回上诉法院，有的主张设立另一个类似于联邦巡回上诉法院那样的法院，避免唯一的法院拥有专属管辖之弊。那么，我们知道，1982 年设立联邦巡回上诉法院的当时，在美国有了设立该法院的需要

---

❶ 参见前述的日本最高法院秘书局《知识产权高等法院》第 5 页。

及理由，而且在之后的一定期间对美国专利审判发挥了重要的作用。可是，随着经济和政治情况的等变化，美国目前再一次考虑该法院的立场及专属管辖。

另外，我们还值得关注的是，联邦巡回上诉法院的管辖不仅仅是针对专利的案件，也针对其他类别，比如 MSPB、退军人事有关的诉讼。其实，专利诉讼占的比率不到一半。因此，仅仅由专利诉讼上的问题就主张废止联邦巡回上诉法院的理由可能难以成立。那么，如果当时把该法院设置为只审理专利诉讼的法院，现在会怎样？这点，我们还要去思考。实际上，在美国，当时在设立联邦巡回上诉法院时，也有人提出了唯一对专利诉讼进行专属管辖的批判，所以对联邦巡回上诉法院的管辖没有设置像只有审理专利诉讼的结构。

除了学界的讨论，我们还要关注最近美国法官对该法院的态度。比如，联邦巡回上诉法院的院长、曾经是联邦最高法院的法官候选人的 Diana Wood 法官发表了要废止联邦巡回上诉法院对专利诉讼的专属管辖的观点，他还主张应该由其他联邦巡回上诉法院审理专利诉讼。❶ Diana Wood 法官表示议会在设置联邦巡回上诉法院时指出的理由都已经丧失，相反联邦巡回上诉法院的专属管辖给联邦法院判断的多样性带来严重的影响，阻碍了法律的发展。还有，他主张联邦巡回上诉法院无法解决判决内容统一性的问题。从历史来看，设置联邦巡回上诉法院之前，各个巡回地区的判断都不一致导致了挑选法院的问题。所以，为了解决这个问题，设立了该法院。但是，该法院设立后尤其是在权利要求解释的问题上，该法院的法官的解释五花八门，并没有得到统一的判断。还有，Diana Wood 法官还批判因为专利诉讼带有专业性所以

---

❶　DIANE P. WOOD（Chief Judge，U. S. Court of Appeals for the 7th Circuit）KEYNOTE ADDRESS: IS IT TIME TO ABOLISH THE FEDERAL CIRCUIT'S EXCLUSIVE JURISDICTION IN PATENT CASES?.

要设立专属管辖的意见。他的理由如下：

（1）在知识产权诉讼当中，专利及其他领域（著作权、商标、商业秘密等）的差别不是太明确。所以，只针对专利诉讼赋予专属管辖的制度结构不合理。

（2）在美国地方法院层级，没有设立专门法院。这是因为美国制度本身肯定不具备专门知识、技术背景的法官可以审理专利案件。

（3）除了专利诉讼之外其他复杂的案件，比如环境诉讼、不正当交易有关诉讼等，也在普通法院进行审理。

Diana Wood 法官又指出没有设置专利诉讼的专属管辖而统一专利诉讼的判断的方案：①在地方法院的级别利用多管辖诉讼制度（Multi District Litigation，MDL）；②排除专属管辖，也是像在行政诉讼上的联邦巡回上诉法院那样可以维持联邦巡回上诉法院的主导型地位。

通过以上的介绍，我们可以了解联邦巡回上诉法院的利弊两方面。这就是每个制度必然的状态。

四、日美两国知识产权上诉法院的比较

（一）特别法院及专才法官

怎样设置审判（裁判）制度跟各国司法权应有作用密切相关的。具体来说，审判制度受法院及法官在社会的地位、法院提供什么样的服务等要素影响。那么，与知识产权纠纷有关的技术性（专业性）问题的解决，是应该采用普通法院的专门法庭，还是应该采用专才法官，这都是各国在审判制度上的选择。

在美国，普通法院一般优越于特别法院。其理由有很多，一般来说，过去对行政法院有否定性的看法，特别法院被认为类似于行政法院及行政审查程序。另外，从美国法律制度的历史来看，承认行政法院后主要强调一般法院对行政法院的监督。❶ 因此，我

---

❶ 田中英夫. 英美法总论（上）[M]. 东京：东京大学出版社，1980：25.

们可以承认美国普通法院一般优越于特别法院的观点。那么，我们观察作为最上级的联邦最高法院的审理，该法院对州的判例、民事及刑事等上诉案件，即全范围的法律领域的案件，利用同一程序进行审理，而希望判例法理的统一。所以，参照联邦最高法院这样的方向，有人批判联邦巡回上诉法院对专利案件可以采用特别判例法理的现况。

联邦巡回上诉法院是作为第 13 个巡回区上诉法院最后设立的。因此，该法院与其他联邦巡回上诉法院相比，其设立背景及存续时间不同。关于该法院的作用等，在设置后经过 30 年的今天，也还有很多讨论。

在日本，《日本宪法》第 76 条第 2 款规定禁止设置特别法院，而且所有的行政机关作出的决定都需要受司法机关的审查。在设置日本知识产权高等法院的讨论当中，也有人提出过设立独立的知识产权法院及技术（专才）法官的方案，但是，最后没有被采纳。如前文所述，知识产权高等法院作为东京高裁的支部设置，不是作为独立的法院来设置。

同样，无论在美国还是在日本，最理想的法官不应该是专才，即有某一个技术背景的专家，而是通才。

在美国，法官一般来源于有一定经验的律师或检察官。一旦被任命为法官，没有做过专利案件的审理，只做过刑事案件审理的人士，都必须审理专利案件。对新任的法官来说，这应该难度及负担很大。就是说，在地方法院阶段对专业性诉讼的审理（包括专利诉讼）是一个美国司法制度要解决的事项。因此，美国法院考虑充实教育法官的培训项目，也在特定的法院试行被指定的法官集中审理专利诉讼（这个方案叫 Pilot Program 试点项目）。

关于法官应有的素质，日本法院也是跟美国法院大体一样，一般更重视培养通才法官。而且，为了达到全国司法服务的均质性，日本法院采用全国性的调动工作的制度。因此，每位法官一般都有可能审理所有类型（刑事案件、家庭案件等）的案例，不只是审理与知识产权有关诉讼的特定类型的案件。但是，为了审理效率的提高和法官的审判经验的积累，日本法院还重视培养专才法官。这两个目标通过法官人事制度进行调整。

也就是说，日本没有只审理知识产权有关案例的专才法官，知识产权上诉法院的法官也由有审理过知识产权案件的、有经验的法官及没有审理过的法官组成，一般其比例为1∶1。

另外，关于技术法官的必要性，在讨论设置日本知识产权高等法院时进行了讨论。但是，技术法官制度最后没有被采纳。这可能跟日本法官制度本身也有关系。也可以说，日本法院可能认为技术法官带来的好处不如弊端（技术问题和法律问题不同，技术法官很可能依靠自己偏僻的专业知识进行判断）。

关于审判工作时间带来的专业性，日美两国的情况有所不同。首先，我们要了解美国联邦巡回上诉法院的法官中大体1/3的法官拥有技术背景。但是，美国联邦法院没有采用调动工作制度。因此，法官可以长期审理同样类型的案例，自然积累来自工作经验的专业性。

（二）第一审审理及第二审审理在整个程序中的作用

无论在美国还是日本，作为最上级审的最高法院没有分别设置针对民事、行政、刑事等案件的专门法庭，旨在贯彻在全法律领域法治。那么，法院在设置知识产权专门法院时，需要考虑设置法院的级别。此时，各国民事诉讼程序上各个级别的作用也可以为其分析的因素（见表2）。

表 2　各国民事诉讼对比

	日本	美国	中国
第一审	事实审	事实审	事实审
第二审	事实审	法律审	事实审、法律审
第三审	法律审	法律审	再审

如果对日本民事诉讼程序和美国的民事诉讼程序作简单比较的话，可以指出以下几点：

（1）在日本，第一审和第二审的关系为续审制，第二审也审理事实问题。反而，在美国，第一审为事实审，第二审为法律审，即第二审一般只审理法律问题。

（2）两国认定事实问题的主体有差异，即在日本认定事实问题是法官，但在美国一般陪审团认定事实问题。

（3）在地方法院的阶段，日本法院把专利等侵权案例的专属管辖赋予东京地裁及大阪地裁，只有两家法院。但是，在美国，所有 94 家地方法院都审理知识产权有关的案例。当然，美国法院也认识到在地方法院阶段对知识产权案例采用集中审理的必要性，从而进行试点项目（Pilot Program）。我们要继续关注以后的进展。

然后，关注在上诉审阶段的判例的统一的问题，日美两国都意图实现上诉审判例的统一。可是，日本知识产权高等法院的判决到最高法院被推翻的例子到现在只有一个。可以说日本知识产权高等法院在一定程度上实现了判例的统一性。相反，美国联邦巡回上诉法院的判决到最高法院被推翻的，最近几年有好几个案例。这一点值得我们关注。

关于实际的审理方式，在地方法院的阶段，在美国一般是由 1 名法官进行审理的，在日本由 3 名法官组成的合议庭来进行审理（《日本民事诉讼法》第 269 条之二规定大合议制，即合议庭可以由 5 名法官组成）。

（三）法官的诉讼观及诉讼的实际情况

1. 法官的诉讼观

日本法律及美国法律都采用当事人主义，所以当事人负责提交专业性的见解。但是，美国的法官严格遵循当事人主义，日本的法官好像更加重视解决纠纷的适当性或正当性。这可能是从英美法系及大陆法系对法院造法的概念的差异产生。同时，也跟在国家权力体系当中，法院或司法要起什么样的作用有相当的联系。另外，对案件的处理，在一定程度上，每个法官都不同。这无论是美国法官，还是日本法官，都不可避免的。因此，我们还要深入考虑两国法官对待案件的态度或做法。

2. Oral 为中心的审理（审判质量的担保）

联邦巡回上诉法院的口头辩论是法官在法庭上直接听取代理人的说明，不是听取当事人本人的说明。因此，其内容不会成为证据。日本的类似制度，可能是在法庭上的释明、请求释明等。在口头辩论之前，日美两国的代理人都提交记载自己主张内容的书面文件（Brief）。但是，当事人无法知道审理自己案件的合议组的构成，即谁来审理自己的案件。对此，法院到进行口头辩论的那天早上才发出通知给代理人。就是说，代理人到在口头辩论前无法主动跟审理任自己案件的法官联系。

从法官的角度来看，联邦巡回上诉法院的法官也是在口头辩论之前一般不跟当事人联络，这是因为在美国的民事诉讼体系中事实审是只有第一审，在 Trial Court 上已经确定诉讼的记录（Record），即确定诉讼的认定事实。

但是，在美国各位法官对诉讼的专业性问题、技术性问题可通过法官助理得以解决。此点无法跟日本的制度作简单的比较。当然，在联邦巡回上诉法院的诉讼程序上，各位法官通过 Clark Office 可以要求当事人及代理人补充诉讼上的主张。但是，在开庭之前没有进行合议的美国的诉讼体系之下，这样的例子好像并不很多。

一个合议庭的法官在口头辩论（开庭）之前没有机会进行合议，开完口头辩论后只有由 3 名法官进行合议而决定判决的结论、哪位撰写判决、是否有人撰写 Dissent 意见等。开完庭后的合议，不是针对某一个案件进行，一般是那天开庭的几个案件都一起进行。开完庭前，对某一个案件法官跟法官助理等在自己法官办公

室内的人进行热烈的讨论，所以合议一般在较短时间内结束。❶

对此，开完庭后的阶段是各个法官就有集中对待该案件，保持共识的，因此利用这个阶段进行活跃的讨论作出该案件的最后决定的做法，这当然有弊端，但是对审判效率有好处。

另外，联邦巡回上诉法院的口头辩论一般每个月的第一周召开。还有，一般人可以在法院的网站查询。❷❸

3. 参与案件审理的专家

日美知识产权上诉法院一般是由 3 名法官组成的合议庭进行审理。但是，值得关注的是美国的法官助理的存在。法官助理的采用是根据各个法官自己的标准（当然有基本的联邦规则），因此没有统一的任用资格和任用标准。笔者曾经见过有 Permanent law-clerk 的职位，工作 15 年的法官助理。除了法官助理之外，在一个 Chamber 里一般还有法律实习生，他们协助法官助理的工作。

因此，对某一个案件的审理，如不考虑谁是主审法官，则是由 3 名法官及 9 名法官助理参与讨论进行审理。这样，我们能理解到日美两国制度有以下差异，即法官参与案件审理的方式和法官参与案件审理的阶段不同。

个人认为，简单来说，日美两国制度代表性的差异为：在美国，各个法官代表自己的 Chamber 参与口头审理及今后的合议讨论的美国；而日本的合议庭本身更像一个单元。

五、结　　论

本文是笔者根据日美两国知识产权司法审判现况进行的介绍

---

❶　当然，我们还要考虑口头辩论在什么样的程度上影响到最后的判决结论。

❷　一般人都可以听法官对代理人提出的问题。就是说，在美国更加贯彻审判公开原则。但是，这样贯彻审判公开原则，有时候法官也将成为批判的对象。

❸　这点，各个 Appellate Court 都有不同的实际运作，如 D. C. Circuit Court 是在案件结束后公开 transcript 等。

和初步的思考。中国设置中国式的知识产权法院，不要仅仅参考外国的做法，应该综合考虑中国的司法环境、法院体系、经济发展程度等因素。如本文所介绍的那样，美国的制度也在变化，欧洲新设立了统一专利法院。就是说，很难找到最理想的模式。中国需要探寻中国模式，那么，寻找中国模式不要仅仅考虑短期的目标，也要一起考虑长期的目标。

韩国知识产权法院的作用和发展方向[*]

金容燮^{**}

一、绪　　论

以 1995 年 9 月 28 日韩国宪法法院的与宪法不一致决定❶为契

---

* 本文是提交给 2014 年 11 月 8 日中国社会科学院法学研究所知识产权中心举办的"2014 知识产权上地论坛——知识产权司法保护相关问题研讨会"的论文。以当时的韩国法制内容为中心撰写。之后韩国国会于 2015 年 11 月 12 日通过了"法院组织法修正案以及民事诉讼法修正案",从 2016 年 1 月 1 日起,所有知识产权(专利权、实用新型权、外观设计权、商标权、植物新品种权)案件的一审由首尔、釜山、大邱、光州、大田五个高等法院所在地地方法院管辖,二审由专利法院管辖。但是,首尔中央地方法院审理的一审案件由首尔高等法院或专利法院管辖。修改之前,专利权侵犯以及赔偿案件的一审,与一般民事案件一样,由全国 58 个地方法院及其支院管辖,二审由高等法院或者地方法院上诉庭管辖。相反,知识产权效力案件的一审由专利审判院管辖,二审由专利法院管辖。修改后由专利法院管辖知识产权效力案件和专利权侵犯以及赔偿案件的话,可以起到消除过去由不同的法院审理知识产权案件的不合理性。

** 作者简介:韩国国立仁川大学法学院讲师,法学博士。

❶ 宪法法院决定 1995.9.28. 92 宪가 11,93 宪가 8、9、10(合并)《韩国专利法》第 186 条第 1 款剥夺了接受法官的事实确定和法律适用的机会,侵害了宪法保障的接受"法官"的审判的权利的本质内容,针对行政审判性质的 KIPO 的上诉审判裁决或决定,在排除法院的事实和法律审查的情况下,让大法作为知识产权案件的终审法院和法律审法院只审查法律审的规定,违背了《韩国宪法》第 101 条第 1 款和第 107 条第 3 款规定的所有的法律纠纷的审判职能属于以大法院为最高法院的法院。但宪法法院尊重对知识产权诉讼制度的法的稳定性的要求以及已确定的立法人的合宪意思,认为直到能有效行使立法人指定的符合宪法的制度,虽然具有违宪的部分,但维持现行制度反而可以预防各种冲击和混乱并可以更好地保护科学技术人员的权利,最终对相关条款宣告与宪法不一致。

机，从 1998 年 3 月 1 日起韩国第一审知识产权审判由新设立的行政机关——知识产权审判院担任，而第二审则由高等法院级别的知识产权法院担任。❶ 知识产权法院成立之前关于知识产权（专利权、实用新型权、外观设计权、商标权）的纠纷的解决由三审构成，即在经过韩国知识产权局（Korean Intellectual Property Office，KIPO）的审判和上诉审判之后，最后在大法院进行法律审。知识产权审判因其法律性质被理解为是特殊的行政审判制度，而知识产权诉讼则承认其在各国司法体系中的特殊性。韩国的知识产权诉讼体系也反映着韩国的特殊性。❷ 但在过去针对知识产权审判审级制度，因由在 KIPO 内部设立的没有具备法官资格的公务员审理第一审和第二审，所以未给法官赋予审理事实关系的机会，因此被指很有可能违宪。因此在成立宪法法院后也出现过几次违宪申请❸和违宪诉愿。❹ 将这些被指违宪的要素整理如下：第一，对 KIPO 上诉审判所的决定，法院在没有进行事实审的情况下，"只在认为违反法律的情形时"可以直接上诉至大法院；第二，关于事实审审判，认为侵害了接受法官审判的权利，以及存在审判官的资格、身份保障、独立性和公正性、事实的确认程序和技术等方面的问题，由于采取书面审理的原则因此不可能通过口头辩论进行争论。❺ 虽然在成立知识产权法院以后，过去的违宪因素大

❶　LIM YOUNG - HEE. 知识产权法院和知识产权诉讼 [J]. 机械杂志，1998，38（6）：70.

❷　SUNG NAK - IN. 知识产权审判院和知识产权法院成立的作用和职能 [J]. 产业财产权，1997，6：65.

❸　从 20 世纪 80 年代末由部分律师提出开始，关于过去知识产权上诉制度违宪的争论从 1992 年 1 月大法院向宪法法院申请违宪审判开始，1992～1994 年共有 4 次违宪申请。

❹　LEE SHE - YOON，LEE SANG - JEONG. 知识产权法院的设立和知识产权审判结构的改编 [J]. 司法行政，1996，422：11 - 12.

❺　HONG BONG - KYU. 知识产权诉讼研究 [J]. 产业财产权，1999，9：151 - 152.

部分得到解决，但依然存在审判的迅速、适当、经济等方面的问题。现在知识产权在企业和国家竞争力方面起到核心作用，知识产权纠纷越发激烈，而且尖端新技术相互融合发展以及技术改革的加速化，导致案件的论点也更细化、更尖端化、更多样化。❶ 因此知识产权法院的作用就更加重要。

以下主要考察韩国知识产权法院的结构和特征、知识产权法院的制度问题以及发展方向。

二、知识产权法院的结构和特征

（一）知识产权法院审判庭的构成

1. 审判庭的构成

知识产权法院作为高等法院级别的法院，由高等法院院长 1 人和高等法院的部长法官和法官组成。院长主要负责法院的司法行政工作，并指挥、监督所属公务员。如果院长缺席或因事故无法继续执行其职务时依次由首席部长法官、老部长法官代理行使其权利。知识产权法院的审判权由 3 名法官组成的合议庭行使。现在设有 3 个合议庭。❷ 每个审判庭都有部长法官，在审理案件时部长法官就是审判长，在院长的指挥下监督该庭的工作。另外设有法官会议作为院长的司法行政咨询机关。法官会议由全部法官组成，分为院长担任议长的全体法官会议和按级别、业务区分的内部法官会议，前者主要审议司法行政等主要事项，而后者主要审议实现审判理想的专门的、具体的事项。

---

❶　KIM WON－OH. 关于知识产权审判制度及其命运的争论和课题［J］. 法学研究，2010，13（2）：118－119.

❷　在日本，知识产权诉讼由东京高等法院管辖，其审判庭中第 3 庭、第 16 庭以及第 18 庭专门负责知识产权案件。在韩国，虽然设有 3 个审判庭，但为了提高专门性，有必要扩大更细化的专门审判庭。例如专利权庭、实用新型庭、外观设计庭、商标庭等。参见：HONG BONG－KYU. 知识产权诉讼研究［J］. 产业财产权，1999，9：153.

2．技术审理官制度

韩国知识产权法院的技术审理官制度是将德国的技术法官制度和日本的技术调查官制度折中的一种制度，是在改革知识产权审判制度时，法律界和科学技术界互相妥协的产物。❶ 为了提高法官的技术领域的专门性，《韩国法院组织法》第 54 条之二第 1 款至第 3 款规定了关于技术审理官的制度。技术审理官可以参与关于审理专利权、实用新型、外观设计的诉讼，在得到审判长的许可后就技术事项可以询问诉讼关系人，可以在合议过程中表达自己的意见，一般都是提交书面形式的意见书。技术审理官在参与辩论日或辩论准备日时，坐在审判庭的左边。另外，《技术审理官规则》规定了技术审理官的资格、技术领域、人员、业务内容等，《技术审理官规则》第 2 条❷规定了技术审理官的资格，第 3 条规定了技术审理官的领域和人数。现在设有技术审理官的领域有机械、电子、化工等技术领域，其人员数应少于 20 名。在知识产权决定撤销诉讼中，针对争论的技术问题，由于技术审理官参与审判，因此可以辅助由一般法律专业法官构成的审判庭提高知识产权审判的技术专门性。这就是知识产权法院的最大特点。

（二）知识产权法院的管辖

知识产权法院的地域管辖是韩国的全部地区。因此不服知识产权审判院的裁定或决定而提起的诉讼无论当事人的地址在哪里，

---

❶ SHIN OUN – HWAN. 科学技术发展的知识产权诉讼制度的改革方向 ［J］. 产业财产权，2003，13：145.

❷ 《技术审理官规则》第 2 条："①技术审理官是 4 级或 5 级法院公务员或根据第 6 条派遣的公务员。②技术审理官在符合以下任何一项的人中任命：1. 在 KIPO 担任审查官或审判官 5 年以上的人；2. 作为一般公务员，从事关于产业技术或科学技术的事务 7 年以上，且在 5 级以上职位 5 年以上的人；3. 获得科学技术方面的硕士学位，且从事相关领域的事务或研究 10 年以上的人；4. 获得科学技术领域的博士学位的人；5. 取得国家技术资格法上的技术师资格的人；6. 作为律师或知识产权师获得科学技术领域的学士学位的人。"

都可以向知识产权法院起诉。在过去，经过 KIPO 的审判和上诉审判后直接向大法院提出上诉，因此法院不能进行事实判断。现在设立知识产权法院作为负责判断事实关系的高等法院级别的法院，专门管辖不服知识产权审判院的裁定或决定而提起的诉讼，如对知识产权法院的判决不服的话，可以上诉至大法院，因此不服知识产权审判院的裁定或决定而提起的诉讼采取知识产权法院和大法院的二审制。

其他国家关于知识产权诉讼的规定如下：在日本，关于驳回决定和知识产权无效审判等案件由日本特许厅审判所担任第一审，对此不服时由东京高等法院专门管辖，再不服的话可以上诉至最高法院。但对知识产权侵害案件，则跟韩国一样由一般法院负责。像这样，区分知识产权侵害案件和知识产权裁定撤销诉讼的审理法院的情形各国也各不相同。例如，在美国，对知识产权驳回案件，在经过美国专利商标局的上诉庭后上诉至联邦巡回上诉法院（Court of Appeals for the Federal Circuit，CAFC），将联邦高法院为终审法院，或者经过美国专利商标局的上诉庭后诉至哥伦比亚特别地方法院，对此不服的话上诉至 CAFC，再不服的话上诉至联邦最高法院；对知识产权侵害案件，联邦地方法院（根据被告人的地址、侵害行为等确定管辖）为第一审，CAFC 为第二审，联邦最高法院为终审。在德国，对知识产权驳回案件，德国专利商标局为第一审，对此不服的话上诉至联邦知识产权法院（Bundespatentgericht），对此不服的话可以上诉至联邦最高法院（Bundesgerichthot，BGH）；对知识产权侵害案件，由州政府指定的一般地方法院担任第一审，对此不服的话可以上诉至该州第二审法院，即上诉法院（Oberlandesgericht），再不服的话可以上诉至联邦最高法院。

（三）知识产权法院的诉讼对象

对像知识产权这样的专门而又特殊的案件，并不一定要由专门法院或专门机关审理。有的国家规定一般法院和专门法院分别审理知识产权侵害案件和知识产权决定撤销诉讼，而有的国家则并不对此进行区分。广义的知识产权诉讼是指关于专利权、实用新型权、商标权、外观设计权等知识产权的所有诉讼。即除了知识产权法院管辖的案件以外，还包括所谓知识产权侵害诉讼的《韩国专利法》第126条的请求禁止诉讼、第128条的损害赔偿诉讼、第131条的请求信用恢复措施诉讼，《韩国民法》第750条和关于 KIPO 的行政处分诉讼以及关于知识产权归属等诉讼。其中，狭义的知识产权诉讼可以说是对《韩国专利法》第186条第1款等决定的撤销诉讼，由知识产权法院专门管辖的案件。❶ 在韩国，虽然表面上采取与德国一样的体系，但实际上与日本相似。韩国知识产权法院的诉讼对象是与知识产权相关的诉讼，但其中侵害诉讼由一般法院负责，对知识产权审判院的决定不服时才可以诉至知识产权法院。即知识产权法院的诉讼对象是：①《韩国专利法》第186条第1款、《韩国实用新型法》第35条、《韩国外观设计保护法》第75条、《韩国商标法》第86条第2款规定的第一审案件；②其他法律规定由知识产权法院审理的案件（例如，《韩国种子产业法》第105条、《韩国农水产品品质管理法》第54条第1款、《韩国植物新品种保护法》第103条第1款规定的案件属于知识产权法院的专门管辖）。上述内容规定在《韩国法院组织法》第28条之四第2项。

知识产权诉讼将知识产权审判院决定的违法性作为其对象，当事人围绕着决定进行争论。因此，对作出该决定的理由没有进行充分的审理或程序瑕疵等就成为撤销决定事由。❷

---

❶　HONG BONG - KYU. 知识产权诉讼研究 [J]. 产业财产权，1999，9：155 - 156.

❷　YUN SUN - HEE. 知识产权诉讼中法院的作用 [J]. 发明知识产权，2000 (4)：35 - 36.

（四）知识产权诉讼的种类

知识产权诉讼大体上可以分为当事人相互对立的当事人系案件❶和不是当事人对立结构的查定系案件❷。查定系案件有对驳回事由的审判、更正审判、对补正驳回决定审判的决定的诉讼等。当事人系案件有权利无效审判、权利范围确认审判、更正无效审判、撤销审判等决定的诉讼。因此当事人系案件的审级制度从过去的"审判—上诉审判—大法院"的结构转变为"审判—知识产权法院—大法院"的结构，而查定系案件从过去的"审查—上诉审判—大法院"的结构转变为"驳回事由—审判—知识产权法院—大法院"的结构，因此查定系案件的审级增加了一个。

（五）知识产权诉讼的特征

1. 承认知识产权师的诉讼代理权

知识产权诉讼的诉讼代理人原则上适用民事诉讼法的一般原则。《韩国民事诉讼法》第80条第1款规定："除了根据法律规定可以行使审判行为的代理人外，只有律师才可以成为诉讼代理

---

❶ 以知识产权人或利害关系人为被告的撤销决定诉讼，包括：

① 知识产权无效、知识产权持续期间延长登记无效、权利范围确认审判、变更无效、再审决定（《韩国专利法》第133条、第134条、第135条、第137条、第138条、第184条）；

② 驳回上述审判请求决定（《韩国专利法》第142条、第184条）；

③ 驳回上述审判请求书决定（《韩国专利法》第141条②、第184条）。

❷ 以 KIPO 局长为被告的查定系撤销决定诉讼，包括：

① 对属于明细表或图面的要旨变更的审查官的补正驳回决定（《韩国专利法》第51条①）的审判、再审的决定（《韩国专利法》第132条之四，第184条）；

② 审判官的驳回事由（《韩国专利法》第62条）、撤销决定（《韩国专利法》第74条③）的审判、再审决定（《韩国专利法》第132条之三、第184条）；

③ 上述①、②的审判、再审的请求驳回决定（《韩国专利法》第142条、第184条）；

④ 上述①、②的审判、再审的请求书驳回决定（《韩国专利法》第141条②、第184条）；

⑤ 审判、再审驳回事由时审判官的补正驳回决定（《韩国专利法》第170条①、第51条①、第184条）；

⑥ 更正审判（再审）的决定（《韩国专利法》第136条、第184条）。

人。"但《韩国知识产权师法》第 8 条规定："关于专利、实用新型、外观设计或商标的事项，知识产权师也可以成为诉讼代理人，"因此问题在于知识产权师是否属于《韩国民事诉讼法》第 80 条第 1 款规定的例外情形之"根据法律规定可以行使审判行为的代理人"。这一问题重点是将法律人和各领域专家之间的知识转达的歪曲最小化，现实中知识产权师处于技术和法的中间位置，可以说是横跨两个领域的具有专门性的专家集团。这里需要能最大限度地利用知识产权师能力的经营方式，而知识产权法院可以保障知识产权师的诉讼代理权，从而满足这种需要。❶ 基于以上原因，尊重过去得到 KIPO 所属审判所承认的知识产权师的诉讼代理权，在知识产权法院的决定等撤销诉讼程序中除了律师外知识产权师也可以成为诉讼代理人。

2. 召开技术说明会

在知识产权诉讼中，技术说明会是指，为了帮助理解本愿发明或本件发明的技术内容，在诉讼程序中，根据事先由当事人提交的技术说明书等，由发明人或技术人进行的技术说明。由于技术说明会是为了帮助法院理解技术，因此说明时尽量让法院明白，但并不需要双方当事人参加。通过技术说明会，诉讼代理人、当事人、技术审理官等将获得帮助。这种技术说明会没有特定的形式，在法院和现场当事人协商后也可以利用必要的道具。技术说明会的召开与否属于法院和法官的裁量权，当事人也可以向法院申请召开技术说明会，但是否召开由法院裁量。具体的召开时间没有任何限制，但一般在准备过程中召开比在辩论时召开更恰当。如果在辩论日以外的时间召开的话，实际上已说明的事项不再成为辩论的内容，也不记载于审判资料中。如果当事人要想通过辩论主张在技术说明会上说明的内容的话，则必须将其记载在准备书上并提交。技术说明会是将当事人对技术事项的主张以口头形

---

❶ HONG BONG－KYU. 知识产权诉讼研究［J］. 产业财产权，1999，9：164.

式表现出来，故不是证据调查程序。因此要想将在技术说明会上使用过的物品当作证据提交的话，应再次以鉴定物或书证的形式接受。❶

3. 通过准备程序集中审理

没有特殊情况的话，关于专利权和实用新型权的案件，审判庭首先审查诉状和其他诉讼资料，听取技术审理官的说明了解技术内容后，进入准备程序并通过书面争论判断争议事项，然后召开第一次辩论或辩论准备期间集中审理。关于外观设计或商标权的案件也可以进入准备程序，但相比专利权、实用新型权案件，大部分情况是这些案件的内容或争议事项相对简单，因此大部分都不进行准备程序而直接进入决定辩论日。

在准备程序中，让当事人提出必要的主张并提交相关证据，有时要求利用实物、模型或影像详细说明技术内容，整理争议事项和证据。在这一程序中，可以广泛深入地审理技术内容。准备程序结束后立即决定辩论日或辩论准备期间，在辩论日，当事人整理并陈述准备程序及其结果，进行未能在准备程序中提出的主张或提交书证、询问证人等证据调查后迅速结束辩论。

4. 辩论主义

跟民事诉讼一样，知识产权法院的诉讼程序中也适用公开审理主义、口头审理主义、辩论主义。这一点跟适用职权审理主义的审判程序有差距。但知识产权诉讼也是一种行政诉讼，因此法院在认为当事人的证明不够充分而很难获得证据等必要时，可以依职权进行证据调查。

（六）判决的效力

知识产权法院的审判对象是知识产权审判院的裁定或决定，因此知识产权法院的判决对象是请求撤销知识产权审判院的裁定

---

❶ YUN SUN－HEE. 知识产权诉讼中法院的作用［J］. 发明知识产权，2000
（4）：37－38.

或决定的请求。如果原告的请求没有理由的话，则将其驳回；相反，如果原告的请求有理的话，则撤销裁定或决定（《韩国专利法》第 189 条第 1 款）。如果作出支持原告请求的判决的话，知识产权审判院应再次审理并作出裁定或决定（《韩国专利法》第 189 条第 2 款）。由于上述撤销判决中的判决理由约束知识产权审判院（《韩国专利法》第 189 条第 3 款），因此知识产权审判院不能作出与判决相反的裁定或决定。另外，如果提出当事人系诉讼的话，知识产权法院应立即将该情况通知知识产权法院院长，并且审理完毕后应立即将该案判决书原本提交至知识产权法院院长。

知识产权诉讼的结束可以分为依当事人的结束和依判决的结束。首先，依当事人结束的诉讼一般有撤诉、和解、放弃诉讼等事由，但在知识产权诉讼中除了撤诉以外，是否承认和解、放弃诉讼的事由成为一个问题。一般来说，由于知识产权诉讼的公益因素，不能承认和解，但在没有给第三人造成损失的情况下可以承认放弃诉讼。❶

另外，依判决的结束有驳回判决、请求引用（撤销）等。撤销判决是请求有理时作出的判决，是撤销该裁定或决定的判决，知识产权审判院应根据这一撤销判决重新作出裁定或决定。对知识产权法院的判决不服的话，可以上诉至大法院。由于知识产权法没有规定具体的上诉程序，因此《韩国行政诉讼法》第 8 条第 1 款、第 2 款以及《韩国民事诉讼法》第 395 条、第 366 条、第 367 条第 1 款的一般民事诉讼上诉程序也适用于知识产权诉讼。

根据《韩国法院组织法》的规定，知识产权法院是大法院的下级法院，因此上诉应在送达判决书之日起 2 周内将上诉状提交至原审法院，即知识产权法院。虽然也有人认为如果当事人错误地将上诉状提交至大法院的话应将其移送至原审法院，但并不能将提交上诉状和起诉混为一谈，所以不能当诉讼处理。实践中一

---

❶　法院行政处．知识产权诉讼实务 ［M］．法院行政处，1998：322．

般的做法是，如果本人携带上诉状的话，向其说明应向原审法院提交；如果邮寄的话应立即移送至原审法院。这时上诉期间的遵守与否以原审法院接收上诉状的时间为准。

（七）知识产权审判院长的起诉通知和判决书原本的送达

如有《韩国专利法》第186条第1款规定的诉讼（当事人系和决定系案件）时，知识产权法院应立即将这一情况通知知识产权审判院院长（《韩国专利法》第188条第1款），诉讼结束后也应立即将各审级的判决书正本和记载其他诉讼结束事由的资料送达至知识产权审判院院长（《韩国专利法》第188条第2款）。

三、知识产权法院知识产权诉讼的问题和改善方法

（一）序　　言

由于韩国知识产权法院是法律界和科学技术界相互妥协的产物，因此存在以下几个问题。第一，现在的知识产权法院只管辖知识产权驳回案件，而不能管辖知识产权侵害案件，因此不能起到知识产权纠纷专门法院的作用。第二，并没有引进技术法官制度这一最理想的办法，而是采取了不健全的技术审理官制度。这是指，并不是有能力审理、判断技术问题的人以符合其身份的审判主体参加审判诉讼，而是处于辅助一般法官的身份参加诉讼，因此有诸多限制。❶

（二）知识产权纠纷的二元化管辖主义的问题

1. 知识产权纠纷和撤销决定诉讼和知识产权侵害诉讼分开管辖的原则

现行《韩国法院组织法》规定知识产权法院可以审理的案件

---

❶　SHIN OUN‑HWAN. 科学技术发展的知识产权诉讼制度的改革方向［J］. 产业财产权，2003，13：146.

有《韩国专利法》第 186 条第 1 款规定的案件和其他法律规定属于知识产权法院范围的案件。因此该法没有规定的知识产权诉讼属于一般法院的管辖，而《韩国法院组织法》第 28 条之四也规定了知识产权法院的管辖界限。《韩国专利法》第 126 条的知识产权侵害不属于第 186 条第 1 款规定的审判对象的范围，因此知识产权侵害诉讼属于一般法院的管辖，而不是知识产权法院。这种体系是基于区分依行政处分的知识产权的成立问题和行政行为的公正性保障的知识产权问题而形成的。也就是说，对于侵害诉讼案件，法官只要基于已获得 KIPO 通过的知识产权为基础判断侵害与否即可。❶

2. 专利法上的诉讼制度和知识产权侵害诉讼之间的关系

（1）与知识产权审判程序之间的关系

知识产权审判是指，为了解决关于知识产权的部分纠纷，由附属于 KIPO 局长的知识产权审判院审理、决定的程序。与不服审查官的驳回决定而提起的上诉审判或请求知识产权无效或确认其范围的审判一样，知识产权审判程序相当于第二审的知识产权纠纷，起到一种准司法的职能。这意味着知识产权审判制度并不是知识产权的司法救济制度。

（2）与知识产权诉讼的区别

如果不包括知识产权审判的话，以与知识产权审判之间的关系为标准，可以将关于知识产权的诉讼分为两种类型。一种是为了争论知识产权审判院的决定而进行的诉讼，另一种是已获得确认的权利被侵害时为了司法救济而提起诉讼的情形。但《韩国专利法》在第 9 章中以"诉讼"为标题规定了前者，因此可以将其称为专利法上的诉讼或撤销决定诉讼。另外，《韩国专利法》第 126 条中作为请求权的发生原因规定了实体法上的权利，因此这种实体法上的权利可以根据诉讼法的一般原则得到确认或实现。由

---

❶ KIM YONG‐JIN. 知识产权法院的发展和重新界定管辖范围的必要性〔J〕. 科学技术法研究，2003：267.

于知识产权属于私权，因此适用民事诉讼程序。请求权的发生原因在于知识产权受到侵害，因此将其称为知识产权侵害诉讼。总之，知识产权诉讼根据专利法上的特别原则进行，而知识产权侵害诉讼则根据民事纠纷一般原则进行。

3. 分配管辖结构

（1）知识产权法院管辖的界限

如上所述，根据《韩国法院组织法》第28条之四，知识产权法院管辖的案件是：第一，《韩国专利法》第186条第1款、《韩国实用新型法》第35条、《韩国外观设计保护法》第75条和《韩国商标法》第86条第2款规定的第一审案件；第二，其他法律规定属于知识产权法院管辖的案件。专利法上与知识产权法院的管辖相关的条款只有《韩国专利法》第186条，因此这一规定是判断案件是否属于知识产权法院管辖的唯一标准。这一规定也意味着不属于该规定的案件由一般民事法院管辖，因此设定了知识产权法院的管辖界限。具体分析《韩国法院组织法》和《韩国专利法》的上述两个条文如下。

第一，《韩国专利法》第186条第1款规定了知识产权法院的专门管辖，具体列举了不服知识产权审判院的决定或审判官的补正驳回决定、审判请求书或再审请求书的驳回决定的案件。但《韩国专利法》第126条的知识产权侵害不属于知识产权法院的审判对象（参考《韩国专利法》第132条之二），因此知识产权侵害诉讼并不属于确定知识产权法院管辖对象的《韩国专利法》第9章规定的"诉讼"。因此知识产权侵害诉讼属于一般法院管辖的一般观点得到确认。第二，《韩国法院组织法》规定属于知识产权法院管辖的关于知识产权的案件是《韩国专利法》第186条第1款规定的第一审案件。但如上所述，知识产权侵害诉讼并不属于《韩国专利法》第186条第1款的所谓第一审案件，因此并不承认知识产权法院对第二审知识产权侵害案件的管辖。所以现在无法保障二审法院对专利法进行统一的解释和适用。

（2）现行法上知识产权侵害诉讼的管辖法院

如上所述，知识产权侵害诉讼并不属于具有特别民事审判权的知识产权法院的管辖范围，而属于一般法院的管辖范围。没有采取第一审和第二审的管辖集中制度的现行法律体系，对第一审起诉法院并没有任何限制，上诉法院也是一般法院，而不是知识产权法院。❶

（三）管辖集中的必要性

1. 审判业务的效率性和经济性

如果由一般高等法院法官判断生疏的技术问题的话，不仅会造成效率性和经济性问题，还可能会造成不能保障国民的正确判决的重大问题。

2. 确保正确判决和迅速的权利救济的必要性

鉴于在侵害诉讼中经常出现的无效抗辩，根据法官和技术审理官的相互补充，如果集中管辖的话，会最大化地保障判决的正确性。现在的管辖分配体系不仅违反了判决的正确性问题，还有悖于权利救济的迅速性要求。如果知识产权法院的审理范围扩大至侵害诉讼案件的话，就可以预防知识产权法院的逃避现象，最终达到有效抑制诉讼延迟的效果。

3. 保障专利法解释的统一性和可预见性

为了保障知识产权的解释的统一和专利法的一贯的正确的解释，有必要进行集中管辖。具体来说，没有具备人力、技术力的一般法院判决与技术问题息息相关的知识产权侵害诉讼的话，很难保障其法律适用的统一的解释。尤其，当一般法院判断知识产权的有效与否时更是如此。

4. 保障被告的防御权和一次性解决纠纷的可能性

如果集中管辖的话，就没有必要在侵害诉讼程序中限制被告

---

❶ KIM YONG－JIN. 知识产权法院的发展和重新界定管辖范围的必要性〔J〕. 科学技术法研究，2003：270.

行使防御权，即提出反诉。因此鉴于急剧变化的技术进步，保障被告的防御权，进而使纠纷一次性解决成为可能，最终对技术进步作出重大贡献。

5. 政策方面的必要性

就调整知识产权法院和 KIPO 之间的合理的审理范围而言，也需要知识产权法院管辖知识产权侵害诉讼。❶

（四）加强技术审理官制度的内容

如上所述，知识产权法院考虑到知识产权审判案件的技术特点，制定了技术审理官制度。技术审理官可以参与知识产权法院审理的知识产权诉讼，对技术问题提供咨询并陈述意见（《韩国法院组织法》第 54 条之二）。但问题是技术审理官制度存在局限。如果作出让技术审理官参与审理的决定的话，技术审理官不仅应在开始审理之前单独或与法官一起通过调查当事人、观察物品、考察文献、咨询相关专家等方式调查成为问题的技术或发明的国内外动向的历史、现状、未来趋势等事项并将结果提交至审判庭，而且参与当事人的辩论、鉴定、询问证人等过程并可以询问技术事项，还可以参与审判庭的合议过程，口头提出意见或提交书面意见。因此，这一制度可以减少诉讼关系人对判决正确性的疑虑，防止不必要的上诉。但技术审理官的人数只能受到限制，除了基本的、普遍的技术以外很难提供更好的帮助。因此在尖端技术、特殊领域中应利用外部的专家，聘请各领域的专家担任知识产权法院的技术顾问团以便必要时获得咨询，或选任科学技术专家作为鉴定人且通过技术审理官选拔委托人，从而更有利于将适合的人选安排到适合的案件中。而且，正如《韩国法院组织法》第 54 条之二第 3 款规定："参与审理诉讼的技术审理官在获得审判长的许可后，就技术事项可以提问诉讼关系人，并在审判的合议中陈述意见"，不应该发生大法院在审理关于技术问题的案件时限制技术审理官的意见陈述权的情形。

而且，2007 年 8 月 14 日起开始施行民事诉讼的专门审理委员制度（《韩国民事诉讼法》第 164 条之二至第 164 条之八）。专门审理委员制度❶是让外部专家参与该专门领域的民事诉讼，让其在诉讼过程中阐述说明或意见，让法官获得专家帮助的制度。❷ 因此在知识产权诉讼等案件中指定具有丰富的知识和经验的专家担任专门审理委员，对解决法官或技术审理官难以判断的技术问题非常有帮助。

（五）技术法官制度❸的设定

在设立韩国知识产权法院之前，知识产权行业曾强烈主张引进技术法官制度，但最终未能如愿。当时主张引进的主要论据是韩国的法学教育制度和法官选任制度并不像美国那样在研究生阶段进行，而且由于没有在"法曹一元化"体制下实施法官选任制度，因此具有充分的理工技术方面知识的法律人不能被选任为法官。因此，在韩国紧靠技术审理官制度这样的垂直分配体系是不够的。但知识产权法院成立后在 2008 年引进了 Law School 制度，

---

❶ 知识产权法院的技术审理官是公务员，只参与知识产权法院案件，可以在审判的合议中陈述意见；但专门审理委员不是公务员，可以参与所有案件的诉讼程序，但不能参与审判的合议。截至 2007 年，大法院委任了 964 名专门审理委员。

❷ LIM CHAE－WOONG. 关于民事诉讼法专门审理委员制度的研究［J］. 民事诉讼，2007：177－178.

❸ 1961 年 7 月 1 日起设立并运转的德国联邦知识产权法院（Bundespatentgericht）是在对知识产权审判程序的各种制度进行分析后，决定设置崭新的专门的联邦法院并创立技术法官制度在联邦民刑事大法院（BGF）设置的高等法院级别的专门法院。由终身的技术法官和法律法官同等地构成审判庭审理案件的联邦知识产权法院。德国联邦知识产权法院最独特的特征是其人员结构，即与技术相关的所有诉讼程序中技术专家（技术法官）作为与法律专家（法律法官）一样的终身法官，一同组成审判庭。联邦知识产权法院的技术法官的资格要件是毕业于自然科学领域或技术领域的大学，并具备 5 年以上的工作经验，这与德国专利商标局审查官的要件相同。但实际上知识产权法院的技术法官从有能力的德国专利商标局审查官中选拔、补充。

从 2011 年开始出现了具备工科知识和知识产权知识的法律人，因此比知识产权成立初期，技术法官制度的必要性有所下降。但考虑到知识产权技术的复杂又很难理解的事项，可以考虑将来制定技术法官制度。引进由技术法官和法律法官一起组成知识产权案件的审判庭的德国方式的国家有奥地利、瑞典等国家，而且由英国、法国、德国、意大利等西欧国家参与设立的欧洲专利局也采取在审理知识产权案件时由技术审判官和法律审判官一起组成审判庭审理的德国模式。❶

（六）法院组织法和民事诉讼法修正案❷

为了集中全国地方法院和高等法院管辖的知识产权侵害诉讼的管辖，2014 年 9 月 1 日向国会提交了法院组织法修正案和民事诉讼法修正案。

1. 提案理由

提出修正案的原因在于"随着 IT、汽车、纤维、钢铁、化学等技术领域的专利权、实用新型权、外观设计权、商标权、植物品种保护权等关于知识产权的诉讼的增加，为了提高侵害诉讼的权利保护的有效性，更专门有效地解决纠纷"。但由于对专利权等侵害诉讼，韩国 58 个支院管辖第一审，23 个高等法院及地方法院合议庭管辖侵害诉讼的上诉审（第二审），而权利效力的决定的撤销诉讼则由知识产权法院管辖的二元化的特殊诉讼体制，缺乏判决的专门性、一贯性和效率性，因此一直有人指责缺乏对诉讼当事人的企业和国民的权利保护。

2. 主要内容

主要内容如下：对由韩国 58 个支院和 23 个高等法院及地方法院合议庭管辖的知识产权侵害诉讼，知识产权（专利权、实用新

---

❶　SHIN OUN – HWAN. 科学技术发展的知识产权诉讼制度的改革方向［J］. 产业财产权，2003，13：150.

❷　议案编号为 11564 号。

型权、外观设计权、商标权）的第一审由韩国各高等法院所在地的 5 个地方法院专属管辖，第二审则集中在知识产权法院专门管辖。

3. 意义

提交的议案并没有将知识产权侵害诉讼的第一审和第二审都集中在知识产权法院专门管辖，这是为了免除全国律师和专利师的不便，过渡性地将第一审由高等法院所在地的 5 个地方法院专门管辖，而上诉审由知识产权法院专门管辖，从而建立知识产权法院的一元化的议案。如果就像议案所说的那样，实现知识产权诉讼管辖集中的话，将会提高知识产权法院的专门性和判决的一贯性，给诉讼当事人提供更迅速、公正、专门的判决，从而提供权利保护的实效性。

四、结　　论

韩国在 1998 年 3 月 1 日成立知识产权法院后保障了当事人接受法院审判的权利，有利于专门法院处理知识产权纠纷从而统一解释法律并制定判例。但为了提高知识产权法院的实效性，笔者认为需要改善几点问题。其中，优先考虑的事项是处理知识产权纠纷的知识产权法院的管辖集中和加强知识产权法院的专门性的问题。目前知识产权法院维持着分离决定撤销诉讼和第二审侵害诉讼管辖的二元化结构。由不同的国家机关判断知识产权的有效性以及保护范围，导致重复审理，从而带来了当事人的不利益和法的不稳定性，也阻碍了判决的统一性。因此，最终需要第一审和第二审法院的管辖集中。❶ 期待通过此方法改善现行知识产权侵害诉讼的管辖分配体制的非效率性和诉讼延迟和费用负担，从而保护当事人并提高判决的正确性。

---

❶　LEE IN‐SIL. 知识产权诉讼制度研究［D］. 首尔：高丽大学，2011：266－267.

关于加强知识产权法院的专门性问题，由于知识产权诉讼是关于科学技术的问题，因此如果法官没有对科学技术的专门知识的话就很难进行技术判断。为了让作为审判主体的法官进行知识产权技术的实体上的审理以及基于此作出正确的判决，需要法官的专门性。为此，应引进技术法官制度或制定能确保法官获得各领域专家集团帮助的制度，并扩大目前施行的技术审理官队伍，缩短诉讼期间。而且，笔者还认为侵害案件中也应制定技术审理官制度，并通过修改民事诉讼法等相关规定完善诉讼代理等法律制度。❶

参考文献

［1］YUN SUN‐HEE. 专利法［M］. 首尔：法文社，2012.

［2］YUN SUN‐HEE. 产业财产权法原论［M］. 首尔：法文社，2002.

［3］法院行政处. 知识产权诉讼实务［M］. 法院行政处，1998.

［4］KIPO. 为树立集中管辖方向分析知识产权诉讼判决现状［M］. KIPO，2010.

［5］KIM. YEON‐SOO. 知识产权侵权案件集中管辖的考察［J］. 知识财产权，2004.

［6］KIM WON‐OH. 关于知识产权审判制度及其命运的争论和课题［J］. 法学研究，2010，13（2）.

［7］KIM YONG‐JIN. 知识产权法院的发展和重新界定管辖范围的必要性［J］. 科学技术法研究，2003.

［8］SUNG NAK‐IN. 知识产权审判院和知识产权法院成立的作用和职能［J］. 产业财产权，1997，6.

［9］SHIN OUN‐HWAN. 科学技术发展的知识产权诉讼制度的改革方向［J］. 产业财产权，2003，13.

［10］YUN SUN‐HEE. 知识产权诉讼中法院的作用［J］. 发明知识产权，

---

❶　YUN SUN‐HEE. 知识产权诉讼中法院的作用［J］. 发明知识产权，2000（4）：39.

2000（4）.

［11］LEE SANG - YOUNG. 知识产权法院集中管辖知识产权案件［J］. 社会科学研究，2012，8.

［12］LEE SHE - YOON，LEE SANG - JEONG. 知识产权法院的设立和知识产权审判结构的改编［J］. 司法行政，1996，422.

［13］LEE YOUNG - PIL. 知识产权法院的集中管辖与专利师诉讼代理权［J］. 产业财产权，1995，8.

［14］LEE IN - SIL. 知识产权诉讼制度研究［D］. 首尔：高丽大学，2011.

［15］LIM YOUNG - HEE. 知识产权法院和知识产权诉讼［J］. 机械杂志，1998，38（6）.

［16］LIM CHAE - WOONG. 关于民事诉讼法专门审理委员制度的研究［J］. 民事诉讼，2007.

［17］JUNG CHA - HO. 知识产权法院的集中管辖［J］. 产业财产权，2012，39.

［18］HONG BONG - KYU. 知识产权诉讼研究［J］. 产业财产权，1999，9.

技术调查官选任之管见

——以我国台湾地区为鉴

戴　琳*

随着我国经济社会发展，知识产权审判的重要作用日益凸显，案件数量迅猛增长，新型疑难案件增多，矛盾化解难度加大。根据全国人民代表大会常务委员会通过的《关于在北京、上海、广州设立知识产权法院的决定》，知识产权法院将以审理专利等技术类案件为主，并在省级行政区域内实行跨区域管辖。2014 年 10 月 31 日，最高人民法院公布了《关于北京、上海、广州知识产权法院案件管辖的规定》，其中明确将"专利、植物新品种、集成电路布图设计、技术秘密、计算机软件民事和行政案件"列为知识产权法院的重要管辖范围。2014 年 11 月 6 日，北京知识产权法院正式挂牌履职。"专业知识产权法院的成立，必将有力提升对科技创新的司法保护力度，也标志着我国知识产权司法保护进入了'黄金时代'"。❶

总体来讲，知识产权案件对专业性的要求都比较高，其中，涉及技术类案件的专业技术判定是案件处理的核心环节。2014 年 11 月 3 日，最高人民法院知识产权审判庭副庭长王闯在新闻发布会上明确指出："知识产权法院将围绕技术类案件的审理，探索完

---

* 作者简介：云南大学法学院副教授、硕士生导师，《云南大学学报（法学版）》编辑。

❶ 全国首家知识产权法院在京挂牌［EB/OL］．［2014 - 11 - 07］．http：//news. xinhuanet. com/2014 - 11/06/c _ 127186598. htm.

善符合中国国情、具有中国特色的技术调查官制度，提高技术事实查明的科学性、专业性和中立性，保证技术类案件审理的公正与高效。目前，最高人民法院正在研究制定相关司法解释和工作规范，明确技术调查官的职能定位、配置数量、选任条件、管理模式、职权行使等问题。"❶ "关于技术调查官制度，知识产权法院将借鉴日本、韩国、我国台湾地区在知识产权法院专设技术调查官的成熟经验，建立符合中国国情的技术调查官制度……技术调查官作为法官的技术助手，协助法官理解和查明案件的专业技术问题，将进一步提高技术事实查明的科学性、专业性和中立性，保证技术类案件审理的公正与高效。"❷本文在引述我国台湾地区关于技术审查官选任及职能相关规定的基础上，谈几点关于我国大陆地区技术调查官选任的想法。

一、我国台湾地区"智慧财产法院"技术审查官的选任及职能简介

我国台湾地区的技术审查官属于法院的正式职员，其作为法官的常设辅助人员，具有固定性。"设置技术审查官，可以减少动辄向外求助的困扰，大幅提高审判效率。"❸ 根据我国台湾地区"'智慧财产法院'组织法"第15条（技术审查官室之设置）规定："'智慧财产法院'设技术审查官室，置技术审查官……于业务需要时，得依聘用人员相关法令聘用各种专业人员充任，其员额自技术审查官员额中调整之；其遴聘办法，由'司法院'定之。技术审查官室得视业务需要分组办事，各组组长由技术审查官兼

---

❶　最高人民法院 2014 年 11 月 3 日新闻发布会材料［EB/OL］.［2014－11－07］. http：//www. court. gov. cn.

❷　我国将建符合国情技术调查官制度［EB/OL］.［2014－11－08］. http：// news. ifeng. com/a/20141107/42408729 _ 0. shtml.

❸　梅术文. 知识产权法院设置概览［EB/OL］.［2014－10－21］. http：//shu-wenm. blog. 163. com/blog/static/80775044201031153028513/.

任，不另列等。'司法院'得借调具有智能财产专业知识或技术之人员，充任技术审查官；其借调办法，由'司法院'定之。技术审查官承法官之命，办理案件之技术判断、技术资料之搜集、分析及提供技术之意见，并依法参与诉讼程序。"

根据我国台湾地区"智慧财产法院组织法"第 16 条（技术审查官任用资格）规定，"智慧财产法院"技术审查官的拟任职务任用资格须具备下列条件之一：①担任专利审查官或商标审查官合计 3 年以上，成绩优良并具证明者；或经公立或立案之私立大学、独立学院研究所或经台湾教育主管部门承认的外国大学、独立学院研究所毕业，具相关系所硕士以上学位，担任专利或商标审查官或助理审查官合计 6 年以上，成绩优良并具证明者；或公立或立案之私立专科以上学校或经台湾教育主管部门承认的国外专科以上学校相关系科毕业，担任专利或商标审查官或助理审查官合计 8 年以上，成绩优良并具证明者。②现任或曾任公立或立案之私立大学、独立学院相关系所讲师 6 年以上、助理教授、副教授、教授合计 3 年以上或公立、私立专业研究机构研究人员 6 年以上，有智慧财产权类专门著作并具证明者。

关于技术审查官的职责，我国台湾地区"智慧财产案件审理法"第 4 条（必要时得命技术审查官执行之职务）规定："法院于必要时，得命技术审查官执行下列职务：1. 为使诉讼关系明确，就事实上及法律上之事项，基于专业知识对当事人为说明或发问；2. 对证人或鉴定人为直接发问；3. 就本案向法官为意见之陈述；4. 于证据保全时协助调查证据。"我国台湾地区的技术审查官对案件的事实认定和裁判没有表决权，仅就案件涉及的技术事实为法官提供咨询意见，该咨询意见不作为证据，不向当事人公开，也不接受当事人质询，仅供法官在认定事实时促成心证的参考。❶ 为

---

❶　刘新平. 台湾知识产权审判制度对大陆的借鉴［EB/OL］.［2014 – 11 – 02］. http：//www. fj. xinhuanet. com/news/2011 – 07/29/content _ 23350076. htm.

进一步细化技术审查官的具体工作内容和程序，台湾"智慧财产案件审理细则"第13条规定："技术审查官经指定协助诉讼及其它程序后，应即详阅卷证数据，依下列方式执行职务：1. 就当事人书状及数据，基于专业知识，分析及整理其论点，使争点明确，并提供说明之专业领域参考数据。2. 就争点及证据之整理、证据调查之范围、次序及方法，向法官陈述参考意见。3. 于期日出庭，经法院许可后，得向当事人本人、诉讼代理人、证人或鉴定人为必要之发问，并就当事人本人、诉讼代理人、证人及鉴定人等之供述中不易理解之专业用语为说明。4. 在勘验前或勘验时向法院陈述应注意事项，及协助法官理解当事人就勘验标的之说明，并对于标的物之处理及操作。5. 协助裁判书附表及图面之制作。6. 在裁判评议时，经审判长许可列席，陈述事件有关之技术上意见。审判长并得命技术审查官就其拟陈述之意见，预先提出书面。7. 在强制执行程序向法院提供专业技术意见，并对执行标的为必要之处理及操作。"第14条规定："技术审查官于期日参与审理时，其姓名应载明于笔录。技术审查官于期日中，经法院之许可，对于当事人、证人或鉴定人为说明或直接发问时，其事由应记明于笔录。"第15条规定："当事人对于技术审查官于期日所为之说明，得向法院陈述意见。"第16条规定："法院得命技术审查官就其执行职务之成果，制作报告书。如案件之性质复杂而有必要时，得命分别作成中间报告书及总结报告书。技术审查官制作之报告书，不予公开。但法院因技术审查官提供而获知之特殊专业知识，应予当事人辩论之机会，始得采为裁判之基础。"第17条规定："法院于必要时，得撤销指定技术审查官之裁定，或改定其它技术审查官执行职务。"第18条规定："技术审查官之陈述，不得直接采为认定待证事实之证据，且当事人就诉讼中待证之事实，仍应依各诉讼法所定之证据程序提出证据，以尽其举证责任，不得径行援引技术审查官之陈述而为举证。"

二、技术调查官的设置与选任

（一）按知识产权所涉专业技术类型配置员额适宜的技术调查官

根据《关于北京、上海、广州知识产权法院案件管辖的规定》，知识产权法院所管辖的专利、植物新品种、集成电路布图设计、技术秘密、计算机软件等技术类民事和行政案件，所涉专业技术内容广泛、具体，项目庞杂。

例如，仅就发明专利而言，国家知识产权局按专业设立的审查部门就包括：①机械发明审查部，设有轻纺处、切削加工处、动力处、包装处、交通运输处、无切削加工处和传动处7个业务处，承担农林畜牧业、渔业、食品与烟草加工、纺织加工处理、矿产勘探与加工、机械加工、交通运输、武器弹药等相关领域内发明专利申请的实质审查和 PCT 国际检索及国际初审等工作；②电学发明审查部，负责计算机、半导体、元器件、电力技术等技术领域的发明专利申请的实质审查；③通信发明审查部，负责通信、网络、图像、信息记录等技术领域的发明专利申请的实质审查；④医药生物发明审查部，负责药品、生物工程、食品工程等技术领域的发明专利申请的实质审查；⑤化学发明审查部，负责有机化学、高分子化学、药物化学、农业化学等技术领域的发明专利申请的实质审查；⑥光电技术发明审查部，负责光学工程、自动控制、计量、分析仪器、医疗仪器、影像仪器等技术领域的发明专利申请的实质审查；⑦材料工程发明审查部，负责无机材料、材料加工、化学工程、石油、冶金、热能、建筑与环境工程等技术领域的发明专利申请的实质审查。❶

设立知识产权法院的目的之一，就是为提升技术类案件审理的质量与效率，提高技术事实审查的科学性、专业性和中立性。

---

❶ ［EB/OL］．［2014 - 10 - 17］．http：//www.sipo.gov.cn/.

常言道"隔行如隔山"，每一技术领域均有其特别的专业内涵和专业高度，即便专家也仅能在其谙熟的领域大显身手，一旦跨专业、跨学科或将茫然无知。因此，为适应数量渐涨的技术类知识产权案件审理需要，笔者认为，技术调查官的选任宜与常见的专业技术类型相匹配，可以考虑按知识产权法院管辖案件所涉技术领域配置相对细化的专业技术调查官，如按机械、电学、通信、医药生物、化学、光电技术、材料工程、植物新品种、集成电路布图设计、计算机软件等专业类型进行选任。

（二）采用人才资源共享模式，拓宽技术调查官的遴选途径

1. 定岗定员不定人

根据我国目前对技术调查官的角色定位来看，与我国台湾地区的做法近似，即作为知识产权法院内设的正式司法辅助人员，具有固定性。这虽然可以减少向外求助的频率和困扰，但也可能因此弱化了技术调查官与专业技术领域的密切联系，即便有常规性技术培训等制度保障，也难以真正实现"与时俱进"。技术调查官作为知识产权法院法官的技术辅助人员，担负着为法官提供专业、细致技术咨询的重要职责，对案件技术事实的认定具有重要影响，这就要求技术调查官的专业技术知识储备须与相关领域的技术发展保持同步，而要达到"无缝对接"的程度，需有持续性的专业实务工作推进。笔者认为，为解决上述可能存在的矛盾，对技术调查官岗位的设置可采用较为灵活的"定岗定员不定人"模式，即在知识产权法院内部根据需要确定固定的技术调查官岗位编制和工作人员数额，但具体的工作人员可以流动上岗，确定较短的任职时间（如每次任职持续时间不超过2年），可以重复遴选上岗。

2. 建立"技术调查官储备人才库"

为确保技术调查官的技术背景及能力可靠，同时也应虑及遴选途径稳定、权威，宜通过制定明确的制度规范确定任职资格。

如前所述，根据我国台湾"智慧财产法院组织法"规定，曾担任法官、律师、大学教师、研究所研究人员、曾在行政机关办理有关智慧财产之审查、诉愿或法制业务的人员若符合法定条件，均可经"司法院"遴选任用。

笔者认为，结合我国大陆实情，技术调查官储备人才遴选来源可包括：①国家相关知识产权行政主管部门的知识产权技术审查人员；②高校或者专门研究机构的技术研究人员；③企事业单位、国家机关的高级技术人员；④其他与相关技术项目有关的拥有固定职业的专门人才。同时，应为入选人员设定较为细致的履历、业绩等方面的遴选条件。

对符合规定条件的技术人员，可通过考核遴选入"技术调查官储备人才库"，以此进入技术调查官流动任职序列。

3. 以"借调"作为技术调查官流动任职的基本形式

为构建切实可行的技术人员流动机制，我国台湾的"借调"形式颇有借鉴意义——台湾"智慧财产法院组织法"第15条规定"'司法院'得借调具有智能财产专业知识或技术之人员，充任技术审查官；其借调办法，由'司法院'定之。"

据百度百科解释："借调是一种人事安排，常见于政府及公营机构。被借调的人员会由原任机构或单位（原任单位）暂时'借'到其他机构或单位（借调单位）任职，以执行指定的工作。""借调单位因欠缺具有某种才能的人员，而恰巧被借调人员却拥有相关才能，经上级机构安排后，借调人员暂时离开原任单位，并到借调单位任职。在这种情况下借调的人员通常都是专业的管理人员或技术人员。""借调属员工才能发展计划的一部分，让员工接触不同单位的工作，增广见闻。员工会在指定时间派驻往借调单位，并在借调期后返回原任单位工作。""通常情况下，在借调期间，被借调员工通薪资福利仍属原任机构体制内的人员，并享有原任单位提供的员工应享有待遇；但在个别情况下，其薪津与福利亦有可能依借调单位体制有所调整，或由借调单位将薪酬反馈

给原单位进行发放，由借调单位与被借调单位协商解决。"❶

由上可知，借调形式不仅满足了多渠道遴选技术人员的需要，也解决了因流动任职可能带来的人事关系异变，还可较好地保障被借调人员的薪金、福利待遇。

为保证被借调人员在借调担任技术调查官期间的薪金及福利待遇，应由知识产权法院（借用方）、被借调单位（借出方）、被借调人员（技术人员）签订三方协议——借调合同，其中，应明确约定借调期限、各方的权利和义务，尤其应当明确借用方和借出方对被借调的技术人员在借调期间所提供的待遇标准。为激励提升工作积极性起见，作为借用方的知识产权法院而言，其给予借调任职的技术调查官的各项待遇宜略高于该技术人员在其原单位所获待遇。

4. 建立违规淘汰制

技术调查官在任职期间违反规定（如泄露所涉案件的商业秘密、故意对涉案技术作不实说明等），对案件裁判造成不良影响的，除按照规定承担相应法律责任外，还应取消其参与遴选技术调查官的资格。

总之，作为我国知识产权法院制度构建中的重要内容，技术调查官的配置与选任机制需在借鉴境外有益做法的基础上，探索完善符合中国国情、具有中国特色的技术调查官制度。❷

---

　　❶　[EB/OL]. [2014 - 11 - 11]. http://baike.baidu.com/view/789065.htm? fr = aladdin.

　　❷　最高人民法院 2014 年 11 月 3 日新闻发布会材料 [EB/OL]. [2014 - 11 - 07]. http://www.court.gov.cn.

现有技术抗辩在适用上的困境及其破解

——以知识产权法院的设立为背景

董炳和[*]

现有技术抗辩是我国《专利法》在 2008 年修改时新增加的一项制度，其目的是"防止恶意利用已公知的现有技术申请专利，阻碍现有技术实施，帮助现有技术实施人及时从专利侵权纠纷中摆脱出来"。[❶] 但是由于许多方面因素的影响，这一制度在司法实践中的运用情况并不尽如人意，最高人民法院的立场和态度也颇有模糊乃至矛盾之处。为使现有技术抗辩制度的功能和目的能够实现，笔者认为，正在进行中的知识产权司法体制重大变革为破解现有技术抗辩在适用上的困境提供了难得的机遇。

一、司法解释对《专利法》的限缩

（一）《专利法》对现有技术抗辩的规定

现有技术抗辩是我国《专利法》在第三次修改时增加的一项规定，具体表现在《专利法》第 62 条中。该条规定："在专利侵权纠纷中，被控侵权人有证据证明其实施的技术或者设计属于现有技术或者现有设计的，不构成侵犯专利权。"

实际上，在《专利法》第三次修改之前，尽管《专利法》以

---

* 作者简介：苏州大学王健法学院教授。

❶ 参见田力普在 2008 年 8 月 25 日在第十一届全国人民代表大会常务委员会第四次会议上所作《关于〈中华人民共和国专利法修正案（草案）〉的说明》。

及最高人民法院的相关司法解释都没有明确规定现有技术抗辩或类似的制度，人民法院在司法实践中已经采用了这项制度，学术界也有所讨论。❶

不过，与早前有关现有技术抗辩的讨论与适用的情况相比，2008 年修改的《专利法》第 62 条有其自身的特点。笔者认为，尤以下面三点最为突出：

第一，在内容上，《专利法》第 62 条没有使用先前较广泛使用的"公知技术""自由公知技术"等概念，而是使用了"现有技术"的概念。从现有技术抗辩的角度看，《专利法》第 22 条下的现有技术是一个只与时间有关的概念。这意味着，一方面，现有技术是以申请日（有优先权的为优先权日）作为时间基准，在申请日后才公布的抵触申请不在现有技术的范围之内；另一方面，现有技术与技术受法律保护的状况无关，无论其处于专有领域还是公有领域，也无论其为专利权人专有还是为别的人专有。

第二，从结构上看，《专利法》既没有把现有技术抗辩与规定专利权范围的第 59 条放在一起，也没有与规定"不视为侵犯专利权"的第 69 条放在一起。这与日本专利法的做法颇有相似之处。❷这种安排方式，或许表明立法者无意将现有技术抗辩与专利权的保护范围或权利要求的解释联系在一起。而在先前的司法实践中，现有技术抗辩往往被法院作为限制专利权人权利范围的一个手段加以运用，尤其是在适用等同原则的时候。从专利权保护范围或权利要求的解释的角度看，现有技术抗辩是否一定要写在法律的条文中，而且是以当前《专利法》第 62 条的样子，恐怕就要打上

---

❶ 有关这方面的详细情况，请参见：北京市第一中级人民法院知识产权庭．侵犯专利权抗辩理由［M］．北京：知识产权出版社，2011：22-57．

❷ 《日本专利法》（2011 年修订）中包含现有技术抗辩内容在内的第 104 条之三（标题为"对专利权人行使权利的限制等"）被安排在"专利权"一章的第二节"专利侵权"中，而"专利权的内容""专利权的限制"以及"被授予专利的发明的技术范围"等内容则被安排在第一节"专利权"当中。

一个大大的问号了！❶

第三，在方法上，《专利法》第62条揭示了两个方面的重要信息：其一，法院应将被控侵权人实施的技术与现有技术进行比对，既不需要将被诉侵权人实施的技术与权利人要求保护的专利进行比对，也不需要将权利人要求保护的专利技术与现有技术进行比对；其二，由于适用现有技术抗辩时不需要与权利人要求保护的专利进行关联，"被控侵权人实施的技术"在理论上只能理解为整个技术方案，而不应是该方案的某个部分或某些技术特征。

（二）司法解释对现有技术抗辩的规定

为了使言辞模糊的《专利法》第62条在司法实践中更加明确、更具有可适用性，最高人民法院在《最高人民法院关于审理侵犯专利权纠纷案件应用法律若干问题的解释》（法释〔2009〕21号，以下简称"司法解释"）的第14条第1款里，对现有技术抗辩的认定提出了具体要求："被诉落入专利权保护范围的全部技术特征，与一项现有技术方案中的相应技术特征相同或者无实质性差异的，人民法院应当认定被诉侵权人实施的技术属于专利法第62条规定的现有技术。"

从司法操作的角度看，这一规定明确了现有技术抗辩在具体适用时的三个基本问题：第一，法院审查的对象是"被诉落入专利权保护范围的全部技术特征"；第二，法院审查的方法是将被诉落入专利权保护范围的全部技术特征与"一项现有技术方案中的相应技术特征"进行比对；第三，法院审查的标准是看被诉落入专利权保护范围的全部技术特征与一项现有技术方案中的相应技术特征是否"相同或者无实质性差异"。

---

❶ 在那些允许法院在专利侵权民事诉讼案件中直接认定涉案专利是否有效的国家里，像我国《专利法》第62条那样的条款是没有必要的。但据介绍，美国专利司法中也存在现有技术抗辩，参见：雷艳珍，杨玉新. 美国专利法中的现有技术抗辩［J］. 电子知识产权，2010（3）. 该文作者明确指出："在美国，现有技术抗辩是对等同原则的限制，与相同侵权无关。"

（三）审查对象的限缩

如前所述，《专利法》第 62 条要求法院对被控侵权人实施的技术是否属于现有技术进行判断。"被控侵权人实施的技术"与"被控侵权的技术"在含义上是不同的。前者强调了"被控"侵权的是人，后者则突出了"被控"侵权的是技术。

受专利权保护范围的限制，权利人只能就其权利要求主张权利，只有当权利要求中的全部技术特征都被包含在被控侵权人的产品或使用的方法当中（相同或等同）时，权利人的侵权指控才有可能成立。从司法操作的角度看，当权利人的侵权指控成立时，被控侵权的技术具有权利人据以提起专利侵权诉讼的权利要求中的全部技术特征，也就是司法解释第 15 条所说的"被诉落入专利权保护范围的全部技术特征"。至于被诉侵权人的产品或使用的方法中是否包含有"被诉落入专利权保护范围的全部技术特征"之外的其他技术特征，则对专利侵权判定不产生任何影响。

在实践中，被控侵权人实施的技术，在侵权指控成立的情况下，与"被诉落入专利权保护范围的全部技术特征"之间的关系，要么相同或等同，要么前者的范围大于后者。在后一种情况下，被控侵权人的现有技术抗辩要成立，严格按照《专利法》第 62 条的字面意思，被控侵权人不但要证明"被诉落入专利权保护范围的全部技术特征"属于现有技术，还要证明法院在侵权判定时根本不会考虑、对侵权判定不起任何作用的其他技术特征也同样属于现有技术。这无疑增加了被控侵权人的举证难度，降低了被控侵权人主张现有技术抗辩的成功率，限制了现有技术抗辩的适用范围。

司法解释第 15 条以"被诉落入专利权保护范围的全部技术特征"来替代"其实施的技术"，使法院可以围绕着权利人的侵权指控来审查被控侵权人提出的现有技术抗辩，缩小了需要法院审查和比对的技术范围，使现有技术抗辩在司法实践中具有了可操作性和可适用性，并提高了被控侵权人基于现有技术抗辩的胜诉

362

机率。

（四）审查方法的限缩

就审查的方法而言，《专利法》第62条只规定了"属于现有技术"，并未提及具体的比对方法。根据《专利法》第22条第5款的规定，现有技术是指申请日以前在国内外为公众所知的技术。在专利审查中，无论新颖性还是创造性，都要把申请专利的发明创造与现有技术进行比对，但两者的比对方法是不同的。在判断新颖性时，专利审查员"将发明或者实用新型专利申请的各项权利要求分别与每一项现有技术或申请在先公布或公告在后的发明或实用新型的相关技术内容单独地进行比较，不得将其与几项现有技术或者申请在先公布或公告在后的发明或者实用新型内容的组合，或者与一份对比文件中的多项技术方案的组合进行对比。"❶这就是所谓的"单独比对"的方法。而在判断创造性时，专利审查员要"将一份或者多份现有技术中的不同的技术内容组合在一起对要求保护的发明进行评价"，❷亦即要把现有技术中的所有技术方案视为一个整体。

很显然，司法解释第15条规定的是判断新颖性时采用的"单独比对"的方法。当被诉落入专利权保护范围的全部技术特征分别体现在现有技术中的两个或两个以上的技术方案时，按照这种方法来判断，现有技术抗辩是不能成立的。但是如果按照创造性的判断方法，全部技术特征都属于现有技术。因此，司法解释第15条要求法院只能根据"一项"现有技术方案来判断，大大限缩了对比技术的范围，增加了被诉人侵权的举证难度，使现有技术抗辩的成功率大大降低。

---

❶ 中华人民共和国国家知识产权局. 专利审查指南2010 [M]. 北京：知识产权出版社，2010：第二部分第三章第3.1节（2）.

❷ 中华人民共和国国家知识产权局. 专利审查指南2010 [M]. 北京：知识产权出版社，2010：第二部分第四章第3.1节.

二、司法实践对司法解释的扩张

（一）对比技术范围的扩大

按照《专利法》第 62 条的规定，在现有技术抗辩中，被控侵权人实施的技术要与现有技术进行比对。在《专利法》第 22 条中，现有技术被定义为"申请日以前在国内外为公众所知的技术"。由于司法解释第 14 条对《专利法》第 62 条中的"属于现有技术"进行了限缩性解释，对比技术被限定为"一项现有技术方案中的相应技术特征"，因此，只有当被诉落入专利权保护范围的"全部技术特征"都被完整地包含在该"一项现有技术方案"的情况下，被控侵权人的现有技术抗辩才能成立。如果被诉落入专利权保护范围的技术特征有一项没有被包含在"一项"现有技术方案中，按司法解释第 14 条的字面意思，现有技术抗辩就不能成立。这无疑极大增加了现有技术抗辩的难度。

在一些具体案件中，法院开始尝试突破司法解释的上述限制。例如，在 2009 年 12 月作出的一个上诉案件❶的判决中，江苏高级人民法院指出："通常情况下，进行现有技术抗辩，被控侵权人只能援引一份现有技术，而不能援引两份或者多份现有技术。因为将两份或者多份现有技术进行组合使用，对本领域普通技术人员而言，一般并非是显而易见或无需经过创造性劳动就能够联想到的。因此原则上不允许被控侵权人以两份或多份现有技术进行组合抗辩，但在被控侵权人提供充分证据证明其使用的技术属于一份现有技术与所属领域公知常识简单组合的情形下，应当允许以该理由进行现有技术抗辩。"❷ 基于这一认识，江苏高级人民法院认可了上诉人将一件美国专利和《长途通信传输机房铁架槽道安

---

❶　参见南京普天通信股份有限公司与苏州工业园区新海宜电信发展股份有限公司、苏州工业园区华técnica科技有限公司侵犯专利权纠纷一案。

❷　参见江苏省高级人民法院（2007）苏民三终字第 0139 号民事判决书。

装设计标准》两份对比文件进行现有技术抗辩的做法，认为被控侵权产品在该美国专利之外增加的一个技术特征，是本领域技术人员根据国家通信行业标准的要求容易联想到的公知常识。❶

允许以一份对比文献中记载的一项现有技术方案与公知常识的简单组合主张现有技术抗辩的做法，已被司法政策所采纳。❷

（二）抵触申请的参照适用

根据《专利法》第22条第2款的规定，抵触申请是指"任何单位或者个人就同样的发明或者实用新型在申请日以前向国务院专利行政部门提出过申请，并记载在申请日以后公布的专利申请文件或者公告的专利文件中"的情形。

抵触申请虽然是在申请日以前提出的，但是在申请日以后公布的，公众无法在申请日前了解到其内容，因而显然不属于现有技术。无论《专利法》第62条还是司法解释第15条，都明确指向了现有技术，即使作最广义的解释，也无法适用于抵触申请。而且，《专利法》和司法解释关于专利权的范围、限制及不构成侵权或不视为侵权的事由中均未提及抵触申请。因此，当被控侵权人以其实施的是抵触申请中的技术方案为由主张不构成侵权时，其主张缺乏充足的法律依据。但是，无论司法政策还是法院在具体案件中的做法，都承认了抵触申请抗辩。❸

在陈顺弟与浙江乐雪儿家居用品有限公司、何建华、温士丹侵害发明专利权纠纷提审案中，被控侵权人浙江乐雪儿家居用品有限公司提出了现有技术抗辩，最高人民法院认为，"乐雪儿公司用于主张现有技术抗辩的ZL200520015446.8号实用新型专利的申请日虽早于涉案专利申请日，但授权公告日晚于涉案专利申请日，

---

❶　参见江苏省高级人民法院（2007）苏民三终字第0139号民事判决书。

❷❸　参见奚晓明2010年4月28日在全国法院知识产权审查工作座谈会上的讲话《能动司法，服务大局，努力实现知识产权审判工作新发展》。

故不构成现有技术，但依法构成抵触申请。"❶ 最高人民法院进一步认为，"由于抵触申请能够破坏对比专利技术方案的新颖性，故在被诉侵权人以实施抵触申请中的技术方案主张其不构成专利侵权时，应该被允许，并可以参照现有技术抗辩的审查判断标准予以评判。"❷

最高人民法院允许被控侵权人以其实施的技术属于抵触申请中的技术为由来主张其不构成侵权，并认为可以参照现有技术抗辩的审查判断标准予以评判。这种做法的逻辑基础与现有技术抗辩是相同的。如果被控侵权人实施的技术方案与抵触申请中的技术方案相同或无实质性差异，就如同被控侵权人实施的技术属于现有技术，从理论上说就没有人可以对该技术方案获得专利，该技术方案也就不可能获入任何人的专利权的保护范围之内。或许正是基于这样的逻辑基础，最高人民法院才会对抵触申请抗辩"参照现有技术抗辩的审查判断标准予以评判"。

尽管如此，毕竟《专利法》和司法解释都没有将抵触申请抗辩作为一种法定的不侵权抗辩事由。因此，司法政策及司法实践承认抵触申请抗辩，并主张参照现有技术抗辩的审查标准予以评判，实质上是在扩张现有技术抗辩适用范围。

三、现有技术抗辩在适用上的矛盾与困境

（一）被诉侵权人实施的技术与权利人要求保护的技术的关联

如前所述，与《专利法》2008 年修改之前一些法院试图从权利人专利保护范围或权利要求的技术特征的角度来解释和适用现有技术抗辩的做法不同，《专利法》第 62 条完全没有提及专利权人或其受专利保护的技术方案。这向人们传递了一个强烈的信号：现有技术抗辩只与被诉侵权人实施的技术方案有关，而与权利人

---

❶❷　参见最高人民法院（2013）民提字第 225 号民事判决书。

获得专利的技术方案无关。这意味着，法院在审查被告实施的技术方案是否属于现有技术时，完全可以"无视"权利人主张受专利保护的技术方案，只需要将被告实施的技术方案与现有技术进行比较就可以完成。但是，从专利侵权纠纷案件的审理过程来看，这几乎是不可能的。

或许正是考虑到这一点，最高人民法院在司法解释中没有按照《专利法》第62条的严格字面意思，而明确将法院审查的范围限定为"被诉落入专利保护范围的全部技术特征"。司法解释的这一限定，对于现有技术抗辩的适用具有实质性意义。其一，法院不需要对被诉侵权人实施的技术方案中的全部技术特征进行审查，只需根据权利人的指控，对"被诉落入专利保护范围"的那些技术特征进行审查即可。对于不在权利人指控范围之内的技术特征，法院不会进行审查。这就有效克服了《专利法》第62条在字面上存在的缺陷。其二，法院在审查时，要对被诉落入专利保护范围的"全部"技术特征进行审查，而不能只对部分技术特征进行审查。这表明，现有技术抗辩与权利要求的解释无关。

虽然司法解释第4条的规定在被诉侵权人实施的技术方案与权利人获得专利保护的技术方案之间建立了联系，但最高人民法院似乎也不愿意在被诉侵权人实施的技术方案与权利人获得专利保护的技术方案之间画上等号。一方面，最高人民法院在司法解释里使用了多少有些隐晦的说法——"被诉落入专利保护范围的全部技术特征"，即"权利人在起诉时指控侵权的被控侵权技术方案的技术特征"❶。另一方面，最高人民法院知识产权庭又公开表示，"审查现有技术抗辩是否成立，不以判断被诉侵权技术方案是

❶　按最高人民法院知识产权庭的说法，被诉落入专利保护范围的全部技术特征是指权利人在起诉时指控侵权的被控侵权技术方案的技术特征。参见：孔祥俊，等.《最高人民法院关于审理侵犯专利权纠纷案件应用法律若干问题的解释》的理解与适用［M］//孔祥俊. 最高人民法院知识产权司法解释理解与适用. 北京：中国法制出版社，2012：55.

否落入专利权范围为前提"。❶ 综上，人们不难发现，最高人民法院使用"被诉"一词来限定"落入专利保护范围的全部技术特征"，意在强调，被诉侵权人实施的技术方案"落入专利保护范围"只是权利人单方面的认识和主张，并不是经过法院审查确认的事实。这表明，虽然法院根据权利人的指控确定了被诉侵权实施的技术方案中哪些技术特征要与现有技术进行比对，但法院不会对权利人的指控是否成立进行确认。其结果是，"该特征是否最终落入专利权的保护范围，并不影响对现有技术抗辩的认定"。❷

从《专利法》第 62 条的解释和适用的角度看，最高人民法院的上述立场和观点在逻辑上是能够说得通的。但是，笔者认为，不能脱离具体的司法过程来泛泛地讨论被诉落入专利权保护范围的技术特征与权利人要求保护的技术特征之间的关系。尽管司法实践中并不能完全排除被告在不能确定其被诉落入专利权保护的范围的全部技术特征是否真正落入专利权的保护范围的情况下就直接主张现有技术抗辩的可能性，但比较普遍的情形应该是被告在认可了原告的指控之后来主张现有技术抗辩的。在此情况下，被告实施的技术方案，从专利保护或侵权认定的角度看，与专利权获得专利保护的技术方案是相同的。至少，被告实施的技术方案，完整地包含了原告获得专利的技术方案。

（二）现有技术抗辩在司法实践中遭遇的困境

由于法院在适用现有技术抗辩时竭力回避被诉侵权的技术方案与原告享有专利权的技术方案之间的关系，在被告的现有技术抗辩成立时，法院也不会在裁判文书中对原告获得专利的技术方案是否也属于现有技术进行评述。对于个案而言，这种做法并无

---

❶❷ 按最高人民法院知识产权庭的说法，被诉落入专利保护范围的全部技术特征是指权利人在起诉时指控侵权的被控侵权技术方案的技术特征。参见：孔祥俊，等.《最高人民法院关于审理侵犯专利权纠纷案件应用法律若干问题的解释》的理解与适用［M］//孔祥俊. 最高人民法院知识产权司法解释理解与适用. 北京：中国法制出版社，2012：55.

不妥。但是，在同一个权利人以同一项发明专利对其他人提起侵权诉讼时，这种做法的局限性就显现出来了。

在正常情况下，原告对被告提起专利侵权之诉，表明其已确信被告实施的技术方案落入了其专利权保护范围，与其受到专利保护的技术方案相同或等同。而且，原告会尽力去证明这一点。当被告提出的现有技术抗辩成立时，不但被告实施的技术方案属于现有技术，而且原告要求保护的专利的技术方案也属于现有技术。即使在现行法律框架下不允许受理专利侵权民事纠纷的法院在案件中对专利有效性进行评述和认定，但在被告的现有技术抗辩成立时，如果可以在裁判文书中对原告要求保护的技术方案属于现有技术的事实进行认定，并借助于既判力，在原告以该专利提起的所有侵权民事诉讼中都可以减轻被告的证明责任，既节省大量的司法资源，又实际上使原告的专利成为"空壳专利"，使其难以继续凭借其不合格的专利打击竞争者。

但是，在现有框架下，法院只对被告实施的技术方案属于现有技术这一事实进行认定，由于不同案件中被告实施的技术方案可能存在或多或少的差异，因此，即便是由同一个权利人根据同一项专利提起的诉讼，也难以根据既判力理论来直接承认在先的已生效判决所认定的相关事实，法院不得不一次次地对不同被告实施的技术方案是否属于现有技术进行审查。一种理想的状态是，一旦认定原告专利属于现有技术，其专利虽然在法律上依然有效，但事实上已不可能在据此提起的侵权诉讼中胜诉。

四、司法困境之破解与知识产权法院设立

现有技术抗辩在司法实践中遭遇的种种矛盾与困境，究其根源主要在于，最高人民法院要竭力回避在民事纠纷案件中讨论涉案专利的有效性问题，保持专利的行政授权与司法保护之间的合理界线。要做到这一点，就不得不对被控侵权人实施的技术与权利人要求保护的技术之间进行"切割"，在专利法条文上表述为被

控侵权人有证据证明"其实施的"技术属于现有技术；但又不得不借助权利人提出的侵权指控来界定被控侵权人实施的技术的范围，也就是司法解释所说的"被诉落入专利权保护范围的全部技术特征"；而最终又不肯对权利人的侵权指控是否成立作出认定。

另外，为了在现有技术抗辩的适用上统一司法尺度，规范自由裁量权的行使，最高人民法院将现有技术抗辩的审查方法限定为判断新颖性时采用的"单独比对"法。所谓"统一司法尺度"，实际上反映出了最高人民法院对审理专利纠纷案件的法官（尤其是基层法院和中级法院的法官）的技术能力的担心。

自国家知识产权战略纲要提出要"探索建立知识产权上诉法院"以来，知识产权专门法院的设立问题得到了广泛而热烈的讨论。《中共中央关于全面深化改革若干重大问题的决定》提出"探索建立知识产权法院"，2014年8月31日第十二届全国人大常委会第十次会议通过了《关于在北京、上海、广州设立知识产权法院的决定》，最高人民法院于2014年11月3日发布了《北京、上海、广州知识产权法院案件管辖的规定》，标志着我国的知识产权专门法院已经开始正式运作了。

知识产权法院的设立为我国知识产权司法体制改革开启了新的篇章，也为知识产权法的制度和规则的修改与完善提供了契机。具体到现有技术抗辩来说，阻碍现有技术抗辩的有效适用的主要因素随着知识产权法院的设立而逐步消除，最高人民法院为现有技术抗辩设定的限制也应择机解除。

知识产权法院的设立将使专利案件的跨区域集中管辖成为现实，有专利案件管辖权的法院将越来越少，一审案件将逐步流向几个主要的知识产权法院，二审案件的管辖权将来可能会更加集中。在此情况下，不允许法院在专利民事案件涉及专利的有效性（或者讨论涉案专利是否符合法律规定的条件）的做法就显得不合时宜了。

知识产权法院的设立将使知识产权审判活动以及支撑这些审

判活动的最重要资源——知识产权审判法官逐步从普通法院中剥离出来，最终形成一个自成本体的系统，知识产权法官的业务素质和能力的提高将得到系统的制度性的保障，加之诸如技术审查官、专家陪审员等辅助力量，知识产权法院对专利案件中的技术问题的理解和判断能力将大幅度提高，为统一司法尺度、规范自由裁量权的行使而采取的措施将不再具有合理性。

五、结 论

笔者认为，在三个知识产权法院已经设立并开始运作之际，改革与完善现有技术抗辩制度的时机已然成熟。为实现现有技术抗辩的立法目的❶，现有技术抗辩应进行必要的完善。其一，将"属于现有技术"的对象由"被控侵权人实施的技术"更换为"权利人主张保护的技术"或"获得专利保护的技术"，将现有技术抗辩与涉案专利的有效性直接联系起来，在现有技术抗辩成立的情况下使相关判决的既判力得到普遍承认，使那些原本不符合专利法规定的授予专利的实质条件的专利"空壳化"。其二，解除对法院审查现有技术抗辩的方法的限制，放弃"单独比对"法，把缺乏新颖性和创造性的情形都纳入法院审查的范围。在这个方面，日本的做法是值得借鉴的。根据《日本专利法》第 104 条之三第 1款的规定，在专利侵权诉讼中，如果涉案专利具有应被宣告无效的情形，专利权人或独占被许可人不得向对方当事人主张权利。❷

---

❶ "为防止恶意利用公知的现有技术申请专利，阻碍现有技术实施，帮助现有技术实施人及时从专利侵权纠纷中摆脱出来，草案增加规定：在专利侵权纠纷中，被控告侵权人有证据证明自己实施的技术属于现有技术，不构成侵犯专利权。据此，被控告侵权人无需向专利复审委员会提出无效宣告请求，法院可直接判定被控告侵权人不侵权。"田力普. 2008 年 8 月 25 日在第十一届全国人民代表大会常务委员会第四次会议上所作《关于〈中华人民共和国专利法修正案（草案）〉的说明》。

❷ 《日本专利法》第 123 条规定了专利应被宣告无效的情形，其中包括违反《日本专利法》第 29 条和第 29 条之二（可专利性条件，包括新颖性和创造性要求）的情形。

考虑《专利法》第 62 条的修改可能尚需时日，作为过渡安排，最高人民法院可以在现行司法政策和司法实践的基础上，要求法院在被控侵权人提出现有技术抗辩的情况下，先行对被控侵权人实施的技术是否落入专利权保护范围进行审查。如果被控侵权人实施的技术未落入专利权保护的范围，则直接判令被告不构成专利侵权，无需对现有技术抗辩进行审理。如果被控侵权人实施的技术落入专利权保护的范围，则再对现有技术抗辩进行审理；如果现有技术抗辩成立，则权利人主张专利保护的技术也毫无疑问地属于现有技术。

知识产权司法能动及其边界

——以方法论为视角的考察

孟祥娟[*]

引　言

从郑胜利教授在 2006 年第 3 期《中国发展》中撰文提出知识产权法定主义，禁止法官造法以来，我国学者从多种角度对知识产权法定主义及知识产权法官造法的理论与司法实践进行了讨论。其中，持肯定观点的认为："知识产权法定主义是指知识产权的种类、权利的内容以及诸如获得权利的要件、保护期限等关键内容必须由法律统一确定，除立法者在法律中特别授权外，任何人不得在法律之外创设知识产权。"❶ 这是对制定法之外的知识产权扩张之路持否定的态度，他们批判中国的一些法院在知识产权的审判中利用民法或其他法律的原则条款对知识产权进行扩张保护，实际上破坏了知识产权法的利益平衡机制。否定的观点则禁止法官造法，否定法官的司法能动。崔国斌教授发表了题为《知识产权法官造法批判》的论文，该文在列举法官造法领域的基础上，检讨了法官造法带来的危害，认为法官造法违反了知识产权法的基本原则，破坏了法定的利益平衡关系，损害了知识产权法的确定性，❷ 从

　＊　作者简介：华南理工大学教授。

　❶　郑胜利. 论知识产权法定主义 [J]. 中国发展，2006（3）：49.

　❷　崔国斌. 知识产权法官造法批判 [J]. 中国法学，2006（1）.

而否定知识产权法官造法活动。

在法律适用问题上，支持知识产权法官造法以易继明先生为代表。他在《知识产权的观念：类型化及法律适用》一文中认为："知识产权案件的法律适用还存在着不少所谓的'立法空白地带'，知识产权权利类型化不足问题，实际上是权利法定主义导致的结果，克服法定主义的局限性，应该以自然权利主义为理论基础，除了对知识产权法进行不断修改，增加一些授权立法和弹性条款之外，将知识产权纳入整个民事权利体系和制度框架。"❶ 梁志文生先也在《法院发展知识产权法：判例、法律方法和正当性》一文中认为，我国知识产权法的立法原则是宜粗不宜细，知识产权法律成文化程度较低，法院适用原则性条款，发展知识产权法也是适用这一实际要求的结果。❷

由此，在知识产权的理念及其适用法律问题上就产生了两种鲜明对立的观点：一种观点认为，坚持知识产权法定主义，法律先于权利，知识产权只能由特别法创设，反对法官在特别法之外行使自由裁量权创设知识产权。另一种观点认为，知识产权是建立在劳动基础上的自然权利，允许法官行使自由裁量权，发挥司法能动性。

第三种观点以应振芳先生为代表，他认为："法定主义作为确立支配权体系的一种结构性原则，作为一种典型的民法技术，本身无可批判。司法能动不会构成对法定主义的威胁，反过来，动用得当的司法能动可以弥补法定主义的僵硬。司法能动的关键在于掌握正确的法律解释方法和法律续造方法。将公理性原则和结构性原则对峙起来，反对司法能动、法官造法，则是对法定主义的误读和对司法能动的错解。"司法能动的真正问题不在于其

---

❶ 易继明. 知识产权的观念：类型化及法律适用［J］. 法学研究，2005（3）.

❷ 梁志文. 法院发展知识产权法：判例、法律方法和正当性［J］. 华东政法大学学报，2011（3）：25.

是否应被谴责和批判，而在于探讨它的边界，并由此来限制司法恣意。❶

本文拟从法学方法论的角度来讨论知识产权司法能动及其边界问题，与学界同仁共勉。

一、没有漏洞的法律秩序是不存在的

（一）法律漏洞的概念

德国学者伯恩·魏德士认为，法律漏洞是以整个现行法律秩序为标准的法律秩序的"违背计划的非完整性"。❷漏洞属于计划安排的缺陷：①对法学和司法实践的授权。立法者常常不会（有时是来不及）对已经认识的需要调整的利益状态和案件类型作出规定。出于各种原因，他们认为作出法律规定很棘手，所以他们有意识地容许法官造法。因此，从立法的观点来看，存在"计划的"法律漏洞或者完全没有得到调整的领域。②一般条款作为漏洞。诸如公平裁量、诚实信用、善良风俗、重大事由，这些范围广泛且不确定的法律概念和一般条款也是立法者有意安置的漏洞。立法者希望法官在面对特定的案件类型的情况下，能够灵活地造法，以适用此时社会经济发展及技术经济、政治的需求。③法律意味深长的沉默。❸我国台湾学者从法律漏洞影响法律功能的特征出发，也将法律漏洞称其为"法律体系上之违反计划的不圆满状态"。❹

从以上学者对法律漏洞的阐述可以总结出法律漏洞具有以下两个特征。

1. 不圆满性

黄茂荣先生在解释不圆满性认为，伸张法律上的正义是法律

---

❶ 应振芳. 司法能动、法官造法和知识产权法定主义［J］. 浙江社会科学，2008（7）.

❷❸ 伯恩·魏德士. 法理学［M］. 丁小春，吴越，译. 北京：法律出版社，2003：362.

❹ 黄茂荣. 法学方法与现代民法［M］. 北京：中国政法大学出版社，2001：293.

的功能所在。让法律上的正义透过其规范实现到人类的生活上来。如果一个生活类型并未被法律规范到，对于该生活类型所发生的问题，人们就找不到法律上的结果。在此情形下，就是法律补充的问题，法律对该问题就存在"不圆满性"。❶ 如果法律指制定法，通说认为，"可能的文义"是法律解释与法律补充之间的界限标准，依此标准，法律在经过解释后如对某生活类型尚无答案，则法律对该生活类型即有"不圆满性"，如果法律包括制定法与习惯法，制定法对某生活类型从未加以规范，但只要有习惯法加以规范，对该类型之规范上的问题能提出规范上的答案，则法律对该生活类型自然也无这里所称之"不圆满性"。

2. 违反计划性

法律规范生活，但并不是一切生活事实都受法律的规范。由于法律的功能在于维持人际间的关系，所以非人际的关系便不是它的规范对象。法律管不着的，或不需要用法律，或不适宜用法律来规范的项目构成一个所谓的"法外空间"。由于这些项目本来就不当被法律所规范，因此法律对它们未作规范这件事便无违反计划性，从而也不构成法律的漏洞。❷

法律漏洞是法律体系的不圆满状态且违反计划。但这里讲的法律的不圆满状态的"违反计划性"，除了法外空间所涵盖的事项外，都适宜为法律所规范的事项。所以，法律如果对它们不加规范，便可能会构成法律的不圆满状态，从而也可能形成一个法律漏洞。至于一个法律的不圆满状态是否具备所谓的"违反计划性"，其实务上的意义是法院对它的补充权限的有无及前提要件的宽严上。只要超越法律计划的法律补充的前提要件被充分了，则法院对它牵涉到的法律的不圆满状态即有加以补充的权

---

❶ 黄茂荣. 法学方法与现代民法［M］. 北京：中国政法大学出版社，2001：294.

❷ 黄茂荣. 法学方法与现代民法［M］. 北京：中国政法大学出版社，2001：330 -331.

利与义务。❶ 在这种情形，该不圆满状态的漏洞特性与其他法律漏洞类型下的不圆满状态所具备的，并无不同。就法律漏洞存在的现象而言，大体有：①立法当时应予规定，由于没有认识到而没有规定。②立法当时应予规定，由于立法者认识不足而没有规定。③立法当时某种社会关系还没有出现，立法完成后新产生的社会关系立法中当然没有规定。上述三种现象，对第①种、第②种两种漏洞称"违反计划的不圆满状态"尚可，对第③种漏洞，难称"违反计划"，在新社会关系出现后，也非"不圆满状态"。❷

（二）法律漏洞的存在有其客观原因

任何法律秩序都有漏洞，没有漏洞的法律秩序是不存在的。因为只有法律评价存在之处，法律才对判决具有约束力。19世纪盛行的法典化思想为此伤透脑筋。在变化迅捷的社会中不断地出现亟待解决的新的法律问题，而其中有许多都是法律没有作出规定的，这一点已成为公认的事实。❸ 法律漏洞存在的客观原因有二：一是概念的固有缺陷以及完美概念体系本身的不可能性；二是静态法律与动态社会之间的"时差"而必然产生的法律滞后性。台湾学者黄建辉认为，完美无缺的法律体系梦想固然美好，但它已被证明是一个不可能实现的美好愿望。❹ 法律漏洞就是没有将法变为法律现象。将法变为法律，是人们对法认识或发现的结果，没有将法变为法律，是人们没有认识或最终认识法，没有通过立法加以确认。法律漏洞补充，则是对现行法律欠缺的法规加以发现、确认的工作，以使法律体系相对社会现实更加完善；并且这

---

❶ 黄茂荣. 法学方法与现代民法［M］. 北京：中国政法大学出版社，2001：334 -335.

❷ 刘士国. 法律漏洞及其补充方法［G］//中国人民大学法学院《人大法律评论》编辑委员会. 人大法律评论（2010年卷）. 北京：法律出版社，2010：210.

❸ 伯恩·魏德士. 法理学［M］. 丁小春，吴越，译. 北京：法律出版社，2003：357.

❹ 黄建辉. 漏洞填补 类推适用［M］. 台北：蔚理法律出版社，1988：30-31.

种完善是相对的，随着社会的发展是一个永续不断的过程。❶

（三）"禁止拒绝裁判原则"成为法官填补法律漏洞的依据

漏洞存在这一事实首先使我们明白，由于法律没有作出规定的法律问题大量存在，由于缺乏法律评价，这赋予法律适用者重大的、在方法上十分棘手的任务，所以必须在法律约束之外进行法律适用。这时，法院（特别是终审法院）就创造所谓的"法官法"。因为有"禁止拒绝裁判"的原则，因此，法院在漏洞领域发挥着立法的功能。也就是说，在对争议的事实缺乏相应的法律规定的情况下，法院有义务对归其管辖范围的待决案件作出判决。因此，禁止拒绝裁判成为法院在漏洞领域进行立法的依据。

如果法官可以因法无明文规定而拒绝审判，民事纠纷的解决、民事权利的救济就失去了国家强制力的最有效的保障，受害人便往往不再求助于法律而依靠自身的强力或者依靠他人的强力来维护自己的权利。一旦这种现象具有普遍性，法治也就成了空谈。❷

在 1804 年法国民法典的制定过程中，立法者体会到即使尽最大想像力也不能认识到所有的案件类型并对之予以判断，至此确立了"法官不得以法无明文规定而拒绝审判"的原则，法官必须根据自然理性、自己的良知和法律科学判案。基于这样的理念，法国民法典后，法官不得拒绝审判原则遂得到其他各国法典所认同，基于对民事主体权利保护和法典完备的思想的需要，该原则成为所有文明法治社会所普遍承认的法律原则。

在没有法律评价的地方，法官的评价是不可避免的。但是，为了对判决结果及其理由进行理性的研究，必须尽可能将法律适用与法官造法区分开。如果认为存在漏洞，就必须公开说明用于

---

❶　伯恩·魏德士. 法理学［M］. 丁小春，吴越，译. 北京：法律出版社，2003：357.

❷　屈茂辉. 类推适用的私法价值与司法运用［J］. 法学研究，2005（1）：9.

填补漏洞的标准来源于何处。❶

二、知识产权法中的法律漏洞：类别化的考察

（一）认知的漏洞与无认识的漏洞

这是以历史上之立法者在其制定系争的法律时是否对系争的规范上之不圆满状态已有认知为标准对漏洞所作的区分。已有认知者为认知的漏洞，尚未认知者为无认知的漏洞。一个认知的法律漏洞的发生，通常是因为立法者认为系争问题的规范最好让诸司法机关，在学术界的支持下来逐步完成，以免由于操之过急，而作出不成熟而又僵硬的规范，以致妨碍法律体系之进化。而一个无认知的漏洞通常是由于立法者的错误。就认知的漏洞举例，如《著作权法》第 3 条第（九）项的"法律、行政法规规定的其他作品"、《著作权法》第 10 条第 1 款第（十七）项规定的"应当由著作权人享有的其他权利"、《著作权法》第 47 条第（十一）项规定的"其他侵犯著作权以及与著作权有关的权益的行为"、《商标法》第 57 条第（七）项规定的"给他人的注册商标专用权造成其他损害的"等。

（二）自始的漏洞与嗣后的漏洞

以时间为考量的因素，以系争的法律漏洞在法律被制定时即已存在为标准，可以把漏洞分为自始漏洞与嗣后漏洞。法律制定时漏洞已存在，该漏洞是自始的漏洞。法律制定后，随着经济的发展，技术的、社会的、伦理的或其他事实的变迁，出现法律调整不到的问题，因而发生的漏洞是嗣后的漏洞。例如，在我国1990 年《著作权法》中，立法之时并没有网络技术的环境，在网络环境下使用作品的情况也是不能预测的，随着网络技术的发展，在网络中传播作者享有著作权的作品的情况非常广泛，立法中作

---

❶　伯恩·魏德士．法理学［M］．丁小春，吴越，译．北京：法律出版社，2003：359.

品的使用方式并不含盖这种使用方式。在著名的"王蒙等诉世纪互联通讯技术有限公司案"中，被告未经许可在网络中上传了原告作品，法院所面对的核心问题是网络传输行为的著作权法规范。

（三）明显的漏洞与隐藏的漏洞

以制定法对系争法律问题是否有规范为标准，可以分为明显漏洞与隐藏漏洞。黄茂荣认为，如果法律对依规范的意旨应该予以规范的案件类型没有加以规范，那么法律便有"明显的漏洞"存在；如果法律对应该予以规范的案件类型虽已经加以规范，但却没有对该案件类型的特别情形在规范上加以考虑，并相应地以一个特别规定加以处理，则这种应该有的特别规定，就是对一般规定的限制规定的欠缺，至此便构成"隐藏的漏洞"。❶ 就我国著作权法举例，2001 年《著作权法》修改未出现"实用艺术作品"一词。而《著作权法》第 3 条中，规定的作品类型有"美术"作品，根据《著作权法实施条例》第 4 条对美术作品的含义的定义是指绘画、书法、雕塑等以线条、色彩或者其他方式构成的有审美意义的平面或者立体的造型艺术作品。美术作品是否包括"实用艺术作品"，根据实用艺术作品的艺术性和实用性的特征，《著作权法》只保护其艺术成分，那么，"实用美术作品"是否应包括在美术作品当中？所以，对于"实用美术作品"的保护就是立法中的一个隐藏的漏洞。

三、法官与法律漏洞的填补

（一）法官的功能

法官的功能是适用法律，还是制定规则，一直以来是司法实践和学说争议的焦点。法官的功能在于"适法"而不是"制定规范"，如果法官的造法功能得以承认，很明显这是在制度上将法官

---

❶ 黄茂荣. 法学方法与现代民法［M］. 北京：中国政法大学出版社，2001：304.

置于与立法者同等的地位。这在司法实践中似乎是一个伪命题。

孟德斯鸠所描述的所谓"自动售货机"式的法官形象，反映了古典法治理想对法官在诉讼中主观创造性的压抑。然而，法官若真像一架生产判决的机器，审判过程就成了简单运用三段论的机械推论，不必再要求法官发挥任何主动性和创造性。因此这种机械论的推理观遭到了普遍的非议。❶

波斯纳嘲笑这种僵化的法律实证主义观点说，即使在成文法体系中，法律家也不可能像一架绞肉机，上面投入条文和事实的原料，下面输出判决的馅，保持着原色原味。法律家对法律的忠诚不是那么机械的，他们也有七情六欲，判决会沾染主观色彩。他还分析了文化多元化对产生判决主观性的影响，指出："法官文化的碎裂排除了对司法随意性的制约。""法律文化越是统一，即法官的观念越接近，确定司法决定所需要的前提并因此发现和批评不正确的司法决定就越容易，但这种观念相似的一致性并不是获得真理的有力保证。"❷

法官作为司法审判的主体，法官的审判权或权威性来自规则本体或更高的合法性权力。一方面，法律规范的权威赋予了法官推理的权威性；另一方面，法官作为法庭的官员、审判的组织者或者一场法律辩论赛的裁判，他所作判决的合法性或法律效力不是来源于他个人的权威性或影响力，而是来源于宪法、立法机关和法律制度的等级结构。❸

在抽象的规范和具体的个案事实之间，法官的作用在于将抽象的规范适用于具体的个案，如果缺乏了法官的认知和适用过程，这几乎是不可想象的。同时，"无漏洞"的成文法规范是不存在的。因此仅有成文法而无法官"造法"是不可想象的。不仅如此，

---

❶　张保生. 法律推理的理论与方法 ［M］. 北京：中国政法大学出版社，2000：199.

❷　波斯纳. 法理学问题 ［M］. 苏力，译. 北京：中国政法大学出版社，1994：249.

❸　张保生. 法律推理的理论与方法 ［M］. 北京：中国政法大学出版社，2000：189.

司法更应是一种"创造性的法律发现"过程。这里所"创造"和"发现"的也就是所谓的"法官造法",也称"法官法"或法的续造,学理上也称"判例法"。❶

(二)法官对法律漏洞的认定

在成文法法律制度中,法官是案件事实的认定者和法律适用的权威。确定生活事实与法律规范之间的关系的思维过程人们称为涵摄。对于需要解决的事实,法官通常要将法律规范涵摄于该事实、根据法律解释标准来适用法律规范。将事实涵摄于法律规范,就是检验事实是否满足法律规范的事实构成并因此产生规范所规定的法律后果。❷但是,认定事实、寻找相关的法律规范、以整个法律秩序为准进行涵摄、宣布法律后果。每个步骤并非严格区分的单个行为,各个步骤之间界限模糊,并且可以互相转换。准确认识待决事实是切合实际的法律裁决前提。因此,法律适用者必须准确认识他面临的"案件"及其与社会相关因素的联系,只有在此基础上,他才能发现"合适的"法律规范并正确地适用。❸

但这种适用的局限主要表现在两个方面:一是简单的方法与复杂的法律问题之间的矛盾。该方法只能在处理简单案件中获得效果。❹博登海默曾说:"形式逻辑在解决法律问题时只起到了相对有限的作用。当一条成文法规则或法官制定的规则对审判案件的法院具有拘束力时,它就起着演绎推理工作的作用。二是当法院在解释法规则的词语、承认其命令具有某些例外、扩大或限制

---

❶ 刘飞. 大陆法系判例制度及其借鉴意义"德国'法官造法'的功能解构"[J].华东政法大学学报,2009(1).

❷ 伯恩·魏德士. 法理学[M]. 丁小春,吴越,泽. 北京:法律出版社,2003:303.

❸ 伯恩·魏德士. 法理学[M]. 丁小春,吴越,泽. 北京:法律出版社,2003:296-298.

❹ 张保生. 法律推理的理论与方法[M]. 北京:中国政法大学出版社,2000:246.

法官制定的规则的适用范围或废弃这种规则等方面具有某种程度的自由裁量权时，三段论逻辑方法在解决上述问题方面就不具有多大作用了。"❶

　　法律的功能是帮助人类将正义实现在其共同生活上。一个生活事实如果正义地被评定为不属于法外空间的范围，那就应属于法律应予以规定的范围。如果法律对该生活事实无完全的规范，或法律对该生活事实所作的规范互相矛盾，或法律对该生活事实根本就未作规范，不管法律对与该生活事实类似的案件类型是否已作了规范，或法律对该生活事实作了不妥当的规范，则法律就该生活事实而言，就有漏洞存在。所以，在法律漏洞的认定问题上，重要的是一个应被规范的生活事实，根本未被规范，或未被作妥当的规范。

（三）法官对法律漏洞填补的方法

　　法律补充的方法主要有四种：其一是类推适用，类推适用的法理依据是平等原则，依据的是"相同之案型，应为相同处理"；其二是目的性的限缩，其法理依据也是平等原则，依据的是"不相同的案型，应为不同的处理"；其三是目的性扩张，该方法以立法意旨为其补充的法理基础。规范意义下的类似性，是基于系争规定的立法意旨，认为其适用之范围显然过小，而应扩张至该拟处理的案件类型；其四是创造性的补充。

　　1. 类推适用

　　所谓类推适用，系指将法律有明文的规定，适用到并非该法律规定所直接加以规定，但该法律的重要特征与该规定所明文规定者相同的案件类型。❷ 对于一个没有被法律的"文意射程"所涵盖到的案件，由一个更抽象的层次来看，可将之视为与一个被法

---

　　❶　博登海默. 法律学：法哲学及其方法［M］. 邓正来，姬敬武，译. 北京：华夏出版社，1987：477.

　　❷　黄茂荣. 法学方法与现代民法［M］. 北京：中国政法大学出版社，2001：393.

律规范到的案件同属一个抽象广泛的类型；因为二者尽管外部特征有多多少少之差异，但内在却有相同之理，此理正是法律规范意向上所重视的，我们便适用同一法律。❶

类比推理在法律适用过程中的公式大体上是：甲规则适用于乙案件，丙案件在实质上都与乙案件类似，因此，甲规则也可适用于丙案件。博登海默说："类比推理，亦就是将一条法律规则扩大适用于一种并不为该规则的措词所涉及的，但却认为属于构成该规则基础的政策原则之内的事实情况。"❷

2. 目的性的限缩

一个法律条文的文义所涵盖的案件类型，衡量该规定的立法意旨显然过宽，将不该适用的案件包含在内，以致将不同的案件类型，同置于一个法律规定之下，造成对"不同之案型，为相同之处理"的情形，为消除该缺失，直接依据其立法目的，将该类案件排除在外。以贯彻"不同之案型，应为不同之处理"的平等要求。由于这里涉及将原为法律文义所涵盖之案型，排除于该法律之适用范围外，故其法律适用之性质，属于法律补充。就这种法律补充，学说上称为"目的性的限缩"。其对法律适用范围之作用，虽与类推适用相反，但两者所依据之法理上的论据却同为平等原则。❸

3. 目的性的扩张

一个法律条文的文义所涵盖的案件类型，衡量该规定的立法意旨明显过于狭窄，导致不能实现该规范的意旨，因此，有超越该规定的文义的必要，以便将其适用范围扩张到该文义原不包括的案件类型。由于这里涉及将原不为法律文义所涵盖的案件类型包括于该法律的适用范围内，故其法律适用之性质，属于法律补充。

❶ 林立. 法学方法论与德沃金 [M]. 北京：中国政法大学出版社，2002：60.

❷ 博登海默. 法律学：法哲学及其方法 [M]. 邓正来，姬敬武，译. 北京：华夏出版社，1987：475.

❸ 黄茂荣. 法学方法与现代民法 [M]. 北京：中国政法大学出版社，2001：397.

就这种法律补充，学说上称为"目的性之扩张"。

4. 创制性的补充

当拟处理之案型依据法理念斟酌其蕴含之事理，认为有加以规范的必要，却在实证法上纵使经由类推适用，或目的性的扩张，亦不能找到其规范依据时，便限根据法理念及事理，试拟规范的必要。此种做法即为这里所称之"创制性的补充"。所以称之为创制，其理由为：这里所拟引来补充法律漏洞之规定，在实证法上不能找到已具构成要件之形式的规范，以供攀附援引。

四、知识产权司法能动

（一）我国知识产权立法的背景

我国是一个成文法国家，制定法是我国最主要的法源，"规则是法治的基础"，"规则守护的地方就是天堂"，我们应崇尚制定法的权威，但是我们也应当正视法律存在对社会调整不能的现实。从知识产权的立法背景来看，知识产权法律规则存在法律漏洞也是不可避免的。改革开放之后，我国加快了立法的脚步，尽可能使法律跟上经济的迅猛发展和社会的剧烈变迁。在这种情况下，确立"立法宜粗不宜细""成熟一条制定一条"的立法原则在所难免，也有其一定的合理性。❶ 我国知识产权立法也是在这一背景下出台。

中国的知识产权立法在起初阶段经历了很多观念上的突破，例如从版权法是出版法到版权法是保护作者权利的转变。我国著作权立法草案第一稿并不叫"版权法"，而叫"出版法"。起草者的本意是要为版权立法的，但他们自觉不自觉地就将版权与出版合在了一起，并且以"出版法"作为草案的名称。❷ 后来认识到，版权的本质就是个人的权利，"版权法"从根据上说就是保护个人

❶ 李仕春. 案例指导制度的另一条思路：司法能动主义在中国的有限适用 [J].
法学，2009（6）.

❷ 吴海民. 中国版权备记录 [M]. 北京：华艺出版社，2008：53.

权利的法律。❶ 另外，我国知识产权立法很大程度上受到了国际条约的影响。目前已通过的 31 个世界性知识产权国际公约中，我国已经加入 15 个有关知识产权保护的国际公约，而国际公约多是多个国家谈判妥协的产物，而且具有修改滞后性的特点，新技术的发展，所产生的新的利益需求，引发的新的社会问题，国际条约中一般没有解决的方案。很多情况下，我国知识产权的立法、修法是履行国际公约义务的需要，对相同问题的规定、解释，一般也依赖于国际公约的界定，这样，也就产生了如何适用法律的问题。

随着技术的发展，为避免法律可能规制不到的问题，立法者经常使用一些开放的概念。这些开放的概念引起了法律的不完全，构成了法律漏洞的一部分。例如，1991 年《著作权法》第 9 条第（五）项规定："使用权和获得报酬权，即以复制、表演、播放、展览、发行、摄制电影、电视、录像或者改编、翻译、注释、编辑等方式使用作品的权利；以及许可他人以上述方式使用作品，并由此获得报酬的权利。"这里的"等"就使本概念成了开放性概念。这些漏洞很多是嗣后的漏洞，此时，法院的处理在很大程度上就具有试行立法的性质。

兜底条款作为一项立法技术，它将所有其他条款没有包括的、难以包括的或者目前预测不到的，都包括在这个条款中。我国知识产权立法在很多情况下，对权利内容、侵权行为等采取的是"列举主义＋兜底条款"的立法体例。如《著作权法》第 10 条第 1 款第（十七）项规定的"应当由著作权人享有的其他权利"、《商标法》第 57 条第（七）项规定的"给他人的注册商标专用权造成其他损害的"、《著作权法》第 47 条第（十一）项规定的"其他侵犯著作权以及与著作权有关的权益的行为"、《著作权法》第 3 条第（九）项规定的"法律、行政法规规定的其他作品"。这些常见的法

---

❶ 吴海民. 中国版权备记录 [M]. 北京：华艺出版社，2008：138.

律表述，主要是为了防止法律的不周严性，以及社会情势的变迁性。兜底条款的存在，一定程度上弥补列举式立法的不周延性，同时也赋予法官根据形势变迁原则行使自由裁量权，为法官造法留下空间。

条款中法律语词含义不具体、不明确、含混是立法中的又一个特点。这也反映了立法者的有限理性。如我国《商标法》第10条第1款第（八）项规定，"有害于社会主义道德风尚或者有其他不良影响的"商标不得作为商标使用，这里的"不良影响"显然过于笼统、模糊。对于如何理解这里的"不良影响"，立法者并没有明确的解释。

（二）知识产权司法能动的表现

在我国知识产权的司法实践中，法官在遇有法律存在漏洞时，采用了各种漏洞补充方法。

1. 运用类比的方法进行法律漏洞的填补

我国1986年通过的《民法通则》第130条规定："二人以上共同侵权造成他人损害的，应当承担连带责任。"随着网络技术的发展，在网络上未经许可传播权利人的作品常常发生，而权利人往往将网络服务提供商作为被告诉至法院。对于这一类的新案型，最高人民法院2000年《最高人民法院关于审理涉及计算机网络著作权纠纷案件适用法律若干问题的解释》第3条规定："网络服务提供者通过网络参与他人侵犯著作权行为，或者通过网络教唆、帮助他人实施侵犯著作权行为的，人民法院应当根据民法通则第130条的规定，追究其与其他行为人或者直接实施侵权行为人的共同侵权责任。"又如，《反不正当竞争法》第2条第3款对经营者所作的定义为：经营者是指从事商品经营或者营利性服务的法人、其他经济组织和个人。法院在"中国药科大学诉福瑞科技公司不正当竞争纠纷案"中，将大学类比为经营者，因为"经营者违反法律规定，损害虽不直接从事商品经营，但通过附属企业经营活动间接从市场获利的事业法人的合法权益，扰乱市场经济秩序的行为，构成不正当竞争。"❶ 作家本身虽然不是市场中的经营者，但法院认为，作家从经营者的行为中获得利益，因此也将作家视为经营者。在"诸志祥与大众文艺出版社仿冒知名商品名称、包装、装潢纠纷案"❷ 中，法院认定"黑猫警长系列图书的故事及《外星人1》一书的书名系诸志祥创作，诸志祥因此享有从黑猫警长系列图书的出版发行中获得报酬的权利。诸志祥虽不是图书的出版发行者，但其经济利益与图书的出版发行之间存在直接关系，故可以认定诸志祥和大众文艺之间已经形成竞争关系。"

2. 运用目的性扩张的方法进行法律漏洞的补充

法院运用目的性扩张的方法进行漏洞填补，确立侵权判断的规则，实现知识产权从法定权利到可救济权利的转变。例如，著作权侵权判断规则，专利侵权判断规则，以及商标侵权判断规则的进一步明确，立法没有作出规定。像2001年《商标法》第52条第1款规定："有下列行为之一的，均属侵犯注册商标专用权：（1）未经商标注册人的许可，在同一种商品或者类似商品上使用与其注册商标相同或者近似的商标的……"；在2002年10月12日由最高人民法院通过的《最高人民法院关于审理商标民事纠纷案件适用法律若干问题的解释》中对法律"类似"的判断进行了漏洞填补。❸ 又如，在"北影录音录像公司诉北京电影学院侵犯作品专有使用权纠纷案"❹ 中，2001年修订的《著作权法》第22条第1款第（六）项规定："为学校课堂教学或者科学研究，翻译或者少量复制已经发表的作品，供教学或者科研人员使用，但不得出

---

❶ 中国药科大学诉福瑞科技公司不正当竞争纠纷案［J］. 最高人民法院公报，2005（6）.

❷ 参见北京市朝阳区人民法院（2000）朝知初字第146号民事判决书。

❸ 参见2002年10月12日《最高人民法院关于审理商标民事纠纷案件适用法律若干问题的解释》第9～12条。

❹ 北影录音录像公司诉北京电影学院侵犯作品专有使用权纠纷案［J］. 最高人民法院公报，1996（1）.

版发行。"上述行为，"可以不经著作权人许可，不向其支付报酬，但应当指明作者姓名、作品名称，并且不得侵犯著作权人依照本法享有的其他权利"。法院将电影学院学生对作品的"改编"行为也目的性的扩张适用该规定，认为"被告北京电影学院从教学实际需要出发，挑选在校学生吴琼的课堂练习作品，即根据汪曾祺的同名小说《受戒》改编的电影剧本组织应届毕业生摄制毕业电影作品，用于评定学生学习成果"属于合理使用的情形。

3. 运用目的性限缩的方法进行法律漏洞的填补

我国法院在知识产权审判中，运用目的性限缩的方法进行法律漏洞填补也体现在一些案例中。在我国著作权法中没有明确规定著作人身权的限制制度，一般认为，著作人身权中的署名权、修改权、保护作品完整权不能转让、剥夺，保护期限不受限制，但发表权除外。对修改权的限制在司法实践中得以确认。如在"沈家和诉北京出版社出版合同纠纷及侵犯修改权、保护作品完整权纠纷案"❶ 中，法院认为以合同的方式由作者授权出版社对作品予以修改，出版社有权以合理的方式进行修改，对小说进行文字上的修改，没有改变小说的风格、不构成对修改权的侵犯。在"陈立洲、王雁诉珠江电影制片公司和王进侵害著作权纠纷案"❷ 中，法院也认为，授权他人将作品改编为电影作品，改编者没有对原著的主要故事情节、主要作品的内涵和主要人物关系作重大改变，而是为电影摄制需要对原著的增删改动，其删改部分属导演再创作许可范围内的活动。

4. 运用创制性的方法进行法律漏洞的补充

在"北京市京工服装工业集团服装一厂诉北京百盛轻工发展有限公司等侵犯商业信誉、不正当竞争纠纷案"中，原告系"枫

<hr />

❶　沈家和诉北京出版社出版合同纠纷及侵犯修改权、保护作品完整权纠纷案[J]. 最高人民法院公报，2002（5）.

❷　陈立洲、王雁诉珠江电影制片公司和王进侵害著作权纠纷案［J］. 最高人民法院公报，1990（1）.

叶"牌商标的注册所有人，被告同意公司工作人员通过服装一厂所属的经营部以每条 188 元的价格购买原告生产的"枫叶"牌西裤，随后将男西裤的"枫叶"商标更换成"卡帝乐"商标，在"鳄鱼专卖店"以每条价格 560 元对外销售。本案争论的焦点是被告撤换原告商标，即所谓的反向假冒行为是否构成不正当竞争行为。依据 1993 年的《商标法》第 38 条第 1 款，侵犯注册商标专用权的行为"未经注册商标所有人许可，在同一种商品或者类似商品上使用与其注册商标相同或者近似的商标的"，商标侵权行为基本上限制在利用与注册商标相同和类似标志的范围内。《商标法》并不赋予商标权人以积极的保证其商标必须附着在其商品上的"积极权利"。法院在民法和不正当竞争法原则条款下，为商标权人创设了一项新的与先前商标权有着质的不同的权利，那就是未经许可不得揭掉商标标志的积极权利。

五、知识产权司法能动的边界

法官对法律漏洞的填补，由于涉及司法权与立法权之间的关系，应更为审慎，可以说法官对法律漏洞的填补，符合我国"宜粗不宜细"的立法原则所导致的知识产权法律成文化程度较低的实际要求，但是，法官的司法能动必须克制，不能任意将自己的判断强加于法律文义，司法的能动性必须有一定的边界。因此，法官在填补法律漏洞时，应受以下方面的限制。

（一）法官对法律漏洞的填补不得违反公平和正义

公平、正义是法律所追求的最高价值，也是填补法律漏洞的主要依据，同时也是填补法律漏洞所追求的目标。是法官填补法律漏洞的出发点，也是法官填补法律漏洞的价值依归。法律的任务在帮助人类将正义实现在其共同生活上，亦即法律所取向的是正义，所规范的是人际的生活关系。人际的生活关系是由无数的利益关系所组成。这些归属于不同主体的利益，由于主体的不同，自然形成冲突的现象，从而危及共同生活的和平。为了创造或维持共同生活的和平，这些利益冲突便必须取向于正义，透过权衡加以摆平。❶"正义一直被视为人类社会的美德和崇高理想，法一直被视为维护和促进正义的艺术或工具。"❷法律补充的任务在消除法秩序的违反，以使法律所追求的价值更完全地，透过适当的方法，以可以被理解并事后加以验证的方式，实现到人类的共同生活上来。为圆满地达成这个任务，执法机关，特别是法院，在法律漏洞之有无的认定上，及其补充的操作上，便应一方面取向于价值，一方面取向于人类的共同生活（即生活事实）。这种对生活事实的取向，又可以分为两重意义，即一般地取向于生活事实之性质，或具体地取向于或关联于正被筛理的具体案件。所以一个正确的法律补充必须"同时"符合价值与事理的要求。❸

（二）法官对法律漏洞的填补应该针对"个案"进行

我国宪法赋予了全国人民代表大会及其全国人民代表大会常务委员会行使国家立法权。法院是国家的审判机关，行使审判权。依据《中华人民共和国民法院组织法》第 32 条，"最高人民法院对于在审判过程中如何具体应用法律、法令的问题，进行解释"。

在英美法系国家，尽管法官有很大的自由裁量权，法官司法能动仍是通过具体判例来确立法律规则和成文法的解释，法官不得脱离具体案件抽象地去解释法律或抽象地去制定类似于法律形式的规范。在严格局限于当前个案的事实基础之上法官创制法律规则，不能脱离具体案件一般性地创制法律规则或对法律文本进行解释。

大陆法系法官的主要功能在于适法，而不是制定规范。当法官面对手头的案件，在法律条文中找不到依据时，那就是法律存在漏洞。为了个案纠纷的解决，法官不能拒绝裁判，此时法官要

---

❶　黄茂荣. 法学方法与现代民法［M］. 北京：中国政法大学出版社，2001：349.

❷　张文显. 法学基本范畴研究［M］. 北京：北京政法大学出版社，1993：128.

❸　黄茂荣. 法学方法与现代民法［M］. 北京：中国政法大学出版社，2001：366.

在解释法律的基础上对法律漏洞予以填补，填补法律漏洞是法官能动性的体现。填补法律漏洞的目的是个案纠纷的解决，因此，不能积极主动地为脱离个案而创制法律规则，否则就是对立法权的僭越。

（三）法律漏洞的填补限于法律的总体精神，不能任意创设权利

法官是法律的适用者，法官适用法律解释法律时，应当限于法律的文义，限于立法者的法律意旨。所以当法官补充法律条文内涵时，所依赖的理论，必须源于知识产权法律文本的总体精神，而不能在知识产权框架之外寻求渊源。如果任由法官在法律之外去发现"活生生的法律"而弥补法律漏洞，则必然会损害法律的安定性和妥当性价值。导致法律虚无，破坏民事主体的行为预期。❶

在私法领域，对于法官填补法律漏洞仍有进一步的限制，其一是交易安全保障的限制。像物权法定主义，法官不得利用法律补充创设新物权。其二是市场经济之保障的限制。像商标权、专利权或著作权的类型，应以法律所列举者为限，法官皆不得以交易上有此需要为理由，利用法律补充、创设之，以保障市场机能，所以商标权、专利权或著作权之赋予，使其权利人在权利范围内取得垄断的权利，从而相对地牺牲了市场经济应有的机能，所以，如基于交易上之需要在商标权、专利权或著作权有承认新类型的必要，应以立法的方式为之。

---

❶ 李雨峰. 知识产权民事审判中的法官造法［C］//万鄂湘. 探索社会主义司法规律与完善民商事法律制度研究：全国法院第 23 届学术讨论会获奖论文集. 北京：人民法院出版社，2011：1212.

知识产权损害赔偿酌定裁量机制的
适用误区与规范化矫正

姜琨琨[*]

酌定，语义为"斟酌情况后决定"❶，系司法过程中，在无确切裁判依据时，裁判者基于一定的标准对法律规则予以选择、判断的过程。刑事量刑标准与民事精神损害赔偿、知识产权损害赔偿均存在一定的酌定机制。一般而言，酌定以裁判者的自由裁量和心证为基本表征，系普适裁判规则之外的"非必要不适用"的裁判依据。司法的终极价值在于裁判的公平和正义，即经由可预测性的法的规范、严密的逻辑推理、日常生活经验法则推导出裁判的最终结果。而以"自由""心证""裁量"为核心的酌定裁量机制则容易偏离轨道，失序、滑落于公平正义的价值之外。故酌定裁量机制理应游走于司法场域的边缘，不应亦不能成为裁判依据的主流。然而，令人遗憾的是，目前，在知识产权损害赔偿数额的确定方面，酌定已然成为裁判的主要依据。据统计，北京市某区法院 2009 年至 2014 年 5 月 20 日判决所涉的网络著作权案件中支持权利人赔偿请求的案件，全部采用了酌定赔偿的方式。❷ 而笔者从某市法院内部网中以"实际损失 违法所得"为关键词进行

---

* 作者简介：中国社会科学院博士研究生，北京市海淀区人民法院助理审判员。

❶ 汉辞网．［EB/OL］．［2015 - 06 - 28］．http：//www. hydcd. com/cd/htm19/ci378782n. htm.

❷ 易珍春，李青．涉网络著作权案件酌定赔偿问题研究［J］．中国版权，2014(5).

检索，在检索的 100 件案件中，均使用酌定方式来确定损害赔偿数额。❶ 2015 年，广州市中级人民法院作出的 newbalance 公司因在店面及宣传中使用他人享有权利的"新百伦"商标而被判赔 9800 万元的判决，更是引发了舆论的广泛讨论：如此之高的判赔数额，依据究竟何在？损害赔偿的酌定裁量机制是否已陷入"失范"的误区？

一、实证式考察：损害赔偿酌定裁量机制的法律适用现状

（一）立法维度的应然性考察

现行《著作权法》第 49 条、《商标法》第 63 条、《专利法》第 65 条均对损害赔偿数额的确定作了相关规定，并据此确立了按照实际损失、违法所得、许可使用费及法定赔偿进行确定的基本标准。此处的法定赔偿，亦有学者称之为定额赔偿，❷ 指法律在一定情况下具体规定损害赔偿的数额或幅度的一种损害赔偿法律制度。❸ 简言之，即当权利人的实际损失或侵权人的违法所得均无法确定，亦无许可使用费可供参照的情况下，由裁判者依据职权在法定数额幅度范围内确定赔偿数额的一种裁量机制。从本质上说，该种裁量机制的引入，系立法者出于对诉讼公平的考量作出的意在最大限度维护权利人利益的举措。因为按照一般举证证明责任的要求，原告不仅需要证明侵害行为的发生，而且需要证明侵害行为与损害结果之间的因果关系、侵害行为导致的损害结果的赔偿数额。但知识产权等无形性权利的固有特征，决定了其损害赔

---

❶ [EB/OL]. [2015 - 06 - 28]. http：//soan. gy. bj：18080/s？ q＝％E5％AE％9E％E9％99％85％E6％8D％9F％E5％A4％B1＋％E8％BF％9D％E6％B3％95％E6％89％80％E5％BE％97&type＝fycase&facetField＝jbfy＿facet&facetQuery＝&pager. offset＝10.

❷ 周晖国. 知识产权法定赔偿的司法适用 [J]. 知识产权，2007 (1).

❸ 马骁. 关于法定赔偿额问题 [J]. 著作权，1999 (2).

偿数额难以具体算定，如果裁判者仅依据证明责任规则，判令原告因举证不利而败诉，则将不可避免的导致裁判实质的不公，亦有悖于损害赔偿制度的立法目的。正如日本学者山本克己所言，"如果损害额的证明困难确实不能归咎于当事人努力不足，在此等诉讼类型中，将不能对损害额的证明做通常的刚性要求。"❶ 因此，最高人民法院于 1998 年 7 月下发的《最高人民法院关于全国部分法院知识产权审判工作座谈会纪要》关于定额赔偿的首次说明，以及之后知识产权三大法域就法定赔偿标准的相继引入，均反映出现行酌定裁量机制引入知识产权损害赔偿制度的应然性和正当性。

（二）司法维度的实然性考察

司法实践中，酌定赔偿已然成为知识产权损害赔偿的司法适用常态，无论本文在导言中言及的调查数据，抑或学者关于"审判实务方面也反映出对酌定赔偿的偏爱"的论述，❷ 无不反映出目前酌定裁量机制在知识产权损害赔偿中泛化适用的问题。酌定的适用泛化导致了同类案件判赔标准不一，地区差异较大的问题。如相同类型的涉企业微博使用他人图片的著作权侵权案件，有的法院判决一幅图片赔偿 1 万余元，❸ 而有的法院则仅判赔 1000 元（包含合理费用），❹ 当然，出现上述问题，首先不能回避的是，司法实践中新出现的问题会随着法官认识的不断深入而更加清晰、更加趋于理性，且不同法官在经验、认识、裁量尺度方面存在较大差异，以及各地经济发展及裁量尺度把握标准的不一，都一定

❶ 山本克己. 自由心证主义之损害额的认定［M］//竹下守夫. 讲座新民事诉讼法. 东京：弘文堂，1999.

❷ 张晓霞. 知识产权酌定赔偿立法之检讨［J］. 科技与法律，2011（6）.

❸ 参见（2012）海民初字第 19681 号民事判决书.

❹ 参见广州市白云区人民法院作出的华盖创意（北京）图像技术有限公司诉广东欧派家居集团有限公司、北京微梦创科网络技术有限公司侵犯著作权纠纷一案民事判决书.

程度上导致同类案件在不同地区之间、相同地区的不同法院之间，存在判赔数额上的巨大偏差。当然，其中最重要的，还是酌定裁量机制的泛化适用，导致其所包含的自由裁量因素被无限放大，使裁判缺乏必要的约束机制而流于非理性。除此之外，实践中亦存在酌定裁量机制下判赔依据不明，权利人损失或侵权人获利计算不透明的情况。如在依据权利人实际损失或侵权人违法所得计算损害赔偿额时，存在根据证据推定损失或获利并与酌定裁量交叉使用的情况。

二、追本溯源：损害赔偿酌定裁量机制适用误区的症因

（一）知识产权的权利属性使然

知识产权的无形性，致使损害赔偿数额难以量化。知识产权的权利客体为无形智力成果，与有形物质载体不同，智力成果的无形性，致使其价值、受损情况难以通过市场价格等量计算，由此产生的损害也较难通过公式确定。如被告故意毁损了原告的古董花瓶，造成了原告的财产损失，法院可以按照原告花瓶的财产价值令被告承担侵权责任，以填补原告的损失。如果被告未经许可，将原告的作品上传到了网站，供网友下载阅读，那么原告的损失如何衡量？或者说被告因此获得的利益如何计算？显然，侵犯无形财产权并没有像侵犯有形财产一样易于计算损害赔偿数额。

（二）法的指引机制失灵

法能够作用于人与人之间的社会关系，并对之进行有效的调整。法的指引作用在于法以规范的外在形式，预设一种行为模式，告诉人们应该为某种行为或不应该为某种行为，并对失范的行为予以及时矫正。法的指引机制不仅在于对行为人行为的引导和修正，同时也体现于对裁判者适用法律的指引。知识产权损害赔偿之所以会出现司法实践中的酌定乱象，除了不可回避的囿于知识

产权无形性而引发的损害赔偿难以计量的因素外，更重要的原因在于预设的行为模式没有将其中模糊不清的要素予以释明。

1. 实际损失或违法所得缺乏有效的计算方法

根据现行法律的规定，知识产权损害赔偿中酌定裁量机制位于现行法律规范的"最底层"，只能"后置"适用，即在权利人的实际损失、侵权人的违法所得以及许可使用费均无法确定损害赔偿的基础上，方能适用。而且适用时存在先后顺位，即权利人的实际损失为第一顺位，其次是侵权人的违法所得，酌定裁量机制则位于最后。问题在于倘若权利人的损失和侵权人的违法所得无法确定，则裁判者只能适用酌定机制，而酌定机制的适用一旦泛化，又不可避免地会导致本文前述提及的问题。因此需要首先解决权利人的实际损失和侵权人的违法所得如何确定的问题。按照"谁主张、谁举证"的规则，权利人的实际损失和侵权人的违法所得均需权利人提供证据予以证明，目前当事人能够提供证据证明的情况非常之少，一方面由于举证难度较大，另一方面在于当事人自己也不清楚何种证据能够确定其损失或者被告的违法所得。因此，实体法应当进一步确定损失或违法所得的计算方式，以便当事人能够根据计算方式的各个因素有针对性地提供证据。

2. 程序法的缺位未能弥合实体法不周延之憾

根据前述分析，权利人的损失和侵权人违法所得的确定属于目前较难解决的问题，而这一事实的确定需要当事人举证并运用相应的证据规则。实践中权利人举证难和怠于举证是影响损失和违法所得确定的两大因素。权利人举证难度大，而相应民事证据证明标准过高，导致权利人即便提交证据，也难为法院采纳，损害赔偿数额不得不交由法定赔偿标准来定夺。当然，相当部分的权利人出现怠于举证的情况，怠于举证致使实际损失或违法所得无从根据证据予以确定。目前实体法显然没有切实解决权利人举证难的问题，且涉及证据规则的运用问题亦无从查找。如除了"谁主张、谁举证"的举证责任规则，是否还需要其他的规则予以补充？提供证据的证明标准是什么？法院在何种情况下应当允许当事人申请调查取证及鉴定？对于这些问题，目前的实体法未作规定，❶ 而程序法亦没有就损害赔偿酌定裁量机制作出相关规定。然而，纵观国外很多国家的立法例，均在程序法上就酌定裁量机制的基本问题作了相应规定。如《德国民事诉讼法》第287条第1款规定："当事人对于是否有损害、损害的数额，以及应赔偿的利益额有争论时，法院应考虑全部情况，经过自由心证，对此点作出判断。""应否依申请而调查证据、是否依职权进行鉴定以及调查和鉴定进行到何种程度，都由法院酌量决定。法官就损害和利益可以讯问举证人。"❷ 该条并允许法官不根据严格意义上的举证责任，不要求法官对损害额的算定基础达到完全确信，而是达到"高度的或者明显高度的、至少是占优势的盖然性"❸ 的确信即可。《日本民事诉讼法》第248条规定："在承认损害确已存在的情况下，由于损害的性质决定了证明其损害金额及其困难时，法院可以根据口头辩论的全部旨意和证据调查的结果，认定适当的损害赔偿额。"❹ 我国台湾地区"民事诉讼法"第222条亦有相关规定，上述国家及地区在程序法中进行规定的目的，系为平衡兼顾程序利益及实体利益，避免因举证所将蒙受之程序上不利益与系争实体利益发生失衡❺，并在一定程度上降低了证明标准。

❶　虽然新修订的《商标法》就举证妨碍制度作了相关规定，但该规定仍较为严苛，只有在权利人尽力举证的情况下方能适用，而权利人举证到何种程度方能适用举证妨碍，只能交由裁判者的判断。并且该制度并未延及著作权、专利权侵权纠纷之中，使其他知识产权侵权纠纷的权利人无法援引该制度获得保护。

❷　德意志联邦共和国民事诉讼法［M］．谢怀栻，译．北京：中国法制出版社，2001：150．

❸　罗森贝克，施瓦布．德国民事诉讼法（下）［M］．李大雪，等，译．北京：中国法制出版社，2007：844．

❹　星野英一，松尾浩也，塩野宏，等．判例六法［M］．东京：有斐阁，1997：827．

❺　邱联恭．程序选择权论［M］．台北：三民书局，2005：67．

三、理论探索：社会收益最大化与原因力理论的引入

（一）汉德公式及社会收益最大化理论

在"美利坚合众国政府诉卡罗尔拖轮公司案"中，法官汉德（Learned Hand）提出了著名的汉德公式（参见图1）：$B < PL$。其中 B 是预防事故发生的成本，L 是事故发生所造成的损失，P 是事故发生的概率。侵权人负过失侵权责任的前提是侵权人预防侵权行为发生的成本小于侵权行为发生的可能性与侵权行为所造成的损失的乘积。

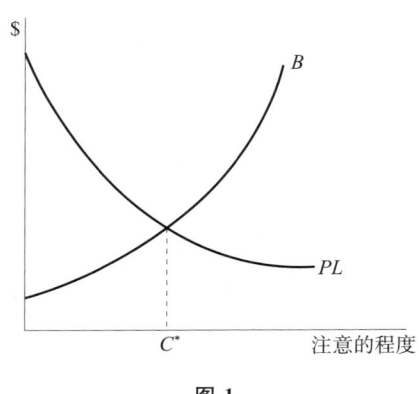

图 1

汉德公式所隐含的社会观在于经济的效率性以及社会财富的最大化。对权利人给予损害赔偿的目的在于使得权利人的利益恢复到未受损害时的效用水平。汉德公式中，当 $B = PL$ 时，侵权人为预防侵权所支出的成本与概率侵权所造成的损失相当，此时，社会财富总值达到一个平衡，社会财富达到了最佳利用。侵权人所需要赔偿的损失是对其侵权行为恰到好处的警示。当然，如何确定 B、P、L 的数值是该理论最终具有可行性的关键。

汉德公式的另一重要意义在于，能够给我们在计算损害赔偿数额时以很好的启发。当下，互联网和各种新兴技术的发展，使

得传统的商业模式发生了颠覆性的改变，新兴商业模式的兴起不可避免地触碰了原有权利人的合法权益，损害赔偿即是平衡创新与权利保护的有利杠杆。正如波斯纳所言，许多诉讼判决的终极问题是，什么样的资源配置才能使效率最大化。在正常情况下，这一问题是由市场来决定的；但在市场决定成本高于法律决定成本时，这一问题就留给法律制度来解决了。就资源配置方法而言，法律和市场的根本区别在于市场是一种用以评价各种竞争性资源使用方法的更有效的机制。❶ 因此，谋求利益平衡和社会财富的最大化，即需要将权利人与侵权人视为一个整体，损害赔偿数额的计算亦需要平衡二者之间的利益。

（二）原因力理论的引入

原因力理论系在认定侵权行为与侵权结果的因果关系时所引入的理论。"原因力是指在构成损害结果的共同原因中，每一个原因对于损害结果发生或扩大所发挥的作用力。"❷ 原因力理论强调原因行为的复数性和共同性，只有在多个行为导致同一损害后果的前提下，才有必要讨论各行为原因力的大小，如果多个行为分别导致受害人的损害结果，则无需区分原因力对损害结果的作用，由各行为人对损害的发生分别承担责任即可。以一则案例明之，10 岁的王某放学后与同学在一家化工厂门口玩耍，玩耍过程中，王某不慎落入一口没有井盖的排污水渠检查井，后经抢救无效死亡。王某父母遂将对该检查井负有管理职责的居委会告上了法庭。一审法院认为王某的死亡系由王某的监护人未尽监护义务及居委会的管理不善共同造成，因此判决王某的父母承担 70％ 的责任，居委会承担 30％。后二审法院对责任比例进行了调整，认定王某父母承担 30％ 的责任，而居委会承担 70％ 的责任。通过该案例亦

❶ 王哲，郭义贵. 效益与公平之间：波斯纳的法律经济学思想评析 [J]. 北京大学学报：哲学社会科学版，1999（3）.
❷ 杨立新. 侵权法论 [M]. 2 版. 北京：人民法院出版社，2004：525.

可以得出，原因力比例的大小对认定损害结果的影响程度。当然，原因力比例不可能通过精密的计算方法予以确定，一般认为，原因力的大小取决于各个原因的性质、原因事实与损害结果的距离以及原因事实的强度。❶

笔者意图将原因力理论引入损失或违法所得的计算，原因在于，传统的损失或获利计算方法存在固有的缺陷，按照传统的计算方法，权利人的损失相当于因侵权行为的发生所造成权利人产品销售量的下降乘以权利人单位产品的利润。而侵权人的获利则等同于侵权人产品的销售数量乘以侵权产品的单位利润。该计算方法忽略了造成损失或获利的其他因素，诸如权利人销售量的下降可能藉由其产品质量的下降或销售季节处于淡季等因素，而侵权人获利可能不止基于侵权人的侵权行为，还可能由于其产品本身未侵权的部分产生。正如新百伦商标案中，被告 new balance 公司的销售利润不仅因其在中国大陆使用新百伦文字商标而造成的，new balance 商标本身的知名度、商品的质量、营销模式等都是销售利润的原因力。当然，各原因力所占的比重大小，需要根据原因与结果的距离、原因的强度等因素确定。引入原因力理论，按照各原因力所占比重的大小确定最终的损害赔偿数额，使损失或获利的计算更加透明，也符合公平正义的价值取向。

四、破解之道：损害赔偿酌定裁量机制适用误区的规范化矫正

（一）实际损失或违法所得的计算方法

鉴于一般情况下实际损失和违法所得，无法通过某个公式非常精确地计算，但如果采用一定的方法能够使实际损失和违法所得更接近事实，则可以考虑优先适用。

---

❶ 张新宝，明俊. 侵权法上的原因力理论研究 ［J］. 中国法学，2005（2）.

1. 等量代换法

等量代换法，系运用汉德公式中的 B、P、L 三者之间的关系，将权利人与侵权人视为一体，考虑社会利益整体的最大化，谋求损害赔偿数额能够使权利人的损害得以弥补，同时又能够使侵权人付出相应的代价，此种情况并不考虑惩罚性赔偿的适用情形，仅在裁量性损害赔偿中得以适用。当 $B＝PL$ 时，侵权人所应付出的预防侵权发生的成本等同于侵权行为发生的概率及侵权行为给权利人造成的损失，因此在 B、P 确定的情况下，即能够确定 L。根据知识产权的权利特点，侵权人防止侵权的途径只能是获得权利人授权，故侵权人预防侵权发生的成本 B 可以等量代换为权利人授权的价格。为防止权利人虚构授权价格，可要求权利人提交 3 份以上的授权，以减少虚假授权的可能性。同时，对于未发生授权行为的权利人，法院可比照行业平均授权价格来确定 B 的数额。对于 P，则可根据行业协会的统计，对 P 进行估值。当然，限于地区的经济发展水平，不同地区的知识产权侵害发生率并不相同，故 P 的估值，可分地区来确定。在 B、P 均确定的情况下，L 的值即可固定。

2. 收益对比法

收益对比法系通过比照相同条件下权利人所获取的利益来确定应赔偿的损失，基本思路仍然是按照权利人的实际损失来计算，只是在实际损失确实无法精确计算的情况下，运用同等条件下获益参照的方法，来估算因侵权行为所造成的损失。该种方法适用于那些能够获得比较稳定的财产收益的情况。如以权利人在上一年度中与被告侵权期间相同的时间段获得的利润，或者以与权利人经营范围同类的企业在该时间段获得的平均利润等作为参照标准来确定损失。不过，采用此种方法关键在于确定参照的对象。参照对象与权利人的情况越相同或相似，则损失的计算越精确。

3. 原因力比例计算法

原因力比例计算法适用于损害结果由多个原因行为产生的情

形，因无论原告的损失还是被告的侵权获利均需提交证据证明，在损失或侵权获利能够确定的情况下，则由被告举证证明损失或侵权获利不仅由侵权行为一个原因行为所致，并由被告举证侵权行为在所有造成损害发生的结果中所占的比例，该比例可以由相关的专业机关出具意见。当然，如果被告未能提交原因力比例的证据，则由法院根据案情判断损失或违法所得的原因行为进行裁量。原因力比例法适用于在损害赔偿可能数额较大，同时完全靠法官自由裁量难免有失客观之虞的情况。如在新百伦的商标案件中，如果按照原因力比例原则，被告完全可以举证证明其使用"新百伦"的商标对其近几年的利润影响的大小。

（二）证据规则的运用

司法实践中，法定赔偿标准因适用过多而备受理论界和实务界诟病。鉴于酌定裁量机制本身的自由裁量性和适用上的后置性，笔者认为，酌定裁量应坚持"非必要不使用"的原则。权利人的损失和侵权人的获利情况应当优先作为裁量标准加以适用，而且适用的范围应当适度扩宽。民事诉讼的平等性原则决定了两造对立中，当事人均需对各自的主张承担举证责任。权利人需对其要求的损害赔偿承担证明损失或获利的责任。在权利人举证难及法定赔偿标准需适度谦抑之间，笔者认为应从证据规则的角度调和二者之间的矛盾。

1. 证明标准应由高度盖然性标准向盖然性优势证据标准滑落

现行民事诉讼法对民事证据采用了高度盖然性的证明标准，民事诉讼法司法解释第 108 条规定，对负有举证证明责任的当事人提供的证据，人民法院经审查并结合相关事实，确信待证事实的存在具有高度可能性的，应当认定该事实存在。根据该规定，只有待证事实与证据达到高度可能性的关联时，该证据才具有证明力。然而，在知识产权案件中，侵权人所侵犯权利的无形性，不可避免地造成损失无法同态还原或等量代换。权利人的举证能力极为有限，在此情况下，应当适度降低证据的证明标准，不必苟求证据与待证事实具有高度关联性，只要证据与待证事实之间具有相当的可能性，即依据法官一般的经验逻辑和专业认知，从盖然性的角度认定侵权行为与损害或获利之间的因果关系即可。被告未提出相反证据予以反驳，则裁判者应当对权利人提交的证据予以采纳，并在此基础上计算损害赔偿数额。如在图片案件的著作权侵权纠纷中，权利人提交了其销售涉案图片的价格，则法院不应以该证据及其所反映的价格由其自行制定为由，不采纳该份证据的证明力。此种情况下，如果侵权人能够提供相反证据，证明权利人的证据确有瑕疵，法院才可不将其作为认定案件事实的依据，即便图片的授权价格不能完全反映其因被告的侵权行为造成的损失，但可以将其作为酌定裁量机制的重要参考因素。

2. 举证妨碍制度的适用范围应适度扩张

举证妨碍制度系为破解权利人举证难而引入的一项新制度，新商标法对此有明确规定，在权利人已经尽力举证，而与侵权行为相关的账簿、资料主要由侵权人掌握的情况下，侵权人不提供或者提供虚假账簿、资料的，法院可以参考权利人的主张和提供的证据判定赔偿数额。从含义上看，举证妨碍则将举证人和妨碍人特定化，特指不负举证责任的当事人通过作为或不作为的方式，使负有举证责任的当事人不可能提出证据，导致待证事实无证据可资证明，形成待证事实真伪不明的情形下，行为人应当承担的法律后果。[1] 举证妨碍规则不是一种新的赔偿确定方法，只是一种贯彻侵权获利或侵权损失的赔偿确定方法的司法技术。因知识产权纠纷中，权利人的损失尤其是侵权人的获利情况，证据多为侵权人所掌握，因此不少案件采用了法定赔偿标准，由法院裁量赔偿数额。但举证妨碍制度的引入则能够很好地避免因权利人举证不能致使侵权获利无法确定的问题，将举证责任倒置给侵权人，

---

[1]　张卫平. 证明妨害及对策探讨［G］//何家弘. 证据法学论坛（第7卷）. 北京：中国检察出版社，2004：157.

如果侵权人掌握了该证据，而拒不提供，则参照权利人的主张确定赔偿数额。该制度不仅能够减轻权利人的举证负担，而且能够在确定侵权获利的情况下，使损害赔偿的计算更加透明化。但目前该制度仅在商标法中得以运用，并未延及著作权法和专利法，笔者认为，著作权法和专利法在损害赔偿计算的原理及方法上，与商标法并无大差，故该制度理应适度扩张至著作权法及专利法。而现行民事诉讼法亦未将该制度引入，仅在《最高人民法院关于民事诉讼证据的若干规定》第75条进行了规定，若一方当事人持有证据无正当理由拒不提供，而对方当事人主张该证据的内容不利于证据持有人的，可以推定该主张成立。考虑到对当事人程序利益的保护，实体体法与程序法应尽量弥合，故民事诉讼法中亦应将该制度引入。

3. 由成本高低决定调查取证及审计、鉴定的可行性

考虑到权利人的实际损失和侵权人的违法所得均难以精确计算，无论当事人自行举证，还是申请法院调查取证以及申请鉴定、审计，均需要考虑成本效益。《民事诉讼法》第64条第2款规定："当事人及其诉讼代理人因客观原因不能自行收集的证据，或者人民法院认为审理案件需要的证据，人民法院应当调查收集。"该款所限制的一个前提条件是"因客观原因不能自行收集"，而实践中确实存在因"客观原因不能收集"的情况，除了前述由被告掌握的证据可以适用举证妨碍规则外，对于掌握于第三方的证据，法院是否有必要依职权调取。在权利人因客观原因无法自行收集证据时，由法院依职权调取似乎符合民事诉讼法的逻辑要求，然而，因目前网络、技术的迅猛发展，如果调取证据可能会不合理地影响到第三方的利益，则考虑到社会总成本的平衡，不建议直接依职权调取证据，尽量采取前述的方法去计算损害赔偿。同时，对于权利人申请的鉴定、审计等申请，法院亦需要考虑经济成本、时间成本等因素，尽量适用酌定裁量机制的计算方法去计算，不必苛求鉴定、审计等方式。